歷史之終結與最後一人

THE END OF HISTORY AND THE LAST MAN

法蘭西斯・福山
FRANCIS FUKUYAMA

區立遠 譯

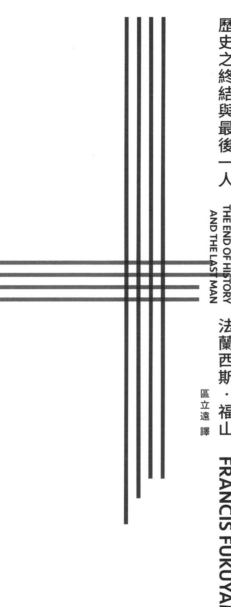

獻給茱莉亞和大衛

Content 目次

PART 4　躍過羅德島

PART 5 最後之人

序——民主在「歷史的終點」仍然屹立不搖

二十五年前，我為一份名為《國家利益》（*The National Interest*）的小型雜誌寫了〈歷史的終結？〉（The End of History?）一文。[1] 那是一九八九年的春天，對於我們這些曾陷入冷戰的政治和意識形態大辯論的人來說，是一個不可思議的時刻。那篇文章發表於柏林圍牆倒塌前幾個月，正值北京天安門廣場發生民主抗議活動，東歐、拉丁美洲、亞洲和撒哈拉以南的非洲當時也正處於民主轉型的浪潮之中。

我當時認為，歷史（在宏大哲學意義上的大寫歷史）的結果與左派思想家的想像相去甚遠。經濟與政治的現代化進程並不像馬克思主義者所斷言、蘇聯所宣稱的那樣，通向共產主義；而是走向某種形式的自由民主與市場經濟。我當時寫道，這大寫的歷史似乎在自由中達到了頂點：選舉產生的政府、個人權利、經濟體系內的資本與勞動力也在國家相對溫和的監管下流通。

如今再回頭看那篇文章，讓我們先說一件顯而易見的事：二〇一四年的感覺跟一九八九年非常不同。

靠著油元的挹注，俄羅斯現在是一個具威脅性的選舉專制政權，它霸凌鄰國，並試圖奪回一九九一年蘇聯解體時所失去的領土。中國仍然是專制國家，但現在已成為世界第二大經濟體，同時也在南海與東海展現自己的領土野心。正如外交政策分析家華特·羅素·米德（Walter Russell Mead）近期所述，舊式的地緣政治已經大範圍捲土重來，歐亞大陸的兩端正威脅著全球的穩定。

當今世界的問題不僅僅是專制勢力正快速挺進，許多現有的民主國家狀況也不樂觀。以泰國為例，其脆弱的政治結構上個月被一場軍事政變所取代；或者以孟加拉為例，其制度仍然被兩部腐敗的政治機器牢牢掌控。許多看似已經民主轉型成功的國家（像是土耳其、斯里蘭卡、尼加拉瓜）卻一直往專制體制開倒車。其他國家，包含最近加入歐盟的國家，如羅馬尼亞與保加利亞，貪腐的問題仍然嚴重。

然後還有已開發的民主國家。過去十年，美國和歐盟都經歷了嚴重的金融危機，這意味著經濟低迷與高失業率，對年輕人來說尤其如此。雖然美國經濟現在已經重新開始擴張，但利益並沒有被平均分享，而該國兩極化與黨派化的政治制度似乎也難以成為其他民主國家的好榜樣。

所以，我的歷史終結假說是不是已被證明為誤，或者即使沒有錯，也需要大幅修正？我相信，根本的理念大致上仍然正確，不過如今我對政治發展的本質有了更多的了解，而這些是我在一九八九年那激動人心的日子裡看不太清楚的。

首先讓我們考慮一下，在過去兩個世代裡，經濟與政治體系發生了多麼巨大的變化。在經濟方面，世界經濟產出大幅提升，從一九七〇年代初期到二〇〇七至二〇〇八年的金融危機期間，大約成長了四倍。雖然這場危機是一個巨大的頓挫，但全世界各大洲的繁榮程度已大幅提高。而之所以會出現這種情況，是因為世界已經在一個自由的貿易與投資體系中結為一體了。即使在中國與越南這類共產主義國家，市場規則與市場競爭仍占主導地位。

政治領域也發生了巨大的變化。根據史丹佛大學民主研究專家賴瑞．戴蒙（Larry Diamond）的說法，在一九七四年，世界上只有大約三十五個選舉民主國家，占世界國家總數不到百分之三十。但到了二〇一三年，這個數字已經擴大到一百二十個左右，占總數的百分之六十以上。而一九八九年所標誌的是一個廣泛趨勢的突然加速，即已故哈佛大學政治學家薩繆爾．杭亭頓（Samuel Huntington）所稱的「第三波」民主化浪潮；這股浪潮大約從十五年前的南歐與拉丁美洲的民主轉型開始，接著又延伸至撒哈拉以南的非洲以及亞洲。

以市場為基礎的全球經濟秩序的興起，與民主的普及，兩者間顯然有所聯繫。民主總是建立在廣泛的中產階級基礎上，而在過去一個世代，擁有資產的富裕公民群體到處都擴大了起來。較富裕、教育程度較高的人往往對政府的要求也高得多——因為他們納稅，所以他們認為有權利要求政府官員負責。世界上許多專制主義最頑強的堡壘都是石油資源豐富的國家，像是俄羅斯、委內瑞拉或者波斯灣各國；在這些地方，所謂的「資源詛咒」給政府提供了巨大的收入來源，而非人民自己。

自二〇〇五年以來，我們也目睹了戴蒙博士所說的全球「民主衰退」，石油資源豐富的獨裁者甚至有能力抗拒改變。根據自由之家（Freedom House）所發布的政治與公民自由指數，民主制度的數量與品質（包含選舉的公平性、新聞自由等）過去連續八年都呈現下降趨勢。

讓我們把這種民主衰退放在恰當的脈絡背景裡來看。雖然我們可能會擔心俄羅斯、泰國或尼加拉瓜的專制趨勢，但這些國家在一九七〇年代都是不折不扣的獨裁體制。儘管二〇一一年在開羅的解放廣場（Tahrir Square）發生了驚心動魄的革命，但「阿拉伯之春」除了在發源地突尼西亞，不太可能在其他地方產生真正的民主。不過長遠來說，這很可能意味著阿拉伯國家的政治將會更回應民意。期望真正的民主會迅速發生是極其不現實的。我們忘記了，在一八四八年革命（歐洲的「人民之春」）之後，民主又花了七十年的時間來站穩腳跟。

此外在思想領域，自由民主仍然沒有任何真正的競爭對手。弗拉基米爾．普丁（Vladimir Putin）

的俄羅斯以及阿亞圖拉*的伊朗即使在踐踏民主的實際作為中，也仍會向民主的理想致敬。不然普丁為什麼還費力在烏克蘭東部舉行虛假的「自決」公投？中東一些激進分子也許夢想著恢復伊斯蘭的哈里發國，然而這並不是穆斯林國家絕大多數人的選擇。看起來唯一還算有機會與自由民主制互相競爭的制度是所謂的「中國模式」；它將專制政府、不完全的市場經濟、高度的技術官僚以及技術能力混合在一起。

然而如果讓我打賭，五十年後，是美國與歐洲在政治上更像中國，還是中國會更像歐美，我會毫不猶豫地選擇後者。很多理由顯示，中國模式不可能延續。體制的合法性與共產黨的長期執政都仰賴持續的高度成長，但在中國努力從中等收入國家轉型為高收入國家的過程中，這種成長率根本不會發生。

中國透過毒害土壤與空氣累積了巨大的隱藏負債；雖然政府仍然比大多數專制體制更能快速應變，但中國的中產階級日益壯大，當情況變壞時，他們很可能不會接受當前腐敗的家長式統治。中國不再像毛澤東革命時期那樣，將普世主義的理想投射到自己的國界之外。隨著不平等程度的不斷升高，以及擁有政治關係的人所享有的巨大利益，「中國夢」代表的不過是一群相對少數的人快速致富的途徑而已。

然而這並不意味著我們可以放心滿足於民主在過去幾十年的表現。我的歷史終結假說從來無意指向決定論，也並非單純地預測自由民主在全世界必然勝利。民主國家之所以能夠生存和成功，只因為人民願意為法治、人權和政治可問責性而奮鬥。這樣的社會依靠的是領導力、組織力，以及純然的好運氣。

在期望實現民主的國家中，單一最大的問題往往是沒能實際地回應人民的需求。人民希望從政府那裡得到人身安全、共享的經濟成長、基本公共服務——特別是教育、醫療保健以及基礎設施——這些都是實現個人機會所必需的資源。民主的支持者，出於可理解的原因，把重點放在限制國家機構的權力上，以防止其暴虐或掠奪的惡行。但是他們並沒有花同樣多的時間去思考，該如何有效治理。用伍德羅·威爾遜（Woodrow Wilson）的話來說，他們更感興趣的是「控制政府，而不是提升政府的活力」。

這就是二〇〇四年烏克蘭橘色革命失敗的原因。這場革命第一次推翻了維克托·亞努科維奇（Viktor Yanukovych）。透過這些抗議活動上台的政治領袖——維克多·尤申科（Viktor Yushchenko）與尤莉亞·提摩申科（Yulia Tymoshenko）——卻把力氣浪費在內部爭吵和暗盤交易上。如果上台的是一個有效率的民主政府，能清除基輔的腐敗，並使國家機構更值得信賴，那麼這個政府很可能會在普丁的力量大到能夠介入之前，就先在整個烏克蘭建立政府的合法性，包含說俄語的東部地區。然而，民主力量卻敗壞了自己的名聲，為亞努科維奇在二〇一〇年的東山再起掃除障礙，也為最近幾個月緊張、血腥的對峙創造了條件。

與專制中國相比，印度政府也有類似的效能不彰問題。自從一九四七年建國以來，印度一直維持著民主國家的體制，令人印象深刻。但是印度的民主，就像製造香腸的過程一樣，細看之後並不怎麼令人嚮往。這個體制充斥著腐敗與恩庇；根據印度民主改革協會的數據，在印度最近的選舉中，百分之三十四的勝選者身上背負著等待判決的刑事案件，包含謀殺、綁架以及性侵等嚴重指控。

---

* 編註：「ayatollah」，伊朗伊斯蘭什葉派領袖的稱號。

印度也有法治，但它是如此緩慢而無效率，以至於許多原告在案件進入審判之前就已經死亡。根據《印度斯坦時報》（*Hindustan Times*）報導，印度最高法院積壓的案件高達六萬多件。與專制的中國相比，這個世界上最大的民主國家在為民眾提供現代化基礎建設或基本服務（民生用水、電力或基本教育）方面完全是跛腳狀態。

根據經濟學家與運動人士讓．德雷茲（Jean Drèze）的說法，在印度的一些邦，百分之五十的學校教師沒有去上班。納倫德拉．莫迪（Narendra Modi）——印度教民族主義者，曾有容許反穆斯林暴力的令人困擾的紀錄——剛剛以顯著的多數票當選總理；他希望自己能多少省去印度政治例行的煩瑣糾纏，並真正完成一些事情。

美國人時常不理解政府效率的重要性，而比其他國家的人更注重權力的制約。在二〇〇三年，小布希（George W. Bush）政府似乎認為，一旦美國消滅了薩達姆．海珊（Ṣaddām Ḥusayn）的獨裁統治，伊拉克就會自動出現民主政府和市場經濟。但是小布希政府不明白，這些都是複雜的制度互動出來的結果，包含政黨、法院、私有財產權、共同的國家認同等，而這樣的制度是已開發民主國家耗費數十年甚至數百年才發展出來的。

不幸的是，無法有效治理的情況也發生在美國自己身上。美國的麥迪遜憲法，由於著重於防止暴政，所以在各個政府層級都設置了許多權力制衡的機制，卻因此變成一個「否決體制」（vetocracy）。在當今華盛頓兩極化的（實際上是有毒的）政治氛圍中，事實證明，政府已無法有效地前進或後退。

與兩黨的歇斯底里相反，美國的長期財政問題固然相當嚴重，不過仍然可以透過明智的政治妥協來解決。但是國會已經好幾年沒有按照自己的規則通過預算了，而且二〇一三年秋天，共和黨甚至因為無法就償還過去的債務達成協議，關閉了整個政府。美國經濟雖仍源源不絕地產生神奇的創新，但美國政府在此刻卻很難成為全世界的靈感來源。

在二十五年後，對這個歷史終結假說最嚴重的威脅並不是有一個更高更好的模式，有一天將取代自由民主；無論是伊斯蘭神權統治或者中國特色資本主義都做不到。一旦社會登上工業化的電扶梯，其社會結構就開始發生變化，對政治參與的要求將會增加。而一旦政治精英們順應這些要求，我們就達到了某種模式的民主。

問題是，是否所有國家都將不可避免地登上那部電扶梯。這是一個政治與經濟交織的問題。經濟成長需要某些最基本的機制，例如可強制執行的契約以及可靠的公共服務，然後才能起飛。但在極端貧困與政治分裂的情況下，這些基本機制很難建立。歷史經驗顯示，社會有時能藉由歷史的偶然事件而逃出這個「陷阱」；在這個過程中，壞事（像是戰爭）常常創造出好事（像是現代政府）。然而未必每個社會都能如此福星高照。

第二個問題是我在二十五年前沒有談到的，那就是政治衰敗。這是一個向下的電扶梯。所有的機構或制度長期來說都可能衰敗。它們往往是僵化、保守的；針對一個歷史時期的需求而制定的應變規則，在外部條件改變之後，不必然仍能保持正確。

再者，非人格化設計的現代機構，隨著時間的推移，往往被強大的政治行動者納為己用。回饋親友作為人類的自然傾向，會在所有政治體系中發揮作用，使自由變質成為特權。不只在民主制度下是如此（請看美國現行稅法），在專制體制下也是一樣。在這種情況下，富人往往變得更富有，不只因為資本的報酬率比較高，如法國經濟學家托瑪・皮凱提（Thomas Piketty）所說；而也因為他們與政治體系有更好的聯繫管道，能用他們的人脈來促進自己的利益。

至於技術進步，它在利益分配方面則顯得變幻莫測。像資訊科技這樣的創新之所以能擴散力量，是因為它們使資訊變得便宜與容易取得；但這種創新也破壞了低技術工作，廣泛地威脅到中產階級的生存。

沒有一個生活在成熟民主國家的人應該為民主的存續而揚揚得意。然而，儘管世界政治在短期內有起有落，但民主理想的力量仍舊巨大。我們從不斷爆發的大規模抗議活動中看到了這一點：從突尼斯到基輔，再到伊斯坦堡；在這些地方，民眾要求政府承認他們作為人的平等尊嚴。我們還看到，每年有數百萬窮人不顧一切地從瓜地馬拉城或喀拉蚩（Karachi）等地遷往洛杉磯或倫敦。

即使我們對於所有人能多快到達那裡不無疑問，但我們應該毫不懷疑，在歷史的終點會是一個什麼樣的社會。

二〇一四年刊於《華爾街日報》（*The Wall Street Journal*）

註釋

1 "The End of History?" *The National Interest* 16 (Summer 1989): 3-18.

導論

本書最早源自於一九八九年夏季我為《國家利益》雜誌所寫的一篇文章，題目是〈歷史的終結？〉。我在文章中主張，隨著自由民主體制（liberal democracy）擊敗了種種敵對意識形態，像是世襲君主制、法西斯主義及最近的共產主義，全世界對於這種制度作為一種統治體系的合法性，在過去幾年已呈現出顯著的共識。然而不只如此，我還主張，自由民主制或許構成了「人類意識形態演進的終點」與「人類治理的最終形式」，因此就這一點而言，已經構成「歷史的終結」。更確切地說，其他較早的統治形態都因為嚴重的缺陷與不合理之處而導致其最終的崩潰，自由民主制卻不具備這類根本的內在矛盾。這並不是指今天穩定的民主國家，像是美國、法國或瑞士，都沒有不正義或嚴重的社會問題。不過這些問題都是自由與平等這兩大民主政治的基本原則未獲得完全實踐而造成，而不是這兩個原則本身有什麼缺陷。今天某些國家也許未能實現穩定的自由民主制，另外一些也可能跌回其他更原始的統治形態，例如神權政治或軍事獨裁，但自由民主的**理想**已不能再加以改良。

這篇文章引發的評論與爭議數量驚人，起先是在美國，後續則延燒到一系列非常不同的國家，如英國、法國、義大利、蘇聯、巴西、南非、日本及南韓。批判以你能想像的一切形式出現，有的單純建立在對我本意的誤解之上，有些則較敏銳地深入了我論述的核心。[1] 許多人一開始對我使用「歷史」這個詞彙感到困惑。他們以傳統的意義將歷史理解為諸般事件的發生，並據此指出，柏林圍牆的倒塌、中國共產黨鎮壓天安門廣場、伊拉克入侵科威特，這些都是「歷史還在繼續進行」的明證，所以**依據事實本身**（ipso facto）即證明我是錯的。

然而，我指出的那已經走到終點的事物，並不是事件的發生、也不是大型嚴重事件的發生，而是大寫的歷史：意思是說，歷史作為一個單一、連貫、演進的過程，一切時代的所有民族經驗都被囊括在內，這樣的歷史已經來到終點。對歷史的這種理解，與偉大的德國哲學家黑格爾（Georg Wilhelm Friedrich Hegel）有很密切的關聯。卡爾・馬克思（Karl Marx）從黑格爾那裡借來這個歷史概念，使之成為我們日常思想背景的一部分。當我們提到不同類型的人類社會時，我們所使用的「原始」或「先進」、「傳統」或「現代」這類詞彙，都隱含了這種歷史理解。對兩位思想家來說，人類社會從依賴奴役與自給自足式農業的簡單部落，到各種神權統治、君主制及封建貴族制，一直到現代的自由民主制與由科技推動的資本主義，是完整而連貫的發展。即便演進的過程並非一條直線、即便人們仍然可以質問，歷史「進步」的結果是否讓人更快樂或過得更好，但這個進程既非純然隨機，也並非毫無理路。

黑格爾與馬克思都相信，人類社會的演進並非漫無終點，而是，當人類取得一種能滿足其最深、最根本渴望的社會形態時，這個演進就會結束。因此，兩位思想家都設定了一個「歷史的終點」：對黑格爾而言，這個終點是一個自由政體；對馬克思來說，這個終點則是共產主義社會。這並不表示誕生、存續與滅亡的自然循環將結束，重大事件將不再發生，或者報導這些事件的新聞報紙將不再出版。而是這意味著，那根本的原則與制度將不再進步下去，一切真正重大的問題都已被解決。

現在這本書並不是我原來那篇文章的重新陳述，也不是為了與該文的眾多批判者與評論家繼續討論。它尤其不是對冷戰結束的陳述，或關於當代政治中任何其他急迫性議題的討論。雖然本書飽含世界上新近發生的重大事件，其主題卻回到一個非常古老的問題：在二十世紀結束之際，我們是否有理由再次主張，人類歷史是前後一貫、擁有固定方向，最終將把大多數人類帶往自由民主制？我得到的答案是肯定的，理由分別有兩個：一個與經濟有關，另一個則與所謂的「爭取承認的鬥爭」（struggle for recognition）有關。

歷史的方向性若要有效確立，訴諸黑格爾、馬克思（或他們當代的其他追隨者）的權威當然是不夠的。從他們撰述以來的一個半世紀裡，他們的思想遺產已經遭到所有路線毫不容情的攻擊。二十世紀一些最深刻的思想家直接攻擊了這個想法；他們否認歷史是一個連貫或有理路的過程。事實上，他們根本認為，人類生活的任何面向都不可能從哲學上進行理解。西方對於民主體制整體進步性的可能性，已經變得徹底悲觀了。這種深沉的悲觀態度不是偶然形成的，而是源自於二十世紀上半葉確實可怕的政治事件——兩次毀滅性的世界大戰、極權意識形態的興起，以及科學藉由核子武器與環境破壞等形式轉為與人類為敵。過去這個世紀的政治暴力受害者，從希特勒（Adolf Hitler）與史達林（Joseph Stalin）統治下的倖存者，到波布（Pol Pot）手下的受難者，其生命經歷會讓人拒絕相信曾經有過歷史進步這種事情。確實，談到體面、自由、民主的政治實踐所帶來的健全與保障，現在的我們已如此習慣於預期未來只會帶來壞消息，以至於當真的好消息來到時，我們已失去辨別的能力。

不過，好消息仍是來了。二十世紀最後二十五年最值得矚目的發展是，世界上看似強大的獨裁政權，無論是軍事威權的右派，或共產極權的左派，都已顯露出其核心擁有的巨大弱點。從拉丁美洲到東歐、從蘇維埃聯盟到中東與亞洲，強人政府在過去二十年裡搖搖欲墜。雖然他們沒有全都轉型為穩定的自由民主國家，但自由民主制仍是唯一橫跨全球不同區域與文化、各地皆一貫追求的政治理想。此外，不論是在已開發的工業國家，或者在一些二戰結束時曾十分貧困的第三世界國家，經濟中的自由原則（所謂「自由市場」）已擴散開來，也已成功製造出前所未有的物質繁榮。經濟思想的自由化革命有時領先，有時也落後於全球性的政治自由追求。

所有這些發展與二十世紀前半葉的恐怖歷史（當時右派與左派的極權政體正高歌猛進）如此相左，意味著我們有必要再度檢視這些發展背後是否有深層的連結，或僅僅是出於好運的偶發事件。究竟人類普遍史（Universal History of mankind）是否存在？藉由再度提出這個問題，我想重啟一個源於十九世紀早期的討論。由於人類後來經歷的重大事件，這個討論到了我們的時代，或多或少已被棄之不顧。雖然借用了康德（Immanuel Kant）與黑格爾等哲學家過去對此問題的探討，但我希望，本書所提出的論述仍可以自成一格。

這本書毫不謙虛地提出不是一種、而是**兩種**不同的辦法來概述如此一部普遍史。在第一部分中，我先確立我們為何需要再度提出普遍史的可能性；接著在第二部分，我試著把現代自然科學當作一種調節器或一種機制，用來解釋歷史的方向性與連貫性，並以此作為一個初步的回答。現代自然科學是一個有用的起點，因為所有人都同意，在重要的社會活動當中，自然科學是唯一既具累積性又具方向性的，即便其對人類幸福最終的影響並不明確。隨著十六、十七世紀科學方法的發展，人類逐步征服自然成為可能，然而其進展所依循的特定法則並非由人類制定，而是由大自然以及自然定律所決定。

現代自然科學的開展對於所有經歷此一歷程的社會所產生的影響是一致的，原因有二。首先，掌握科技的國家能獲得決定性的軍事優勢，而既然在跨國的國家體系中，戰爭的可能性持續存在，也就沒有一個珍視自身獨立地位的國家能忽視國防現代化的需要。第二，現代自然科學為各種經濟生產的可能性確立了一個統一的範圍。科技使財富的無限累積成為可能，由此也使不斷膨脹的人類欲望得以滿足。這個過程保證了所有人類社會日益同質化，不論其歷史根源或文化傳統如何。所有推動經濟現代化的國家必定愈來愈彼此相似：他們必須在中央集權的基礎上全國統一，推動都市化，對傳統形態的社會組織（像是部落、教派、家族）進行改革，代之以功能與效率更合乎經濟理性的形態，並對公民提供普及教育。這樣的社會，透過全球市場與消費文化的普遍流行，彼此間的連結也愈來愈密切。再者，現代自然科學的邏輯似乎決定了一種普遍朝向資本主義的演進方向。蘇維埃聯盟、中國及其他社會主義國家的經驗指出，雖然高度中央集權的經濟體足以達到歐洲一九五〇年代的工業化水準，但在創造複雜的所謂「後工業化」經濟方面（其中資訊與科技創新的角色遠為吃重），他們卻嚴重地欠缺這種能力。

然而，儘管由現代自然科學所代表的歷史機制很大程度足以解釋歷史變遷的性格以及現代社會的趨於一致，但這種機制卻不足以解釋民主的現象。毫無疑問，世界上發展程度最高的國家，也都是最成功的民主政體。但是，雖然現代自然科學引導我們走向自由民主制這應許之地的大門，卻並不把我們送進應許之地本身，因為先進的工業化與政治自由的產生，彼此在經濟上並沒有必然的因果。穩定的民主制有時也出現在前工業化社會，例如一七七六年的美國。另一方面，過去的歷史與當代也有許多科技先進的資本主義與政治威權主義共存的例子，從明治維新的日本與俾斯麥領導的德國，一直到今天的新加坡與泰國。許多狀況指出，威權國家能創造出民主社會無法達成的高經濟成長率。

所以我們確立歷史方向性的第一項努力只成功了一半。我們所稱的「現代自然科學的邏輯」實際上是歷史變遷的一種經濟詮釋，但這種詮釋（有別於馬克思主義的觀點）最終指向資本主義而非社會主義。現代科學的邏輯可以解釋我們這個世界的很多事情：為什麼已開發民主政體的居民是坐辦公室的工作者，而不是在鄉下勉強餬口的貧農；為什麼我們是工會或職業公會的成員，而不是部落或氏族的一分子；為什麼我們服從上級官員的權威，而不是聽從一位祭司；為什麼我們擁有讀寫能力，而且說一種共同的國家語言。

但歷史的經濟詮釋並不完整也不令人滿意，因為人並不單純只是經濟的動物。特別是，這類詮釋無法真正解釋為什麼我們是民主派，這意思是指，為什麼我們支持人民主權的原則、支持用法治來保障基本權利。對此，本書在第三部分轉而對歷史進程做了第二個、平行的陳述，希望找回人的整體，而非只是經濟的面向。為此，我們回到黑格爾，以及他基於「爭取承認的鬥爭」而對歷史所做的非物質主義的解釋。

根據黑格爾所言，人類像動物一樣，對自身以外的對象擁有自然的需求與欲望，包含食物、飲水、居所，以及最重要的——自身身體的保全。然而人與動物也有根本的不同之處，因為他除此之外還渴望他人的欲望，也就是說，他想要被「承認」。特別是他想要被承認為一個**人類**，意即被承認為一個有特定價值與尊嚴的存在。這個價值首先與他多大程度願意犧牲生命去爭奪純粹的威望有關。因為只有人類才能克服最基本的動物本能（當中最首要的是自我保全的本能）去追求更高的抽象原則與目標。根據黑格爾，被承認的欲望最早驅使兩個原始的戰鬥者，藉由在殊死戰鬥中賭上性命，迫使對方「承認」其具有人的地位。當對死亡的自然恐懼使其中一名戰鬥者屈服，主人與奴隸的關係便誕生了。這場位於歷史開端的血腥戰鬥所賭注的並非食物、居所或安全，而是純粹的威望。而正因為這場戰鬥的目標不是由生物學所決定，黑格爾認為這是人類自由的第一道微光。

「被承認的欲望」乍看之下也許是個陌生的概念，但這個概念其實跟西方政治哲學的傳統同樣古老，而且構成人類性格當中我們極其熟悉的一部分。其最早的描述見於柏拉圖（Plato）的《理想國》（*Republic*）：柏拉圖認為靈魂有三個部分，一個是欲望，一個是理性，還有一個他稱為「thymos」*、或稱「血性」的部分。人類許多行為都可以用前兩部分，即欲望與理性的組合來解釋：欲望誘使人們追求自己以外的事物，理性或計算則告訴他們獲得這些事物的最好辦法。然而除此以外，人類也尋求別人對自身價值的承認，或者對他們賦予價值的人、事物或原則的承認。賦予自身一定價值，並要求其他人承認這個價值，這種傾向以如今的語言來說，我們可以稱為「自尊」。這種自尊的傾向，就來自於靈魂中被稱為「thymos」（血性）的這個部分。這就像人類一種天生的正義感。人們相信自己有一定的價值；當別人視他們的價值不及於此，他們就經驗到**憤怒**的情緒。反過來說，當人們沒能達到自己的價值感時，就感覺**羞愧**；而當別人以符合其價值的方式正確評價他們時，他們感到**自豪**。被承認的欲望，以及伴隨而來的憤怒、羞愧、自豪等情緒，都是人類性格中對於政治生活

＊譯註：希臘文為「θυμός」。中文沒有單一最好的對應，除了「血性」之外，「激情」、「衝動」、「勇猛」、「氣概」視情況都是可能的翻譯。在古希臘文中，這個詞彙最初是指活力、勇氣、決心、憤怒等心理現象所在的人體位置。「thymos」原則上以原字呈現，但是加注括號（血性）。因為這是本書核心概念，作者福山也直接使用「thymos」，並未翻成英文。相關的形容詞「thymotic」原文中則未做強調，譯文也以「血性的」譯出。

至為關鍵的部分。根據黑格爾，這些是推動整個歷史進程的動力。

照黑格爾的說明，希望被承認為一個有尊嚴的人，如此欲望在歷史的開端驅使一個人走進一場爭奪威望的血腥殊死戰。戰鬥的結局把人類社會劃分為主人與奴隸兩個階級，前者願意賭上自己的性命，後者則臣服於對死亡的自然恐懼。然而這種主奴關係（人類歷史很大一部分由不平等的貴族社會構成，主奴關係在其中以各種差異極大的形態出現）最終卻沒能滿足這被承認的欲望，無論對主人或奴隸來說皆是如此。奴隸作為人類的地位當然得不到任何形式的承認。但是主人得到的承認也有缺陷，因為他並未得到其他主人的承認，承認他的只是沒有完整人類地位的奴隸。由於在貴族社會中只能得到有瑕疵的承認，這種不滿構成一種「矛盾」，推動了後續的歷史階段。

黑格爾相信，這個內在於主奴關係中的矛盾，最終透過法國大革命解決了（其實美國革命也可以算上）。民主革命廢除了主人與奴隸的劃分，讓從前的奴隸成為自己的主人，並確立人民主權與法治的原則。主人與奴隸之間固有的不平等承認換成了普遍與對等的承認，每個公民都承認其他每個公民的尊嚴與人類地位，而此一尊嚴又由國家透過**權利**的賦予來加以承認。

這種對當代自由民主制的黑格爾式理解，在一個重要的面向上，不同於盎格魯撒克遜的理解方式；後者即英美兩國自由主義的理論基礎。在英美的傳統中，當一個人自豪地追求他人的承認時，這種追求從屬於一種開明的自我利益（即結合了理性的欲望）之下，特別是從屬於對身體的自我保全欲望。一方面霍布斯（Thomas Hobbes）、洛克（John Locke），以及美國的開國元勳——例如傑佛遜（Jefferson）與麥迪遜（Madison）——都相信，權利很大程度是維護私人領域的手段，人們在私領域中可以讓自己富足，可以滿足他們靈魂中欲望的部分；[2] 但是黑格爾認為，權利就是目的本身，因為真正滿足人類的，並不是物質的豐盛，而是對他們地位與尊嚴的承認。隨著美國與法國革命的發生，黑格爾斷定，歷史已經來到一個終點，因為那一路推動歷史進程的渴望——那爭取承認的鬥爭——在現在這個普遍與對等承認的社會中，已經得到滿足。沒有其他人類社會制度的安排更能滿足這種渴望，也不可能有更進一步的歷史變遷了。

因此，被承認的欲望可以提供自由經濟與自由政治之間失落的環節，這正是本書第二部分對歷史的經濟陳述中所欠缺的。欲望與理性合起來，就足以解釋工業化的進程，以及更廣義的經濟生活的很大一部分。但這不能解釋人們對自由民主制的追求，因為這最終源起於「thymos」(血性)，也就是靈魂中要求被承認的那個部分。那伴隨先進工業化而出現的社會變遷（特別是普及教育），似乎釋放出一種對承認的特定要求，而這種要求在較貧困與教育程度較低的人之間並不存在。隨著生活標準的提高，隨著人口變得更加國際化、教育程度也愈高，隨著社會整體實現更高的條件平等，人們就開始要求不只是更多財富，而也要求他們的地位被承認。如果人們僅僅是欲望與理性，那他們就會滿足於生活在市場導向的威權國家裡，例如佛朗哥（Franco）的西班牙，或軍事統治下的南韓或巴西。然而他們對自己的自我價值同樣有一種血性的自豪，這就導致他們要求民主的政府，因為這樣的政府才會把他們當作成人而非孩童，同時承認他們作為自由個體的自主性。在我們的時代裡，共產主義正被自由民主制所取代，因為人們了解到，前者提供的承認形式具有嚴重的缺陷。

如果我們了解，被承認的欲望是推動歷史的重要力量，那麼我們就能重新詮釋許多原本看似熟悉的現象，像是文化、宗教、工作、民族主義，以及戰爭。本書第四部分就是試著做這件事，並試著探討，被承認的欲望在未來會以哪些不同的方式顯現。例如，一個宗教信徒會要求他的特定神明或祭祀活動得到承認，而一個民族主義者則要求他的特定語言、文化或族裔群體被承認。這兩種形式的承認，由於建立在對於神聖與世俗、或者對於人類社會群體的任意劃分之上，並不像自由政體的普遍承認那樣合乎理性。因此，宗教、民族主義、一個民族的倫理慣例與風俗的綜合整體（統稱「文化」），傳統上都被詮釋為某種障礙，使民主政治制度與自由市場經濟難以成功建立。

不過實際上事情還要複雜得多，因為自由政治與自由經濟時常仰賴一種非理性的承認形式，而這剛好又是自由主義本應克服的對象。民主政體要能運作，公民需要對自己的各項民主制度產生非理性的自豪感，也必須培養亞歷西斯·德·托克維爾（Alexis de Tocqueville）所稱的「結社的藝術」，其基礎是對小型社群充滿自豪的忠誠。這些社群時常是建立在宗教、族裔或其他承認形式的基礎上，並未達到自由政體所賴以建立的普遍承認。在自由經濟方面也是如此。勞動在西方自由經濟傳統上向來被理解為本質上令人不愉快的活動，只為了滿足人類欲望與解除人類痛苦的緣故才加以進行。但在某些具深厚工作倫理的文化裡，像是創造了歐洲資本主義的新教企業家，或在明治維新後推動日本現代化的精英，人們也會為了獲得承認而工作。在如今的許多亞洲國家，維繫工作倫理的，與其說是物質誘因，毋寧說是層層疊疊的社會群體認可；從家庭到民族，上述社會便建立在這些群體之上。這表示，自由經濟的成功不只以自由原則為基礎，也需要非理性形式的「thymos」（血性）。

爭取承認的鬥爭讓我們更清楚看見國際政治的本質。被承認的欲望原先導致兩個個體為了爭取威望而走入血腥的戰鬥，現在則依循同一邏輯導致帝國主義與世界霸權。國內層次的主奴關係自然地複製至國家的層次，民族作為整體爭取承認，並為了霸權而走入血腥的戰鬥。作為一種現代但不完全理性的承認形式，民族主義成了過去一百年中爭取承認的鬥爭工具，也是二十世紀最激烈衝突的源頭。這就是「強權政治」的世界，如亨利・季辛吉（Henry Kissinger）這類外交「現實主義者」所描述的樣貌。

不過，如果戰爭在根本上由被承認的欲望所推動，那麼自由革命（在廢除主奴關係、讓先前的奴隸成為自己的主人後）顯然應該對國與國之間的關係產生類似的影響。在自由民主制中，被承認為高人一等的非理性欲望，換成了被承認為平等的理性欲望。於是，一個由自由民主政體組成的世界，戰爭的動機應該就會小得多，因為所有國家都對等承認對方的合法性。而且事實上，過去數百年有大量經驗證據顯示，自由民主制的國家並不以帝國主義的態度對待彼此，即便他們完全有能力對其他既非民主制、也沒有共同基本價值觀的國家發動戰爭。目前在東歐與蘇維埃聯盟這些地區，由於人們長期被剝奪民族認同，民族主義正在抬頭；然而在世界最古老、也最安全的民族之間，民族主義正在經歷一種轉變的過程。在西歐，民族承認的要求已經被馴化，已能與普遍承認相容，就像三、四百年前宗教在此地區所經歷過的一樣。

本書第五、也是最後一部分所探討的問題是「歷史終結」，以及在終點上出現的生物——「最後之人」(the last man)。* 在針對原先《國家利益》那篇文章的辯論過程中，許多人認為，歷史終結的可能性其實環繞著一個問題，即當今世界是否看得到任何可行的替代方案，足以取代自由民主制。這類問題有很大的爭議，例如共產主義是否真已死亡、宗教或極端民族主義會不會捲土重來等。但更深入、也更深刻的問題是關於自由民主制本身的優劣，而不僅僅是自由民主制能否打敗今天的競爭對

* 編註：又譯為「末人」，出自尼采《查拉圖斯特拉如是說》（*The Spoke Zssarathustra*）。

手。假使自由民主制暫時沒有外在敵人，我們是否就能認定，成功的民主社會也將無限期地維繫下去？或者，自由民主制是否正為嚴重的內部矛盾所苦，且這些矛盾最終將瓦解其作為一種政治制度的地位？毫無疑問，如今很多民主國家正面臨大量的嚴重問題，從毒品、遊民、犯罪到環境破壞與消費主義的輕浮膚淺。但這些問題並非明顯不可能在自由原則的基礎上解決，也未必嚴重到必然導致社會整體的崩潰，像共產主義在一九八〇年代的崩潰那樣。

黑格爾偉大的詮釋者亞歷山大．柯傑夫（Alexandre Kojève）在二十世紀斷然主張，歷史已經終結，因為他所稱的「普遍同質之國」（我們可以理解為自由民主制）以普遍平等承認取代了主奴關係，決定性地解決了承認的問題。人類在整個歷史過程中不斷尋找的事物（是什麼力量推動了先前的「歷史階段」？）就是承認。在現代世界中，人類終於找到這樣事物，並感到「完全滿足」。這個主張由柯傑夫嚴肅地提出，也值得我們嚴肅看待。我們或許可以把人類歷史幾千年來**最關鍵的**政治問題看作是為了解決承認問題所做的努力。承認是政治的核心問題，因為那是暴政、帝國主義及宰制的欲望之源頭。但儘管存在著黑暗的一面，你卻不能就此把承認從政治生活中取消，因為它同時又是各種政治美德（勇氣、有公共精神、正義等）的心理基礎。一切政治社群都必須利用被承認的欲望，同時得保護自身不受其破壞性的影響。如果當代的立憲政府確實找到一個公式，使所有人都被承認，同時又能避免暴政的出現，那麼此政體肯定比地球上其他曾出現過的政權更有資格宣揚其穩定與長久。

然而，當代自由民主國家的公民所能得到的承認，真的令他們「完全滿足」嗎？自由民主制的長期未來，以及其有朝一日可能出現的替代方案，主要就取決於這個問題的答案。在第五部分裡，我們簡述了兩種大致的回答，分別來自左派與右派。左派會說，自由民主制中的普遍承認必然是不完整的，因為資本主義創造出經濟不平等，而且它需要一種**本身**即隱含不平等承認的勞動分工。從這個角度來說，一個國家的絕對繁榮程度並不提供解決辦法，因為永遠會有相對更貧窮的人；他們無法作為人類被同國的其他公民看到。換句話說，自由民主制會繼續對平等的人做不平等的承認。

對於普遍承認的第二種批判，也是我認為更有力的批判，是來自右派——法國大革命對人類平等的承諾造成一種齊頭效應，他們對此有很深的憂慮。這些右派最出色的代言人就是哲學家弗里德里希．尼采（Friedrich Nietzsche）；他的觀點在某些方面則已見於偉大的民主社會觀察家托克維爾。尼采相信，現代民主代表的不是從前的奴隸成為自己的主人，而是奴隸與某種奴隸道德獲得無條件的勝利。自由民主制下的典型公民是一個「最後之人」；他在現代自由主義奠基者的教導之下，放棄了對自身優越價值的自豪信念，轉而追求舒適的自我保全。自由民主制創造出「沒有胸膛的人」；他們由欲望與理性構成，但缺少「thymos」（血性），而透過計算長期的自我利益，他們相當擅長找新辦法來滿足大量瑣碎的需求。最後之人並不渴望被承認為高於他人，而沒有這種欲望，任何卓越或成就皆不可能。滿足於自身的幸福，也不會為了受那些欲望制約而感到任何羞愧，最後之人已不再算是人類。

順著尼采的思路，我們不得不提出下列問題：僅僅為了普遍平等承認就感到完全滿足的人，難道可以算是一個完整的人類嗎？事實上，他豈不是一個值得鄙視的對象，一個既不奮鬥也無抱負的「最後之人」？人類性格中難道沒有特意追求鬥爭、危險、風險與大膽冒險的一面嗎？這一面難道不會在當代自由民主制的「和平與繁榮」裡一直無法被滿足嗎？某些人的滿足難道不是建立在一種內在不平等的承認上嗎？確實，對不平等承認的渴望，難道不就是使生活之所以可以忍受的基礎嗎？不只對從前的貴族社會而言，而且也包含在現代自由民主政體中？以某種角度來說，這些政體未來的存續難道不是取決於其公民多大程度尋求被承認為不只是平等、而是高人一等？對於淪為可鄙的「最後之人」的恐懼，難道不會驅使人們以全新且不可預見的方式來堅持自我，甚至再度成為獸性的「最初之人」(the first man)，從事爭奪威望的血腥戰鬥，只是這一次使用現代武器？

本書嘗試處理這些問題。一旦我們問及是否有進步這回事，以及我們是否能建構一個連貫且有方向性的人類普遍史，這些問題就會自然出現。右派與左派的極權主義在二十世紀的大部分時間裡讓我們過於忙碌，以至於沒能認真考慮最後這個問題。但隨著二十世紀即將結束，極權主義的退場邀請我們再一次提出這古老的問題。

註釋

1 關於我最早對一部分批評者所做的回應，請見我的文章："Reply to My Critics," *The National Interest* 18 (Winter 1989-90): 21-28。

2 洛克以及（特別是）麥迪遜確實了解到，共和政府存在的目的之一，即保護其公民自豪的自我主張。見上引，頁一八六至一八八，以及註腳十五，頁一六〇至三六七。

PART 1

一個重新提出的老問題

第一章

我們的悲觀主義

即使是如此正派清醒的思想家，伊曼紐爾・康德仍認真相信，戰爭是為了實現神的旨意。但在廣島原爆之後，一切戰爭最多只能算是必要的惡。即使是如此聖潔的神學家，聖多瑪斯・阿奎納（St. Thomas Aquinas）也全然認真地主張，暴君是行神的旨意，因為如果沒有暴君，也就沒有殉教的機會。但在奧斯威辛（Auschwitz）之後，任何採信此一論述的人都犯了瀆神之罪⋯⋯這些可怕的事件都發生在這個現代、開明、科技的世界的核心裡。從此以後，還有人能相信上帝是必要的進步力量嗎？還能相信上帝是以看顧一切的天意來彰顯祂的大能嗎？

——埃米爾・菲克漢姆（Emile Fackenheim），《上帝在歷史中的存在》（*God's Presence in History*）[1]

我們可以有把握地說，二十世紀讓我們所有人都成了重度的歷史悲觀主義者。

作為個體，我們當然可以對個人健康與幸福的前景心懷樂觀。以長期的傳統來看，美國人這個民族據說對未來總抱持著希望。但當我們談到更大的問題，例如歷史過去是否曾有進步、未來是否將有進步，美國人的看法就很不一樣了。二十世紀最清醒、最深思的心靈就認為，並沒有理由顯示這個世界正朝向自由民主制前進，也就是西方人認為合宜且善良的政治體制。我們最深刻的思想家已做了結論，不存在大寫的歷史這種事，意思是說，在人類事件的廣闊範圍裡，不存在一個有意義的秩序。我們自己的經驗也教導我們，未來很有可能出現全新且超乎想像的邪惡，從狂熱的獨裁政權與血腥的種族滅絕，直到被現代消費主義庸俗化的生活，還有從核子冬天到全球暖化等前所未有的災難在等待著我們。

但二十世紀的悲觀主義與十九世紀的樂觀主義卻構成強烈的對比。儘管歐洲十九世紀一開始在戰爭與革命中劇烈動盪，但總體而言，這是一個和平的世紀，物質財富獲得空前的成長。樂觀主義的出現有兩個廣泛的原因。首先，人們相信現代科學將克服疾病與貧窮，人類生活將由此改善。人類長久以來的對手——自然，將被現代科技所掌控，並為人類幸福的目的而服務。第二，自由民主的統治形態將繼續擴散到世界上愈來愈多的國家。「一七七六精神」，或者說法國大革命的理想，將粉碎全世界的暴君、獨裁者及迷信的教士。對權威的盲目服從將被理性的自治所取代，人人自由平等，不再服從自己以外的任何主人。在這個廣泛的文明運動之下，就連拿破崙的血腥戰爭也能被哲學家們詮釋為帶來社會進步的事件，因為這些戰爭促進了共和政府的擴散。不少人提出理論（有些是嚴肅的，有些則不那麼認真）來解釋，人類歷史如何構成一個連貫的整體，其迂迴與轉折都可以被理解為通往現代的美好事物。一八八〇年，一位羅伯特・麥肯齊（Robert Mackenzie）寫過這樣一段話：

人類歷史是一個進步的紀錄——知識不斷累積，智慧不斷成長，人的智力與福祉也持續從較低水準走向較高水準。每一代人把所繼承的財寶，透過自己的經驗加以改良，加上自己在所有勝利中獲得的戰果，再傳給下一代人。……人類福祉的成長，如今再也不受任性君主的惡意干預，而是留給偉大的天啟法則來善意規範了。[2]

著名的《大英百科全書》(*Encyclopaedia Britannica*) 一九一〇至一九一一年第十一版的「酷刑」條目下寫道：「就歐洲而言，這個主題完全只剩下歷史意義。」[3] 第一次世界大戰前夕，記者諾曼·安傑爾（Norman Angell）出版了《大幻覺》(*The Great Illusion*) 一書；他在書中主張，自由貿易已經讓領土擴張成為過去，戰爭也成為經濟上的非理性行為。[4]

二十世紀的悲觀主義，至少有一部分是由於這些較早的期望被太過殘酷地粉碎而產生的。第一次世界大戰是歐洲自信心動搖的關鍵事件。這場戰爭無疑瓦解了德國、奧地利、俄羅斯的君主制所代表的舊政治秩序，但其更深的衝擊發生在心理層面。四年不可描述的恐怖壕溝戰，數以萬計的士兵一日之內亡於幾步之內的焦土上，用保羅·福塞爾（Paul Fussell）的話來說：「對於主宰了公眾意識一世紀的改良主義神話，這是一個可怕的困境，逆轉了進步的理念。」[5] 忠誠、勤奮、堅毅、愛國心等美德被用於對他人進行系統性與無意義的屠殺，致使創造了這些美德的整個資產階級世界的信譽蕩然無存。[6] 正如雷馬克(Erich Maria Eemarque)《西線無戰事》(*All Quiet on the Western Front*)的主角——年輕士兵保羅所解釋：「對我們十八歲的少年來說，〔我們的學校老師〕本來應該介紹與引導我們走向成人的世界，這個工作、責任、文化與進步的世界，也就是引導我們走向未來……然而我們見到的第一次死亡事件，粉碎了我們這個想法。」他用一句話做結論：「我們這一代比他們那一代更值得信賴。」[7]越戰時的美國年輕人對此深感共鳴。歐洲的工業進步可以轉變成道德上毫無救贖或意義的戰爭，這使得一切在歷史中尋找較大模式或更高意義的嘗試都受到強烈的唾棄。因此，英國著名歷史家費雪（H. A. L. Fisher）可以在一九三四年寫道：「比我更聰明、更博學的人已在歷史中辨認出一套情節、節奏或注定的模式。但這些一致性我完全看不出來。我能看到的只是一樁緊急事件接著另一樁發生，就像一道接著一道的海浪。」[8]

事實證明，第一次世界大戰只是序幕，新形態的邪惡很快也將出現。如果現代科學使空前毀滅性的武器成為可能，例如機關槍與轟炸機，那麼現代政治則是創造出一種權力之大史無前例的體制，人們不得不為此創造一個新詞：**極權主義**（totalitarianism）。在高效率的警力、大規模動員的政黨，以及激進意識形態的支撐下，政府試圖控制人類生活的一切面向，這種新形態政體著手實行一種新計畫，野心之大堪比宰制世界。極權主義政權，例如希特勒的德國與史達林的俄羅斯等，所推行的種族滅絕在人類歷史上前所未見，而且在許多方面上是由於現代性才成為可能。[9]二十世紀之前當然也有過許多血腥的暴政，但希特勒與史達林讓現代科技與現代政治組織一起為邪惡服務。例如把一整個類別的人加以消滅，像是歐洲猶太人或蘇聯的富農（kulaks），這種行動如此耗時費力，完全不在從前「傳統」暴政技術能力的考慮範圍之內。然而正是十九世紀的科技與社會進步使如此任務成為可能。由這些極權主義意識形態發動的戰爭也屬於全新種類，牽涉到對平民人口與經濟資源的大規模消滅——「總體戰爭」（total war）一詞便由此而來。為了抵抗這些威脅，自由民主國家只好採取例如德勒斯登大轟炸或在廣島投原子彈等軍事戰略；這種事放在更早的時代裡，一定會被稱為種族屠殺。

十九世紀的進步理論把人類的惡與社會發展的落後狀態連結起來。雖然史達林主義確實興起於一個落後、以暴虐統治出名的半歐洲國家，但集中營卻出現在一個工業經濟極為先進、人民文化與教育程度也極高的歐洲國家。如果這種事可以發生在德國，那為什麼不會發生在任何其他先進國家呢？如果經濟發展、教育、文化都不能保證納粹主義不會發生，那麼侈談歷史進步還有什麼意義呢？[10]

二十世紀的經驗使人難以主張科學與技術為進步之基礎。因為科技改善人類生活的能力，會關鍵性地取決於人類道德是否也有相應的進步。如果沒有，科技的力量就會被用於邪惡的目的，人類的日子將會比之前更糟。如果沒有工業革命的基本進步，包含鐵、鋼、內燃機、飛機等，二十世紀的總體戰爭也不可能發生。自廣島原爆以來，人類一直生活在一項最可怕的科技進步的陰影下，那就是核子武器。現代科學促成的驚人經濟成長也存在陰暗的一面，它給地球許多地方帶來嚴重的環境損害，並使最終的全球生態災難成為可能。時常有人斷言，全球資訊科技與即時通訊促進了民主的理念，如CNN一九八九年對占領天安門廣場的全球報導，或者同年稍晚對東歐革命的相關報導。不過通訊科技本身是價值中立的。阿亞圖拉柯梅尼（Ayatollah Khomeini）的反動思想在一九七八年革命前以卡式錄音帶的形式進入伊朗，而卡式錄音機之所以相當普遍，就是拜沙阿（Shah）對伊朗的經濟現代化政策之賜。如果電視與全球即時通訊在一九三〇年代便已存在，也一定會被納粹宣傳家如蘭妮·萊芬斯坦（Leni Riefenstahl）與約瑟夫·戈培爾（Joseph Goebbels）有效地用於推廣納粹思想而非民主理念。

二十世紀的創傷性事件也成為深遠的思想危機之背景。除非你知道人類要往哪裡去，否則你不可能談論歷史進步。十九世紀大多數的歐洲人以為，進步就意味著往民主的方向前進。但在二十世紀的大多數時候，人們對於這個問題並沒有一致的看法。自由民主制受到法西斯與共產主義兩大敵對意識形態的挑戰；它們提出與民主截然不同的社會前景。西方人自己也開始疑惑，自由民主制事實上是不是所有人類的普遍嚮往；他們先前對自由民主的信心是不是只反映了自己狹隘的種族中心主義。當歐洲人被迫面對歐洲以外的世界時（一開始作為殖民宗主國，接著在冷戰期間作為〔前殖民地的〕庇護國，以及在主權民族國家的世界裡作為理論上與他國地位平等的國家），他們開始質疑自己理念的普遍性。歐洲國家體系在兩次世界大戰中自殺式的自我毀滅，拆穿了西方理性優越性的神話，同時歐洲人在十九世紀直覺上所相信的文明與野蠻的分界，在納粹的死亡集中營之後，也變得難以成立。與其說人類歷史朝著單一方向前進，不如說每一個民族或文明似乎都有它自己的目標，而自由民主制在其中並不享有特殊待遇。

在我們的時代，我們的悲觀主義最明顯的表現之一，就是幾乎所有人都相信，西方自由民主制將永遠存在一個強而有力的替代選項，即共產極權體制。當亨利．季辛吉於一九七〇年代擔任國務卿時，他曾警告美國人：「現在，我們史上第一次面臨一個嚴酷的現實：〔共產主義的〕挑戰將**永無止境**……我們必須學會在無可逃避與沒有喘息的狀況下執行我們的外交政策，就像其他國家數世紀以來不得不面對的那樣……**這個狀況將不會消失**。」[11] 季辛吉相信，試圖改革蘇聯等敵對強權的基本政治社會結構，無異於天方夜譚。政治上的成熟意味著，要接受世界實際的模樣，而不是要求世界成為我們想要的樣貌；而這也就意味著，要接受布列茲涅夫（Brezhnev）領導的蘇聯。儘管共產主義與民主陣營之間的衝突可以被緩解，但共產主義本身以及世界末日戰爭的可能性卻永遠不能被完全克服。

季辛吉的觀點絕不是孤例。幾乎每一個政治與外交政策研究的專家都相信共產主義將長久存在，因此一九八〇年代末期共產主義在世界各地的崩潰幾乎是完全意料之外的。這個預測失誤不只是意識形態教條影響了各方對事件的「冷靜」看待這麼簡單。橫跨整個政治光譜，無論右派、左派還是中間，從新聞記者到學者，包含東方與西方的政治人物，全都做了錯誤的預測。[12]這種盲目如此彌漫，其根源並非單純的黨派立場，反而更深遠得多，來自於二十世紀重大事件所造成、超乎尋常的歷史悲觀主義。

近如一九八三年，尚─方斯華．何維爾（Jean-François Revel）還宣稱：「畢竟，民主制有可能變成歷史的意外事件，一個短暫的插入句，即將在我們的眼前結束……」[13]當然，右派從不相信共產主義在受其控制的民眾的眼中有過任何程度的合法性，也相當清楚地看到社會主義國家的經濟失敗。但大多數右派相信，像蘇聯這樣的「失敗社會」，透過發明列寧式極權主義，仍是找到了權力的鑰匙；一小撮「官僚獨裁者」能運用現代組織與科技的力量，或多或少對廣大民眾進行無限期的統治。極權主義不只成功恫嚇了臣屬於其下的民眾，還成功迫使他們把共產主義頭子的價值內化為自己思想的一部分。這就是珍妮．寇克派翠克（Jeanne Kirkpatrick）在一九七九年一篇有名的文章裡對傳統的右派威權政權與左派激進極權所做的一項區分。右派威權政權「不干涉既有的財富、權力、地位的分配」，也「崇拜傳統神明，遵從傳統禁忌」；左派的激進極權卻試圖「對社會整體進行管轄」，也侵犯「內化的價值與習慣」。與單純的威權國家不同，一個極權國家對臣屬其下的社會的控制是如此毫不留情，以至於根本上發生不了任何變遷或改革：所以「二十世紀歷史沒有讓人期待的理由，這些激進極權政權會自己轉型」。[14]

在這種對極權國家生命力的信念的背後，隱藏著一種對民主體制的信心的嚴重匱乏。例如寇克派翠克認為，當前第三世界的非民主國家裡，只有極少數能成功民主化（至於共產主義政權民主化的可能性則被完全排除）；而且何維爾認為，歐洲與北美強大且穩固的民主國家缺乏足以自我捍衛的內在確信——這些都是信心匱乏的表現。寇克派翠克舉出了成功的民主化所必需的許多經濟、社會與文化條件，並批評一種「以為任何地方、任何時間都有可能讓一個政府民主化」的典型美國觀點。相信第三世界可以有一個民主中心，只是一個陷阱與幻想；經驗告訴我們，這個世界實際上被劃分為右派威權主義與左派極權主義兩派。何維爾則以一種更為極端的形式重申了最早由托克維爾所提出的批評，即民主國家很難維持嚴肅且長期的外交政策。[15] 他們受到民主本質的限制：受制於多元的聲音，受制於民主辯論特有的自我懷疑與自我批判。因此，「就目前的情況來說，相對較小的不滿事件反而更快更嚴重地侵蝕、擾亂、動盪以及癱瘓民主國家，更勝於駭人的飢荒與持續的貧困對共產主義政權的打擊，因為後者的臣民沒有真正的權力或手段來糾正他們的錯誤。以長期的批判作為其必不可少之特色的社會，才是人可以生活的社會，但這樣的社會也最脆弱」。[16]

左派透過不同的路徑得到了類似的結論。一九八〇年代，歐洲與美國最「進步」的人士已不再相信蘇維埃共產主義代表他們的未來，就像二戰結束前後許多進步思想家曾經相信過的那樣。然而左派中卻長久存在一種想法，認為馬克思列寧主義對**其他人**是合理的，而且這種合理性往往隨著地理與文化的距離而增加。因此，雖然蘇維埃式的共產主義對美國人或英國人來說不必然是現實的選擇，但對於俄國人，以他們專制與中央集權的傳統而言，就是一個真正的選項了。對中國人而言就更不用說；據說中國人甚至是為了克服外國宰制、落後、屈辱等歷史遺留的問題而擁抱共產主義的。一般認為古巴人與尼加拉瓜人也是如此；他們是美國帝國主義的受害者。對越南人也一樣；他們實際上把共產主義看成一個虛擬的民族傳統。左派許多人都認為，在第三世界裡，即使缺乏自由選舉與公開討論，一個激進的社會主義政權同樣可以靠土地改革、提供免費醫療、提升識字率來使自己合法化。既然存在如此看法，左派中很少人預測蘇維埃集團或中國的革命動盪也就不令人意外了。

確實，在冷戰逐漸結束的這段日子裡，某些人會以稀奇古怪的形式相信共產主義的合法性與持久性。一位蘇聯研究的重量級學者主張，蘇維埃體制在布列茲涅夫的帶領下已達成他所稱的「體制多元化」，而且「蘇維埃領導當局看來已使蘇聯幾乎比美國更接近美國政治學所稱的多元化模式的精神了……」。[17] 在戈巴契夫（Gorbachev）之前的蘇維埃，「並非死氣沉沉與被動，而是在幾乎一切意義上高度參與的社會」，蘇維埃公民「參與」政治的比例甚至高過美國。[18] 某些關於東歐的研究也展現了相同的思路。儘管東歐的共產主義明顯存在被強加的性質，許多學者還是只看到巨大的社會穩定性。一位專家於一九八七年斷言：「如果我們今天要把〔東歐各國〕拿來與世界上許多國家（像是拉丁美洲的某些國家）做比較，這些東歐國家會看來像是穩定性的典範。」他同時批判了傳統上對共產黨的印象，根據這類印象，共產黨是「『缺乏合法性的』政黨……與滿懷敵意和不信任的人民互相抗衡的政黨」。[19]

雖然當中某些觀點單純只是把不遠的過去投射到未來，但許多看法確實立基於對東歐共產主義**合法性**的判斷。也就是說，即便他們的社會存在各種不容否認的問題，共產黨統治者仍然與他們的人民訂定了一個「社會契約」，就像一個蘇維埃諷刺笑話所說：「他們假裝付我們工資，我們也假裝工作。」[20] 這些政權既沒有生產力也沒有活力，但他們的統治被視為是基於人民一定程度的同意，因為他們至少提供了安全與穩定。[21] 正如政治學者薩繆爾．杭亭頓於一九六八年所寫道：

美國、英國與蘇聯的政府形式各不相同，但在所有三種體制中，都是由政府進行統治。每一個國家都是一個政治共同體，人民對其政治體系的合法性有壓倒性的共識。在每個國家中，公民與他們的領導者對於社會的公共利益以及政治共同體所遵奉的傳統與原則有著共同的願景。[22]

杭亭頓對共產主義沒有特別的好感，但他相信，證據的分量使我們不得不認為，共產主義多年來已成功贏得了一定程度的民眾支持。

目前我們對歷史進步之可能性的悲觀態度，是從兩個不同且平行的危機中產生出來的：一個是二十世紀的政治危機，一個是西方理性主義的思想危機。前者讓數千萬人喪失性命，迫使數億人生活在新的、更殘酷的奴役形態之下；後者讓自由民主制失去可用來捍衛自己的思想材料。兩者彼此關聯，無法各自分開來理解。一方面，缺乏思想共識使二十世紀的戰爭與革命更具意識形態，也因此更為極端。俄國革命、中國革命，以及納粹在二戰期間的占領行動，使十六世紀宗教戰爭特有的殘酷性格以放大的形式重新出現，因為現在的賭注不只是領土與資源，而是所有人民的價值體系與生活方式。另一方面，這些意識形態衝突所催生的暴力，以及其可怕後果，對自由民主國家的自信心產生了災難性的影響；在一個極權與專制政權當道的世界裡，被孤立的民主國家開始對自由權利概念的普遍性產生了嚴重的懷疑。

然而，即便二十世紀上半葉的經驗為我們帶來強大的悲觀理由，下半葉的事件卻已經指向一個極為不同且意料之外的方向。當我們來到一九九〇年代，世界整體來說並未展現新的邪惡，而是在某些特定方面變得**更好**了。在近期發生的令人意外的事件中，最明顯即一九八〇年代後期世界大部分地區的共產主義全然意外的崩潰。不過，這個發展儘管相當突出，仍只是一個從第二次世界大戰以來便逐漸成型的更大事件模式的一部分。各式各樣的專制獨裁，包含右派與左派，都在崩潰當中。[23] 在某些案例中，政權崩潰使繁榮穩定的自由民主體制得以建立。在另一些狀況下，繼威權主義之後出現的是政治動盪，或者另一種形式的獨裁政權。但無論最終是否出現成功的民主制，地球上幾乎所有地方、所有類型的專制體制都遭遇了嚴重的危機。如果二十世紀早期的主要政治創新是極權德國、極權俄羅斯這類強勢國家（strong states）的發明，那麼過去幾十年這段時間則揭露了他們核心的巨大弱點。而這個弱點是如此重大與出乎意料，等於對我們指出，二十世紀帶給我們的教訓——歷史悲觀主義——需要我們再重新思考。

註釋

1 Emile Fackenheim, *God's Presence in History: Jewish Affirmations and Philosophical Reflections* (New York: New York University Press, 1970), pp. 5-6.

2 Robert Mackenzie, *The Nineteenth Century—A History,* quoted in R. G. Collingwood, *The Idea of History* (New York: Oxford University Press, 1956), p. 146.

3 *Encyclopaedia Britannica,* eleventh edition (London, 1911), vol. 27, p. 72.

4 Norman Angell, *The Great Illusion: A Study of the Relation of Military Power to National Advantage* (London: Heinemann, 1914).

5 Paul Fussell, *The Great War and Modern Memory* (New York: Oxford University Press, 1975).

6 Modris Eksteins, *Rites of Spring: The Great War and the Birth of the Modern Age* (Boston: Houghton Mifflin, 1989), pp. 176-191；也請見 Fussell (1975), pp. 18-27.

7 Erich Maria Remarque, *All Quiet on the Western Front* (London: G. P. Putnam's Sons, 1929), pp. 19-20.

8 Eksteins (1989), p. 291.

9 Jean-François Revel, "But We Follow the Worse …" *The National Interest* 18 (Winter 1989-90): 99-103.

10 見 Gertrude Himmelfarb 對我原來的文章 "The End of History?" *The National Interest* 16 (Summer 1989): 25-26 的回應。也請參考 Leszek Kolakowsky, "Uncertainties of a Democratic Age," *Journal of Democracy* 1 no. 1 (1990): 47-50。

11 Henry Kissinger, "The Permanent Challenge of Peace: US Policy Toward the Soviet Union," in Kissinger, *American Foreign Policy,* third edition (New York: Norton, 1977), p. 302.

12 也包括本書作者在內。我在一九八四年曾寫道：「美國的蘇聯觀察家之間向來有相當一致的模式，那就是去誇大蘇維埃體制的問題，並低估其效率與活力。」Review of Robert Byrnes, ed., *After Brezhnev* in *The American Spectator* 17, no. 4 (April 1984): 35-37.

13 Jean-François Revel, *How Democracies Perish* (New York: Harper and Row, 1983), p. 3.

14 Jeanne Kirkpatrick, "Dictatorships and Double Standards," *Commentary* 68 (November 1979): 34-45.

15 在蘇聯**重建政策**與**開放政策**之前何維爾做過一個很好的批判，請見 Stephen Sestanovich, "Anxiety and Ideology," *University of Chicago Law Review* 52, no. 2 (Spring 1985): 3-16。

16 Revel (1983), p. 17. 何維爾對於民主制與極權主義的相對強弱所做的陳述比較極端，但我們不清楚他多大程度相信自己所寫的話。他對民主缺失的大多數嘲笑，都可視為是為了讓他的民主派同伴從麻木中重新振作，讓他們清醒地面對蘇維埃強大的威脅。顯然，如果他真的認為民主體制就像他描寫的那般怠惰無能，就根本沒必要寫《民主國家如何敗亡》（*How Democracies Perish*）這本書。

17 Jerry Hough, *The Soviet Union and Social Science Theory* (Cambridge, Mass.: Harvard University Press, 1977), p. 8. 霍夫（Jerry Hough）表示：「當然也有一些學者會說，蘇聯裡的政治參與某種程度並不是真的……『多元化』一詞永遠不能合格地用來描述蘇維埃聯盟……在我看來，這種論斷並不值得我們多費脣舌去認真回應。」

18 Hough (1977), p. 5. 傑瑞・霍夫改寫了默爾・芬索德（Merle Fainsod）論蘇維埃共產主義的經典著作《蘇維埃聯盟是如何統治的》（*How the Soviet Union Is Governed*），書中他用了相當長的段落為老布列茲涅夫的最高蘇維埃（Supreme Soviet）辯護，他認為這個論壇表達與捍衛了各種社會利益。對於人民大會代表、戈巴契夫在一九八八年第十九次人民大會後創立的新最高蘇維埃，以及從一九九〇年起出現的各共和國最高蘇維埃等活動，這本書都做了怪異的解讀。請見 *How the Soviet Union Is Governed* (Cambridge, Mass.: Harvard University Press, 1979), pp. 363-380。

19 James McAdams, “Crisis in the Soviet Empire: Three Ambiguities in Search of a Prediction,” *Comparative Politics* 20, no. 1 (October 1987): 107-118.

20 關於蘇維埃的社會契約，請見 Peter Hauslohner, “Gorbachev’s Social Contract,” *Soviet Economy* 3 (1987): 54-89。

21 例如 T. H. Rigby 主張，共產國家在「目標理性」的基礎上取得了統治合法性。“Introduction: Political Legitimacy, Weber and Communist Mono-organizational Systems,” in T. H. Rigby and Ferenc Feher, eds., *Political Legitimation in Communist States* (New York: St. Martin’s Press, 1982).

22 Samuel Huntington, *Political Order in Changing Societies* (New Haven: Yale University Press, 1968), p. 1; Timothy J. Colton, *The Dilemma of Reform in the Soviet Union,* revised and expanded edition (New York: Council on Foreign Relations, 1986), pp. 119-122.

23 Dankwart A. Rustow, “Democracy: A Global Revolution?” *Foreign Affairs* 69, no. 4 (Fall 1990): 75-90.

第二章

強勢國家的弱點（一）

當前的威權主義危機並不是從戈巴契夫的**重建政策**或柏林圍牆的倒塌才開始。而是在至少十五年前，從南歐一系列右翼威權政府的垮台開始。一九七四年，葡萄牙卡埃塔諾（Caetano）政權在一場軍事政變中被推翻。在一段瀕臨內戰的不穩定時期之後，社會主義者馬理奧・蘇亞雷斯（Mario Soares）於一九七六年四月被選為首相，葡萄牙從此也走上和平的民主統治。從一九六七年起統治希臘的上校們也在一九七四年被趕下台，讓位給民選的卡拉曼利斯（Karamanlis）政府。此外一九七五年，法蘭西斯科・佛朗哥（Francisco Franco）將軍死於西班牙，使兩年後和平的民主轉型得以順利完成。再者，由於整個社會深陷恐怖主義之中，土耳其軍方於一九八〇年九月接管國家，於一九八三年又歸還文官統治。在那之後，所有這些國家都定期舉行自由且多黨派的選舉。

在這段不到十年的時間裡，南歐所進行的轉型是可觀的。這些國家之前曾被視為歐洲的害群之馬，由於宗教與威權的傳統而被排擠於西歐民主發展的主流之外。然而到了一九八〇年代，每個國家都進行了成功的轉型，成為運作良好與穩定的民主政體，而且情勢如此穩定（也許除了土耳其以外），以至於生活其中的人們已難以想像民主以外的其他可能。

一九八〇年代，拉丁美洲也發生了一些類似的民主轉型。最早是一九八〇年，在十二年的軍事統治後，秘魯恢復了民選的政府。一九八二年福克蘭群島（Falklands）／馬爾維納斯群島（Malvinas）戰役加速了阿根廷軍政府的倒台，以及民主選出的阿方辛（Alfonsin）政府的崛起。在阿根廷轉型之後，拉丁美洲各國也很快跟上，烏拉圭與巴西的軍事統治分別在一九八三年與一九八四年倒台。到了八〇年代結束時，巴拉圭的獨裁者史托斯納爾（Stroessner）與智利的獨裁者皮諾契（Pinochet）已被民選政府取代，而到了一九九〇年代早期，就連尼加拉瓜的桑定（Sandinista）政權也在一場自由選舉中敗給由薇奧萊塔．查莫洛（Violeta Chamorro）領導的聯合政府。許多觀察家對新的拉丁美洲民主國家能維持多久，並不像對南歐的民主國家那樣有信心。這個區域的民主政治來來去去，幾乎所有新成立的民主國家皆處於緊急的經濟危機之中，其最顯著的表現就是債務危機。再者，像秘魯與哥倫比亞這樣的國家在內政上還面臨叛亂與毒品等嚴重挑戰。不過儘管如此，這些新的民主國家表現出可觀的韌性，彷彿昔日威權政治的經驗給他們打了預防針，讓他們不那麼容易返回軍事統治。事實上，從一九七〇年早期的低點起，當時拉丁美洲只有少數幾個國家是民主體制，但到了一九九〇年代，西半球只剩下古巴與蓋亞那不允許一定程度的自由選舉。

在東亞也有相應的發展。一九八六年菲律賓馬可仕（Marcos）的獨裁政權被推翻，柯拉蓉．艾奎諾（Corazon Aquino）在廣大民意的支持下就任總統。次年，南韓的全斗煥將軍下台，盧泰愚獲選為總統。台灣的政治改革雖然沒有如此突飛猛進，然而在蔣經國於一九八八年一月死後，表面下卻有可觀的民主力量正在醞釀。隨著執政的國民黨裡許多大老相繼過世，台灣社會的其他黨派（包含許多本土台灣人在內）在國民大會中也有了更多參與。最後，緬甸的威權政府也受到民主力量的動搖。

在一九九〇年二月的南非，以南非白人（Afrikaner）為主的戴克拉克（F. W. de Klerk）政府宣布釋放納爾遜・曼德拉（Nelson Mandela），並解除非洲民族議會（African National Congress）與南非共產黨的禁令。他由此啟動了一段協商的時期，讓南非轉型為黑人與白人分享權力、最終由多數統治的國家。

事後看來，我們時常看不出來獨裁政權遭遇的危機有多大，是因為我們錯誤地相信威權體制有能力長久維持下去，或者更廣泛地說，對強勢國家的可行性有著錯誤的信念。在自由民主制中，國家從定義上就是弱的：保護個體權利就意味著國家權力要有顯著的縮限。相對地，威權主義政權，無論右派或左派，都試著用國家的力量去侵犯私人領域，並為了各種目的而加以控制——不論是為了建立軍事力量、為了推行一種平等主義的社會制度，或為了實現快速的經濟成長。個人自由領域內的損失，則在國家目的層次上獲得補償。

而讓這些強勢國家最後垮台的關鍵弱點，總結來看，即合法性的失敗——換句話說，是理念層次的危機。合法性不是絕對意義下的正義或正確；而是一種相對的概念，存在於人們的主觀認知當中。所有能做出有效行動的政權，都必須建立在某些合法性的原則上。[1] 沒有一個獨裁者能完全「以暴力」遂行統治，即使人們提到希特勒時常這麼說。一個暴君可以用暴力統治他的小孩、老人或他的妻子，如果他身體的力量比他們更強大的話。[2] 但他不太可能用這種方式統治兩、三個人以上，當然更不可能以此統治一個數百萬人的國家。當我們說希特勒這般的獨裁者「以暴力」統治，我們的意思是，希特勒的支持者，包含納粹黨、祕密警察（Gestapo）、國防軍（Wehrmacht）能用有形的力量威嚇大多數人。但為什麼這些支持者會效忠希特勒呢？當然不是因為希特勒能用有形力量恫嚇他們：

最終來說，這是因為他們相信希特勒的權威具有合法性。安全組織本身也可以靠恫嚇來控制，但在體制裡**某個**節點以上，獨裁者必須擁有相信其合法權威的忠誠屬下。即使對最卑劣、最敗壞的黑手黨頭子來說也是如此：如果「家族」沒有因為某種原因而接受他的「合法性」，那他也當不成**老大**（capo）。如蘇格拉底（Socrates）在柏拉圖《理想國》中所解釋，即便在一幫強盜裡，也必定有某種正義原則讓他們能分配劫掠所得。所以，即使對最不正義與最嗜血的獨裁政權來說，合法性仍至關重要。

一個政權若要存續，顯然不需要在大多數人民之間建立合法的威信。當代有許多少數派獨裁的例子；他們雖然為大部分人民深惡痛絕，卻成功保住幾十年的政權。例如敘利亞的**阿拉維派**（Alawi）政權，或者伊拉克由薩達姆．海珊主導的阿拉伯復興社會黨（Ba'athist faction），更別提拉丁美洲各國的軍政府及寡頭政權的統治也都缺乏廣泛的民意支持。無法在全體人民之間建立合法性對一個政權來說並不構成合法性危機，除非這個危機開始影響與政權本身密切相關的精英，特別是那些壟斷了強制權力的圈子，像是執政黨、武裝部隊以及警察。所以當我們提到威權體制裡的合法性危機時，我們指的是發生在精英內部的危機，因為這些精英的向心力對政權的有效運作是不可或缺的。

獨裁者的合法性可以有各種不同的來源：可以是對他個人效忠的精心培植軍隊，也可以是一套為他的統治權提供理由的意識形態。在二十世紀，在嘗試建立有條理、右翼、反民主、反平等主義的合法性原則方面，最重要也最有系統的一次，就是法西斯主義（fascism）。法西斯主義不是一套「普世」的教義，像自由主義或共產主義那樣；法西斯在這方面否認共通人性的存在或人權的平等。法西斯主義者的極端民族主義主張，合法性最終的來源是種族或民族，特別是像日爾曼人這樣的「主人種族」統治其他民族的權力。權力與意志被推崇為高於理性或平等，甚至被視為統治的資格本身。然而納粹主義所宣稱的日爾曼種族優越性必須透過與其他文化的衝突來積極展現。因此戰爭就成為一種常態，而非病態。

法西斯主義存在的時間不夠長，在遭遇內在的合法性危機前就被武力推翻了。希特勒與他殘存的支持者在柏林的地下碉堡中走向死亡，直到最後都對納粹的大業與希特勒的合法權威毫不懷疑。事後觀之，法西斯主義之所以在大多數人的眼裡喪失了號召力，是由於他們敗亡的結果。[3]也就是說，希特勒把宰制全世界的承諾當作他統治合法性的基礎；然而德國人所得到的，卻是遭到所謂「低等種族」可怕的蹂躪與占領。當主要還只是火把遊行與兵不血刃的勝利時，法西斯主義不只對德國人、而是對世上許多人都有很高的號召力。但當它內在的軍國主義依邏輯付諸實現時，就失去了站得住腳的理由。我們可以說，法西斯主義遭遇了一個內在的矛盾：它強調軍國主義與戰爭，但這一點卻使它不可避免地與國際體系發生毀滅性的衝突。結果是，在第二次世界大戰結束以後，法西斯主義沒能成為自由民主制強勁的意識形態競爭對手。

當然，我們可以問，如果希特勒沒有被擊敗，法西斯主義今天能有多大的合法性。但法西斯主義的內在矛盾，比起它被國際體系軍事擊敗的可能性，是個更嚴重的問題。即便希特勒最後戰勝了，法西斯主義仍會喪失其內在的**存在理由**，因為當一個帝國處於和平狀態，日爾曼的民族身分已無法再透過戰爭與征服來伸張。

在希特勒戰敗之後，作為自由民主制的替代選項，右派只剩下一些持續甚久、但最終仍缺乏系統的軍事獨裁。這些政權大多沒有宏大的視野，只著眼於維護傳統的社會秩序。他們主要的弱點是缺乏一個長期可信的合法性基礎，沒有一個能像希特勒那般提出一個有連貫理路的民族論述以合理化自己長久的威權統治。他們全都不得不接受民主與人民主權的**原則**，但卻主張他們的國家由於種種原因而還未準備好實施民主，要嘛是因為來自共產主義、恐怖主義的威脅尚未克服，要嘛是因為前一個民主政權留下的經濟爛攤有待解決。每一個都不得不以過渡時期來主張自己的正當性，直到民主最終重返為止。[4]

然而即使缺乏一貫的合法性來源，也並不表示右翼威權政府會快速垮台或必定崩潰。拉丁美洲與南歐的民主政權同樣有著嚴重的缺陷；他們處理各種嚴重社會與經濟問題的能力相當有限。[5]這些國家很少能達成快速的經濟成長，許多都受到恐怖主義的侵擾。但缺乏合法性的問題，對右翼威權主義來說，在政權面臨危機，或在某政策領域遭遇失敗時，幾乎總不可避免地成為關鍵的缺陷。合法的政權憑藉良好信譽的累積，可以化解短期或甚至嚴重的錯誤，而政策的失敗也能透過更換首相或內閣的方式加以補償。相對地，對沒有合法性的政權來說，政策失敗往往加速政權自身的垮台。

一個例子是葡萄牙。安東尼奧・德・奧利維拉・薩拉查（Antonio de Oliveira Salazar）與他的接班人馬賽羅・卡埃塔諾（Marcello Caetano）的獨裁政權表面上頗為穩定，使一些觀察家把葡萄牙人形容為「消極、宿命、無盡的憂鬱」。[6]就像在他們之前的德國人與日本人一樣，葡萄牙人也用行動證明那些外部的西方觀察家是錯誤的；他們絕非沒有準備好擁抱民主。卡埃塔諾的獨裁政權於一九七四年四月倒台：軍方起來反對政府，並發動了**武裝部隊運動**（Movimento das Forcas Armadas, MFA）。[7]促發行動的直接動機是葡萄牙在非洲的殖民地戰爭陷入困境且勝利無望，而戰爭消耗了葡萄牙四分之一的政府預算及葡萄牙軍方的大批部隊。民主轉型的過程並非一帆風順，因為這場武裝部隊運動絕非一致擁抱民主的理念。軍官階層中有不少人受到以阿爾瓦羅・庫尼亞爾（Álvaro Cunhal）為首、奉行嚴格史達林路線的葡萄牙共產黨之影響。但有別於一九三〇年代，中間派與民主右派展現了出乎意料的韌性：在經歷一段政治與社會亂局之後，馬理奧・蘇亞雷斯的溫和社會主義政黨在一九七六年四月的大選中贏得了多數票。這在相當程度上也是外部組織提供援助造成的結果，包含德國的社會民主黨（Social Democratic Party）以及美國的中情局（CIA）。然而若不是葡萄牙擁有一個出奇強大的公民社會，有動員能力的政黨、工會與教會號召了對民主的廣泛支持，那麼外部的協助也只會徒勞無功。現代西歐的消費文化也發揮了號召的力量。用一位觀察家的話來形容：「工人……即使加入示威遊行、高喊社會主義革命的口號……他們仍然把錢花在屬於西歐消費社會的衣服、電器與藝品上，因為那是他們嚮往的生活水準。」[8]

次年的西班牙民主轉型或許是晚近最純粹的威權合法性破產例證。在許多層面上，法蘭西斯科・佛朗哥將軍是十九世紀歐洲保守主義最後一位擁護者；這個保守主義以君權與教會的權力為基礎，並在法國大革命中遭到挫敗。然而西班牙的天主教意識從一九三〇年代起經歷了劇烈的轉變：在一九六〇年代第二屆梵蒂岡大公會議（Vatican II）之後，教會整體已自由化，西班牙天主教會的核心也採行了西歐的基督教民主主義（Christian democracy）。西班牙教會不只發現基督教與民主之間沒有必然的衝突，還愈來愈扮演了人權捍衛者的角色，對佛朗哥的獨裁政權提出批判。[9]這個新的意識表現在由天主教在俗的技術官僚組成的**主業會**（Opus Dei）運動裡。他們當中許多人在一九五七年後進入了政府，並積極涉入了接下來的經濟自由化政策。因此，當佛朗哥於一九七五年十一月死去時，他的政府很大程度已經準備接受一系列協商達成的「協議」的合法性，解散所有重要的親佛朗哥組織，讓包含西班牙共產黨在內的反對黨合法化，並批准制憲會議的選舉以制定一部完全民主的憲法。這件事要能發生，舊政權的重要人士（其中最重要的是國王胡安・卡洛斯〔Juan Carlos〕）必須相信佛朗哥主義在民主的歐洲裡是時代錯亂，而西班牙在社會與經濟層面已經愈來愈與歐洲看齊。[10]最後一屆佛朗哥時代的議會做了一件了不起的事：他們在一九七六年十一月以壓倒性多數通過了一項法律，明訂下一屆議會必須由民主方式選出，形同決議了自己的消滅。就像在葡萄牙那樣，西班牙全體人民提供了實施民主的最終基礎，支持了一個中間路線的民主政黨：他們先是熱烈支持了一九七六年十二月的公民投票，同意舉行民主選舉，然後在一九七七年六月平靜地用選票讓蘇亞雷斯的中間右派政黨掌握政權。[11]

希臘與阿根廷分別於一九七四年與一九八三年進行民主轉型；在這兩個國家的例子裡，軍方都不是被迫交出政權，而是由於士兵之中發生了分裂，於是把權力讓給平民政府。這也反映出軍方已喪失對自己統治權的確信。就跟葡萄牙一樣，外部的挫敗是轉型的近因。一九六七年拿到政權的希臘上校們從未訴諸民主以外的合法性基礎，只主張他們是為了恢復一個「健康」與「重生」的政治體系在預做準備。[12]因此當希臘軍政府自毀信譽，支持希臘裔塞普勒斯人（Greek Cypriot）與希臘本土統一的要求，並導致土耳其占領塞普勒斯，全面戰爭可能爆發時，軍政府本身也就岌岌可危了。[13]一九七六年阿根廷軍事委員會從總統伊莎貝爾・裴隆（Isabella Perón）手中奪下政權時，主要目的是要為阿根廷社會消滅恐怖主義。他們用一場殘酷的戰爭達到了這個目的，因此削弱了自己**存在的理由**。軍事執政團接下來決定入侵福克蘭／馬爾維納斯群島（Falklands/Malvinas），挑起了一場不必要的戰爭，然後又無法打贏，這也讓他們更加失去人民的信任。[14]

在其他的案例中，強勢的軍政府在面對那些使前任民主政府下台的經濟與社會問題時，也同樣無能為力。一九八〇年秘魯軍方在面臨急遽惡化的經濟危機時，把政權交還給平民政府，因為佛朗西斯科・莫拉萊斯・貝姆德斯（Francisco Morales Bermúdez）將軍的政府發現自己應付不了一連串罷工與難解的社會問題。[15]巴西軍方的統治從一九六八到一九七三年經歷了一段可觀的經濟成長的時期，但當面對世界石油危機與經濟遲緩時，巴西的軍事統治者發現自己對於經濟管理並沒有特殊長才。直到最後一位軍人總統若昂・菲格雷多（João Figueiredo）下台讓位給一位民選的非軍職總統時，軍方許多人都感到鬆了一口氣，甚至為自己曾犯下的錯誤感到羞愧。[16]烏拉圭軍方一開始奪下政權是為了對左翼游擊隊圖帕馬羅斯（Tupamaros）一九七三至七四年的暴動發起一場「骯髒的戰爭」。然而烏拉圭擁有相對強大的民主傳統，也許這是使烏拉圭軍方願意在一九八〇年把軍方統治制度化議題付諸公投的緣故。軍方輸了這場選舉，並於一九八三年自願下台。[17]

南非的種族隔離制度的創立者，例如前首相維伍爾德（H. F. Verwoerd），否認人類普遍平等的自由主義前提，並相信不同的人類種族之間存在天然的區隔與階層關係。[18]種族隔離政策的目的是一方面允許南非以黑人勞動力的基礎發展工業，同時試圖逆轉與阻止南非黑人的都市化，儘管這是伴隨任何工業化過程的自然現象。事後看來，這種社會工程的嘗試，就其企圖心來說十分宏大，但就其最終目標而言也是至極愚蠢：到了一九八一年，將近一千八百萬黑人因所謂的「有色人種旅行法」（pass laws）遭到逮捕，其罪行只不過是想住得離他們被僱用的地點近一點而已。然而要反抗現代經濟學的法則是不可能的。到了一九八〇年晚期，南非白人的想法有了革命性的轉變，使戴克拉克在當上南非總統之前就已經主張：「數百萬黑人長期住進都市地區是出於經濟的要求。在這件事情上自我蒙騙是沒有用的。」[19]所以種族隔離政策在白人之間之所以失去合法性，最終而言是因為沒有效果。於是絕大部分的南非白人便轉而接受一套與黑人分享權力的新體制了。[20]

雖然我們認識到這些案例之間存在真正的差異，但在南歐、拉丁美洲以及南非的各個民主轉型之間仍有顯著的一致性。除了尼加拉瓜的索模查（Somoza）政權以外，沒有一個舊政權是透過暴力推翻或革命而被迫交出權力的。[21]那允許政權交替的，是舊政權中至少一部分成員**自願**做出放棄權力的決定，以促成一個民主選出的政府。即便總有某些立即危機的出現才使這些人願意交出權力，但最終來說，真正使此事成為可能的，是人們逐漸相信，民主是現代世界中唯一合法的權威來源。一旦完成了所設定的有限目標——消滅恐怖主義、恢復社會秩序、結束經濟混亂等——拉丁美洲與歐洲的右派威權政府就會發現自己無法合理化繼續掌權，並喪失了自信。如果國王本人只想當一個民主國家的名義上君主，或者如果教會站在為人權奮鬥的最前線上，那麼要以君權與教會權之名殺人是很困難的。由此，那種認為「沒有人會自願放棄權力」的老生常談也就可以到此為止了。

不用說，許多維繫多年的威權政權不是在一夜之間成為民主的，他們也時常因為自己的無能與誤判而挫敗。不論是智利的皮諾契將軍或尼加拉瓜的桑定黨成員們，他們都不希望輸掉自己投入的選舉。但事實是，即使是最頑強的獨裁者都相信自己必須沾上至少一丁點民主的合法性，所以都辦了選舉。而且在許多案例上，軍事強人交出權力得要承擔可觀的個人風險，因為他們從此失去了主要的保護，可能遭到那些受他們虐待之人的報復。

右翼威權政權會被民主的理念掃下權力舞台，也許不令人訝異。如果談到經濟或社會整體的話，大多數右派強勢國家的力量實際上相對有限。他們的領袖所代表的是傳統的社會群體，而且在他們的社會中變得愈來愈邊緣；那些掌權的將軍與上校一般來說都缺乏思想與智識能力。但左派的共產極權國家又如何呢？重新定義了「強勢國家」（strong state）一詞的意涵，並找到一個能永遠保住權力的公式的人，不就是他們嗎？

註釋

1 馬克斯・韋伯對合法化的概念做了詳盡的開展。他對政府威權的形式提出了著名的三分法：傳統的、理性的、魅力的。至於像納粹德國或蘇維埃聯盟這類極權國家最適合歸類於韋伯所說的哪一型，頗有不少討論。例如 Rigby and Feher (1982) 裡的各篇文章。韋伯關於威權類型的討論本身則見於 *The Theory of Social and Economic Organization*, ed. by Talcott Parsons (New York: Oxford University Press, 1947), pp. 324-423。極權國家要適用韋伯的分類並不容易，這顯示他理念分類的方式過於形式性與勉強。

2 這是柯傑夫回答史特勞斯 (Leo Strauss) 時所提出的論點："Tyranny and Wisdom," in Leo Strauss, *On Tyranny* (Ithaca, N.Y.: Cornell University Press, 1963), pp. 152-153。

3 一九四四年七月有人嘗試暗殺希特勒，顯示了內部有反對他的力量。如果納粹政權能再持續幾十年，也許這種反對勢力會像在蘇聯的情況那樣更為廣泛。

4 Guillermo O'Donnell and Philippe Schmitter, eds., *Transitions from Authoritarian Rule: Tentative Conclusions about Uncertain Democracies* (Baltimore: Johns Hopkins University Press, 1986d), p. 15.

5 Juan Linz, ed., *The Breakdown of Democratic Regimes: Crisis, Breakdown, and Reequilibriation* (Baltimore: Johns Hopkins University Press, 1978).

6 引自一名瑞士新聞記者。Philippe C. Schmitter, "Liberation by *Golpe*: Retrospective Thoughts on the Demise of Authoritarianism in Portugal," *Armed Forces and Society* 2, no. 1 (November 1975): 5-33.

7 同上；也見 Thomas C. Bruneau, "Continuity and Change in Portuguese Politics: Ten Years after the Revolution of 25 April

1974," in Geoffrey Pridham, ed., *The New Mediterranean Democracies: Regime Transition in Spain, Greece, and Portugal* (London: Frank Cass, 1984)。

8 Kenneth Maxwell, "Regime Overthrow and the Prospects for Democratic Transition in Portugal," in Guillermo O'Donnell, Philippe Schmitter, and Laurence Whitehead, eds., *Transitions from Authoritarian Rule: Southern Europe* (Baltimore: Johns Hopkins University Press, 1986c), p. 136.

9 Kenneth Medhurst, "Spain's Evolutionary Pathway from Dictatorship to Democracy," in Pridham (1984), pp. 31-32; 以及 Jose Casanova, "Modernization and Democratization: Reflections on Spain's Transition to Democracy," *Social Research* 50 (Winter 1983): 929-973.

10 José Maria Maravall and Julian Santamaria, "Political Change in Spain and the Prospects for Democracy," in O'Donnell and Schmitter (1986c) p. 81. 一份一九七五年進行的調查顯示，受訪者中有百分之四十二點二、在表達意見的人裡有百分之五十一點七支持進行必要的改革，好讓西班牙跟上西歐的民主國家。John F. Coverdale, *The Political Transformation of Spain after Franco* (New York: Praeger, 1979), p. 17.

11 儘管頑強的佛朗哥黨人反對，百分之七十七點七的合格選民仍在一九七六年十二月的公投中參與投票，其中支持民主選舉的占百分之九十四點二。Coverdale (1979), p. 53.

12 P. Nikiforos Diamandouros, "Regime Change and the Prospects for Democracy in Greece: 1974-1983," in O'Donnell, Schmitter, and Whitehead, (1986c), p. 148.

13 軍方內部缺乏自信的情況也可以從他們重新強調傳統指揮層級一事上看出來，因為這削弱了軍事強人德米特里奧斯・伊奧安尼德斯（Demetrios Ioannides）准將的權力基礎；第三集團軍以政變為要脅作為他的後盾。P. Nikiforos Diamandouros, "Transition to, and Consolidation of, Democratic Politics in Greece, 1974-1983: A Tentative Assessment," in Pridham (1984), pp. 53-54.

14 Carlos Waisman, "Argentina: Autarkic Industrialization and Illegitimacy," in Larry Diamond, Juan Linz, and Seymour Martin Lipset, eds., *Democracy in Developing Countries,* vol. 4, *Latin America* (Boulder, Colo.: Lynne Rienner, 1988b), p. 85.

15 Cynthia McClintock, "Peru: Precarious Regimes, Authoritarian and Democratic," in Diamond et al. (1988b), p. 350. 此外，秘魯傳統的寡頭勢力與改革派的阿普拉黨（APRA）之間的極端對立此時也已足夠緩和，因而允許一位**阿普拉黨人**總統於一九八五年掌握大權。

16 Thomas E. Skidmore, *The Politics of Military Rule in Brazil, 1964-1985* (New York: Oxford University Press, 1988), pp. 210-255.

17 Charles Guy Gillespie and Luis Eduardo Gonzalez, "Uruguay: The Survival of Old and Autonomous Institutions," in Diamond et al. (1988b), pp. 223-226.

18 維伍爾德從一九五〇年起擔任南非土著事務部長，從一九六一到一九六六年出任南非首相。他於一九二〇年代在德國求學，回南非時帶著一套「新費希特」的民族理論。見 T. R. H. Davenport, *South Africa: A Modern History* (Johannesburg: Macmillan South Africa, 1987), p. 318.

19 被引用在 John Kane-Berman, *South Africa's Silent Revolution* (Johannesburg: South African Institute of Race Relations, 1990), p. 60。他是在一九八七年的選戰過程中做出這項表示。

20 在這些案例之外，我們還可以加上薩達姆・海珊的伊拉克。如同許多二十世紀的警察國家，阿拉伯復興社會黨主導的伊拉克，一直到伊拉克軍隊在美國強力轟炸下崩潰的那一刻之前，看起來都令人十分畏懼。伊拉克雄壯的軍事架構是中東規模最大，所仰賴的石油蘊藏量也僅次於沙烏地阿拉伯，然而最後由於伊拉克人不願為政府戰鬥，所以虛有其表。這個強勢國家在不到十年間投入了兩場毀滅性且無必要的戰爭，構成了它關鍵的弱點。一個民主的伊拉克，由於必須回應人民的意志，很可能從來不會涉入這種戰爭。雖然薩達姆・海珊出乎他許多敵人的意料而在戰爭中活了下來，但他的未來以及伊拉克作為區域強權的地位仍是個問題。

21 在希臘、秘魯、巴西、南非等國，罷工與遊行抗議在使威權統治者下台的過程中確實扮演了一定的角色。而我們所見到的一些其他案例，則有外部危機快速促成了政權的垮台。然而我們絕不能說是這些因素**迫使**舊政權垮台，因為那些政權本來也可以決心硬撐到底。

第三章

強勢國家的弱點（二），或——在月亮上吃鳳梨

好的，那麼這裡有一個住在古比雪夫（Kuybyshev）的九年級學生抄寫的幾段文字，是在不久之前的一九六〇年代寫的。他寫道：「現在是一九八一年。共產主義：共產主義就是物質與文化福祉的盛宴……所有的城市運輸系統都電氣化，有害的企業被趕到城市的邊界之外……我們在月球上，我們在花叢與果樹間漫步……」

所以還要多少年我們才能在月球上吃鳳梨？如果哪一天我們在地球上能有足夠的番茄吃就好了！

——安德瑞．紐金（Andrey Nuikin），《蜜蜂與共產主義理想》（*The Bee and the Communist Ideal*）[1]

極權主義是西方在二次世界大戰之後發展的概念，用來描述蘇聯與納粹德國，因為這些暴政的性質與十九世紀的威權主義有很大的差異。[2]希特勒與史達林的社會與政治政策目標過於大膽，重新

定義了強勢國家的意涵。傳統的獨裁國家像佛朗哥的西班牙，或拉丁美洲各個軍事獨裁政權，從未試圖壓垮「市民社會」（意即社會中屬於私人利益的領域）而只是想加以控制。佛朗哥的長槍黨（Falangist）或阿根廷的斐隆主義（Peronist）運動都沒能發展出有系統的意識形態，對於改造人民的價值觀與態度也不特別積極。

但在另一方面，極權國家則是以一套鮮明的意識形態為基礎，對人的生活提出了全面的觀點。極權主義（Totalitarianism）試著將市民社會完全摧毀，因為它希望對所有人的生活有「全面」（total）的控制。從布爾什維克（Bolsheviks）黨人於一九一七年掌握權力開始，蘇維埃政府就有系統地攻擊俄羅斯社會中一切有可能與之競爭的權威來源，包含反對黨、報紙、工會、私人企業，以及教會。即使在一九三〇年代末期仍有一些組織保留原來的名稱，也清一色只是昔日實體的鬼影罷了，實際上已完全受蘇維埃當局的指揮與操控。這個社會所剩下的，只是被縮限成「原子」的個體，除了直接面對一個絕對強大的政府之外，與任何「介於中間的機構」都毫無聯繫。

這個極權主義國家希望重新打造蘇聯人本身：先控制報紙、教育、宣傳，並進而改變他的信念與價值觀的根本結構。這種工作一路延伸到一個人最個人與私密的關係裡，包含進入他的家庭內。年幼的帕維爾·莫洛佐夫（Pavel Morozov）向史達林的警察單位告發自己的父母，因此許多年被當局表揚為模範的蘇維埃兒童。用米謝爾·赫勒（Mikhail Heller）的話來說：「那構成社會肌理的人際聯繫——包含家庭、宗教、歷史記憶、語言——都成為目標，社會被有系統、有方法地原子化，個人的親密關係也被其他由國家為他挑選與批准的關係所取代。」[3]

肯·凱西（Ken Kesey）一九六二年的小說《飛越杜鵑窩》（*One Flew Over the Cuckoo's Nest*）對

極權主義的圖謀做了一個很好的展示。這本書的主軸圍繞著一座精神病收容所的一群院友；他們在一個專橫的「大護士」監管下過著幼稚的錯亂生活。小說的主人翁麥克墨菲（McMurphy）試著打破收容所的規範來解放他們，以便最終帶領院友們重返自由。但在過程中，他發現沒有一個院友是違背意願而被留在此處；最後，所有人都畏懼外面的世界，並自願繼續被監禁，與大護士維持一種安全的依賴關係。這就是極權主義的終極目的：除了剝奪新蘇聯人的自由，還使他為了安全而害怕自由，並肯定枷鎖的美好，即便沒有人強迫他。

許多人相信，蘇維埃極權主義的有效性應該是得到了傳統的支持，即布爾什維克主義之前的俄羅斯民族威權主義。十九世紀歐洲人對俄羅斯人有一種普遍的看法，例如法國旅行家屈斯蒂納（Custine）說，俄國人是一個「被打成奴隸的民族，唯有恐怖與野心才能讓他們當真」。[4] 西方之所以確信蘇維埃共產主義具備穩定性，是因為他們在有意無意間相信，俄羅斯民族對民主沒興趣，或還沒做好準備。畢竟蘇維埃的統治並非被一個外國強權於一九一七年強加到俄羅斯人的頭上，像二次大戰後的東歐那樣，而且這個統治在布爾什維克革命後還存續了六十或七十年之久，安然度過了飢荒、動亂與入侵。這表示此體制已在廣大人民間贏得了一定程度的合法性，在統治精英間就更加如此；這也反映出社會本身對於威權主義有一種自然的傾向。所以，儘管西方觀察家相當願意肯定波蘭人擁有推翻共產主義的渴望（只要有機會的話），但他們不認為相同的描述也適用於俄國人身上。換句話說，他們是甘心住在精神病院裡的院友；不是鐵欄杆與拘束衣限制了他們，而是他們對安全、秩序、威權的渴望，以及蘇維埃政府額外奉送的一些好處，像是帝國光環與超級強權地位，使他們不願離開。蘇維埃的強勢國家確實看起來相當強大，在與美國進行全球戰略競爭時尤其如此。

人們相信，極權主義國家不只能無止境地永續下去，還能像病毒那般自我複製，擴散到全世界。當共產主義被輸出到東德、古巴、越南或衣索比亞時，是以完成的形態到來的：有前鋒政黨、中央集權政府、警察機關，還有一套統治一切生活面向的意識形態。這些機制看起來相當有效，無論輸入國的民族文化傳統為何。

這種能自我永續的權力機制接下來會遇到什麼狀況呢？

一九八九年（即法國大革命與美國立憲兩百週年）標誌了共產主義作為世界史要角的崩潰之年。從一九八〇年代早期開始，共產主義內部接連發生了快速的變化，以至於我們有時容易把這些變化視為理所當然，而忘記所發生的事情多麼重大。所以我們有必要對這段時期做個重要的里程碑回顧：

- 一九八〇早期，中國共產黨領導階層開始允許農民（占中國人口百分之八十）種植與販售自己的糧食。農業實質上去集體化，資本主義市場不只在鄉下各地，也在都市產業中重新出現。
- 一九八六年，蘇維埃報紙開始刊出批判史達林時期罪行的文章；這是赫魯雪夫（Khrushchev）在一九六〇年代初期被鬥倒以來蘇聯不曾碰過的主題。從此新聞自由快速擴大，一個接著一個禁忌被打破。到了一九八九年，媒體上已可以公開批評戈巴契夫與蘇維埃其他領導階層，而在一九九〇與一九九一年時，蘇聯各地組織了大規模遊行，要求他辭職下台。
- 一九八九年三月，新改組的人民代表大會與最高蘇維埃進行選舉。次年，蘇聯十五個加盟共和國舉行進一步的選舉，包含地方選舉。共產黨試圖操控選舉以對自己有利，但即便如此也沒能阻止多少地方議會落入非共產黨代表的控制。

- 一九八九年春天，北京有段時間被數以萬計的學生占領；他們要求停止貪汙腐敗，並建立中國的民主。最後他們於六月遭到中國軍隊無情的鎮壓，但在那之前，他們已公開對中國共產黨的合法性提出了質疑。
- 一九八九年二月，紅軍撤出阿富汗。後來顯示，這只是一系列撤軍的開端。
- 一九八九年年初，匈牙利社會主義工人黨（Hungarian Socialist Workers）的改革者宣布，計畫在次年舉行自由的多黨派選舉。一九八九年四月，波蘭統一工人黨（Polish Workers Party）與團結工聯（Solidarity trade union）在圓桌會議中達成權力分享的協議。選舉結果是，團結工聯於七月成為執政黨。波蘭共產黨曾試圖操控選舉但徒勞無功。
- 一九八九年七月與八月，數萬以至數十萬東德人開始逃往西德所形成的危機，快速導致了柏林圍牆的倒塌，以及東德政府的垮台。
- 東德垮台引發了捷克斯洛伐克、保加利亞與羅馬尼亞的共產黨政府的崩潰。到了一九九一年年初，東歐所有前共產黨國家，包含阿爾巴尼亞以及南斯拉夫各主要共和國，都舉行了相對自由的多黨派選舉。一開始共產黨到處在選舉中喪失了政權，除了羅馬尼亞、保加利亞、塞爾維亞與阿爾巴尼亞之外，保加利亞也一樣，被選出的共產黨政府很快又被迫下台。[5]《華沙公約》（Warsaw Pact）的政治基礎消失了，蘇維埃軍隊開始撤出東歐。
- 一九九〇年一月，《蘇維埃憲法》中保障共產黨「領導地位」的第六條被廢除。
- 隨著憲法第六條的廢除，蘇聯內出現了一系列非共產黨的政黨，而且在不少蘇維埃共和國中成為執政黨。最令人矚目的是一九九〇年春天鮑里斯・葉爾欽（Boris Yeltsin）獲選為俄羅斯共和國總統，而且很快帶著國會中許多支持者退出共產黨。這群人接著開始鼓吹恢復私有財產制以及市場經濟。

- 每一個加盟共和國在自由選舉中產生的國會，包含俄羅斯與烏克蘭，都在一九九〇年內陸續宣示他們的「主權」。波羅地海各國走得更遠；他們在一九九〇年三月宣布從蘇聯中完全獨立。這並沒有如許多人預期那般導致直接的鎮壓，而是讓俄羅斯國內就是否應該保留舊蘇聯體制進行了權力鬥爭。
- 一九九一年六月，俄羅斯舉行了第一次完全自由的普選，選出了葉爾欽作為俄羅斯聯邦總統。這反映了權力正加速從莫斯科轉移到周邊地區。
- 一九九一年八月，一群共產黨強硬派人士對戈巴契夫政變失敗。一部分因為主謀者無能且缺乏決心，另一部分則因為（被指為消極且渴望威權的）蘇維埃人民，在鮑里斯・葉爾欽的領導下，對民主制度展示了強大的支持。

回到一九八〇年，一個頭腦清醒的共產主義問題研究者應該會說，上述這些事件，沒有一個在未來十年內有機會發生，或甚至根本就不可能。他的理由可能是基於這樣的觀點：上述發展的任何一項都會破壞共產極權政權的關鍵元素，因此將對整個體制構成致命一擊。確實，隨著舊蘇聯體制瓦解，共產黨在一九九一年八月政變失敗後在俄羅斯被禁止，最後一幕也真的終於落下了。那麼，早先的預期何以落空？這個強勢國家在**重建政策**後呈現在我們眼前的出乎意料的弱點，又該如何解釋？

一個最基本、而且西方觀察家沒能注意到其真正嚴重性的弱點，就是經濟問題。蘇聯體制特別難以承受經濟失敗，因為這個政權明確地把統治合法性建立在它向人民提供高水準物質生活的能力之上。儘管如今已很難想起，但直到一九七〇年代初期為止，經濟成長確實曾經被視為是蘇維埃國家的一項優勢：在一九二八與一九五五年之間，蘇維埃國民生產毛額（GNP）每年成長介於百分之四點四到六點三之間，而且在之後的二十年裡，成長速度是美國的一倍半，讓赫魯雪夫說要超越並埋葬美國的威脅有了真正的可信度。[6]但到了一九七〇年代中期，這個成長率已經減緩下來；中情局估計在一九七五與一九八五年間的年成長率落在百分之二點零到二點三之間。愈來愈多證據顯示，這些數字嚴重高估了經濟成長，因為沒有把隱藏的通貨膨脹考慮在內。不少改革派的蘇聯經濟學者曾表示，這段期間的經濟成長只有百分之零點六到一點零之間，或甚至為零。[7]國民生產毛額總體成長乏力，加上一九八〇年代初期軍備支出年增率達到百分之二至三，這就意味著，民間經濟實際上在戈巴契夫上台前的十年裡，是以可察覺的速度在萎縮。[8]任何人只要住過蘇維埃旅館、在蘇維埃百貨公司買過東西，或在可見到最悲慘貧困的鄉下旅行過，就一定會了解到，蘇維埃經濟的嚴重問題並沒有反應在官方的統計數字上。

經濟危機被詮釋的方式也同樣重要。在一九八〇年代晚期，蘇維埃主流的經濟思想出現了不尋常的變革。布列茲涅夫時代的保守派在戈巴契夫崛起的三到四年之內被換成改革派經濟學家，如阿貝爾·阿甘別吉楊（Abel Aganbegyan）、尼可萊·佩特拉可夫（Nikolay Petrakov）、史塔尼斯拉夫·夏塔林（Stanislav Shatalin）、奧勒格·波哥莫洛夫（Oleg Bogomolov）、萊奧尼德·阿巴爾金（Leonid Abalkin）、格瑞戈里·亞弗林斯基（Grigory Yavlinsky）以及尼可萊·施姆列夫（Nikolay Shmelev）。

這些人全都了解自由經濟理論的基本原則（即便有時不完全透澈），他們也都深信，中央化的蘇維埃行政控管體系是蘇聯經濟衰敗的根本原因。[9]

然而，如果單純從經濟必要性的角度來解釋接下來的**重建政策**，那並不正確。[10] 如戈巴契夫本人所指出，蘇聯在一九八五年並未處在危機中，而是在一種「危機前」的狀態。其他國家曾面臨過遠遠更嚴重的經濟困難。例如在經濟大蕭條時期，美國的實質國民生產毛額下跌近三分之一，但這並沒有導致美國體制被普遍質疑。蘇維埃經濟的嚴重缺陷已經被指認出來好一段時間，也有大量的傳統改革手段可以用於阻止這場衰退。[11]

所以，要了解蘇維埃國家真正的弱點，就必須把經濟問題放到一個更大危機的脈絡中，也就是放到整個體制的合法性問題裡。經濟失敗只是蘇維埃體制一系列失敗當中的一環，其效果是催化對信仰體系的排斥以及揭露底層結構的缺陷。極權主義最根本的失敗就是它控制不了人的思想。事實證明，蘇維埃人民一直保留著自己進行思考的能力。即便有多年的政府宣傳，許多人仍然清楚政府在對他們撒謊。人們對於曾在史達林主義下親身遭受的痛苦一直極其憤怒。幾乎每個家庭都曾在集體化的過程中、在一九三〇年代的大清洗、或者在大戰期間痛失家人或朋友——史達林錯誤的外交政策使人們為戰爭付出了至為慘痛的代價。他們知道這些受害者遭到不正義的迫害，而且蘇維埃政府從未坦然為如此駭人的罪行承擔責任。人們同樣了解，在這個號稱無階級的社會裡，有一種新的階級體制已經出現，黨官階級的貪腐與特權不下於舊政權時代的任何人，只是遠遠更加虛偽。

戈巴契夫時代的蘇聯用詞可以為證，例如**「民主化」**(demokratizatsiya)；戈巴契夫不斷用這個詞彙來界定他的目標。當然，列寧（Vladimir Lrmin）堅持，蘇維埃聯盟透過共產黨專政所達成的民主，比西方民主國家的「形式」民主更為真實。然而在今天的蘇聯境內，每一個使用「民主化」一詞的人都不會有任何錯覺，這個詞彙指的就是西方的民主，而不是列寧式的中央集權。同樣地，對蘇維埃公民來說，「經濟的」一詞（參照「經濟考量」與「最經濟」的用法）在當前的意思就是**資本主義的**供需法則所定義的「有效率」。許多對蘇聯生活品質惡化感到絕望的蘇維埃年輕人會告訴你，他們唯一的渴望就是生活在一個「正常」的國家，也就是生活在一個不受馬克思列寧主義意識形態扭曲的自由民主國家。就像一九八八年有一位蘇維埃朋友告訴我，她很難要求孩子們做學校作業，因為「每個人都知道」民主的意思就是「你想做什麼就做什麼」。

更重要的是，感到憤怒的不只是那些體制的受害者，也包含受益者。亞歷山大・雅可夫列夫（Aleksandr Yakovlev），一九八六到一九九〇年政治局成員，**開放政策**的設計者；愛德華・謝瓦爾德納澤，前外交部長，「新思維」（new thinking）政策的闡述者；以及鮑里斯・葉爾欽，俄羅斯總統——這些人的生涯都在共產黨組織的核心中度過。就像佛朗哥時代最後一任國會議員，或者自願放下權力的阿根廷與希臘的將軍們那樣，這些人深知蘇維埃體制的核心有非常嚴重的病症，也被派任在可以放手一搏且負有重大責任的位置上。即便與美國的競爭強化了改革的需求，一九八〇年代晚期的改革措施仍非由外部施加在蘇聯頭上；相反地，這些改革是從內部的信心危機所產生的結果。這個信心危機大範圍席捲了前一個世代的蘇維埃精英。

體制合法性的瓦解不是出於事先的計畫，也不是一夜之間就能發生。戈巴契夫一開始用**開放政策**與民主化的手段來鞏固個人的領導地位，後來才動員民意去反對積習難改的經濟官僚主義。他這麼做並沒有背離赫魯雪夫一九五〇年代曾用過的策略。[12]然而這些起初只是象徵政治自由化的動作很快就長出了自己的生命，並成為值得追求的改革。戈巴契夫一開始提出**開放政策**與**重建政策**的呼籲，立刻引起了多數知識分子的強烈反響；他們無須別人提醒這個體制有多少弊病。後來的結果顯示，要衡量舊體制並藉以發現問題，只有一套可靠的標準，那就是自由民主制，意即市場導向經濟的生產力，以及民主政治的自由。[13]

蘇維埃人民被他們的統治者羞辱，不只其他歐洲人，就連他們自己的知識分子也鄙視他們，視之為威權主義的消極共犯，但蘇維埃人民證明他們全都弄錯了。在一九八九年之後，這片被極權主義夷平過的土地上重新建構起市民社會，新成立的組織數以萬計，有政黨、工會、新的報紙刊物、生態保育協會、文學社團、教會、民族主義團體等。一般所謂蘇維埃人民已接受舊威權主義社會契約的合法性，這樣的形象如今被證明是錯誤的：在每一次可投票的機會上，他們都以壓倒性的多數對舊的共黨組織的代表投下反對票。俄羅斯人民的政治成熟度在一件事情上表現得特別顯著，那就是他們選出了鮑里斯．葉爾欽作為第一任總統，而不是像塞爾維亞的米洛塞維奇那樣的類法西斯煽動家，或者像戈巴契夫那樣意志不堅的民主派。一九九一年八月，當俄羅斯人民響應葉爾欽的號召、起身反抗保守派發動的政變以捍衛新建立的民主體制時，這個政治成熟度又得到進一步的展現。就像在他們之前的東歐人，他們也證明自己並非坐以待斃、毫無作為，他們願意起身捍衛自身的尊嚴與權利。[14]

對於蘇聯的根本信仰結構有如此巨大的幻滅，這樣的事情不可能在一夜之間發生。極權主義是一個早在一九八〇年代之前就失靈很久的體制。事實上，極權主義開始走向敗亡的時間點大概可以一直追溯到史達林一九五三年死後，當蘇維埃政府停止使用無差別恐怖手段的那段時期。[15]在赫魯雪夫一九五六年所謂的「祕密談話」以及史達林的古拉格集中營被關閉之後，蘇聯政府再也不能全靠強制的方式來貫徹其政策，而得愈來愈採用哄騙、攏絡與收買的手段來讓人民支持其目標。這種中止純粹恐怖統治的轉型在某種意義上不可避免，因為在史達林主義的體制下，領導階層沒有一個人能感受到片刻的安全：史達林的警察頭子葉若夫（Yezhov）與貝里亞（Beria）不能——他們被處決了；外交部長莫洛托夫（Molotov）不能——他的妻子被送進古拉格集中營；史達林的接班人赫魯雪夫也不能——他曾生動地描述過，只要史達林一個古怪的眼神，就能讓一個政治局成員擔心自己性命不保；就連史達林本人也不能——他一直都害怕有人謀害他。所以，一個對其執行者而言都如此致命的恐怖體制，一旦史達林之死讓最高領導階層有動手的機會後，將它拆除簡直成了必要的任務。

蘇維埃政府在決定停止無差別殺人之後，國家與社會之間的權力平衡被改變了，社會得到了更大的空間，這意味著從此蘇維埃政府將無法控制蘇維埃生活的所有面向。消費者的需求、黑市、地方政治機構等，這些都不能再直接壓制或操控。警力恫嚇仍然是政府的重要武器，但現在往往只能在暗地裡使用，也必須配上其他政策工具，例如承諾提供更多消費商品。在戈巴契夫之前，蘇維埃國民生產毛額高達百分之二十是在黑市或黑市經手所產生，完全在中央計畫者的掌控之外。

中央控制力的減弱還有一個例子，那就是在一九六〇與七〇年代，蘇聯的俄羅斯以外的共和國裡出現了不少「黑手黨」，例如活躍於烏茲別克的惡名昭彰「棉花黑手黨」，領導者是共產黨第一書記拉希多夫（Rashidov）。由於與蘇維埃總統布列茲涅夫、布列茲涅夫的女兒加琳娜（Galina）以及其先生邱爾巴諾夫（Churbanov，莫斯科一位警察官員）關係良好並受到庇護，拉希多夫得以主導一個腐敗的官僚帝國許多年。這個官僚集團成功地假造共和國的棉花生產紀錄，把鉅額款項轉入私人的銀行帳號，並在幾乎不受莫斯科監督的狀況下操控地方的黨組織。各式各樣的黑手黨在這段期間裡於蘇維埃社會的各個角落大行其道，主要在俄羅斯以外的共和國活動，但在像莫斯科與列寧格勒這樣的地方也活得很好。

這樣的體系不能用極權主義來形容，也不只是另外一種威權主義，像拉丁美洲的獨裁政權那樣。要描述布列茲涅夫時代的蘇聯與東歐，也許最好的標籤是瓦茨拉夫・哈維爾（Václav Havel）所用的，他把這些政權稱為「後極權」：雖然已不再是一九三〇與四〇年代的血腥警察國家，但它們仍站在前極權手段的陰影之下。[16] 極權主義不足以在這些國家中殺死民主的理念，但是其後續效應限制了這些國家接下來民主化的能力。

極權主義同樣在中華人民共和國以及東歐各國遭遇挫敗。中央政府對中國經濟的控制即便在中華人民共和國的「史達林主義」高峰時期也從來沒有達到蘇聯那樣的程度，也許有四分之一的經濟從未納入國家計畫的產值範圍。當鄧小平在一九七八年讓國家走上經濟改革的道路時，許多中國人對於一九五〇年代的自由市場與企業精神仍然記憶猶新，所以他們能在接下來的十年中獲得經濟自由化的利益，或許就不令人意外。儘管繼續在口頭上遵奉毛澤東與馬克思列寧主義，鄧小平實際上在農村中恢復了私有財產制，並且讓國家對全球化的資本主義經濟敞開大門。啟動經濟改革就表示共產黨領導階層很早就清楚看到社會主義的計畫經濟已告失敗。

一個極權國家允許廣泛的私人單位存在，從定義上來說就已不再是極權了。在從一九七八到一九八九年鎮壓事件為止的這段時期裡，相對自由的氣氛成為主流，民間社會（包含自發的商業組織、企業家群體、非正式社團等）在中國迅速地復甦了起來。中國領導階層的打算是，與其死硬地捍衛正統馬克思主義，去扮演中國現代化與改革推手的角色更能保證自己的統治合法性。

不過就跟蘇聯的情況一樣，要達成合法性相當困難。經濟現代化需要中國社會敞開大門，接受外國的理念與影響；經濟現代化把權力從國家移轉到民間社會；經濟現代化所產生的貪汙與其他社會弊端難以用一黨專政的方式來予以糾正；經濟現代化還創造了一群日漸具國際視野的高等教育精英，這些人在大都市裡發揮著相當於中產階級的作用。就是這群精英的孩子們，在胡耀邦逝世之際，組織了一九八九年四月在天安門廣場開始的示威抗議。[17] 這些學生當中不乏有人在西方讀過書，熟悉中國以外的政治制度；他們不再滿意中國共產黨具偏向性的改革，即只允許較大的經濟自由，但不允許任何的政治自由。

也有人認為，天安門廣場的學生示威比較不是自發性地表達對政治參與的訴求，而是反映了趙紫陽與李鵬之間為了爭奪鄧小平衣缽而進行的政治鬥爭。[18] 這說法或許是對的：趙紫陽明顯比領導階層其他人更同情學生抗議，他也在六月四日的鎮壓行動前冒險對學生發出呼籲，試圖挽救自己的處境。[19] 但是，即便學生抗議確實是由上而下的政治操弄結果，這也不代表他們就不是中國社會對既有政治體制深刻不滿的一種表現。此外，權力繼承是所有想要成功的極權主義之要害。由於沒有人民共同承認的憲政機制來規範權力繼承，競逐領導地位的人往往喜歡打改革牌作為挫敗對手的手段。但打這種牌總不可避免地喚起社會中新的力量與觀感，使操弄者最終無法控制。

在一九八九年的事件之後，中國成了亞洲又一個威權國家。它在自家各部門精英之間缺乏內部合法性——特別是在那些有一天將繼承這個國家的年輕人的眼裡，也缺乏一套連貫的意識形態的引導。中華人民共和國將不再是全世界革命人士的榜樣，像從前毛澤東時代那樣；而且當它跟區域內其他快速成長的資本主義國家相比時，這個處境益發明顯。

一九八九年夏天，當東德難民危機剛開始時，西方許多人仍然臆想，社會主義已經在東德以及東歐其他地方根深蒂固了，如果擁有自由，這些國家的人民會在共產主義與資本主義民主制之外選擇一個「人道的」左翼體制。結果證明這完全是幻覺。在東歐，蘇維埃體制被強加在不情願的人民頭上，因此極權主義的潰敗比在蘇聯或中國都快得多。或許這一點也不該使人訝異。這裡的公民社會被摧殘得不那麼徹底，不同的國家程度不一：例如在波蘭，農業並沒有像在隔壁的烏克蘭與白俄羅斯那樣被集體化，教會也或多或少保住了獨立的地位。一方面蘇維埃人民有各種理由反抗共產主義的價值觀；除此之外，當地民族主義的力量也讓人們對共產主義前的社會保留了鮮活的記憶，使其在一九八九年年末的劇變之後得以快速地重新建立。一旦蘇維埃表示他們無意介入與支撐東歐的當地盟友，唯一會讓人訝異的發展只是，所有東歐國家共黨組織的士氣是如此一蹶不振，以及強硬派中幾乎沒有人願意抬起一根小指頭來自我抵抗。

在沙哈拉以南的非洲，到了一九八〇年代末期，各強勢一黨制國家所標榜的非洲社會主義與後殖民傳統幾乎都已經名譽掃地，因為大部分地區都經歷了經濟崩潰與內戰。嚴格遵守馬克思主義的國家如衣索比亞、安哥拉以及莫三比克，狀況最具災難性。運作良好的民主政府出現在波扎那、甘比亞、塞內加爾、模里西斯以及納米比亞，其他許多非洲國家的威權統治者則被迫承諾將舉行自由選舉。

當然，中國繼續由共產黨統治，就跟古巴、北韓與越南一樣。但在一九八九年七月至十二月之間六個東歐共產主義政權突然崩潰之後，共產主義的形象產生了極大的改變。共產主義一度將自己形塑為比自由民主制更高等、更先進的文明形式，從這時起卻成為政治與經濟嚴重落後的代名詞。雖然共產國家繼續存在於世界上，但已不再代表一種有活力與吸引人的理念。那些稱自己為共產主義者的人現在只能在戰鬥中不斷撤退，以維護一些從前的地位與權力。共產主義者發現自己站在一個尷尬的位置上，捍衛著老舊、反動、早已過時的社會秩序，就像那些努力活到二十世紀裡的保皇黨一樣。他們從前對自由民主制所構成的意識形態威脅已然結束，而隨著紅軍從東歐撤出，大部分的軍事威脅也將消失。

儘管民主理念削弱了世界各地共產政權的合法性，民主的確立過程卻遭遇巨大的困難。中國的學生示威被共黨與軍隊鎮壓，鄧小平從前的一些經濟改革後來也遭到撤銷。民主的未來在蘇聯的十五個共和國裡遠遠談不上穩固。保加利亞與羅馬尼亞在前共產黨統治者被趕下台之後就是接連不斷的政治動盪。南斯拉夫經歷內戰與解體。只有匈牙利、捷克斯洛伐克、波蘭以及前東德看似準備好在接下來的十年裡轉型為穩定的民主體制與市場經濟，但即便在這幾個案例裡，他們面臨的經濟問題也被證明比原先所預期的要嚴重許多。

有人主張，即便共產主義已死，也只是被一種褊狹且具侵略性的民族主義快速取代。現在要慶祝那強勢國家的敗亡還為時過早。這種論述認為，共產極權主義無法存活之處，只會換上以民族主義為基礎的威權主義，或甚至換上俄羅斯或塞爾維亞類型的法西斯主義。世界的這個區塊，在不久未來的任何時刻，將既非和平也非民主，而且根據這一派思想所稱，這區塊對於現存的西方民主國家而言，只會跟過去的蘇聯同樣危險。

但如果前共產黨國家沒能快速且順利地整體轉型為穩定的民主制，我們也不應該感到驚訝。事實上，如果真的發生這種事，那才真正讓人訝異。在成功的民主政治能出現之前，巨大的障礙必須得先被克服。例如，舊日的蘇聯根本就不具有民主化的能力。蘇維埃聯邦如果自由到足以被視為真正的民主，一定會立刻沿著民族與族裔的界線分裂成一系列較小的國家。然而這並不代表蘇聯的個別部分，包含俄羅斯聯邦（Russian Federation）或烏克蘭，不能民主化。不過在民主化之前，必然會有一個痛苦的國家分裂過程，而這並非短時間或不流血就能完成。這個過程從蘇聯十五個共和國當中的九個在一九九一年四月就聯盟協約重啟協商開始，並在八月政變失敗後加速進行。

再者，民主制與部分新興的民族主義之間並沒有內在的衝突。雖然烏茲別克或塔吉克不太可能在短時間內建立穩定的民主政治，但我們沒有理由認為，一旦取得獨立地位，立陶宛或愛沙尼亞的自由程度將比不上瑞典或芬蘭。我們同樣不能認為新出現的民族主義必然皆屬擴張主義或具侵略性。一九八〇年代晚期到一九九〇年代早期最令人矚目的一項發展是，俄羅斯民族主義的主流朝向一個「小俄羅斯」的概念演進，而且這種想法不只明顯見於鮑里斯・葉爾欽這樣的自由派，同樣也見於愛德華・沃洛金（Eduard Volodin）與維克托・阿斯塔菲耶夫（Victor Astafyev）這樣的保守派民族主義者。

我們應該小心地把過渡狀態與長期狀態區分開來。在蘇聯與東歐的部分地區，我們很容易看到馬克思列寧主義者被各式各樣的獨裁者、民族主義者以及上校軍官所取代；甚至共產主義者在某些區域也能上演復出的戲碼。但他們所代表的威權主義一直是區域性且缺乏系統的現象。就像拉丁美洲各種軍事獨裁者，他們最終也得面對一個事實：他們並沒有長期的合法性來源，也沒有好的解方來解決他們將面對的經濟與政治長期問題。在世界的這個區塊裡，唯一理路一貫且享有廣泛合法性意識形態的，一直是自由民主制。雖然這個區域的許多民族也許無法在這個世代進行民主轉型，但下一個世代就可能辦到。西歐轉型為自由民主制的過程同樣漫長且艱難，但這個事實並未阻止該區域的每個國家最終完成這趟旅程。

共產極權主義曾被認為是一套辦法，用以阻止社會演進的自然與有機的過程，並代之以一系列由上而下的強制革命：消滅舊的社會階級，快速工業化，農業集體化。這種大規模的社會工程曾被認為已經把共產主義社會與非極權社會劃分開來，因為社會變革源自於國家而非社會。社會科學家們相信在「正常」社會中幾乎普遍有效的經濟與政治現代化的正常規則，在共產社會並不適用。[20] 一九八〇年代在蘇聯與中國的改革過程雖然短時間內並未成功，但顯示了人類社會演化某些相當重要的真相。雖然極權主義得以摧毀俄羅斯與中國社會在革命前的種種有形制度，但在創造一個蘇維埃或毛澤東式新人類的企圖方面，極權主義完全不起成效。在布列茲涅夫或毛澤東時期興起的兩國精英與經濟發展程度類似的西方國家的精英十分相像，相似程度超過任何人的預期。他們最進步的精英即使說不上認同，但也能夠欣賞西歐、美國與日本的一般消費文化以及他們的許多政治理念。結果顯示，儘管保留了各種獨特的「後極權」特徵，生活在蘇聯與中華人民共和國的人民並沒有被原子化，並不是較早的西方理論所推想的那種無法自主、渴望威權的孩童。結果證明，他們是能夠分辨真假對錯的成人，而且如同其他邁入「人類老年時期」的成年人，期待著他們的成年狀態與自主性能得到承認。

註釋

1 In Y. Afanaseyev, ed., *Inogo ne dano* (Moscow: Progress, 1989), p. 510.

2 關於極權主義的標準定義，見：Carl J. Friedrich and Zbigniew Brzezinski, *Totalitarian Dictatorship and Autocracy,*

second edition (Cambridge, Mass.: Harvard University Press, 1965)。

3 Mikhail Heller, *Cogs in the Wheel: The Formation of Soviet Man* (New York: Knopf, 1988), p. 30.

4 The Marquis de Custine, *Journey for Our Time* (New York: Pelegrini and Cudahy, 1951), p. 323.

5 所有這些東南歐國家在一九八九年之後都經歷了類似的演變。部分舊的共產政權成功地把自己重新包裝為「社會主義者」，並在相對公平的選舉中贏得多數票，但是很快又遭到強烈的攻擊，因為民眾對民主的要求變得更激進了。這種壓力讓保加利亞政府倒台，也嚴重弱化了其他「重新包裝」的共黨政府，只有塞爾維亞的米洛塞維奇（Milosevic）例外。

6 Ed Hewett, *Reforming the Soviet Economy: Equality versus Efficiency* (Washington, D.C.: Brookings Institution, 1988), p. 38.

7 安德斯・阿斯倫德（Anders Aslund）引用了謝柳寧（Selyunin）、哈寧（Khanin）以及阿貝爾・阿甘別吉楊（Abel Aganbegyan）的數字，見 Aslund, *Gorbachev's Struggle for Economic Reform* (Ithaca, N.Y.: Cornell University Press, 1989), p. 15。阿斯倫德指出，蘇維埃國防支出作為國民生產毛額的比例，根據中情局的估計，在戰後大多數時期裡都占淨物質產出的百分之十五到十七，但是實際上更可能落在百分之二十五到三十的範圍。從一九九〇年起，蘇維埃發言人比如愛德華・謝瓦爾德納澤（Eduard Shevardnadze）就開始固定用國民生產毛額百分之二十五這個數字來說明國防支出在整體蘇維埃經濟中的比重。

8 同上。

9 關於這些不同學派的蘇維埃經濟學家的整體介紹，可見 Aslund (1989), pp. 3-8; and Hewett (1988), pp. 274-302. 關於對蘇維埃內部對中央計畫的批判，一個代表性的例子請看 Gavril Popov, "Restructuring of the Economy's Management," in Afanaseyev (1989), pp. 621-63。

10 顯然，安德洛波夫（Andropov）與戈巴契夫兩人剛上任時，某種程度都注意到經濟放緩的嚴重程度；而兩位領導者最早的改革動機都是了解到，他們必須積極行動以防止一場經濟危機。Marshall I. Goldman, *Economic Reform in the Age of High Technology* (New York: Norton, 1987), p. 71.

11 中央集權的經濟管理所特有的無效率與弊病，在**重建政策**的過程中頗有揭露；這些材料大部分都被記錄在一九五〇年代的一些書裡，比如 Joseph Berliner, *Factory and Manager in the USSR* (Cambridge, Mass.: Harvard University Press, 1957)。這本書是以流亡者訪談為基礎。蘇聯國安會（KGB）很可能也完全有能力對蘇維埃領導者（如安德洛波夫與戈巴契夫），提供類似的分析。

12 戈巴契夫實際上在一九八五年讚揚了史達林的一生作為；到了一九八七年年底，他（就跟赫魯雪夫一樣）仍讚許了史達林一九三〇年代在集體化過程中的行動。直到一九八八年他才願意肯定由布哈林（Bukharin）與列寧在一九二〇年代「新經濟政策」期間所倡議的經濟有限自由化。請看戈巴契夫一九八七年十一月七日在「偉大的十月社會主義革命七十週年紀念演說」中提到布哈林的部分。

13 事實上也有像亞歷山大・普羅赫諾夫（Aleksandr Prokhanov）這樣的右翼俄羅斯民族主義者提倡一種具有一定系統性的反資本主義、反民主、也不因此倒向馬克思主義的意識形態。亞歷山大・索忍尼辛（Aleksandr Solzhenitsyn）曾被指控具有這樣的傾向，但是他最終仍是一個有批判性的民主支持者。請看他的文章："How We Are to Restructure Russia," *Literaturnaya Gazeta* no. 18 (September 18, 1990): 3-6。

14 我完全同意傑瑞米・阿茲雷爾（Jeremy Azrael）的觀點：他認為，不少西方人詆毀俄羅斯人、稱他們沒有選擇民主的能力、仇視俄羅斯的知識分子，這些人都欠俄羅斯人民一個道歉。

15 關於極權主義計畫最終是否成功，以及「極權」一詞是否能準確描述史達林死後的蘇聯或者東歐任何前蘇聯附庸政權，學院內的蘇聯研究者曾做過長時間的辯論。至於將蘇聯極權時期的結束定在這個時間點上，支持的論證請看 Andranik Migranian, "The Long Road to the European Home," *Novy Mir* 7 (July 1989): 166-184。

16 Václav Havel et al., *The Power of the Powerless* (London: Hutchinson, 1985), p. 27. 胡安・林茲（Juan Linz）也曾用這個詞彙來描述布列茲涅夫時期的共黨政權。把赫魯雪夫與布列茲涅夫統治的蘇聯僅僅當作另一個威權政府是不正確的。有些蘇聯學者，比如傑瑞・霍夫，相信蘇聯在一九六〇或七〇年代出現了「利益團體」或「制度多元主義」。然而，儘管在不同的蘇維埃經濟官員間或者在莫斯科與黨的地方組織之間進行了某種程度的喊價與妥協，這些互動仍然是依照一套由中央制定的嚴格規定來進行。H. Gordon Skilling and Franklyn Griffiths, eds., *Interest Groups in Soviet Politics*, (Princeton, N.J.: Princeton University Press, 1971), and Hough (1979), pp. 518-529.

17 胡耀邦是鄧小平的左右手，被學生們視為中國共產黨內部的改革派。關於這些事件的時間序列，請看 Lucian W.

Pye, "Tiananmen and Chinese Political Culture," *Asian Survey* 30, no. 4 (April 1990b): 331-347。

18 Henry Kissinger, "The Caricature of Deng as Tyrant Is Unfair," *Washington Post* (August 1, 1989), p. A21.

19 Ian Wilson and You Ji, "Leadership by 'Lines': China's Unresolved Succession," *Problems of Communism* 39, no. 1 (January-February 1990): 28-44.

20 確實，這些共產社會曾被視為是如此不同，以至於人們分別用「中國研究」、「蘇維埃研究」或「克里姆林研究」等不同的學門來加以探討，關注的重點也不是廣泛的市民社會，而只關注政治、它們所謂的主權，而且常常只關注由十人或最多十二人組成的小群體所推動的政治。

第四章
全世界的自由革命

我們站在一個重要的紀元、一個騷動的時代的大門口。精神在跳躍中大步向前，超越其先前的形象，並穿上新的面貌。所有過去的表象、概念、把我們的世界串起來的一切聯繫，都在消失與崩解之中，像一幅夢中的景象。一個精神的新階段正在醞釀之中。哲學特別必須對此階段的出現表示歡迎與認可，然而其他人，那些無力扭轉的反對者，則依戀著過去。

——黑格爾，於一八〇六年九月十八日的一場演說[1]

共產左翼與威權右翼都遭遇了思想破產。他們缺乏嚴肅的理念來維繫強勢政府所需的政治向心力，無論其統治是建立在「組織龐大」的政黨、軍事委員會，還是繫於一人的獨裁之上。缺乏合法性的權威就意味著，當一個威權政府在某個領域的政策遭遇失敗時，沒辦法訴諸更高的原則來解決。有些人把合法性比擬為某種現金儲備。所有政府，不論民主還是威權，都有順利與顛簸的時刻。但只有合法的政府才有這個可供它在危機期間動用的現金儲備。

右派威權國家的弱點在於他們沒辦法控制民間社會。他們在某種重建秩序或貫徹「經濟紀律」的授權下拿到政權，但卻發現自己在促進穩定經濟成長或創造社會秩序感的層面並不比前任的民主政府更為成功。而那些成功的政權則是搬石頭砸自己的腳。因為隨著人們的教育提升、變得更為富裕、成為中產階級，被政府踩在腳下的社會開始比政府更強大。當人們開始淡忘那使強勢政府合理化的特定緊急事態時，社會就愈來愈不願意忍受軍事統治了。

為了避免這些問題，左派的極權政府試著把整個民間社會都置於自己的掌控之下，包含規定公民的思想內容。但這樣的體制如果要徹底執行，只能用一種會反噬統治者本身的恐怖手段來維持。一旦恐怖手段緩和下來，就會開啟一個漫長的退化過程，國家也逐漸失去對民間社會特定關鍵面向的控制。當中最重要的是失去對信仰體系的掌控。而既然社會主義對經濟成長的辦法是行不通的，國家也就無法阻止其國民注意到此一事實，並得出他們自己的結論。

再者，很少有極權主義政權可以在一次或多次權力繼承的危機中一再成功。由於缺乏共同接受的繼承規則，部分有野心的權力競爭者總是有很大的動機去質疑整個體制，並在鬥爭中號召根本的改革來打擊他的對手。改革是一張強大的王牌，因為人民對史達林體制的不滿情緒四處高漲。所以赫魯雪夫用批判史達林主義來對付貝里亞與馬林科夫（Malenkov），戈巴契夫用同樣的辦法來對付布列茲涅夫時期的其他競爭者，趙紫陽也用改革牌對付強硬派的李鵬。至於競逐權力的個人或團體是否真是民主派，這個問題在某種意義上是無關緊要的，因為權力交接的過程總是讓舊政權必有的濫權行為被揭露、其公信力被瓦解。新的社會與政治力量被釋放出來，對自由理念展開更真誠的追求，而那些一開始策劃了有限度改革的人很快就失去對這一切的掌控。

強勢國家的弱點意味著，許多原來的威權主義現在讓步給民主制，而許多原來的後極權國家現在成了簡單的威權主義（如果還未轉型成民主制的話）。蘇聯已經把權力移轉給其加盟共和國，而中國雖然繼續是一個獨裁國家，其政權已經失去了對社會重要部分的掌控。兩個國家都不再擁有馬克思列寧主義一度賦予他們的那種意識形態一致性了：蘇聯反改革的保守派在牆上掛的可能是一幅列寧肖像，但也可能是一幅東正教的聖像。一九九一年八月政變的半吊子策劃者也類似於一個拉丁美洲的軍事委員會，陸軍軍官與高階警官在其中扮演的主要角色。

除了政治威權主義的危機之外，經濟領域層面也進行了一個比較安靜但同樣重要的革命。這個革命的具體表現與起因，就是第二次世界大戰之後東亞驚人的經濟成長。這個成功的故事並不限於像日本這樣的早期現代化國家，而是最終涵蓋了亞洲幾乎所有願意採行市場原則、也願意完全整合至全球資本主義經濟體系的國家。他們的經濟表現顯示，除了勤奮人口以外別無天然資源的貧窮國家，可以利用國際經濟體系的開放性來創造不可想像的大量新財富，並快速縮小他們與歐洲、北美等較成熟的資本主義強權之間的落差。

東亞經濟奇蹟受到全世界的密切關注，當中最關心的就是共產主義集團。共產主義的終局危機在某種意義上來說，開始於當中國的領導者認識到，他們已經被亞洲其餘的資本主義國家拋在後面，也看到社會主義的中央計畫經濟已經讓中國陷入落後與貧困。從那時起的自由化改革讓中國在五年內糧食產量增加一倍，也為市場原則的威力提供了一個新證明。亞洲的教訓後來被蘇聯的經濟學者吸收，他們知道中央計畫體制已經給他們的國家帶來何等可怕的浪費與無效率。東歐人更不需要別人教導；他們比其他共產主義者更了解，他們之所以達不到西方其他歐洲人的生活水準，原因出在戰後被蘇聯人套在頭上的社會主義體制。

向東亞經濟奇蹟學習的人並不限於共產集團，拉丁美洲的經濟思想同樣也發生了令人矚目的轉型。[2]在一九五〇年代，當阿根廷經濟學家勞爾·普雷比斯（Raul Prebisch）擔任聯合國拉丁美洲經濟委員會主席時，眾人傾向把拉丁美洲（以及更廣泛的第三世界）的低度發展歸咎於全球資本主義體系。當時人們主張，歐洲與美國等早期發展的國家實際上已經把世界經濟打造成對他們有利的結構，並迫使後來的國家接受依賴性的地位，只作為原料的提供者。但到了一九九〇年代初期，這個理解完全改變了：墨西哥總統卡洛斯·薩利納斯·德戈塔利（Carlos Salinas de Gortari），阿根廷總統卡洛斯·梅南（Carlos Menem），以及巴西總統費南多·科洛爾·德梅洛（Fernando Collor de Mello），全都在上台之後推動廣泛的經濟自由化政策，並接受市場競爭與對世界經濟開放的必要性。智利則早在一九八〇年代於皮諾契統治時就將自由經濟原則付諸實踐，結果當智利在帕特里西奧·阿爾文（Patricio Alwyn）總統的領導下走出獨裁體制時，經濟是南美錐形區各國中最健康的。這些民主選出的新領袖是從這樣的假定出發：低度發展並不是由於資本主義內在的不平等造成，而是因為他們國家過去實行資本主義的程度還不夠。民營化與自由貿易成為新標語，取代了從前的國有化與進口替代。拉丁美洲知識分子的正統馬克思主義愈來愈受到一些經濟思想家的挑戰，如埃爾南多·德索托（Hernando de Soto）、馬利歐·巴爾加斯·尤薩（Mario Vargas Llosa）以及卡洛斯·蘭赫爾（Carlos Rangel）；他們發現自由市場導向的經濟理念開始有了廣泛的接受度。

隨著人類接近第二個千年的盡頭，威權主義與社會主義中央計畫雙雙遭遇危機，使比賽場內只剩下一個競爭者仍然挺立，成為可能具普遍有效性的意識形態，那就是自由民主制，一套關於個體自由與人民主權的信條。在首度為法國與美國革命賦予生命力的兩百年之後，自由與平等的原則已證明自己不只歷久不衰，而且再度興起。[3]

自由主義與民主制雖然緊密相關，但其實是不同的概念。政治自由主義可以簡單被定義為一種法治，且這個法治承認個體享有特定權利或免於政府管制的自由。雖然基本權利有很多種不同的定義，我們將採用布萊斯勛爵（Lord Bryce）論民主的經典著作所提出的定義。他把基本權利限定為三種：公民權利，「公民的人身與財產免於管制」；宗教權利，「宗教觀點與信仰實踐的表達免於管制」；以及他所稱的政治權利，「任何事情，若沒有明顯影響共同體的整體福祉，則免於管制」，新聞自由的基本權利也包含在內。[4] 要求承認各種第二代與第三代經濟權利，例如就業、住房或醫療照護的權利，已經是社會主義國家常見的做法。* 這種擴張的權利列表會引發的問題是，這些權利的達成並不明顯相容於其他權利，例如財產權與自由的經濟交換權。在我們的定義中，我們將維持使用布萊斯較短也較傳統的權利列表；這也與《美國權利法案》（Bill of Rights）† 所包含的權利相符合。

另一方面，民主是全體公民普遍擁有的可分享政治權力之權利，也就是所有公民可投票與參與政治的權利。參與政治權力的權利可以被視為另一種自由權（事實上是最重要的自由權）也是為了這個因素，自由主義在歷史上向來與民主有著緊密的聯繫。

在判斷哪些國家是民主國家時，我們將使用一個嚴格形式性的民主定義。如果一個國家允許其人民在普遍平等的成人選舉權之基礎上，透過定期投票、祕密投票與多黨派的選舉[5]來選出自己的政府，那這個國家就是民主國家。[6] 確實，民主的形式並不等於平等參與及權利的保證。民主程序可以被精英操弄，也不總是精確地反映人民的意志或真實的自我利益。但是一旦我們離開形式的定義，就會開啟民主原則被濫用的無限可能性。在二十世紀，民主最大的敵人曾以「實質」民主之名攻擊過「形式」民主。這是列寧與布爾什維克政黨關閉俄羅斯制憲會議與宣布一黨專政時所用的理由，號稱要「以人民之名」實現實質的民主。另一方面，形式民主提供了真正的制度性保障來防止獨裁，最終也更有機會產生出「實質」民主。

雖然自由主義與民主往往同時出現，兩者在理論上卻可以分別開來。一個國家有可能自由但不特別民主，例如十八世紀的英國。少數的社會精英有一長串的權利能得到充分的保護，包含選舉權在內，但其他人卻被排除在外。一個國家也有可能民主但並不自由，也就是說，並不保護個人與少數的權利。一個顯著的例子是現在的伊斯蘭伊朗共和國；他們固定舉行以第三世界的標準而言還算公平的選舉，使這個國家比在沙阿時期更為民主。然而伊斯蘭統治的伊朗並不是一個自由國家；言論自由、集會自由、特別是宗教自由，並沒有得到保障。伊朗公民最基本的權利也不受法治的保護，對伊朗的少數族裔與宗教少數而言，這個處境相當糟糕。

經濟方面，自由主義承認個體在財產私有與市場原則的基礎上進行自由的經濟活動與經濟交換的權利。既然「資本主義」一詞多年來已被附加如此多貶損的意涵，近來人們開始流行改稱「自由市場經濟」；兩者對經濟自由主義來說都是可接受的用詞。顯然，這個相當寬泛的經濟自由主義定義存在許多可能的詮釋，從隆納・雷根（Ronald Reagan）時期的美國與瑪格麗特・柴契爾（Margaret

---

* 譯註：法國學者卡雷爾・瓦薩克（Karel Vašák）在一九七七年依據「自由、平等、博愛」提出「三代人權」（Three Generations of Human Rights）主張：第一代人權與自由有關，如言論自由、宗教自由；第二代人權與平等有關，就業、住房、醫療照護都屬於第二代；第三代人權與博愛有關，包含自決權、健康環境權等。

† 譯註：《美國憲法》前十條修正案的統稱，主要保障個人的多項自由，限制政府的司法與其他方面的權力。

Thatcher）時期的英國，到斯堪地那維亞的社會民主國家，以及墨西哥與印度等相對中央集權的政權。所有當代資本主義國家都有規模龐大的公部門，另一方面，大多數社會主義國家也都允許一定程度的私有經濟活動。關於公部門大到什麼程度就會讓一個國家不能再被稱為自由國家的討論，一直存在不小的爭議。與其試著設定一個明確的百分比，也許更有用的方法是去考察國家對於私有財產與企業的合法性**原則上**採取什麼態度。會保護這類經濟權利的國家，我們將視為是自由的；反對這類權利或採行其他原則（例如「經濟正義」）的國家，就不算自由。

威權主義當前的危機並不必然導致自由民主政體的興起，而且那些新出現的民主政府也不全然穩定。東歐新的民主國家面臨著痛苦的經濟轉型，而拉丁美洲新的民主國家則受到從前經濟政策失當的可怕後遺症之困擾。東亞許多快速發展的國家雖然在經濟上自由，卻並未迎接政治自由化的挑戰。特定區域（例如中東）也相對上並未被自由主義革命波及。[7]至於像秘魯或菲律賓這樣的國家，在沉重問題的拖累之下重新跌回某種獨裁政治，也完全可以想像。

但即使民主化過程將出現倒退與挫折，或者並非每個市場經濟都能成功，這件事卻不應該妨害我們注意到世界史上正在出現的更大趨勢。一個國家在決定該如何於政治與經濟上自我組織時，明顯可供挑選的方案數量隨著時間一直在**減少**。在漫長人類史上曾出現過各種不同的統治形態，從君主制與貴族統治到宗教神權統治，再到二十世紀的法西斯與共產獨裁統治，而這之中完好地存活到二十世紀末的政府形態，就只有自由民主制。

換句話說，那展現出勝利之姿的，與其說是自由的實踐，不如說是自由的**理念**。也就是說，對這個世界大部分地區而言，現在已沒有其他標榜普遍性的意識形態有資格挑戰自由民主制，而且除了人民主權以外也沒有其他具普遍性的合法性原則了。各種形式的君主政體在二十世紀初很大程度已被打敗了。法西斯與共產主義，即自由民主制直到目前的主要競爭對手，也都已名譽掃地。如果蘇聯（或其後繼國家）沒能民主化，如果秘魯或菲律賓重新陷入某種形態的威權主義，民主政治將很可能讓位給一個言必稱俄羅斯、秘魯或菲律賓人民的上校或官員。即使是反民主派也將必須口說民主的語言，以便為他們背離這唯一的普遍原則做出合理的解釋。

另一個有系統且一貫的意識形態是伊斯蘭教，就像自由主義與共產主義，有自己的道德準則以及對於政治和社會正義的教義。伊斯蘭教的號召力也具有潛在的普遍性，能直接觸及所有人，而不只是號召特定族裔或民族群體的成員。伊斯蘭教也確實在伊斯蘭世界的許多地方擊敗了自由民主制，甚至在並未直接掌握政權的國家裡，伊斯蘭教也對自由實踐構成了嚴重的威脅。在歐洲冷戰結束後，伊拉克立刻又構成對西方的挑戰，其中伊斯蘭教無疑是一個因素。[8]

然而，儘管伊斯蘭教在目前的復興中展現了強大的威力，但除了那些從一開始就屬於伊斯蘭文化的地區，這個宗教在其他地方幾乎沒有感召力。伊斯蘭文化擴張的時代看起來已經結束了：它可以贏回放棄信仰的教徒，但無法讓柏林、東京或莫斯科的年輕人產生共鳴。儘管將近十億人在文化傳統上信奉伊斯蘭教，占世界人口的五分之一，但他們無法在自由民主制的地盤上於理念層次挑戰自由民主制。[9]事實上，長期來說，伊斯蘭世界似乎更容易受到自由理念的影響而非影響對方，而自由主義在過去一個半世紀的時間裡已經深深吸引了為數眾多且有影響力的穆斯林。當前基本教義派的復興有一部分原因就在於，他們注意到自由主義的西方價值對傳統伊斯蘭社會構成了強大的威脅。

我們如今住在長期穩定的自由民主國家裡的人，正面臨著一個不尋常的局面。在我們祖父的時代，許多明理的人能預見一個光芒四射的社會主義未來，屆時私有財產制與資本主義將已經被廢除，而且政治本身或多或少也將已經被解決。而今正好相反，我們想像不出一個從根本上比我們現在這個更好的世界，或者想像不出一個本質上不是民主與資本主義的未來。當然，許多事情在這個框架下還可以改善：我們可以給無家可歸的人提供住處，可以保證弱勢群體與婦女的機會均等，可以改善競爭力，並創造新的就業機會。我們也可以想像未來的世界比我們目前所認識的更糟糕許多，不容異己的民族、種族與宗教勢力捲土重來，或者我們被戰爭或環境崩潰的問題所淹沒。但是我們無法對自己描繪一個**本質上**與目前不一樣、同時還更好的世界。其他反思程度較低的時代也曾認為他們自己是最好的，但是我們達到這個結論之前，可以說已經窮盡力氣尋找過替代選項——這個替代制度**必須**比自由民主制更好，我們卻找不到它。[10]

這件事實，以及當前全世界的自由革命氣息，讓我們想提出下面這個問題：我們只是見證了自由民主制的命運中一次暫時性的好轉，還是有某種長期性的趨勢在發揮作用，最終會引導所有國家朝自由民主制的方向走去？

目前這個朝向自由民主制的趨勢有沒有可能是一個週期現象？我們需要回顧一九六〇年代與一九七〇年代早期，當時美國由於越南戰爭與水門事件正經歷一場自信心的危機。整個西方世界由於石油輸出國家組織（OPEC）的石油禁運陷入了經濟危機；拉丁美洲大多數民主政府在一系列軍事政變中遭到推翻；非民主或反民主政權在世界各地彷彿雨後春筍般出現，從蘇聯、古巴、越南、沙烏地阿拉伯、伊朗到南非。那麼，我們現在有什麼理由預期一九七〇年代的局面不會再次出現？或者更糟，如何預期一九三〇年代那種惡性的反民主意識形態衝突不會捲土重來？

再者，難道不能有人主張，當前威權主義的危機只是一個偶然，只是政治行星一次罕見的交會，在接下來的數百年都不會再度發生？因為如果仔細研究一九七〇與一九八〇年代威權主義的各種退場轉型，就能讓我們從很多方面觀察到，這些本質上都是意外事件。對一個特定國家了解愈多，就愈能注意到「外部偶發事件的洪流」會讓一個國家走上與鄰國不同的道路，而看似純屬巧合的情境也會導致民主的結果。[11]事情的結局本來可以相當不同：葡萄牙共產黨在一九七五年本來可以勝選，或者如果胡安·卡洛斯國王當時沒有扮演一個如此諳於溝通與調和的角色，西班牙的政治轉型本來可以不是產生民主制。自由主義的理念，若沒有人來將它們付諸實現，也是毫無力量的。如果安德洛波夫或契爾年科（Chernenko）能活得更久一點，或者如果戈巴契夫是另外一種性格，蘇聯與東歐在一九八五與一九九一年之間的事態發展一定會很不一樣。順著社會科學界當前流行的說法，一個人很容易認為民主化的過程是由不可預測的政治因素（例如領導者與輿論）所主導，而這些因素確保了每個案例無論過程或結果都將是獨一無二。

但如果我們不只回顧過去十五年，而是回顧歷史的**全部範圍**，就能明顯看到自由民主制已開始占有一種特殊的地位。雖然民主的命運在全世界以週期現象出現，但也一直存在一個顯著長期性的、朝向民主制發展的趨勢。本書第九十至九十一頁的表格說明了這個長期的模式。我們看到，民主制的成長並非連續或單一方向；拉丁美洲在一九七五年的民主政體數量比在一九五五年還少，而世界整體在一九四〇年的民主程度比在一九一九年還差。一些民主高漲的時期被急遽的頓挫與倒退所中斷（納粹主義與史達林主義可為代表）。另一方面，所有這些逆反常常最後又自己翻轉過來，導致全世界民主政體的數量隨著時間出現十分可觀的成長。再者，假使蘇聯或中國在下個世代進行民主化（無論是整體或只是部分），全世界居住在民主政府統治下的人口比例將大幅成長。確實，自由民主制的成長，連同其夥伴——經濟自由主義——已經是過去四百年宏觀角度下最引人注目的政治現象。

不可否認，民主在人類歷史上相對少見，一七七六年之前在全世界任何地方連一個都找不到。（伯利克里〔Pericles〕時代的雅典不算民主，因為雅典並不系統性地保護個體權利。）[12]用已存在的年數來看，工業生產、汽車、有數百萬居民的大都市等也同樣存在時間短暫，而像奴隸制、世襲君主制及王室通婚制等實踐，則已經存在非常悠久的時間。然而重要的並不是一件事出現次數的頻率，或持續期間的長短，而是趨勢：在已開發世界，我們不會預期都市或汽車在不久的將來即將消失，就跟我們不會預期奴隸制再度興起一樣。

在這個背景下，當前的自由主義革命，連同其醒目的世界性格，才取得了特殊的重要意義。因為這提供了進一步的證據，證明確實有一個根本的進程在發揮作用，並指定**所有**人類社會都依循一個共同的演進模式——簡言之，像是某種朝著自由民主制前進的人類普遍史。這個發展不可否認會有高低起伏。但是若把自由民主制在任何特定國家中的失敗，或者在世界上任何區域中的失敗，當作是自由民主制全面的弱點，那只表示這個人觀點極其狹隘。週期與中斷本身與一部有固定方向與普遍的歷史並不衝突，就像景氣循環的存在並不否定長期經濟成長的可能性。

與民主國家數量成長同樣讓人印象深刻的，是民主政府已經突破在西歐與北美的橋頭堡，而在世界其他與歐美沒有共同政治、宗教與文化傳統的地區取得重大進展。曾經有人說，伊比利半島的傳統是「威權、世襲、天主教、階層化、群體性以及半封建，直到骨子裡」。[13]所以拿西歐或美國的自由民主的標準來要求西班牙、葡萄牙或者拉丁美洲的國家，就犯了「種族中心主義」的毛病。[14]然而那些普遍的權利標準同時也是生活在伊比利傳統中的人拿來要求他們**自己**的標準，而且從一九七〇年代中期開始，西班牙與葡萄牙便已經側身於穩定民主國家之列，與經濟整合的歐洲有了更緊密的連結。同樣的標準對拉丁美洲、東歐、亞洲及世界上其他許多地方的人也有意義。民主制在各種不同地方與許多不同民族之間的成功，也就意味著，民主所仰賴的自由與平等原則既非偶然之事，也不是種族中心主義的偏見，而是對於絕對意義下的人（man as man）之本質的發現，而且此一真理，隨著一個人的見識日漸廣闊，不但不會減損，反而會愈來愈明確。

關於是否存在一種事物叫人類的普遍歷史，把所有時代與所有民族的經驗都考慮在內，這個問題並不新奇。事實上這是一個非常古老的問題，而最近的事件迫使我們把它重新提出來。從一開始，那最嚴肅、也最系統性地撰寫普遍歷史的嘗試，就把自由的發展視為歷史裡的核心議題。歷史不是把事件盲目地串接起來，而是一個有意義的整體，而人類對於正義的政治與社會秩序的本質所懷抱的理念，便得以在這個整體中開展與實現。而且如果我們現在已走到這樣的地步，如果我們已無法想像一個世界與我們這個世界有實質的差異，已找不到明白或顯見的辦法來使我們當前的秩序在未來獲得根本改善，那麼我們也必須考慮一個可能性：歷史本身或許已經終結。

所以，我們在本書第二部分將提出一個問題：在二十世紀結束之際，我們是不是可以合理地擺脫我們已罹患的悲觀主義，並再一次回頭考慮，是不是有可能撰寫一部人類的普遍歷史。

全世界的自由民主制國家[15]								
	1790	1848	1900	1919	1940	1960	1975	1990
美國	×	×	×	×	×	×	×	×
加拿大			×	×	×	×	×	×
瑞士	×	×	×	×	×	×	×	×
英國		×	×	×	×	×	×	×
法國	×		×	×		×	×	×
比利時		×	×	×		×	×	×
荷蘭		×	×	×		×	×	×
丹麥			×	×		×	×	×
皮德蒙特／義大利			×	×		×	×	×
西班牙								×
葡萄牙								×
瑞典			×	×	×	×	×	×
挪威				×		×	×	×
希臘			×			×		×
奧地利				×		×	×	×
西德				×		×	×	×
東德				×				×
波蘭				×				×
捷克斯洛伐克				×				×
匈牙利								×
保加利亞								×
羅馬尼亞								×
土耳其						×	×	×
拉脫維亞								×
立陶宛								×
愛沙尼亞				×				×
芬蘭				×	×	×	×	×
愛爾蘭					×	×	×	×
澳洲				×	×	×	×	×
紐西蘭				×	×	×	×	×
智利			×	×		×		×

阿根廷			×	×				×
巴西						×		×
烏拉圭				×	×	×		×
巴拉圭								×
墨西哥					×	×	×	×
哥倫比亞				×	×	×	×	×
哥斯大黎加				×	×	×	×	×
玻利維亞						×		×
委內瑞拉						×	×	×
秘魯						×		×
厄瓜多						×		×
薩爾瓦多						×		×
尼加拉瓜								×
宏都拉斯								×
牙買加							×	×
多明尼克共和國								×
千里達							×	×
日本						×	×	×
印度						×	×	×
斯里蘭卡						×	×	×
新加坡							×	×
南韓								×
泰國								×
菲律賓						×		×
模里西斯								×
塞內加爾							×	×
波扎那								×
納米比亞								×
巴布亞紐幾內亞								×
以色列						×	×	×
黎巴嫩						×		
總和	**3**	**5**	**13**	**25**	**13**	**36**	**30**	**61**

註釋

1 *Dokumente zu Hegels Entwicklung,* ed. J. Hoffmeister (Stuttgart, 1936), p. 352.

2 關於這個轉變的概述，請**特別**詳見 Sylvia Nasar, "Third World Embracing Reforms to Encourage Economic Growth," *New York Times* (July 8, 1991) p. A1。

3 過去十年中，學界對拉丁美洲的革命獨裁政權合法性已有重新思考，請看 Robert Barros, "The Left and Democracy: Recent Debates in Latin America," *Telos* 68 (1986): 49-70。關於發生在東歐的巨變如何使左派陷入混亂，一個例子請看 André Gunder Frank, "Revolution in Eastern Europe: Lessons for Democratic Social Movements (and Socialists?)" *Third World Quarterly* 12, no. 2 (April, 1990): 36-52。

4 James Bryce, *Modern Democracies,* vol. I (New York: Macmillan, 1931), pp. 53-54.

5 如果接受熊彼得（Schumpeter）對十八世紀民主定義的界定，我們可以同意他說，民主就是「未來領導者之間為了爭取選民投票而進行的自由競爭」。Joseph Schumpeter, *Capitalism, Socialism, and Democracy* (New York: Harper Brothers, 1950), p. 284; Samuel Huntington, "Will More Countries Become Democratic?" *Political Science Quarterly* 99, no. 2 (Summer 1984): 193-218.

6 在大多數國家中，選舉權的擴大是一個逐步的過程，包括在英國與美國。許多當代的民主國家直到二十世紀末都沒能達到普遍的成人選舉權，但在這個時間點之前仍可以在某種意義上被稱為民主國家。Bryce, vol. I (1931), pp. 20-23.

7 在一九八九年的東歐革命之後，許多中東國家曾興起要求更多民主的聲浪，例如埃及與約旦。但在世界的這個區域，伊斯蘭一直是民主化的主要障礙。如一九九〇年的阿爾及利亞市長選舉，或者伊朗在十年以前所顯示的那樣，更多的民主不一定帶來更大幅度的自由化，因為民主讓伊斯蘭基本教義派人士獲得更大的權力，而這些人希望建立某種全民的神權統治。

8 雖然伊拉克是伊斯蘭國家，不過薩達姆．海珊的阿拉伯復興社會黨是一個鮮明的世俗阿拉伯民族主義政黨。在入侵科威特之後，他試著披上伊斯蘭教的外衣，但此舉顯得相當虛偽，因為過去在兩伊戰爭期間，他曾努力打造自己是世俗價值捍衛者的形象，以便跟狂熱於伊斯蘭信仰的伊朗劃清界線。

9 當然，他們可以透過炸彈與子彈等恐怖手段挑戰自由民主制；這種挑戰固然不小，卻並不致命。

10 我原先的文章〈歷史的終點？〉主張，在自由民主制以外沒有可行的替代選項，這個主張引發了不少憤怒的回應，他們指出伊斯蘭的基本教義派、民族主義、法西斯主義等可能性。然而這些評論者沒有一個認為這些替代選項比自由民主制**更優越**，而且在關於那篇文章的整個論戰過程中，我沒有看到任何人提出一個社會組織的替代形式是他或她個人認為更好的。

11 Robert M. Fishman, "Rethinking State and Regime: Southern Europe's Transition to Democracy," *World Politics* 42, no. 3 (April 1990): 422-440.

12 因此雅典民主可以處決自己最有名的公民——蘇格拉底，理由是後者實際上行使他的言論自由並敗壞了青年。

13 Howard Wiarda, "Toward a Framework for the Study of Political Change in the Iberio-Latin Tradition," *World Politics* 25 (January 1973): 106-135.

14 Howard Wiarda, "The Ethnocentricism of the Social Science *(sic)*: Implications for Research and Policy," *Review of Politics* 43, no. 2 (April 1981): 163-197.

15 這個表格（經過一些修改）來自於 Michael Doyle, "Kant, Liberal Legacies, and Foreign Affairs," *Philosophy and Public Affairs* 12 (Summer 1983a): 205-235。多伊爾（Doyle）對一個國家是否為自由民主制的判準是：要有市場經濟、代議政府、對外主權及司法權利。人口不足一百萬人的國家不包括在內。

部分國家是否被納入自由民主制之列可能具爭議性，例如保加利亞、哥倫比亞、薩爾瓦多、尼加拉瓜、墨西哥、秘魯、菲律賓、新加坡、斯里蘭卡及土耳其等，都被自由之家列為「部分自由」，有的因為最近選舉的公平性引發爭議，有的因為政府不保護個體的人權，也有些國家是倒退的：泰國從一九九〇年起跌出民主國家之列。另一方面，也有一些不在名單上的國家在一九九一年實施了民主，或承諾不久將舉辦自由選舉。Freedom House Survey, *Freedom at Issue* (January-February 1990).

PART 2

人類的老年時代

第五章
普遍史的理念

歷史觀察從來不曾飛過這麼遠，即便在夢中也一樣；因為現在人類史僅僅是動物史與植物史的延續；普遍史主義者即使在海的最深處也能找到自己的蹤跡，即一團有生命的爛泥漿。人類已經走了這麼遠的路途！他一面讚嘆著這個奇蹟，同時為了另一個更令人讚嘆的奇蹟而頭暈目眩，也就是竟然能縱覽這整條路途的現代人本身。他驕傲地站在世界過程的金字塔頂上；他把他的認知作為最後一塊石頭疊上去，彷彿對環繞四周俯首聽命的大自然呼喊著：「我們抵達目標了，我們就是目標，我們是已完成的自然。」

——尼采，《歷史的使用與濫用》（*The Use and Abuse of History*）[1]

人類的普遍史（Universal History）跟宇宙的歷史（history of the universe）並不是同一回事。這意思是說，人類普遍史並不是把關於人類一切所知的事情像百科全書那樣羅列出來，而是試圖在人類社會整體的發展中，找出一個有意義的趨勢。[2] 撰寫普遍史並不是所有民族與文化普遍會進行的嘗試。即便西方哲學與歷史傳統起源於希臘，但古代希臘作家從未嘗試過這樣的寫作。柏拉圖在《理想國》談到政體的某種自然循環；亞里斯多德（Aristotle）的《論政治》（*Politics*）則討論了革命的原因，以及如何從一種政體產生出另一種政體。[3]亞里斯多德相信，沒有一種政體有辦法讓人完全滿意，而這種不滿會讓人把一種政體換成另一種，形成無止境的循環。在這個循環序列中，不論就優劣或穩定性而言，民主並不占有特殊的位置。事實上兩位哲學家都認為，民主制有轉變成僭主制（tyranny）的傾向。再者，亞里斯多德並不假設歷史的連續性。他相信政權的循環是被包含在一個更大的自然循環之中，類似大洪水這樣的巨大災難將定期消滅所有現存的人類社會，包含一切對他們的記憶，迫使人類把歷史過程從頭再來一次。[4]所以，在這個希臘觀點裡，歷史不是長久延續，而是週期循環。

西方傳統中最早真正意義下的普遍史，是基督教的普遍史。[5]希臘羅馬嘗試書寫的歷史是關於已知的世界，基督教則首度引入了所有人在上帝目光下皆為平等的概念，並因此設想世界上所有民族有一個共同的命運。一個基督教歷史家，例如聖奧古斯丁（Saint Augustine），對希臘人或猶太人的個別歷史並沒有興趣；重要的是絕對意義下的人的救贖，這才是上帝的旨意在地上的實現。所有民族都只是一個普遍人類全體的個別分枝，其命運可以被理解為上帝對人類的計畫。此外，基督教還引入了有限時間的歷史概念；歷史起始於上帝創造人類，終止於人類最後的救贖。[6]對基督徒來說，審判日將標誌著地上歷史的結束，並宣告天國的降臨，這時地上與世俗的事件將不折不扣地來到終點。基督教對歷史的解釋清楚顯示，一切普遍史的書寫都隱含了「歷史的終結」。歷史的特定事件只有在參考更大的終點或目標時才具意義，而這些目標的達成則必然造成歷史過程的終結。這個人類的最後終點使一切特定事件有了被理解的可能。

人們在文藝復興時期對古人所重新燃起的興趣，為思想提供了一個古人所缺少的歷史視野。將人類歷史比擬成一個人的人生，以及把立足於古人成就之上的現代人想像成生活在「人類的老年時期」，如此轉喻與想像出現在文藝復興時期不少作家筆下，帕斯卡（Pascal）就是其中之一。[7]不過關於非基督教式的普遍史的撰寫，早期最重要嘗試是在十六世紀科學方法奠基時所進行。今天我們歸諸於伽利略（Galileo Galilei）、培根（Francis Bacon）與笛卡兒（René Descartes）的科學方法預設了一種知識的可能性以及一種對自然的主宰，而自然又從屬於一套有連貫性的普遍法則。這種法則的知識不只是個人可以取得，而且還可以累積，以至於往後的世代都可以省下前人做過的努力與犯過的錯誤。所以現代的進步概念就是源自於現代自然科學的成功，並讓法蘭西斯・培根得以主張，現代因為建立在羅盤、印刷術、火藥等發明的基礎上，相對於古代具有優越性。這種進步的概念，即作為知識的無窮新增與累積，貝爾納・勒・布耶・德・馮特奈爾（Bernard Le Bovier de Fontenelle）在一六八八年說得最清楚：

> 一個教養良好的心靈包含了過去許多世紀的所有心靈；那只是同一個心靈在所有時代的自我發展與自我提升……而我必須承認，這樣的人是沒有老年的；他永遠能從事他少年時能做的工作，而且他將愈來愈擅長從事那些他盛年時能做的事；這也就是說，如果不用譬喻的說法，人將永遠不會退化，人類智慧的成長與發展也將永無止境。[8]

馮特奈爾所設想的進步主要是在科學知識的領域，他並沒有發展出相應的社會或政治進步的理論。現代的社會進步概念之父是馬基維利（Machiavelli），因為是他提出政治應該擺脫古典哲學的道德枷鎖，以及人應該克服**命運**（fortuna）的論述。其他的進步理論則由啟蒙時代的作家如伏爾泰（Voltaire）、法國百科全書學派、經濟學家杜爾戈（Turgot）及他的朋友與傳記作者孔多塞（Condorcet）所提出。孔多塞的《人類心靈的進步》（*Progress of the Human Mind*）包含一個十階段的人類普遍史，當中最後一個（仍有待實現的）時代的特色包含機會平等、自由、理性、民主及普及教育。[9]就像馮特奈爾一樣，孔多塞也沒有給人類的完美程度設下限制，意味著歷史可能還有目前人類所不知道的第十一個階段。

然而普遍史書寫最嚴肅的嘗試是出現在德國觀念論的傳統裡。這個構想是偉大的伊曼紐爾·康德在一篇一七八四年的論文《世界性觀點下的普遍史理念》（*An Idea for a Universal History from a Cosmopolitan Point of View*）所提出。雖然只有十六頁的篇幅，這部作品卻給日後所有書寫普遍史的嘗試劃定了關鍵的參考框架。[10]

康德充分注意到，「人類事務荒謬的進程」表面上似乎並沒有特別的走向；人類歷史看起來只是接連不斷的戰爭與殘暴。儘管如此，他仍猜想人類歷史會不會有一個規律的移動方向；從單一個體角度看起來的混亂狀態，若放在很長的時期裡觀察，會不會顯現出一種緩慢進步的演變。這在人類理性發展的例子上尤其如此。例如說，沒有一個個體能夠期待發現所有的數學，但數學知識的累積性允許每一個世代站在先前世代的成就上繼續前進。[11]

康德認為，歷史會有一個終點，意即有一個最終的目的，而且這個目的不只已被隱含在人類當前的可能性之內，也使歷史的整體成為可理解的事物。這個終點就是人類自由的實現，因為「打造一個社會，在那之中，外部法律下的自由以最高程度與不可抵抗的力量（即完全正義的公民憲法）相結合，是自然賦予人類最艱鉅的任務」。是否達成這樣一部正義的公民憲法並將其在全世界普遍實行，就成為我們理解歷史進步所憑藉的標準。藉由這個標準，我們也能進行艱鉅的抽象化工作，把這個演進過程中真正重要的事物，與構成歷史原始材料的大量事件事實，彼此區分開來。於是，一部普遍史所需要回答的問題就是，如果把一切社會與所有時代考慮在內，整體而言，我們是否有理由預期人類普遍朝著共和政府的方向前進，也就是說，是否朝向我們今天所理解的自由民主制。[12]

康德也用一般性的語言大致描繪了什麼樣的機制促使人類走向更高的理性（以自由制度為其代表）。這個機制並非理性，而站在理性的反面：人的「反社會的社會性」（asocial sociability）造成一種自私的對抗狀態，這狀態使人放棄「所有人對抗所有人」的戰爭，一起組成公民社會，再使人提倡藝術與科學，以使社會間能彼此保持競爭。所以，正是人對競爭與虛榮的愛好、人對主導與統治的渴望，才是社會創造性的泉源，才確保了「牧羊人的牧歌生活中不曾出現的」潛在可能性獲得實現。

康德的論文本身並不是一部普遍史。當這位哲學家在六十歲撰寫這篇文章時，他的**理念**僅止於指出，我們需要一位新的克卜勒（Kepler）或牛頓（Newton），來向我們解釋人類歷史演進的普遍法則。康德說，動手寫這部歷史的天才必須同時是一位合格的哲學家，如此才能理解人類事務中什麼才是重要的事物；同時得是一位合格的歷史家，如此才能把所有時代與所有民族的歷史融匯成一個有意義的整體。他將領會這樣的發展，「希臘歷史影響了羅馬的國家建構與誤構，羅馬則吞噬了希臘；然後羅馬影響了蠻族，蠻族則回頭摧毀了羅馬，如此一路直到我們的時代；如果再加上已啟蒙國家的國族歷史的各種事件，你將發現，在我們的大陸上，有一種規律、走向國家立憲的進程，而我們的大陸有一天或許將把法律帶給其他所有人」。故事是一連串的文明被毀滅，但是每一次毀滅都保留了某些先前時代的事物，並由此為更高層次的生活做出準備。康德在結語處謙虛地說，這樣一部歷史的撰寫超出了他的能力，但如果能成功地寫出來，就可以讓人更清楚看到人類的未來，並由此為普遍共和政府的成立做出貢獻。[13]

康德的這個計畫，即撰寫一部同時具嚴肅哲學性、也對實證歷史有充分掌握的普遍史，就留給他的後繼者黑格爾於康德死後的下一個世代裡來完成。黑格爾在盎格魯撒克遜世界裡從來不曾享有好名聲；人們指控他是擁護普魯士君主制的反動派、二十世紀極權主義的前驅，以及從英國觀點看來最糟糕的，一個著作難以閱讀的形上學家。[14]這種對黑格爾的偏見讓人們看不到他的重要性：他是建構現代哲學的幾位哲學家其中之一。無論人們是否承認黑格爾對我們的貢獻，我們現今意識之最根本的面向都要歸功於他。

值得注意的是，黑格爾的體系，無論在形式或實質上，都滿足康德關於普遍史所提出的一切細節。[15]像康德一樣，黑格爾為普遍史撰寫計畫做了這樣的界定：這部普遍史「將展示出，絕對精神（即人類的集體意識）如何為自己取得那關於其自身真相的知識」。[16]黑格爾試著解釋，歷史中各式真實的國家與文明包含了怎樣的「善」、他們最後被推翻的原因，以及「啟蒙的種子」如何次次存活下來，並為更高階的發展鋪路。跟康德的「反社會的社會性」觀點一樣，黑格爾認為歷史的前進**不是**來自理性的穩定發展，而是透過激情的盲目作用，導致人的衝突、革命與戰爭——也就是他著名的「理性的詭計」（List der Vernunft）說法。歷史在一個連續的衝突過程中前進，而思想體系與政治體系也依據它們內在的矛盾而對撞與崩潰。然後這些體系被矛盾較少、也就是更高等的體系取代，接著再造成新的不同的矛盾——這就是所謂的辨證。黑格爾是歐洲哲學家中最早認真看待歐洲以外「其他民族的歷史」的一位，例如印度與中國，並把後者整合到他整體的架構裡。而且如同康德所主張，黑格爾也認為歷史進程有一個終點，也就是人類自由的實現：「世界的歷史不外乎就是自由意識的進程。」這個普遍史的開展可以被理解為人類自由變得更為平等的過程，如黑格爾的警句所總結的那樣：「東方人只知道，有**一個人**是自由的；希臘羅馬世界則知道，有**一些人**是自由的；但是**我們**卻知道，所有的人在絕對意義上，意即人只因為身而為**人**，即是自由的。」[17]對黑格爾來說，人類自由的具體表現就是現代的立憲國家，也就是我們所稱的自由民主制。人類的普遍史不外乎就是人類達到完全理性的上升進程；他將意識到，那理性如何在自由的自治政府中自我展現。

黑格爾時常被指控為國家威權的崇拜者，並因此被視為自由主義與民主制的敵人。若要充分檢視這一指控，將超過本書的範圍。[18]我們只需要指出，照他自己的說法看來，黑格爾是**最經典的**自由哲學家；他認為整個歷史過程的頂峰，就是自由在具體的政治與社會制度獲得實現之際。與其被視為國家的擁護者，黑格爾也同樣可以被理解為公民社會的捍衛者——一位支持廣大領域的私人經濟與政治活動免於政府控管的哲學家。這無疑也是馬克思對他的理解，所以他才會抨擊黑格爾是資產階級辯護者。

關於黑格爾的辨證法一直有很多讓人困惑的說法。一開始是馬克思的合作人弗里德里希・恩格斯（Friedrich Engels）；他相信辨證法是一種可以從黑格爾那裡萃取出來、獨立於他的體系之外的「方法」。另外也有人主張，對黑格爾來說，辨證法是一種形上學的機制，可以讓人從**先天**或邏輯的第一原則推演出整套人類歷史，不需要經驗事實與關於真實歷史事件的知識。這種對於辨證法的觀點是無法成立的；只要讀過黑格爾的歷史著作，就會知道歷史的偶然與巧合在其中扮演很大的角色。[19]黑格爾的辨證法與柏拉圖的「蘇格拉底對話錄」頗為相似；那是兩個人彼此針對某些重要主題的對話，例如討論善的本質或者正義的意義。這些討論是根據矛盾律來決定的：也就是說，比較不自我矛盾的那一方獲勝，或如果雙方在對話過程中都發生自我矛盾，那麼第三個沒有先前兩種矛盾的立場就勝出。但是這第三個立場本身也可能隱含新的沒被發現的矛盾，因此又引起另外一場對話與另一個決斷。對黑格爾來說，辨證法不只發生在哲學討論的層次，而也發生在不同的社會之間，或者如當代社會科學家所說，也發生在不同的社會經濟體制之間。有人會把歷史描述為兩個社會之間的對話，在那之中，那些有嚴重內部矛盾的社會就失敗，由其他能克服這些矛盾的社會所取代。因此，對黑格爾而言，羅馬帝國最終崩潰是因為它雖然為所有人確立了普遍的法律平等，卻沒有承認人的權利及其內在的人類尊嚴。這種承認只能在猶太基督教的傳統裡被找到；根據這個傳統，人類的普遍平等建立在人的道德自由的基礎上。[20]但另一方面，基督教世界也受制於其他的矛盾。經典的例子即中世紀的城市：商人與小販受到城市的保護，並構成一種資本主義經濟秩序的雛型。然而他們出色的經濟效率最終凸顯了對經濟生產力施加道德限制的不合理，以至於孕育了商人的城市本身又遭到廢除。

黑格爾與早期普遍史作者例如馮特奈爾或孔多塞差別最大的地方，就是他對自然、自由、歷史、真理以及理性等概念進行了遠遠更深刻的哲學探究。黑格爾也許不是第一個談到歷史的哲學家，但他確實是第一個**歷史主義**哲學家——也就是說，是一個相信真理在本質上具有歷史相對性的哲學家。[21]黑格爾認為，所有人類意識都受到他周遭環境中特定的社會與文化條件的限制——或者用我們的說法，會受「時代」的限制。過去的思想，無論是一般人或偉大哲學家與科學家的思想，皆非絕對意義為真或「客觀」，只是相對於那個人所生活其中的歷史或文化場域而顯得如此。因而，人類歷史必定不能只被視為一連串不同文明與不同物質成就水準的興替，而必須更重要地被視為一連串不同的意識形式。意識——作為人類對根本問題的思考方式，例如關於是非對錯、感到滿意的活動、對神明的信仰、認知世界的方式——隨著時間已經有根本的改變。而既然這些觀點彼此矛盾，我們就必須推斷，這些觀點大多數是錯的，或說只是「錯誤意識」的表現形式，等著被後續的歷史所揭穿。根據黑格爾，世界上的偉大宗教並非本身為真，而只是從信仰這些宗教的人們的**意識形態**、從特定的歷史需求中所產生。基督教尤其是一種從奴隸制中產生的意識形態；基督教所宣揚的普遍平等，所服務的就是尋求解放的奴隸的利益。

黑格爾的歷史主義激進本質，我們如今已經很難體會，因為那已經成為我們自己的思想視野很大一部分了。我們認為思想有一種歷史的「觀點主義」(perspectivism)，而且對沒能「跟上時代」的思考方式普遍懷有偏見。一位女性主義者如果把她母親或祖母對家庭的無私奉獻視為一種舊時代遺留下來的古怪心態，那麼這種立場中就隱含了歷史主義。儘管自願屈從一個男性主宰的文化對女性長輩生活的「那個年代」而言或許是正確的，甚至可能讓她感到幸福，但是這一點不再是現代社會可接受的事，而且構成一種「錯誤的意識」。如果一個黑人相信，一個白人永遠不可能理解**當**一個黑人是怎麼回事，那麼這種態度也內含了歷史主義。因為，黑人與白人的意識雖然不必然被歷史時代區隔，但卻被各自成長背景的文化與經驗視野所區隔，而這種區隔極少有溝通能夠跨越。

黑格爾歷史主義的激進性質，就在他對人的概念上最為明顯。幾乎所有比黑格爾早的哲學家都相信，有一種事物叫作「人的本性」，他們相信世上存在一套固定不變的特質（例如熱情、欲望、能力、美德等）刻劃了一個人根本的模樣。[22]雖然個別的人顯然可以變成不同模樣，但人真正的本性並不隨著時間改變，無論他或她是一個中國貧農或現代歐洲的工會人士。這種哲學觀點也反映在「本性難移」這樣的老生常談上，通常被用來形容像貪婪、好色、殘暴這類比較負面的人類特質。黑格爾的看法則與此相反。他不否認人有從身體需求（如食物或睡眠等）而來的自然的一面，但他相信，人在最關鍵的特質上是**未定的**，因此擁有創造自己的本性的自由。[23]

根據黑格爾，人類欲望的本質不是永遠固定的，而會隨著不同歷史時代與文化而改變。[24]我們可以舉一個例子：一個今天住在美國、法國或日本的人，會花他或她大部分的精力在追求事物（某種車款或運動鞋或名設計師禮服）或者地位（好的社區或學校或工作）。這些欲望的標的物在從前的時代大多並不存在，也因此不可能被渴望，而且大約也不是現今貧窮的第三世界居民渴望的對象；後者的時間主要會花在滿足更基本的需求上，例如安全或食物。消費主義以及為此應運而生的行銷技術所牽涉到的，不折不扣都是人類自己**創造出來的**欲望，而這些欲望未來也會被其他欲望所取代。[25]我們現在的欲望是由社會環境所決定的，而社會環境又是整體過去歷史的產物。而特定的欲望對象也只是「人性」隨時間改變的其中一個面向而已，欲望相對於人類性格的其他元素之重要性也已經有所演變。因此黑格爾的普遍史不只陳述了知識與制度的進步，也解釋了人性本身的轉變。因為人的本性就是沒有固定本性；人的本性不是**靜態的存在**，而是會**成為**某種它原先不是的樣貌。

黑格爾與馮特奈爾（以及後來的更激進的歷史主義者）的不同之處，在於他並不相信歷史進程將無限期地繼續下去，而是會來到一個終點，屆時自由社會將實現在真實世界中。換句話說，將會有一個**歷史的終結**。這並不代表從人類的出生、死亡與社會互動裡再也不會發生任何事件，或者我們將停止認識更多關於這個世界的事實。黑格爾把歷史界定為人類通往更高層的理性與自由的進程，而這個進程有一個邏輯的終點，就是絕對自我意識的達成。他相信，這個自我意識的具體呈現就是他自己的哲學體系，就像人類自由的具體呈現就是歐洲在法國大革命後以及北美在美國革命後出現的現代自由國家。當黑格爾宣稱，歷史在一八〇六年耶拿（Jena）戰爭後已經終結，他顯然並不是主張自由國家已經在全世界獲得勝利；這個勝利甚至在當時他所在的德國的小角落裡都不見得穩固。他所說的是，現代自由國家所仰賴的自由與平等原則已經被發現了，也在最先進的國家獲得實施，而且並沒有其他替代性原則或社會政治組織形式比自由主義更優越。換句話說，自由社會擺脫了先前的社會組織形態所特有的「矛盾」，並因此將讓這個歷史辨證停止下來。

從黑格爾創立體系的那時候起，並沒有多少人願意認真看待他這個「歷史終結於現代自由國家」的主張。黑格爾幾乎是立刻遭到另外一位十九世紀偉大的普遍史作者——卡爾．馬克思的攻擊。確實，我們之所以意識不到我們對黑格爾的思想負債，很大程度是因為他的遺產是透過馬克思傳給我們的；馬克思把很大部分的黑格爾體系挪為己用了。馬克思接受黑格爾的觀點，認為人類事務根本上是歷史性的，也就是人類社會在時間歷程中從原始社會結構持續演化為更複雜與發展程度更高的結構。他也同意，歷史過程根本上是辨證而來的，意即先前的政治與社會組織形式包含了內在的「矛盾」，而此矛盾隨著時間愈來愈明顯，導致該組織形態的崩潰，並被更高等的形態所取代。馬克思也跟黑格爾一樣相信歷史可能有一個終點。意思是說，他預計社會將有一種沒有矛盾的最終形態，而這種形態一旦達成，歷史的進程就將結束。

馬克思與黑格爾不同之處只在於，歷史終結時出現的是哪一種社會。馬克思相信，自由國家沒能解決一個根本的矛盾，也就是階級矛盾，資產階級與無產階級之間的鬥爭。馬克思拿黑格爾的歷史主義來反對黑格爾，主張自由國家並不代表自由的普遍實現，而只是某個特定階級（資產階級）的自由獲得勝利。黑格爾相信在歷史終結時，由於在自由國家中可能的自由得到哲學承認，因此異化的問題也有了適切的解決（異化指的是人變得有別於他自己，並喪失對自身命運的掌控）。相對地，馬克思觀察到，在自由社會中，人類所創造的資本已經變成人類的主人並控制著他，所以人一直是異化於他自己的。[26]自由國家的官僚階層——黑格爾稱之為「普遍階級」，因為他們代表整體人民的利益——對馬克思來說只代表公民社會裡的特殊利益，即支配著公民社會的資本家的利益。黑格爾作為哲學家並未達成「絕對的自我意識」，他自己也只是他的時代的產物，只是一個資產階級的捍衛者。馬克思的歷史終點只有在真正的「普遍階級」（無產階級）勝利時才會到來，而這之後實現的全世界共產主義烏托邦則將使階級鬥爭永遠結束。[27]

馬克思對黑格爾與自由社會的批判於現今的我們而言是如此熟悉，以至於幾乎沒有人有耐心傾聽。然而馬克思主義在真實世界中作為社會基礎的巨大失敗——在《共產主義宣言》（*Communist Manifesto*）發表後一百四十年的現今至為明顯——讓我們不得不懷疑，最終來說，黑格爾的普遍史是否才是更正確的預言。這個可能性是二十世紀中由法國俄裔哲學家亞歷山大．柯傑夫所提出的。他一九三〇年代在巴黎的高等研究實踐學院（*École pratique des hautes études*）開設了一系列的專題討論課程，影響深遠。[28]如果馬克思是黑格爾十九世紀最偉大的闡述者，那麼柯傑夫當然就是二十世紀最偉大的黑格爾詮釋者。如同馬克思，柯傑夫並不局限於釐清黑格爾的思想，而是用他的思想來創造、建構他自己對現代性的理解。雷蒙．阿宏（Raymond Aron）的描述可以讓我們稍稍得見柯傑夫的才華與原創性：

〔柯傑夫〕的演講讓一群習慣懷疑與批評的超級知識分子深深著迷。為什麼？他的才華，他精彩的辨證論述是主要的原因……〔他演說的方式〕跟他談話的主題以及他的人格是密不可分的。他的主題既是世界史也是〔黑格爾的〕《精神現象學》（*The Phenomenology of Mind*）。前者為後者所照亮。每件事都開始變得有意義。即使那些對歷史天啟頗有疑慮、那些懷疑技巧的背後暗藏詭計的人，也都無法抵擋這位魔術師；在這一刻，他為時代與事件所賦予的明晰性，已足以證明他的正確。[29]

柯傑夫論述的核心是一個令人大吃一驚的論斷：黑格爾基本上是正確的；世界史即使在一八〇六年之後仍有各種扭曲與轉折，實際上卻已在那一年到達了終點。要看穿柯傑夫作品的層層反諷而發現他的真正用意並不容易，但這個看似古怪的結論背後所含藏的想法是：從法國大革命中興起的自由與平等原則，體現在柯傑夫所稱的現代「普遍與同質性國家」中，已代表人類意識形態演進的終點，要再進步已不可能。柯傑夫當然知道在一八〇六年之後還有許多流血的戰爭與革命，但他基本上將這些事件視為一種「省分間的看齊」。[30] 換句話說，共產主義並不代表比自由民主制**更高的**階段，而只是歷史**同一個**階段的一部分；在這個階段中，自由與平等將普遍擴散到世界上所有角落。雖然布爾什維克與中國革命在當時看來頗為壯闊，但是他們唯一持久的影響，只是把已經確立的自由平等原則繼續傳播給落後及受壓迫的民族，並迫使已開發世界中已經根據這些原則來生活的國家更完整地落實這些原則。

下面這段文章可以讓我們看見柯傑夫的出眾才華以及奇特之處：

當我觀察周遭發生的狀況、思索著耶拿戰爭後世界上發生的事情，我發現，黑格爾把這場戰爭視為嚴格意義下的歷史之終結，是正確的。在這場戰爭中，以及透過這場戰爭，人類文明的前鋒已經真正達到了人的歷史發展之極限與目標，也就是抵達其終點。在那之後所發生的，只不過是由羅伯斯比爾（Robespierre）與拿破崙在法國所實現的普遍革命力量在空間上的繼續擴大而已。從這個真實歷史的角度來看，兩次世界大戰以及附屬的大大小小革命唯一的效果，只是讓周邊省分的落後文明向最先進的（無論真實或設想的）歐洲歷史地位看齊而已。如果俄羅斯的蘇維埃化以及中國的共產化比德意志帝國（透過希特勒主義）的民主化或多哥蘭（Togoland）的獨立、或甚至比巴布亞人（Papuans）的自決更重要或有所不同，那都只是因為羅伯斯比爾的拿破崙主義在中國與蘇維埃的具體實現迫使後拿破崙時代的歐洲加速掃蕩其革命前舊勢力各種多少已過時的後續騷亂而已。[31]

對柯傑夫來說，法國大革命原則最完整的體現就是戰後西歐各國，也就是那些已經達到高度物質充裕與政治穩定的資本主義民主國家。[32]因為這些國家已經沒有根本的「矛盾」了：他們自我滿足，自我維持，無須繼續為重大政治目標而鬥爭，而只須專注於經濟活動。柯傑夫後半生放棄了教職，而到歐洲共同體擔任一名官僚。他相信，歷史的終結不單意味著重大政治鬥爭與衝突的終結，而且也是哲學的終結；歐洲共同體因此是歷史終點恰當的制度性體現。

在黑格爾與馬克思的鉅著之後，其他的普遍史就不是那麼令人讚嘆。十九世紀下半葉出現了一些關於社會演化相對上樂觀的理論，例如實證主義的奧古斯特·孔德（Auguste Comte）以及社會達爾文主義的赫爾伯特・史賓塞（Herbert Spencer）等人的理論。後者認為社會演化是一個更大的生物演化過程的一部分，並由類似「適者生存」這樣的法則所支配。

二十世紀也出現不少普遍史的嘗試（儘管色彩顯著陰暗許多），包含奧斯瓦爾德・史賓格勒（Oswald Spengler）的《西方的沒落》（*Decline of the West*）以及阿諾德・湯恩比（Arnold Toynbee）的《歷史研究》（*The Study of History*），一部由前者所啟發的著作。[33] 史賓格勒與湯恩比都把歷史區分為個別的民族史——前者稱「文化」而後者稱「社會」——每一塊歷史各自遵循著某種成長與衰亡的統一法則。他們打破了從基督教歷史家開始、在黑格爾與馬克思達到頂峰的統一的人類進步歷史傳統。在某種意義上，史賓格勒與湯恩比回到了希臘羅馬歷史傳統中特有的那種個別民族的週期循環史。雖然兩人的作品在當時都廣被閱讀，但是兩者都在文化社會與生物組織之間做了不當類比，犯下有機體論的錯誤。史賓格勒的作品因為悲觀主義的色彩，以及似乎對亨利・季辛吉這樣的政治人物有過某些影響，所以仍然流行，但兩位作者的著作都沒達到他們的德國前驅那種嚴肅程度。

二十世紀最後一部重要的普遍史不是一個人的作品，而是二次世界大戰後一群主要是美國社會科學家的集體成果，他們寫作的主題是「現代化理論」（modernization theory）。[34] 卡爾・馬克思在英文版的《資本論》（*Capital*）序言中曾說：「工業發展較高的國家對發展較低的國家所展示的，不過是後者自己未來的景象。」不論馬克思是否有所意識，但這就是現代化理論初步的假定。在大量援引馬克思以及韋伯（Max Weber）與涂爾幹（Durkheim）等社會學家的論述下，現代化理論主張工業發展遵循一個明確的成長模式，而且到了一定時間將產生某種橫跨不同國家與文化、統一的社會與政治結構。[35] 藉由研究英國或美國這些較早工業化與民主化的國家，你能發現一個所有國家最終將遵循的普遍模式。[36]雖然馬克斯．韋伯對人類歷史「進步」愈來愈強的理性主義與世俗主義傾向採取了絕望與悲觀的觀點，戰後的現代化理論卻為他的理念附加了鮮明的樂觀主義以及（你幾乎想說是）典型美國的面貌。不同的現代化理論之間對於一些問題或許意見不一，例如歷史演進有多麼非線性、現代性之外是否有替代道路等等，但沒有一個懷疑歷史有方向性，或者懷疑先進工業化國家的自由民主制已是歷史的終點。在一九五〇與一九六〇年代，他們懷著極大的熱情，把他們的新社會科學用於協助第三世界新獨立的國家進行經濟與政治發展。[37]

現代化理論最終遭到**種族中心主義**的批評，意即這種理論把西歐與北美的發展經驗提升到普遍真理的層次，卻沒有認識到自己的「文化局限性」。[38]一名評論家也指控：「西方的政治與文化霸權造成的結果是，種族中心主義的觀念得到推廣，只有西方的政治發展才被視為有效的模式。」[39]這種批判並不只是單純指出，在英國與美國所遵循的現代性路徑之外還有其他道路，而是更深刻地質疑了現代性的概念本身，尤其針對是否所有國家真的都想採行西方的自由民主原則，以及是否真的沒有其他同樣有效的文化起點與終點而提出質疑。[40]

種族中心主義的指控敲響了現代化理論的喪鐘。因為提出這種理論的社會科學家其實與他們的批判者一樣接受相對主義的預設：他們相信自己沒有科學或實證的理由來捍衛自由民主制的價值，而只能強調他們本身無意成為種族中心主義者。[41]

我們可以肯定地說，二十世紀所造成的巨大歷史悲觀主義已經讓大多數普遍史喪失可信度了。用馬克思的「歷史」概念來合理化蘇聯、中國與其他共產主義國家的政治恐怖，在許多人的眼裡，已經為這個詞彙增添一種特別陰慘的意涵。把歷史視為有方向性、有意義、進步性或甚至可理解，這樣的概念對我們現今的主流思想而言已經非常陌生。像黑格爾那樣談論世界史，只會招來自認對世界的複雜性與悲劇有深刻把握的知識分子的訕笑與鄙視。

在世界史的作者中，只有史賓格勒與湯恩比這些描述了西方價值與制度的沒落與衰亡的作家，取得了某種程度的成功，而這並非出於偶然。

儘管我們的悲觀主義可被理解，但二十世紀下半葉事件的實證洪流卻提出了反駁。我們必須問，我們的悲觀主義是否正成為某種姿態，就像十九世紀的樂觀主義一樣被人們輕易採信。因為如果期待落空，一個天真的樂觀主義者就顯得愚蠢；但是一個悲觀主義者，即使被證明為錯誤，也仍保持了深刻與嚴肅性的光環。所以採取後者的姿態就比較安全。但是，世界上從未被預期出現民主的地方卻出現了民主的力量，威權主義的政府形態變得不穩定，以及自由民主制以外完全缺乏有連貫性的替代**理論**——這一切迫使我們重新再提出一次康德的老問題：若從一個遠比康德的時代更世界性的角度來看，究竟有沒有一種事物叫作人類的普遍史？

註釋

1 Nietzsche, *The Use and Abuse of History* (Indianapolis: Bobbs-Merrill, 1957), p. 55.（譯註：本段引文依據德文原文譯出。）

2 被稱為「歷史之父」的希羅多德（Herodotus）事實上寫了一部關於希臘與異邦人各式社會的百科式報告，但是串接各部分之間的線索不多，專家以外的讀者難以看出端倪。

3 *Republic,* Book VII, 543c-569c, 以及 *Politics,* Book VIII, 1301a-1316b.

4 Leo Strauss, *Thoughts on Machiavelli* (Glencoe, Ill.: Free Press, 1958), p. 299.

5 關於過去撰寫普遍史的嘗試，有兩種非常不同的觀點，請看 J. B. Bury, *The Idea of Progress* (New York: Macmillan, 1932); and Robert Nisbet, *Social Change and History* (Oxford: Oxford University Press, 1969)。

6 現今通用的西元前與西元後的基督紀年，如今已為絕大多數非基督教世界所採用，最早來自西元七世紀的基督教歷史家塞維爾的聖伊西多祿（Isidore of Seville）。R. G. Collingwood, *The Idea of History,* (New York: Oxford University Press, 1956), pp. 49, 51.

7 其他近現代嘗試寫普遍史的還有 Jean Bodin, Louis Le Roy's *De la vicissitude ou variété des choses en l'univers*，以及一個世紀之後的 Bossuet's *Discours sur l'histoire universelle* (Paris: F. Didot, 1852); Bury, pp. 37-47。

8 Nisbet (1969), p. 104; Bury (1932), pp. 104-111.

9 Nisbet (1969), pp. 120-121.

10 Collingwood, pp. 98-103; William Galston, *Kant and the Problem of History* (Chicago: University of Chicago Press, 1975), pp. 205-268.

11 "An Idea for a Universal History from a Cosmopolitan Point of View," in Immanuel Kant, *On History* (Indianapolis: Bobbs-Merrill, 1963, pp. 11-13.

12 同上，頁十六。

13 Kant, "Idea" (1963), pp. 23-26.

14 經驗主義或實證主義傳統裡對黑格爾的膚淺誤讀不勝枚舉。例如：

> 但就黑格爾而言，我甚至不認為他有天分。他是個讓人消化不良的作者。就連他最熱切的捍衛者也必須承認，他的文筆「無疑是不可原諒的」。就他文章的內容來說，唯一突出的只是他缺乏原創性的程度……他用這些借來的思想與方法專心致志地（儘管乏善可陳）追求一個目標：去對抗開放社會，並以此討好他的雇主普魯士王斐特烈．威廉（Frederick William of Prussia）……而且如果不是因為黑格爾造成的陰慘後果，這整個故事本來不值

一提。這也顯示了一個小丑要成為一個「寫歷史的人」多麼容易。（Karl Popper, *The Open Society and Its Enemies* [Princeton, N.J.: Princeton University Press, 1950], p. 227）

從他的形上學我們看到，他認為真正的自由就是服從於任意的權威；言論自由是一種惡；專制君主制是好的；普魯士國是他書寫當時最好的國家；戰爭是好事；一個目的在和平解決紛爭的國際組織是一種不幸。（Bertrand Russell, *Unpopular Essays* [New York: Simon & Schuster, 1951], p. 22.）

這個抨擊黑格爾沒資格稱為自由主義者的傳統，由保羅．赫斯特（Paul Hirst）延續下去：

沒有一個認真閱讀黑格爾《法哲學》（*Philosophy of Right*）的讀者會把他誤認為自由主義者。黑格爾的政治理論屬於普魯士保守派；他認為一八〇六年在耶拿戰敗後的改革已經十分足夠了。（“Endism,” *London Review of Books* [November 23, 1989]）

15 Galston (1975), p. 261.

16 這段文字來自黑格爾歷史哲學演講的聽者筆記，這些筆記被整理為今天的 *The Philosophy of History*, trans. Sibree (New York: Dover Publications, 1956), pp. 17-18。（譯註：據德文原文譯出。）

17 Hegel, (1956) p. 19.（譯註：據德文原文譯出。）

18 關於把黑格爾視為威權主義者的通俗看法，已有人提出很好的指正，請看 Shlomo Avineri, *Hegel's Theory of the Modern State* (Cambridge: Cambridge University Press, 1972)，以及 Steven B. Smith, “What Is Right in Hegel's *Philosophy of Right*?”, *American Political Science Review* 83, no. 1 (1989a): 3-18。此處舉幾個黑格爾被誤解的例子。雖然黑格爾確實支持君主制，但他的君主制的概念（見《法哲學》二七五至二八六節）很接近現代的國家元首，也與當代的立憲君主制沒有衝突；他不但不是在為當時的普魯士君主統治辯護，他這些話甚至可以被解讀為對時政的隱密批判。黑格爾確實反對直接選舉，也支持莊園式的社會組織。但這並不是因為他反對人民主權的原則**本身**。黑格爾的社團主義（corporatism）可以被理解為類似托克維爾的「結社的藝術」（art of association）：在大型的現代國家裡，政治參與必須透過一系列較小組織與社團來中介，才能有效與有意義地治理。莊園成員的資格不是根據出生，而是職業，並且對所有人開放。關於黑格爾被指為歌頌戰爭，請看本書第五部分。

19 有些詮釋也強調黑格爾體系的非決定論的面向，請看 Terry Pinkard, *Hegel's Dialectic: The Explanation of Possibility* (Philadelphia: Temple University Press, 1988)。

20 Hegel (1956), pp. 318-323.

21 這個意義上的「歷史主義」應該跟卡爾・波普（Karl Popper）在《歷史定論主義的貧困》（*The Poverty of Historicism*）與其他作品中對這個詞彙的用法區分開來。波普一般來說都缺乏洞見；他認為歷史主義不外乎就是假裝能根據過去的歷史來預測未來；照這個說法，像柏拉圖這樣的哲學家，因為相信歷史的底層存在一個不變的人類本性，所以跟黑格爾一樣都是「歷史主義者」。

22 這個例外是盧梭（Rousseau），他的《第二演講集》（*Second Discourse*）陳述了一個關於人的歷史敘述；其中人的欲望會隨著時間產生劇烈的改變。

23 這意味著，人類並不完全臣屬於自然法則，不像其餘的自然世界受自然法則支配。作為對照，現代社會科學的基礎假設是，對人的研究可以比照對自然的研究，因為人的本質與自然的本質並沒有不同。社會科學一直無法成為被廣泛接受的「科學」，根源問題或許就是這個假設。

24 見黑格爾對可變化的欲望本質的討論，《法哲學》一九〇至一九五節。

25 黑格爾談到消費主義時說：「英國人所稱的『舒適』是某種無法窮盡、沒有界線的事物。你以為舒適的事物，（別人任何時候都能向你指出）那其實不舒適，而這樣的事情永無止境。所以對更加舒適的需求並非直接來自你的內心，而**來自於那些想要藉此獲利的人對你的提示**。」（強調為筆者所加，《法哲學》一九一節增補。）

26 馬克思的這種詮釋是從喬治・盧卡奇（Georg Lukács）的《歷史與階級意識》（*History and Class Consciousness*）開始流行起來的。

27 關於這些論點，請看 Shlomo Avineri, *The Social and Political Thought of Karl Marx* (Cambridge: Cambridge University Press, 1971)。

28 柯傑夫在實踐學院（*École Pratique*）的講課紀錄被保存在 *Introduction à la lecture de Hegel* (Paris: Gallimard, 1947)，英譯：*Introduction to the Reading of Hegel*, trans. James Nichols (New York: Basic Books, 1969)。柯傑夫的學生包括許

多下一代的知名人士，如雷蒙・凱諾（Raymond Queneau）、雅克・拉岡（Jacques Lacan）、喬治・巴塔耶（Georges Bataille）、雷蒙・阿宏、艾瑞克・韋爾（Eric Weil）、喬治・費薩德（Georges Fessard）及莫里斯・梅洛龐蒂（Maurice Merleau-Ponty）。完整名單請看 Michael S. Roth, *Knowing and History* (Ithaca, N.Y.: Cornell University Press, 1988), pp. 225-227。關於柯傑夫也請看 Barry Cooper, *The End of History: An Essay on Modern Hegelianism* (Toronto: University of Toronto Press, 1984)。

29 Raymond Aron, *Memoirs* (New York and London: Holmes and Meier, 1990), pp. 65-66.

30 特別是，「在（一八〇六）這個日期之後，發生了什麼事？什麼也沒有，只有省分間的**看齊**而已。中國革命不過是把拿破崙法典引介到中國」。出自柯傑夫的一次訪談：*La quinzaine littéraire,* June 1-15, 1968, cited in Roth (1988), p. 83。

31 Kojève (1947), p. 436.

32 把柯傑夫本人視為自由主義者有一定的困難，因為他常常承認自己對史達林熱切的讚賞，而且主張一九五〇年代的美國、蘇聯及中國沒有本質的差異：「如果美國人給人一種有錢的中國—蘇維埃人的印象，那是因為俄羅斯人與中國人只不過是正迅速變得更有錢的貧窮美國人。」儘管如此，這同一位柯傑夫也是歐洲共同體與法國資產階級的忠誠僕人，也相信「美國已經達成馬克思『共產主義』的最後階段，因為實際上這個『無階級社會』的所有成員從現在起能夠取得任何他們認為好的事物，同時一點也不用為此付出超過他們內心願意的工作程度」。戰後的美國與歐洲確實比任何時候的史達林主義俄羅斯更完整地實現了「普遍承認」，這一點使自由主義的柯傑夫比史達林主義的柯傑夫更為可信。Kojève (1947), p. 436.

33 Max Beloff, "Two Historians, Arnold Toynbee and Lewis Namier," *Encounter* 74 (1990): 51-54.

34 沒有單一文本能為現代化理論提供權威的定義，而且多年來在原本的架構外也出現不少變異的版本。除了 Daniel Lerner, *The Passing of Traditional Society* (Glencoe, Ill.: Free Press, 1958) 之外，塔爾科特・帕森斯（Talcott Parsons）也在許多著作中對現代化理論進行了闡述，特別是 *The Structure of Social Action* (New York: McGraw-Hill, 1937)，還有 Edward Shils, *Toward a General Theory of Action* (Cambridge, Mass.: Harvard University Press, 1951)，以及 *The Social System* (Glencoe, Ill: Free Press, 1951)。帕森斯的觀點可參考一個簡短且相對易讀的版本："Evolutionary Un-

iversals in Society," *American Sociological Review* 29 (June 1964): 339-357。在這個路線下，還有美國社會科學研究組織（American Social Science Research Council）在一九六三與一九七五年間贊助出版的九本書，最早是Lucian Pye's *Communications and Political Development* (Princeton, N.J.: Princeton University Press, 1963)，最後一本是Raymond Grew's *Crises of Political Development in Europe and the United States* (Princeton, N.J.: Princeton University Press, 1978)。關於這些文獻的歷史總覽，請看杭亭頓與加百列・艾蒙德（Gabriel Almond）在Myron Weiner and Samuel Huntington, eds., *Understanding Political Development* (Boston: Little, Brown, 1987) 裡的文章，以及Leonard Binder "The Natural History of Development Theory," *Comparative Studies in Society and History* 28 (1986): 3-33。

35 *Capital* vol. I, trans. S. Moore and E. Aveling (New York: International Publishers, 1967), p. 8.

36 Lerner (1958), p. 46.

37 經濟發展的概念相當直覺，但「政治發展」則否。這個概念所隱含的觀點是，政治組織不同的歷史形態存在階級關係，對大多數美國社會科學家來說，這個階級的頂層就是自由民主制。

38 一篇美國政治學研究生常用的文獻回顧文章如此寫道：「討論政治發展的文獻在談到民主多元主義的時候，仍主要著重陳述其穩定性取向以及其對修正性變革的重視。……由於缺乏處理激進變革與根本的系統轉型的概念能力，美國社會科學被灌輸一種對秩序的規範性承諾。」James A. Bill and Robert L. Hardgrave, Jr., *Comparative Politics: The Quest for Theory* (Lanham, Md.: University Press of America, 1973), p. 75.

39 Mark Kesselman, "Order or Movement?The Literature of Political Development as Ideology," *World Politics* 26, no. 1 (October 1973): 139-154; Howard Wiarda, "The Ethnocentrism of the Social Science *[sic]*: Implications for Research and Policy," *Review of Politics* 43, no. 2 (April 1981): 163-197.

40 Joel Migdal, "Studying the Politics of Development and Change: The State of the Art," in Ada Finifter, ed., *Political Science: The State of the Discipline* (Washington, D.C.: American Political Science Association, 1983), pp. 309-321; and Nisbet (1969).

41 因此加白列・艾蒙德在回應種族中心主義的指控時，在一個現代化理論的總覽中引用了盧奇安・派伊（Lucian Pye）的《溝通與政治發展》（*Communications and Political Development*），大意是說：「一個世代的文化相對主義教育有其影響。；社會思想家已不再認為任何暗示『文明的進步』或『文明的階段』的概念是他可以安心使用的。」Weiner and Huntington (1987), p. 447.

第六章
欲望的機制

讓我們回到開頭，並在不訴諸前人歷史理論權威的情況下，再看一下這個問題：歷史有方向性嗎？是否有理由讓我們相信，有一個朝向自由民主制的普遍發展？

讓我們一開始只考慮方向性的問題，至於此方向性是否隱含道德或人類幸福的進步，就先放在一邊。所有社會，或者大多數社會，是否朝著一個特定的方向演進，還是說他們的歷史遵循一種循環或甚至隨機的路線？[1] 如果是後者，那麼人類就有可能直接重演過去的社會或政治實踐：奴隸制可能再度出現，歐洲人可能再度自封君王與皇帝，美國女性可能再度喪失投票權。相反地，有方向性的歷史則意味著，任何社會組織形態一旦被取代，便不會被同一個社會重複奉行（雖然不同社會在發展的不同階段當然可能重複一個類似的演進模式）。

如果歷史永遠不會自我重複，那就必須存在一種恆常且一致的機制或一組歷史的原動力，以指示歷史往單一的方向演進，並某種程度把先前時期的記憶保留到現今的時代。循環或隨機的歷史發展觀並不排除在發展中出現社會變遷以及有限規律性的可能性，但是這樣的觀點並不需要單一來源的歷史因果關係。它們必須同時包含一種**退化**的過程，好讓對先前成就的意識被完全抹除。因為如果沒有一個全面的歷史**遺忘**的可能性，哪怕只是很小的幅度，每一個循環都會建立在先前循環的經驗之上。

要找到理解歷史方向性機制的第一個切入點，讓我們從馮特奈爾與培根那裡取得線索，並把知識設定為歷史方向性的關鍵——特別是我們透過科學所能取得的關於自然宇宙的知識。因為如果我們環顧人類社會活動的全部範圍，所有人唯一一致同意具有累積性與方向性的，就是現代自然科學。繪畫、詩歌、音樂或建築則並非如此：勞森伯格（Rauschenberg）不一定是比米開朗基羅更好的畫家，或者荀貝格（Schoenberg）比巴哈更優秀，只因為他們生活在二十世紀；莎士比亞與帕德嫩神廟代表了某種完美，說要「超越」他們並沒有意義。另一方面，自然科學則建立在自身之上：有些關於自然的特定「事實」是偉大的牛頓爵士仍未發現的，但現在物理系的大學生都能知道，只因為他或她生得比較晚。關於自然的科學理解既非週期式也非隨機；人類並不會定期返回同樣的無知狀態，而現代自然科學的結果也不會聽從人類的任意指使。人可以自由地研究科學的這些分支而不研究那些分支，顯然也可以隨自己高興去應用這些結果，但無論獨裁者或國會都無法否決自然律，不論他們多麼想這樣做。[2]

科學知識已經有了很長時期的累積，或許常被忽略，但這份累積在形塑人類社會根本特質方面有著連貫的作用。擁有冶鐵與農業能力的社會跟只知道石器、狩獵或採集的社會相當不同。而隨著**現代**自然科學的興起，意即從笛卡兒、培根及史賓諾沙（Spinoza）在十六與十七世紀發現科學方法開始，科學知識與歷史過程的關係已經發生了質的變化。由現代自然科學所開啟的控制自然之可能性，並不是所有社會的普遍特徵，而必須在歷史的特定時間點上為特定歐洲人所發明。然而一旦被發明出來，這個科學方法就成為理性人類的普遍財產，可供任何人使用，不論其文化或民族有何差異。科學方法的發現創造了一個根本的、非週期循環的分界點，把歷史時間切成之前與之後的時期。而且一旦被發現之後，現代自然科學的進步性與連續的開展就提供了一個方向性的機制，以解釋後續歷史發展的許多面向。

現代自然科學推動歷史變遷且同時具方向性及普遍性的第一種方式，就是透過軍事競爭。科學的普效性之所以為人類的全球統一提供基礎，首先就是因為國際體系間盛行著戰爭與衝突。現代自然科學讓那些能最有效率地發展、製造與布署科技的社會取得關鍵的軍事優勢，而且隨著科技變革的速度加快，科技所帶來的相對優勢也就愈大。[3]祖魯的長矛無法抵抗英國的來福槍，無論他們的戰士有多麼英勇：科學的掌控優勢是歐洲在十八、十九世紀得以征服大多數今天的第三世界的真正原因。而科學從歐洲的向外擴散，也使第三世界在二十世紀能奪回其一部分的主權。

戰爭的可能性是一股強大的力量，既能促成社會的理性化，也能在不同的文化間創造統一的社會結構。任何國家如果希望維持其政治自主，就不得不採取其敵人與對手所使用的科技。然而更重要的是，戰爭的威脅會強迫國家改變其社會制度，以便科技發揮最大程度的生產與運用。例如說，國家必須具有一定的規模，才能與其鄰國競爭，而這構成民族統一的強大誘因；他們必須能在全國層次上調動資源，而這需要強大的中央集權，包含徵稅與制定規範的權力；他們必須打破各種不同的區域、宗教與宗族組織，因為這些可能妨礙國家統一；他們必須提高教育程度，以便培養能夠處理科技的精英；他們必須與國界外發展中的事態保持聯繫與關注；還有，隨著拿破崙戰爭期間大規模軍隊的啟用，他們必須對社會中較貧窮的階級開放投票的權利，以便全民動員。所有這些發展都可以出於其他動機而發生，例如出於經濟的考量，但戰爭讓社會現代化的需要顯得特別迫切，也提供一個毫不含糊的測試來驗證其成效。

所謂「防衛現代化」有許多歷史例證，這是當國家由於軍事威脅的結果而被迫進行的改革。[4]十六與十七世紀主要的中央集權君主國家，例如法國的路易十三世或西班牙的菲利浦二世，都試著在領土範圍內大幅度鞏固權力，以便掌握與鄰國發生戰爭時所需要的收入。在十七世紀的百年期間裡，這些君主制國家只有三年是和平共處的；募集軍隊所需的龐大經濟付出，讓中央政府有很大動機去打破封建與宗教組織的權力，並創造我們稱之為「現代」的國家架構。[5]而君主專制的興起又為法國社會帶來平等化的效果，因為貴族特權被削減，新的社會群體開始抬頭，並在法國大革命時成為關鍵力量。

類似的過程也發生在鄂圖曼帝國與日本。法國軍隊一七九八年在拿破崙的率領下進入埃及，震撼了埃及社會，導致鄂圖曼的埃及省長（pasha）穆罕默德．阿里（Mohammed Ali）對埃及軍隊進行了重大改革。這支由歐洲人協助訓練的新軍隊是如此成功，甚至大範圍地挑戰了鄂圖曼對中東地區的控制，因此鄂圖曼的蘇丹馬哈穆德二世（Mahmud II）也借鏡過去兩世紀的歐洲君主國家，採取了一系列影響深遠的改革。馬哈穆德透過一八二六年屠殺禁衛軍（土耳其宮廷的精英侍衛）打破了舊的封建秩序，開辦許多世俗學校，並大幅提升了中央鄂圖曼官僚的權力。同樣地，培理（Perry）將軍在說服日本**大名**時，艦砲的優勢火力發揮了關鍵的作用，讓他們別無選擇，只能敞開國門並面對外國競爭的挑戰。（這過程並非毫無抵抗；直到一八五〇年代，砲術家高島秋帆〔Takashima Shūhan〕仍因為倡議採用西方軍事科技而遭到監禁。）在「富國強兵」的口號下，日本新的領導階層把舊的寺院學校換成由政府管理的義務教育系統，招募了大量的農民軍人來取代武士階級，也建立了全國的賦稅、銀行與貨幣制度。日本社會在明治維新與王政復古期間推動了全面轉型，因為日本迫切意識到，如果不想像中國那樣把國家的獨立拱手交給歐洲的殖民強權，就必須學會吸收西方的科技。[6]

在其他的案例中，可恥的戰敗成為進行理性化的社會改革的動力。斯坦因（Stein）、沙恩霍斯特（Scharnhorst）與奈森瑙（Gneisenau）之所以推動普魯士的改革，是因為認識到拿破崙在耶拿－奧爾斯塔德（Jena-Auerstadt）如此輕易地擊敗他們的國家，原因就在於普魯士國家的落後以及與社會太過疏離。推動全民徵兵等軍事改革、實施拿破崙法典等這些事件，對黑格爾來說，就標誌了德國進入現代性的時刻。[7]俄國的例子則顯示，這個國家在過去三百五十年裡的現代化與改革過程，主要是由其軍事野心與所遭遇的挫敗所推動。[8]軍事現代化是彼得大帝把俄羅斯變成現代歐洲君主制國家的關鍵；涅瓦河河口的聖彼得堡原先是以一個海軍基地的構想而建造的城市。俄羅斯在克里米亞戰爭中的挫敗直接導致亞歷山大二世的改革，包含廢除農奴制，而其在日俄戰爭中的失敗則使斯托雷平（Stolypin）的自由主義改革以及從一九〇五到一九一四年期間的經濟成長成為可能。[9]

也許最新的防衛性現代化的例子是米哈伊爾．戈巴契夫自己的**重建政策**初始階段。從他的演說以及其他蘇維埃高階官員的談話裡，我們可以清楚看到，他們最早考慮對蘇維埃經濟進行根本改革的主要原因，就是他們理解到，蘇維埃聯盟再不改革，到了二十一世紀，要維持經濟與軍事的競爭力就會有很大的困難。尤其是雷根總統的戰略防禦計畫（Strategic Defense Initiative, SDI）構成一個嚴重的挑戰，因為這個計畫可望淘汰一整個世代的蘇維埃核子武器，並使超級強權的競爭轉移到微電子與其他創新科技的領域，而蘇聯在這裡處於嚴重劣勢。蘇維埃的領導者（包含軍方許多人）理解到，布列茲涅夫時代留下的腐敗經濟體制將無法跟上一個由戰略防禦計畫所主導的世界，所以都願意接受短期的開支緊縮以換取長期的生存。[10]

於是，國際間持續的戰爭與軍備競賽很弔詭地成了維繫民族統一的強大力量。戰爭雖然導致國家的毀滅，卻也迫使國家接受能支持戰爭的現代科技文明與社會架構。現代自然科學就這樣強行落在人們的頭上，不論人們在不在乎：絕大多數國家沒有拒絕現代性科技理性的選項，如果他們還想保住自己國家的自主性的話。在這裡我們看到康德的觀察被證明為真：歷史變遷是人的「反社會的社會性」所造成的結果；是衝突而非合作最先讓人走入社會的生活形態，然後社會的潛在可能才被更完整地發展出來。

人要迴避科技理性化的要求一段時間是有可能的，如果他住在一塊對外隔絕或無人想要的土地上。或者有些國家是運氣好。伊斯蘭「科學」無法製造出F-4戰鬥轟炸機與酋長坦克，而這是柯梅尼的伊朗為了防衛野心勃勃的鄰國伊拉克而不可或缺的。伊斯蘭的伊朗可以抨擊創造了這類武器的西方的理性主義，只因為他們可以用出口原油的收入來買這些武器。統治伊朗的毛拉（mullah）＊只需看著寶貴的資源從地上噴出來就可以縱情於全世界伊斯蘭革命這樣的計畫，這是其他沒有這麼幸運的國家無法企求的事。[11]

現代自然科學造成有方向性的歷史變遷的第二種辦法，就是以滿足人類欲望為目的而逐步地征服自然；這樣的事情其他時候我們也稱為經濟開發。工業化不單純只是科技被密切運用在生產過程與新機器的創造上，而也是把人類理性運用在社會組織的問題及合理的勞動分工的創造上。這種對理性的平行使用，一方面創造新機器、另一方面組織生產的過程，所產生的成效遠遠超過了科學方法早期提倡者最狂野的期待。在西歐，國民平均所得從一七〇〇年代中期到現在成長了超過十倍，而且其基期在當時已經比現今許多第三世界國家還高。[12]經濟成長在所有社會中都造成某種統一的社會轉型，不論他們先前的社會結構如何。

現代自然科學能把不斷變化的生產可能性範圍確定下來，並藉此規範經濟發展的方向。[13]科技領域開展的方向是與日漸合理化的勞動配置的發展緊密交織在一起的。[14]例如，通訊與交通的科技進步（道路的建設、船隻與港口的發展、鐵路的發明等）使市場規模的擴張成為可能，這又使規模經濟更容易透過勞動配置的理性化來達成。當一個工廠只供應當地幾個村子時，專業化的工作不敷成本；但當你供應整個國家、或甚至供應更廣大的國際市場，那這樣的工作就有價值了。[15]這樣的變遷導致生產力提升，生產力提升進一步擴大國內市場，於是對勞動分工又產生更大的需求。

對合理勞動配置的要求必然使社會結構產生某種一貫且大規模的變動。工業化社會必然很大程度上是都會特性，因為只有在都市裡才能找到適當的技術勞工供給，以供現代工業的運作，而都市也才有足以支持大型、高度專業化企業的基礎建設與公共服務。南非的種族隔離政策最終崩潰，因為創建者以為作為工業勞動力的黑人可以永遠被擋在鄉下。勞動市場的運作要有效率，勞動力的移動性必須愈來愈高：勞動者不能永遠被綁在特定的工作或場所上，或者被局限在固定的社會關係裡，而是必須能夠自由地四處移動，學到新的工作任務與技術，並把他們的勞動力賣給出價最高的人。這很大程度促成了傳統社會群體的瓦解，例如部落、宗族、大家庭、宗教派別及其他等。這些群體也許在某些面向上更讓生活其中的人感到滿意，但既然它們不是依照經濟效率的理性化原則所組織，因而常常敗

---

* 譯註：伊斯蘭高級神職人員的敬稱。

給其他更有經濟效率的群體。

取代它們的是「現代」官僚形式的組織。勞動者被這些組織所接受，靠的是他們的訓練與能力，而不是家族關係或地位；而且他們的工作表現是根據確立且普遍的規則來衡量。現代的官僚系統把合理的勞動配置制度化：他們把複雜的工作任務分割成有層級結構的較簡單步驟，其中許多都可以照固定規則來完成。在一個工業化國家中，理性化的官僚組織長期而言很可能滲入社會的每一個面向，不論這個組織是政府機關、工會、公司、政黨、報社、慈善信託、大學或者職業協會。相對於十九世紀，當時五個美國人當中有四個是自僱者，因此不屬於任何官僚組織，現在則每十個人當中只有一個人落入這個類別。這個「未經計畫的革命」已經在所有工業化國家中重複上演，無論那個國家是資本主義還是社會主義，也不論這些國家在工業化之前的宗教文化背景有多大差異。[16]

事實已經證明，工業發展不必然表示官僚組織會愈來愈肥大，或者產生巨型的工業集團。超過一個程度，大型官僚單位會愈來愈缺乏效率（受到經濟學家所稱的「規模不經濟」的拖累），因此效率愈來愈輸給較小的組織。而且特定的現代產業（例如軟體工程）也無須座落在大都市裡。儘管如此，這些較小的單位仍然需要依照理性化的原則來組織，也需要一個都市社會的支持。

理性化的勞動配置不應該被視為本質上與科技創新無關的現象；兩者都是經濟生活理性化的面向，前者是社會組織的領域，後者則屬於機器生產的範疇。卡爾．馬克思相信，現代資本主義的生產力主要的基礎是機器生產（意即科技的運用）而不是勞動分工，而且他希望後者有一天可以被廢除。[17] 科技有一天將可以消除城鎮與農村、石油大亨與鑽井工人、投資銀行家與清潔工等種種區隔，並創造一個可以讓人「早上打獵，下午釣魚，傍晚養牛，晚飯後發表批判」的社會。[18] 然而在後來的世界經濟發展中，沒有任何事情可以支持這種看法：即使科技的進步已經緩解了細碎勞動造成的心智麻木的問題，勞動配置的理性化仍然是現代經濟生產力的關鍵。共產主義政權試圖廢除勞動分工、終結過度分工的奴役狀態，結果只造成了一個比馬克思所譴責的曼徹斯特工廠更恐怖的暴政。[19] 毛澤東在許多時間點上嘗試過廢除城市與農村、知識勞動與體力勞動的區隔，特別是在一九五〇年代晚期的大躍進，以及在十年之後的文化大革命。兩個運動都導致不可想像的人類苦難，只有紅色高棉政權（Khmer Rouge）一九七五年起在柬埔寨推動的城鄉融合運動才能超越。

無論是勞動配置[20]還是官僚系統[21]在工業革命的時代都是新的事物，而新穎之處在於它們依據經濟效率的原則進行徹底的理性化。正是這種對理性的要求，才為工業化中的國家的社會發展添上了齊一的面貌。在前工業化社會裡，人們可以追求一千零一種目標：宗教或傳統也許規定貴族戰士的生活要比城市小販的更好；教士也許可以為特定的商品指定「公道的價格」。但一個照這種規範運作的社會將無法有效率地分配其資源，因此其經濟發展的速度將比不上其他依照理性規則運作的社會。

為了清楚說明這種勞動分工同質化的力量，讓我們用具體案例來考慮它對社會關係具有什麼樣的作用。當佛朗哥將軍在西班牙內戰對共和國軍隊取得勝利時，西班牙主要是一個農業國家。西班牙右派的社會基礎是鄉下的士紳與地主；靠著傳統網絡與個人忠誠，這些人能動員廣大的農民支持者。黑手黨，無論在紐澤西還是巴勒摩，也是靠類似的個人與家族聯繫來維繫其凝聚力；而那些在第三世界國家（如薩爾瓦多與菲律賓）主宰鄉村地區的地方軍閥也是如此。西班牙在一九五〇與六〇年代的經濟發展把現代市場關係帶到了鄉下地區，並由此引發了一次未經計畫的社會革命，使這些傳統的恩庇侍從關係遭到破壞。[22] 大批貧農離開鄉下進入城市，使地方士紳失去了支持者；這些地主士紳本身則發展為更有效率的農業生產者，對外著眼於國內與國際市場；而那些留在家鄉的貧農則變成出售勞動力的契約受僱者。[23]現在即使佛朗哥再來一次，他也沒有可以募集任何軍隊的社會基礎了。經濟理性化的壓力同樣解釋了為什麼黑手黨能在相對低度開發的義大利南部長久存在，而不是在已經工業化的北部。建立在非經濟聯繫的恩庇侍從關係在現代社會中顯然繼續存在（每個人都知道老闆的兒子會比他的同事更快獲得晉升，或者老同學網絡在聘任人員時的作用），但這些通常被視為非法，只能**在檯面下**（sub rosa）運作。

在本章中，我們試著提出的問題是：歷史是有方向性的嗎？我們特意用一種天真的形式來提這個問題，因為我們之中有如此多悲觀主義者，他們不相信歷史會展示出哪怕只是一丁點的方向性。我們選擇了現代自然科學作為具方向性的歷史變遷之可能的基礎機制，因為這是所有大規模的社會活動中，唯一所有人都同意具有累積性、因此也具有方向性的一個。現代自然科學逐步開展讓人可以了解歷史演進的許多特定細節，例如為什麼人們先是靠馬車與鐵路移動，然後才靠汽車與飛機，或者為什麼較晚的社會比較早的社會都市化程度更高，又或者為什麼現代的政黨、工會、或民族國家會取代部落或宗族而成為工業化社會中社群忠誠的主軸。

不過，即便現代自然科學可以相當輕易地解釋某些現象，但仍然有其他許多現象是它難以解釋的，例如一個特定社會所選擇的政府形式。再者，儘管現代自然科學可以被視為具方向性的歷史變遷之可能的「調整器」，但絕對不能被當作造成歷史變遷的最終**原因**。因為馬上就會有人問，**為什麼是現代自然科學？**科學的內在邏輯或許可以解釋為什麼科學會如此開展，但科學本身並無法告訴我們為何人們致力於科學。科學作為一個社會現象，其開展不單只是因為人們對宇宙好奇，而也因為科學允許人們滿足對安全的渴望，以及對取得無限財富的渴望。現代的公司企業並不是出於對知識的抽象的愛而進行研究與發展，而是為了賺錢。對經濟成長的渴望似乎是現今所有國家普遍具有的特色，但如果人類不單只是經濟的動物，我們就會期待比上述還要更多的解釋。這個問題我們很快就會再度談到。

目前為止，我們對現代自然科學所隱含的歷史方向性並沒有做出任何道德或倫理的評價。可以認定的是，勞動分工與日益官僚組織化等現象對於人類幸福究竟造成什麼影響仍舊模糊不明，如亞當・斯密（Adam Smith）、馬克斯・韋伯、涂爾幹及其他首先點出這些現代生活核心特徵的社會科學家所強調過的那樣。目前我們沒有義務假定現代科學提升經濟生產力的能力使人們更道德、更幸福，或者在其他面向上比原先過得更好。作為我們分析的起點，我們要暫時地證明，我們也有很好的理由認為，現代自然科學的開展所造成的歷史是朝著單一一貫的方向前進；而我們也要進一步檢視這個結論會導出什麼後果。

如果現代自然科學的發現產生了具方向性的歷史，自然就會出現一個問題：這個發現可以取消嗎？科學方法可以停止主宰我們的生活嗎？工業化社會有可能返回前現代、前科學時代的社會嗎？簡言之，歷史的方向性是否可以逆轉？

註釋

1 這種循環路徑的理論於今有一些支持者，見歐文・克里斯托（Irving Kristol）對我原本文章 "End of History?" *The National Interest* 16 (Summer 1989): 26-28 的回應。

2 現代自然科學的這種累積性與進步性的特質曾受到湯瑪斯・孔恩（Thomas Kuhn）挑戰。他指出科學的變遷中有一種不連續與革命性的本質。在他最激進的主張裡，他完全否認「科學的」自然知識的可能性，因為科學家理解自然時所倚賴的**一切**「典範」最終都會失敗。例如，相對論並不單純只是給牛頓力學的既有真理增添一些新的知識，而是使整套牛頓力學在一個根本的意義上成為錯誤。
然而孔恩的懷疑論與我們現在這個討論並無關聯，因為科學典範並不需要在任何終極的認識論的意義上為「真」才能具有連貫且深遠的歷史效果。它僅僅需要能成功地預測自然現象，並允許人操作這些現象。牛頓力學確實在接近光速時會失效，也不適用於發展核能或氫彈，但是這並不意味著牛頓力學就不適合作為掌握自然其他面向的手段，像是全球導航、蒸氣引擎，或者長程火砲等。此外，不同典範之間還有一種階層關係是由自然決定的，而不是取決於人：在牛頓的運動定律被發現**之前**，相對論不可能被發現。這種典範之間的階層性確保了科學知識的進步具有一貫性與單一方向性。見 Thomas S. Kuhn, *The Structure of Scientific Revolutions,* second edition (Chicago: University of Chicago Press, 1970)，特別是頁九五至一一〇、頁一三九至一四三，以及頁一七〇至一七三。關於對孔恩的批判的回顧，請看 Terence Ball, "From Paradigms to Research Programs: Toward a Post-Kuhnian Political Science," *American Journal of Political Science* 20, no. 1 (February 1976): 151-177。

3 也有科技程度較低的國家「擊敗」較先進國家的例子，像越南與美國，或者阿富汗與蘇聯，但這些失敗的原因在於交戰雙方的政治成本大不相同。至於科技在這兩個案例中都提供了軍事勝利的能力，則毋庸置疑。

4 Samuel Huntington, *Political Order in Changing Societies* (New Haven, Conn.: Yale University Press, 1968), pp. 154-156; Walt Rostow, *The Stages of Economic Growth: A Non-Communist Manifesto* (Cambridge: Cambridge University Press, 1960), pp. 26-27, 56.

5 Huntington (1968), pp. 122-123.

6 關於土耳其與日本的現代化過程的比較，請看 Robert Ward and Dankwart Rustow, eds., *Political Development in Japan and Turkey* (Princeton, N.J.: Princeton University Press, 1964)。

7 關於普魯士改革，請看 Gordon A. Craig, *The Politics of the Prussian Army 1640-1945* (Oxford: Oxford University Press, 1955), pp. 35-53；以及 Hajo Holborn, "Moltke and Schlieffen: The Prussian-German School," in Edward Earle, ed., *The Makers of Modern Strategy* (Princeton, N.J.: Princeton University Press, 1948), pp. 172-173。

8 Alexander Gerschenkron, *Economic Backwardness in Historical Perspective* (Cambridge, Mass.: Harvard University Press, 1962), p. 17. 這種以國家為中心「由上而下」的改革也是一種雙刃劍：在摧毀傳統或封建制度的同時，也催生了一種新的、「現代」官僚暴政的形式。以彼得大帝的例子來說，格爾森克隆（Gerschenkron）指出，現代化導致國家對俄國貧農的控制更加緊縮。

9 軍事驅動的現代化案例還有許多，例如中國在一八九五年敗給日本後推動的「百日維新」，或者一九一七至一九一八年遭到蘇聯與英國的入侵後，伊朗的禮薩（Reza）沙阿在一九二〇年代所採取的改革政策。

10 然而蘇維埃軍方的高階將領，像是前參謀總長空軍中將奧加爾科夫（Ogarkov），從未接受激進的經濟改革與挫敗部隊士氣可以當作軍事改革問題的解決方案。維持軍事競爭力的必要性或許是戈巴契夫自己在一九八五至一九八六年的思考，而不是後期的想法。隨著**重建政策**目標愈來愈激進，軍事戰備就遇到更嚴峻的內部挑戰。到了一九九〇年代初期，改革過程本身已經嚴重削弱了蘇維埃經濟，也損及其軍事競爭力。關於蘇維埃軍方對於經濟改革必要性的看法，請看 Jeremy Azrael, *The Soviet Civilian Leadership and the Military High Command, 1976-1986* (Santa Monica, Calif.: The RAND Corporation, 1987), pp. 15-21。

11 V. S. Naipaul, *Among the Believers* (New York: Knopf, 1981).

12 Nathan Rosenberg and L. E. Birdzell, Jr., "Science, Technology, and the Western Miracle," *Scientific American* 263, no.5 (November 1990): 42-54; David S. Landes, *The Unbound Prometheus: Technological Change and Industrial Development in Western Europe from 1750 to the Present* (New York: Cambridge University Press, 1969), p. 13.

13 科技以及其所依循的自然法則為變遷過程提供了一定的規律性與一致性，但這些並不以任何機械方式決定經濟發展的性質，就像馬克思與恩格爾有時所意指的那樣。例如麥可・皮奧禮（Michael Piore）與查爾斯・薩貝爾（Charles

Sabel）就主張，美國工業組織的形態從十九世紀起就強調標準化商品的大量生產以及高度的專業分工，而且以犧牲手工技術的生產典範為代價——這種形態並非必然，也不曾被其他擁有不同生產傳統的國家（例如德國與日本）以相同程度採納。*The Second Industrial Divide* (New York: Basic Books, 1984), pp. 19-48, 133-164.

14 我們將使用「勞動配置」（organization of labor）這個詞彙而非較常見的「勞動分工」（division of labor），因為後者已經隱含了把手工任務不斷分割為使人心智麻痺的單調動作。雖然這樣的事確實曾出現在工業化的過程中，但科技的其他進展則往往逆轉這個過程，並把手工任務轉換成有較高智力內涵與複雜性的操作。馬克思預想的那種使勞動者成為機器附件的工業化世界，整體說來從來不曾實現。

15 新的專業化工作的增加又會回頭鼓勵在生產過程中使用新的科技。亞當・斯密在《國富論》中指出，把單一簡單的任務集中起來，常常為機器生產指出新的可能性，而一個手工勞動者如果把注意力分散在許多不同的任務上，就看不到這一點。因此勞動分工常常導致新科技的發明，而且反之亦同。Adam Smith, *An Inquiry into the Nature and Causes of the Wealth of Nations*, vol. 1 (Oxford: Oxford University Press, 1976), pp. 19-20.

16 查爾斯・林布隆（Charles Lindblom）指出，晚至一九七〇年代，一半的美國人口都在私人單位的事務性單位中工作，而另外一千三百萬美國人則受僱於聯邦政府、州政府或地方政府。請看他的 *Politics and Markets: The World's Political-Economic Systems* (New York: Basic Books, 1977), pp. 27-28.

17 馬克思認為亞當・斯密讓機器生產從屬於勞動分工之下是正確的，但是只到十八世紀晚期的手工製造時期為止，因為當時機器還只有零星的使用。Marx (1967), vol. 1, p. 348.

18 我們很難相信這個出自《德意志意識形態》（*The German Ideology*）的著名願景是認真的。即使撇開廢除勞動分工的經濟代價不談，我們也看不出這種半吊子的生活態度如何能讓人感到滿足。

19 在這方面，蘇維埃人一般來說比較明理一點，儘管他們也會有又「紅」又「專」的障礙。Maurice Meisner, "Marx, Mao, and Deng on the Division of Labor in History," in Arif Dirlik and Maurice Meisner, eds., *Marxism and the Chinese Experience* (Boulder, Colo.: Westview Press, 1989), pp. 79-116.

20 涂爾幹指出，勞動分工的概念在生物科學裡愈來愈常被用於形容人體以外的有機體，而這個現象最基本的例子就是男性與女性在生育小孩上呈現生物性的勞動分工。*The Division of Labor in Society* (New York: Free Press, 1964), pp.

39-41, 56-61; Marx (1967), vol. 1, pp. 351-352.

21 大型中央化的官僚系統是前現代帝國的特徵，如同中國與土耳其的情況。然而這些官僚組織並非為了經濟效率最佳化的目的所建構，因此與停滯不前的傳統社會可以相容。

22 當然，這些革命常常也得力於有意的政治介入，例如以土地改革的形式。

23 Juan Linz, "Europe's Southern Frontier: Evolving Trends toward What?" *Daedalus* 108, no. 1 (Winter 1979): 175-209.

第七章

城門之外沒有蠻族

在澳洲導演喬治・米勒（George Miller）的電影《衝鋒飛車隊》（*The Road Warrior*）的描繪中，我們當今建立在石油上的文明由於一場末日戰爭而陷入崩潰。科學失傳了；西哥德人（Visigoths）與汪達爾人（Vandals）駕著哈雷機車（Harley-Davidson）與越野沙灘車在澳洲內陸四處遊蕩，互相偷竊汽油與彈藥，因為生產這些事物的技術已經消失了。

我們現代的科技文明在大災難中毀滅並驟然重返野蠻時代，這個可能性一直是科幻小說喜愛的題材，尤其是戰後核子武器的發明使這個可能性看起來相當真實。在這種想像中，人類陷入的那種野蠻狀態往往不是純粹回到早期的社會組織形態，而是一種舊社會形態與現代科技的古怪混合，例如帝王與公爵們駕著太空船在不同的太陽系之間飛行。然而，如果我們對現代自然科學與現代社會組織之間的關係假設為真，那麼這類「混合」的結果將不會持續太久：如果科學方法本身沒有被摧毀或被拒絕的話，那麼現代自然科學最後將自我複製，並迫使現代、理性的社會世界的許多面向再度被創造出來。

所以讓我們考慮下面這個問題：人類整體是否有可能透過拒絕或消滅科學方法來逆轉歷史的方

向性？這個問題可以拆成兩個部分：第一，現代自然科學可以被既有的社會刻意拒絕嗎？第二，一個全球大災難能不能導致現代自然科學非自願性的消滅？

近代以來，對科技與理性化社會表示刻意拒絕的群體不勝枚舉，從十九世紀早期的浪漫主義者，到一九六〇年代的嬉皮運動，再到阿亞圖拉柯梅尼以及伊斯蘭基本教義派。目前，反對科技文明最一貫也最清楚的聲音是來自環境保護運動。當代的環保主義涵納許多不同的群體與思想派別，而當中最激進的一群對整套以科學主宰自然的現代計畫採取攻擊態度；他們也表示，如果自然不被操控而是返回某種更接近其前工業時代的原初狀態，人類或許會更幸福。

幾乎所有這些反科技的信條都有一個共同的始祖，那就是尚─雅克．盧梭（Jean-Jacques Rousseau）的思想；他是第一個質疑歷史「進步」的現代哲學家。盧梭比黑格爾更早理解到人類經驗本質上的歷史性，以及人類本性如何在時間中被改變。但與黑格爾不同的是，他相信歷史變遷已經深深使人陷入不幸。以現代經濟體滿足人類需求的能力為例，盧梭在《第二演講集》（*Second Discourse*）＊中指出，人類真正的需求實際上寥寥無幾：人只需要遮風避雨的住處以及可填飽肚子的食物就夠了；就連安全也不必然是基本需求，因為這預設人與人住在附近自然就想互相威脅。[1] 所有其他的人類需求對於幸福而言都並非關鍵，而源自於人把自己與鄰人做比較的能力，而如果自己沒有他們擁有的事物，就感覺自己被剝奪。換句話說，這種由現代消費主義所創造的需求，起源於人類的**自負**，或者盧梭所稱的虛榮（amour-propre）。問題在於這些新的需求，由於是人自己在歷史時間中創造出來的，因

＊譯註：全書名為《第二演講集：論人類不平等的起源與基礎》。

此具有無限的彈性，不可能被從根本上被滿足。現代經濟擁有強大的效率與創新能力，因此每滿足一個欲望，往往又創造一個新的需求。人變得不幸，不是因為他們有某些固定的欲望無法滿足，而是由於新的欲望與舊的滿足之間不斷有新的缺口產生。

盧梭舉一個例子來說明這個現象：一個收藏家為了收藏的缺口所感到的不幸，超過了他擁有的藏品所能給他的全部滿足。另一個更為當代的例子是高度創新的現代消費電子產業。在一九二〇與三〇年代，一個家庭能有的最高消費渴望，就是擁有一台收音機。然而如今在當代美國，幾乎沒有哪一個十來歲的青少年手邊沒有好幾台收音機，卻仍時常為了沒有擁有一台任天堂、隨身聽、電子呼叫器而極度不滿。此外很明顯的是，他即使哪一天取得這些產品也不會比現在更滿足，因為屆時日本人又會發明其他新的電子裝置讓他渴望去擁有。

盧梭認為，有機會使人快樂的，就是從現代科技的枯燥工作及其所創造的無限欲望循環中跳脫出來，並且某種程度恢復人在自然狀態下的完整性。自然狀態下的人並不生活在社會裡，不拿自己與他人做比較，也不生活在社會製造的恐懼、希望、期待等人為情境中。正好相反，他因為感受到自己的存在（作為一個處在自然世界中的自然狀態下的人）而快樂。他不尋求使用理性以主宰自然；他沒有這個需要，因為自然基本上是善待人類的，而且理性對於一個獨居的個體來說也不是自然的。[2]

盧梭在攻擊文明人的同時，也等於給人類征服自然的整個計畫打上一個首要且最根本的問號：在這種視野下，樹木與山林成了原物料，而非休憩與沉思的所在。他對於約翰．洛克與亞當．斯密所設想的「經濟之人」批判一直是現今大多數人攻擊無限經濟成長論的基礎，也是當代大多數環境保護主義（常常是無意識的）的思想基礎。[3] 隨著工業化與經濟發展的程度愈高，自然環境的惡化也跟著愈來愈明顯，盧梭對經濟現代化的批判也有了更大的吸引力。我們是否可能想像一種高度激進化的環境保護主義的興起，這種運動以更新版的盧梭主義為基礎，試圖拒絕征服自然的現代計畫以及建立在其上的科技文明？從各種理由來看，答案應該是否定的。

第一個理由與當前經濟成長所創造的期望有關。雖然個體與小型社群可以「重返自然」，放棄他們擔任投資銀行家或房地產開發商的工作，以便到阿第倫達克山脈（Adirondacks）裡的一座湖邊生活；但如果整個社會都拒絕科技，就將意味著一個歐洲的國家、美國或日本進行了全盤去工業化，並實質上轉型為第三世界的貧困國家。也許空氣汙染與有毒廢棄物會減少，但現代醫學與通訊同時無法進步，還有較低的生育控制，以及因此趨向保守的性觀念。人們不但沒有擺脫新欲望的循環，大多數人反而將重新認識貧農的生活：被綁在一塊土地上，無窮無盡地重複著壓斷背脊的勞動。當然，許多國家曾經世世代代停留在自足農業的層次，而生活其中的人民無疑也曾達到可觀的幸福；但如果是已經體驗過科技社會消費主義的人，是否還能做到就成了問題，至於整個社會都被說服做如此的轉換，那可能性就更值得懷疑了。再者，如果有其他國家選擇不要去工業化，那麼選擇去工業化的國家的國民將會一直有個衡量彼此的比較標準。緬甸在二戰之後決定不追求第三世界其他地區常見的經濟發展目標，並在國際上維持孤立，這在工業化以前的世界或許可行，但在一個充斥新加坡與泰國等繁榮國家的區域裡就相當困難。

另一個不切實際程度稍低一點的選項，是選擇性地拒絕科技，要嘛把科技發展凍結在當前的水準，要嘛高度選擇性地只允許部分的科技創新。雖然這或許更能保持當前的生活水準（至少短期而言是如此），但讓人不明白的是，為什麼生活在一個任意挑選的科技水準會特別讓人滿足。因為你既看不到活潑成長的經濟火花，也並非真正地回歸自然。嚴禁使用科技對小型宗教社群（如艾美許人〔Amish〕或門諾派〔Mennonites〕）還行得通，但對大型的階級社會來說就困難許多。現今已開發國家的社會經濟不平等之所以沒有造成太多政治騷亂，是因為有一塊不斷成長的經濟大餅可以分享；但如果美國開始像龐大笨重且發展停滯的東德，這類騷亂就會嚴重許多。再者，讓先進國家把科技發展凍結在目前已經很高的水準上，並不見得就能適切地解決即將到來的生態危機，也沒能回答全球生態體系能否承受第三世界追趕上來的問題。選擇性科技創新也帶來難解的問題，例如應該由誰來決定什麼科技是可被接受的。科技創新的政治化將不可避免地為整體經濟成長帶來急凍的效果。

此外，捍衛環境完全**不需要**與現代科技以及由其所創造的經濟世界一刀兩斷，長期而言反而可能需要以那樣的經濟世界為其前提。事實上，除了德國綠黨中的**環境基本教義派**（Fundi）以及某些極端主義者以外，環境保護運動的主流都承認，解決環境問題最實際的辦法，還是在於創造替代技術，或者發展能積極保護環境的科技。有益健康的環境是擁有財富與經濟發展熱絡的社會才負擔得起的奢侈品；最惡劣的環境破壞者，無論是傾倒有毒廢棄物或砍伐熱帶雨林，清一色都是開發中國家：他們要嘛由於相對上的貧困而認為除了開發自然資源外別無選擇，要嘛沒有足夠的社會紀律來貫徹環保法令。即便有酸雨的蹂躪，美國東北地區與北歐許多區域的森林仍比一百年前或甚至兩百年前都更為茂密。

由於有這許多原因，我們的文明極不可能自願選擇盧梭的建議，並排斥現代自然科學在我們當代經濟生活中已經扮演的角色。但讓我們也檢視一個更極端的例子：即這種選擇並非自願，而是被某種大災難所強迫，要嘛是全球核子戰爭，或者一場環境崩潰無可挽救地破壞了當代人類生活的基礎。

很顯然，要摧毀現代自然科學的成果是有可能的；事實上，現代科技已經給了我們在幾分鐘內辦到這件事的手段。但現代自然科學本身有可能被摧毀嗎？是否有可能解開科學方法對我們現代生活的牢牢掌握，讓人類整體永遠重返前科學時代的文明水準？[4]

讓我們考慮一個涉及大規模毀滅武器的世界大戰的情況。在廣島原爆後我們都想像這種情況就是核子戰爭，但某些新的、可怕的生化武器同樣可能造成類似結果。假設這樣的一場戰爭並未觸發核子冬天或其他使地球完全不可居住的自然災難，假設這場衝突摧毀了絕大多數的人口、電力、交戰國家的財富、其主要盟邦，也給中立的旁觀國家帶來毀滅性的後果，嚴重的環境問題或許會讓軍事災難與生態災難結合起來。世界政治的組成也可能發生重大改變：交戰國或許失去強權地位，其領土被未涉入戰爭的其他國家瓜分與占領，或者遭到如此毒害以至於沒人想繼續住在那裡。這場戰爭或許席捲所有能製造大規模毀滅武器的科技先進國家，他們的工廠、實驗室、圖書館、大學都被夷平，關於這類巨大毀滅性武器如何生產的知識也被完全消滅。至於世界上躲開這次戰爭直接衝擊的其他國家，他們可能對戰爭與導致它的科技文明產生極大的反感，以至於部分國家將自願放棄先進武器及其生產技術。戰爭倖存者也許會比如今的我們更堅決地拒絕嚇阻政策，因為這個政策顯然沒能保護人類免於毀滅；他們也將更明智、更審慎地用比我們現行遠遠更為徹底的手段去控制新科技。（重大生態災難，像是冰帽溶解，或者北美與歐洲由於全球暖化而沙漠化，也可能導致人們採行類似措施來控制可能醞釀災的科學發明。）科學引發的恐懼可能讓反現代與反科技的宗教再度興盛，結果可能為潛在致命因子的新科技研發設下道德與情感的障礙。

然而即便是如此極端的情境，看起來也不太可能打破科技對人類文明的牢牢掌控，也抑制不了科學自我繁衍的能力。又一次，原因在於科學與戰爭之間的關係。即使你能摧毀現代武器、刪除製造這些武器的特定知識，卻無法抹除人們對科學方法基礎的記憶。現代通訊與交通使人類文明統一；這意味著，沒有哪一部分的人類對於科學方法以及其潛在能力一無所悉，即便他們當時的能力還不足以做技術研發或成功地加以運用。換句話說，城門之外沒有真正的蠻族；沒有人不知道現代自然科學的威力。而只要這一點沒有改變，那些有能力把現代自然科學用於軍事目的的國家就會繼續對其他國家享有優勢。剛過去的戰爭即使造成毫無意義的毀滅，也未必就能讓人學會，沒有任何軍事科技可用於合理的目的；新的軍事科技仍可能讓人相信，這些技術能給他們帶來決定性的優勢。善良國家可能慎重地從災難中汲取教訓，並試著控制那造成戰爭的科技，但世界上其他邪惡國家仍可能把災難當成實現野心的契機。正如馬基維利在現代開端的時候所教導，如果真的想存活下去、想維繫自己的國家，善良國家將必須向邪惡國家學習。[5] 他們必須維持一定程度的科技能力，哪怕只是為了自我防衛，而且實際上將必須鼓勵軍事領域的科技創新，如果他們的敵人也是創新者的話。試著控管新科技的善良國家將不得不慢慢地讓科技天才重新從精靈的瓶子裡再鑽出來，哪怕他們為此深感猶豫、節制再三。[6] 而且如果是生態性質的災難的話，人類在大災難後的世界裡對現代自然科學的依賴程度恐怕還會更高；因為科技可能是使地球重新可以居住的唯一手段。

如果要想像真正週期性的歷史，我們就必須設定：一個既有的文明可以完全消失，沒有給後來的文明留下任何痕跡線索。事實上，這種事曾經發生在現代自然科學被發明之前的時代裡。然而現代自然科學無論為善或為惡的威力皆如此強大，以至於我們相當懷疑，除非人類這個物種被物理消滅，否則這種知識是否有可能被遺忘或被「恢復為未發明狀態」。而如果進步性的現代自然科學對人類的掌控是如此牢固，那麼具方向性的歷史以及由此而產生的經濟、社會與政治等多樣化後果，也就不在任何根本意義上可以逆轉。

註釋

1 有別於霍布斯與洛克，盧梭認為攻擊不是人的本性，也不是自然原初狀態的一部分。既然盧梭的自然狀態的人需求很少，僅有的需求也相對容易滿足，所以他沒有理由搶劫或謀殺他的同伴，事實上沒有理由生活在市民社會裡。*Discours sur l'Origine, et les Fondamens de l'inégalité parmi les Hommes*, in *Oeuvres Complètes*, vol. 3 (Paris: Éditions Gallimard, 1964), p. 136.

2 關於自然的完整性以及盧梭所說的**存在的感受**（sentiment de l'existence）之意涵與相關討論，請看 Arthur Melzer, *The Natural Goodness of Man: On the System of Rousseau's Thought* (Chicago: University of Chicago Press, 1990)，尤其是頁六九至八五。

3 比爾・麥奇本（Bill McKibben）在《自然的終結》（*The End of Nature*）中認為，人類史上第一次，我們即將消滅最後一塊未被人類活動觸及或操弄的自然領域。這個觀察自然是對的，但麥奇本把這個現象的日期弄錯了至少四百年。原始部落社會同樣改變他們的自然棲地；他們與現代科技社會的差別只是程度問題。但征服自然並為人類利益而進行操弄——這種計畫已經是近代早期科學革命的核心；現在才來展現原則性地抱怨這種操弄，是有點晚了。我們今天認為的「自然」——不論是洛杉磯國家森林（Angeles National Forest）還是阿第倫達克山脈的一條步道——在許多面向上都跟帝國大廈或太空梭一樣也是人類工藝的結果。

4 我們現在還不可以假設現代自然科學或其所帶來的經濟發展是好還是壞，所以我們應該先不去判斷我們該如何看待全球大災難的問題。如果那些歷史悲觀主義者是對的，如果現代科技並沒有讓人類更幸福，而是成為人類的主宰與摧毀者，那麼一場可望刪除一切並強迫人類從頭開始的全球大災難就會是大自然善意的表現，而不是自然的殘酷。

這正是古典政治哲學家如柏拉圖與亞里斯多德的觀點。他們冷酷地相信，人類一切的發明與創造最終都會喪失，人類自己則從一個週期跨入下一個新的週期。Leo Strauss, *Thoughts on Machiavelli* (Glencoe, Ill.: Free Press, 1958), pp. 298-299.

5 根據史特勞斯，「馬基維利批判古典政治哲學唯一的基礎，就是後者很難承認，與戰爭藝術相關的發明是一件必須鼓勵的事」。Strauss, p. 299.

6 一個替代的解決方式是把跨國的國家體系換成一個世界政府，以便對危險科技實施強制的禁令，或者簽訂真正全球性的限制科技協議。然而，先撇開各種讓這類協議難以成功的種種原因，即便在一個大災難後的世界裡，科技創新的問題也不必然就能解決。科學方法仍將會落在犯罪集團、民族解放組織，或其他異議團體的手裡，因而引發國內的科技競爭。

第八章

無止境的累積

我們的國家並不幸運。事實上，有人決定在我們頭上執行這個馬克思主義的實驗——命運把我們緊緊實實地推往這個方向。他們沒有找上非洲某個國家，而是拿我們開始做這個實驗。最後證明了此處不適合這種構想。這場實驗直接把我們推離了世界上文明國家所選擇的道路。這個結果今天呈現在我們眼前：百分之四十的國民生活在貧窮線下，而且持續忍受著屈辱，因為他們得出示配給卡才能領到糧食。這是一種揮之不去的屈辱，隨時提醒你，你在這個國家是一名奴隸。

——鮑里斯．葉爾欽，一九九一年六月一日在莫斯科對民主俄羅斯的一場集會演說

至此我們所呈現的，是現代自然科學在逐步開展中產生了一部具方向性的歷史，以及在不同的民族與文化間產生了特定統一性的社會變遷。科技與理性化的勞動配置是工業化的先決條件，而工業化又促成了都市化、官僚組織化、大家族與部族關係的崩解、教育程度的提升等現象。我們也展示了現代自然科學對人類生活的宰制不太可能在任何可預見的情況下被逆轉，即使在最極端的狀況下也不

可能。然而我們還沒有證明科學必然在經濟領域裡導致資本主義，或者在政治領域中必然導致自由民主制。

而且確實有些國家的例子是走過了最初的工業化階段，經濟發達、都市化、世俗化、擁有健全一貫的政府架構以及教育程度相對良好的人口，但既非資本主義也非民主。在這許多年裡最主要的例子即史達林的蘇維埃聯盟；蘇聯在一九二八與一九三〇年代末期之間完成了出色的社會轉型，從一個大多是小農農業的國家發展成強大的工業國，卻沒有給予其國民經濟或政治自由。確實，這場轉型進行如此之快，似乎向許多人證明了，中央計畫加上警察國家式的專政，比起自由人在自由市場中的運作，實際上是一個**更**快速有效達成工業化的辦法。艾薩克・多依徹（Isaac Deutscher）在一九五〇年代就主張，中央計畫的經濟體比起市場經濟體混亂的運作方式更有效率，而且國有化的工業比私部門的企業更有能力將廠房與設備現代化。[1]東歐一些經濟發達的社會主義國家即使經歷了一九八九年也仍然存在，這一點似乎指出，中央計畫並不與經濟現代化互相衝突。

這些來自共產主義世界的案例同時顯示，現代自然科學的逐步開展同樣可以把我們帶往理性化與官僚組織化的專制暴政（馬克斯・韋伯的噩夢），而不是帶往開放、創造性的自由社會。所以我們的機制需要繼續擴充。除了解釋為什麼經濟先進國家會有都市化社會與理性化官僚組織，這個機制還應該繼續證明，為什麼我們應該預期這樣的國家會朝經濟與政治的自由體制演進。在本章以及下一章中，我們將研究這個機制在兩種截然不同的情況下與資本主義的關係：一個是先進工業國家的情況，一個是低度發展國家的情況。在確立這個機制某種程度必然導致資本主義之後，我們將回頭探討，我們是不是也能期待這個機制會產生民主制度。

儘管傳統主義的宗教右派與社會主義的馬克思左派在資本主義身上都聞到一種道德惡臭，但資本主義的終極勝利，即作為世界上唯一可行的經濟體制，以我們的機制來解釋相對容易；要解釋自由民主制在政治領域裡的勝利則相對困難。因為資本主義在發展與利用科技方面、在適應快速變化的全球勞動分工情境方面，**在成熟的工業經濟的條件下**，所做的表現遠比中央計畫的經濟體制更有效率。

我們現在知道，工業化不是一次性事件，國家不會突然之間被推到經濟現代性之中，而是要經歷一個連續演進的過程，沒有明確的終點，而今天所謂的現代很快將變成明天的舊時代。這意味著，要滿足黑格爾所稱的「需求體系」的手段不斷在改變，因為那些需求本身也在改變。工業化對早期社會理論家如馬克思與恩格斯而言，是由輕工業所構成，例如英國的紡織製造業或法國的陶瓷產業。然而輕工業很快被新的發展取代，像鐵路擴建、冶鋼、煉鐵、化工工業、造船及其他形態的重型製造業，以及國內統一市場的成長；這些構成了列寧、史達林及其蘇維埃後繼者所稱的工業現代化。英國、法國、美國及德國大約在第一次世界大戰時達到這個程度的發展，日本與西歐其他國家則要到第二次世界大戰時才達成；蘇聯與東歐則在一九五〇年代做到這目標。今天，這些工業是中等工業化的標誌，絕大多數先進國家早已度過這個發展階段。而取代這個發展階段的新發展有很多名稱：「成熟工業化社會」、「高度大量消費」階段、「電子技術時代」、「資訊時代」或者「後工業化社會」。[2]儘管細部的描述有很多差異，但這些描述全都著重於資訊、技術知識、服務業角色的巨大成長與重工業的減少形成消長。

現代自然科學繼續影響了「後工業化」社會的性格，就跟它在各國進入最早的工業化階段時所做的一樣，同樣是藉由科技創新與勞動配置理性化等人們熟悉的方式展現。貝淡寧（Daniel Bell）一九六七年的文章指出，從新科技最初的發明到認知其商業可能性所需的時間，在一八八〇到一九一九年間平均要三十年，在一九一九到一九四五年間平均需要十六年，從一九四五到一九六七年間則下降到平均只需要九年。[3] 這個數字之後仍繼續下降，在最先進的科技領域中（例如電腦與軟體業），產品週期已不是用年而是用月來計算。但是這樣的數字也仍遠遠不足以描述從一九四五年以降新產品與新服務的不可思議之多樣性，當中許多完全是**全新的**創造。這樣的數字同樣不足以說明這種經濟體以及維持其運作所需的新形態技術知識的複雜程度（不只是科學與工程知識，也包含行銷、金融、物流以及其他相關領域）。

同時，在馬克思時代已被預見、但理解仍十分有限的全球化勞動分工，此時也成為現實。國際貿易在過去一個世代裡的年平均複合成長率達到百分之十三，在特定部門（例如跨國銀行業）裡成長率甚至更高。在之前的數十年裡，國際貿易的成長率很少超過百分之三。[4] 交通與通訊成本持續降低，使跨國間的規模經濟達到了即使在最大的國內市場也不可能達到的程度，例如在美國、日本或西歐個別國家之內。結果產生了又一次未經計畫的漸進革命：世界上大部分人類（除了共產世界之外）被整合在一個單一市場裡，包含德國汽車、馬來西亞半導體、阿根廷牛肉、日本傳真機、加拿大小麥，以及美國飛機。

科技創新與勞動分工高度複雜化，使經濟活動的所有階層對於科技知識的需求都大幅提升，因此也更需要那些（直白地說）用腦袋而非雙手工作的人。這不只包含科學家與工程師，也包含所有支持他們的結構，例如公立學校、大學及通訊產業。現代經濟生產的「資訊」內涵的提升，就反應在服務部門（包含專業人士、經理人、政府工作者、醫療提供者）的興起上，但是「傳統」的手工職業的重要性則被替代。

對所有希望進入「後工業」階段的工業經濟體來說，朝去中心化的決策、去中心化的市場演進，已幾乎不可避免。雖然中央計畫經濟國家也能追隨資本主義國家走進燃煤、煉鋼與重工業生產的時代，[5]但是資訊時代的要求對他們而言就不那麼好應付。有人會說，事實上正是在高度複雜與變動的「後工業化」經濟世界中，馬克思列寧主義作為經濟體制才遭遇了它的滑鐵盧。

最終而言，中央計畫經濟的失敗與科技創新的問題相互關聯。科學探索在自由的環境中有最好的進展，人們可以自由地思考與交換想法，更重要的是，還能因為創新而獲得獎勵。蘇聯與中國確實也提倡科學研究，特別是在「安全」的領域（例如基礎研究）上做努力，也在特定部門裡（例如航太空業與軍武製造）提供物質誘因來鼓勵創新。現代經濟體必須全面革新，不只在高科技領域裡，而在一些較不壯觀的領域裡也需要如此，像是美式漢堡的行銷，以及新種類保險的開發。雖然蘇維埃國家可以精心照顧他們的核子物理學家，但他們沒有資源獎勵設計電視機的工程師（導致電視映像管到了一定時間就爆裂），或者獎勵那些想把新產品銷售到新市場的人（行銷在蘇聯與中國是完全不存在的行業）。

中央計畫的經濟體常常無法做出合理的投資決策，也不能有效率地把新科技納入生產過程。要能做到這一點，經理人必須對決策的影響範圍保有正確資訊，也就是能知道市場決定的價格何在。而且最終來說，透過市場競爭才得以確保由定價系統所給出的價格是準確的。匈牙利與南斯拉夫早期的改革，以及有限程度上的蘇維埃聯盟，都試著給經理人較大的自主空間，但由於缺乏一套決定合理價格的系統，光靠經理人的自主性並沒有用。

結果顯示，現代經濟體的複雜性完全超出了中央化官僚體系的管理能力，無論他們的科技能力有多先進。為了取代一套由需求驅動的定價系統，蘇維埃的規劃者曾試著由上而下制定了一套「符合社會正義」的資源分配方式。許多年來，他們相信更大的電腦與更好的線性規劃將使有效率的中央化資源配置成為可能。結果證明這只是幻覺。蘇聯的國家物價委員會（Goskomtsen）每年必須審查二十萬種物價，該單位每一名官員每天得審查三到四種商品的價格。但這只占蘇維埃官員每年做出的價格決策總數的百分之四十二，[6]如果蘇維埃經濟能像西方資本主義經濟提供同等多樣性的商品與服務的話，這將只是所需定價決策的一小部分。如果莫斯科與北京的官僚需要監督的商品價格只有數百種或少少幾千種，那麼還有一點機會做到有效定價的樣子；但在一個光一架飛機就有數十萬種零組件的時代，這個任務完全不可能達成。再者，在現代經濟體裡，定價愈來愈反應品質的差異：一部克萊斯勒雷巴隆（Chrysler LeBaron）與一部BMW在整體技術規格上同樣都是汽車，但消費者基於某種「體驗」卻願意對後者支付可觀的溢價。在這方面，官僚做出可靠差別定價的能力令人憂心。

中央計畫者需要持續控管商品的價格與配置，結果這些商品無法參與國際的勞動分工，因此也就無法達到建立在跨國勞動分工上的規模經濟。擁有一千七百萬人口的共產東德英勇地試著在國境內複製世界經濟，事實上也成功地產出了大量商品，但這些商品品質低劣，價格又遠比進口品昂貴，例如高汙染的衛星汽車（Trabant car）與艾瑞克·何內克（Erich Honecker）推崇的記憶體晶片。

最後，中央計畫破壞了人力資本一個極其重要的面向，也就是工作倫理。社會經濟政策如果否定人的工作誘因，那麼再健全的工作倫理也將被摧毀，要想重新創造這樣的倫理將極端困難。如同我們將在本書第四部分中所見，在許多社會中，健全的工作倫理並不是現代化過程的產物，而是該社會前現代的文化與傳統所留下的遺產。強健的工作倫理也許不是「後工業」經濟能成功的絕對條件，但確實是很大的助益，而且可以形成一種批判制衡的力量，使這些經濟體對消費的重視不至於超過生產。

人們曾經普遍期待，成熟工業化必不可少的技術官僚最終會導致共產主義的中央控管發生鬆動，從而使其被更自由、更市場導向的政策所取代。雷蒙．阿宏判斷「科技的複雜度將強化管理階級，並削弱意識形態官僚與激進分子的力量」；這呼應了更早的一種看法，認為技術官僚將會是「共產主義的掘墓人」。[7]最後的結果顯示，這些預測相當正確；西方人所不能預期的只是這些預測需要多少時間才能實現。蘇聯與中國政府在把社會提升到煤鐵時代的過程中展現了優異的能力：所需的技術並非高度複雜，即使是從農村中被強制拉到生產線上、大多不識字的貧農也能掌握。這種經濟所需的技術專家顯然很乖順，政治上很容易控制。[8]史達林曾經把著名的飛機設計師圖波列夫（Tupolev）送進古拉格，圖波列夫卻在那裡設計出他最好的一架飛機。史達林的繼任者則用地位與獎勵來拉攏經理人與技術官僚，以換取他們對體制的忠誠。[9]毛澤東在中國的手段又不同：為了避免像蘇聯那樣創造出有特權的技術知識階層，他對知識分子發動全面的攻擊，先是一九五〇年代末期的大躍進，然後是一九六〇年代末期的文化大革命。工程師與科學家們被迫下田割稻，以及從事其他極為艱苦的勞動，同時讓政治正確的意識形態狂熱分子擔任需要技術能力的職位。

這個經驗教導我們，不要低估極權或威權國家長時間抗拒經濟理性化的能力。在蘇聯與中國的例子上，他們推遲了整整一個世代，或者更久。但是這種抵抗最終會付出經濟停滯的代價。在蘇維埃與中國這樣的國家，中央計畫經濟完全無法突破一九五〇年代的工業化水準，這縮限了他們在國際舞台上扮演重要角色或甚至維護自己國家安全的能力。毛澤東在文化大革命期間對優秀技術官僚的迫害，被證明為一場至極嚴重的經濟災難，使中國倒退了一個世代。所以鄧小平在一九七〇年代中期掌權之後，所做的第一件事，就是恢復技術知識階層的名譽與尊嚴，並保護他們免於受到反覆多變的意識形態政治的迫害；鄧小平選擇了一個世代之前蘇聯採用的拉攏政策。然而拉攏技術精英為意識形態服務的工作後來也走上了另一個方向：精英們由於獲得較大的自由去思考與研究外在世界，所以也開始熟悉並採納外部世界流行的許多思想。正如毛澤東所擔心的，技術知識分子成為「資產階級自由主義」的主要推手，並在接下來的經濟改革過程中扮演關鍵的角色。

到了一九八〇年代結束時，中國、蘇聯及東歐各國都可以被視為已經服膺先進工業化的經濟邏輯了。[10] 儘管天安門事件後進行了政治整肅，中國的領導階層仍然接受了市場與去中央化經濟決策的必要性，同意更緊密地整合進全球資本主義的勞動分工，也表現出願意接受技術精英崛起所帶來的更大程度的社會階層化。即便各國市場化的時間與進展速度不盡相同，東歐國家在一九八九年的民主革命後全都選擇返回市場經濟體系。蘇聯領導階層比較抗拒一頭栽進全面的市場化，但在一九九一年失敗的政變引發的政治轉型之後，又著手實施了影響深遠的自由經濟改革。

各國有一定的自由可以調節與規劃自由主義經濟。我們的機制並不嚴格規定這個自由程度有多大。儘管如此，由科技推動的經濟現代化的開展，由於允許相當程度的經濟競爭以及讓市場機制決定價格，因此提供了強大的誘因，讓已開發國家願意接受普世性的資本主義經濟文化作為基本條件。事實證明，沒有另外一條通往經濟現代化的道路是行得通的。

註釋

1 多依徹與其他一些學者認為，東方與西方將在社會主義的基礎上匯聚起來。Alfred G. Meyer, "Theories of Convergence," in Chalmers Johnson, ed., *Change in Communist Systems* (Stanford, Calif.: Stanford University Press, 1970), pp. 321ff.

2「高度大量消費」（high mass consumption）一詞的出現請參考 Walt Rostow (in *The Stages of Economic Growth: A Non-Communist Manifesto* [Cambridge: Cambridge University Press, 1960])。「電子技術時代」（technetronic era）見 Zbigniew Brzezinski (in *Between Two Ages: America's Role in the Technetronic Era,* [New York: Viking Press, 1970)].「後工業化社會」（post industrial society）則是由貝淡寧提出。見後者的 "Notes on the Post-Industrial Society" I and II, *The Public Interest* 6-7 (Winter 1967a): 24-35 and (Spring 1967b): 102-118，以及他對「後工業化社會」的起源與概念的介紹：*The Coming of Post-Industrial Society* (New York: Basic Books, 1973), pp. 33-40。

3 Bell (1967), p. 25.

4 Lucian W. Pye, "Political Science and the Crisis of Authoritarianism," *American Political Science Review* 84, no. 1 (March 1990): 3-17.

5 然而，即便在這些較老的工業領域裡，社會主義經濟體在生產過程現代化方面也已經顯著落後於資本主義的經濟體了。

6 Hewett (1988), p. 192.

7 阿宏這個評斷被引用在 Jeremy Azrael, *Managerial Power and Soviet Politics* (Cambridge, Mass.: Harvard University Press, 1966), p. 4. Azrael，也引用了 Otto Bauer, Isaac Deutscher, Herbert Marcuse, Walt Rostow, Zbigniew Brzezinski 以及烏拉姆 (Adam Ulam)，意思大致一樣。也請見 Allen Kassof, "The Future of Soviet Society," in Kassof, ed., *Prospects for Soviet Society* (New York: Council on Foreign Relations, 1968), p. 501。

8 關於蘇維埃體制如何隨著工業成熟度的提高而適應新的要求，請看 Richard Lowenthal, "The Ruling Party in a Mature Society," in Mark G. Field, ed., *Social Consequences of Modernization in Communist Societies* (Baltimore: Johns Hopkins

University Press, 1976)。

9 Azrael (1966), pp. 173-180.

10 以中國為例的這個論點，請看 Edward Friedman, "Modernization and Democratization in Leninist States: The Case of China," *Studies in Comparative Communism* 22, nos. 2-3 (Summer-Autumn 1989): 251-264。

第九章

錄影機的勝利

世界上沒有一個國家，不論是什麼政治體制，能靠閉關政策完成其現代化。

——鄧小平，於一九八二年的一場演說

資本主義某種意義下對先進國家無可避免、馬克思列寧主義對於財富創造與現代科技文明是一種嚴重的障礙——這些事實在二十世紀最後十年裡也許已經成為人盡皆知的常識。比較不那麼顯而易見的則是，對於發展程度較低的國家（指尚未達到歐洲一九五〇年代的工業化水準）來說，社會主義的優點比資本主義相對要多。對於那些貧困國家來說，燃煤煉鋼時代仍是遠在天邊的夢想，因此蘇聯是否站在資訊時代科技的最前端並不那麼重要；遠遠更讓他們印象深刻的是，蘇聯僅僅在一個世代裡就創造出都市化與工業化的社會。社會主義的中央計畫經濟仍然吸引他們，因為這是一條累積資本的捷徑，能把國家資源「合理」配置到「均衡的」工業發展上。蘇聯在一九二〇與一九三〇年代靠著極端恐怖的手段壓榨農業部門來達成這個目標；而同樣的過程在早期的工業化國家中，例如在美國與英國，則是以非強制性的辦法經過了幾個世紀的時間才完成。

社會主義作為第三世界國家首選的發展策略有其原因。因為資本主義顯然無法在拉丁美洲這樣的地區創造持續的經濟成長。事實上，我們可以肯定地說，如果不是因為第三世界，馬克思主義在二十世紀本來還會死得更快。然而低度開發世界持續的貧困為馬克思主義教條帶來了新生命，因為這允許左派先是把貧困歸咎於殖民主義，然後當沒有殖民主義可以怪罪時，就怪罪到「新殖民主義」頭上，最後再歸因於跨國公司的行徑。第三世界給某種形態的馬克思主義續命的最新嘗試，即所謂的**依賴理論**（dependencia）。這個主要在一九六〇與七〇年代的拉丁美洲發展出來的理論，讓貧困南方國家的自我主張有了思想的連貫性，得以與富裕、工業化的北方國家相對抗。在與南方國家的民族主義結盟之後，依賴理論所獲得的力量超過了其思想基礎所能合理化的程度，並且在第三世界許多地方，在將近一個世代的時間裡，對經濟發展的展望帶來了腐蝕性的影響。

依賴理論真實的創始者是列寧本人。他在著名的一九一四年小冊子《帝國主義：資本主義的最高階段》（*Imperialism: The Highest Stage of Capitalism*）中解釋，歐洲的資本主義為什麼沒有導致勞動階級的持續貧困，而事實上提升了他們的生活水準，也讓歐洲的勞工群體發展出頗為自傲的工會意識。[2]他認為資本主義由於把剝削輸出到殖民地，讓當地的勞工與原料容納歐洲的「剩餘資本」，所以為自己爭取到更多時間。而「獨占資本主義者」之間的競爭，導致低度開發世界的政治分裂，最終使他們陷入衝突、戰爭與革命之中。有別於馬克思，列寧主張那將推翻資本主義的最終矛盾，並不是在已開發世界**之內**的階級鬥爭，而是在已開發的北方國家與低度開發世界的「全球無產階級」之間的對抗。

儘管一九六〇年代最終出現了許多不同流派的依賴理論，[3]但源頭都是阿根廷的經濟學家勞爾．普雷比斯。普雷比斯在一九五〇年代擔任聯合國的拉丁美洲經濟委員會（ECLA）主席[4]，後來則主掌聯合國貿易與發展會議（UNCTAD）。他指出，世界「邊陲」相對於「中心」的貿易條件正在惡化當中。他認為，第三世界地區（例如拉丁美洲）遲緩的經濟成長是全球資本主義經濟秩序造成的結果，這個秩序讓他們永遠處在一種「依賴的發展」狀態中。[5] 因此北方國家的財富與南方國家的貧困直接相關。[6]

根據古典自由主義的貿易理論，世界貿易的開放體系應該極大化所有參與者的利益，即便一個國家賣咖啡豆而另一個國家賣電腦。事實上，較晚加入體系的經濟落後國家應該在經濟發展上享有一定的優勢，因為他們可以直接從開發較早的國家輸入科技，而不必自己重新發展。[7] 相反地，依賴理論則主張，較晚的發展注定了一個國家將永遠落後。先進國家控制了世界貿易的條件，並透過他們的跨國公司強迫第三世界國家進行所謂「不均衡的發展」——意即強迫他們輸出原料與其他低度加工的商品。已開發的北方國家壟斷了先進工業製品的世界市場，例如汽車與飛機，讓第三世界實際上變成為全球服務的「劈柴挑水的苦力」。[8] 許多**依賴理論倡議者**（dependencistas）也把國際的經濟秩序連結到在古巴革命之後在拉丁美洲新掌權的威權主義政權。[9]

從依賴理論中衍生出來的政策都堅決反自由主義。較溫和的**依賴理論倡議者**試圖避開西方跨國公司的影響，主張建立更高的關稅壁壘來減少進口，鼓勵本國產業，即一般所稱的進口替代政策。較激進的依賴理論流派則試著透過支持革命以徹底瓦解全球經濟秩序，從資本主義的貿易體系中退出，並以古巴模式整合到蘇聯集團裡。[10] 所以在一九七〇年代初期，當中國與蘇聯這些地方已經看清楚，馬克思主義的理念作為真實社會的基礎極為糟糕，但第三世界與歐美大學中的知識分子卻重新高舉了馬克思主義的大旗，認為是低度開發世界未來的發展藍圖。

然而，儘管依賴理論在左翼知識分子之間仍然流行，這個理論模式卻因為完全無法解釋一個大規模現象而破產：它無法解釋戰後時期東亞的經濟發展。亞洲的經濟成就除了為亞洲國家帶來各種物質利益以外，還造成一種有益的影響，那就是終於拋棄**依賴理論**這種自我蒙蔽的思想。這類思想本身已經成為經濟成長的障礙，它讓人無法清楚思考經濟發展的來源問題。如果第三世界的低度發展是因為較低發展程度的國家參與全球資本主義既定秩序的結果，像依賴理論所宣稱的那樣，那麼我們要如何解釋在某些國家所呈現的驚人的經濟成長，像是南韓、台灣、香港、新加坡、馬來西亞及泰國？幾乎所有這些國家在戰後都有意避免當時橫掃拉丁美洲的經濟自給自足與進口替代的政策，選擇專心致志地追求由出口帶動的成長，執意透過跨國公司的連結而把本國與外國的市場與資本結合起來。[11]再者，我們也無法主張這些國家有不公平的起步優勢，像是豐富的自然資源，或者過去累積的雄厚資本等；與中東盛產石油或拉丁美洲一些礦產豐富的國家不同，東亞國家參與這場競賽，所仰賴的幾乎只有本國人口的人力資本。

戰後的亞洲經驗證明了，較晚進行現代化的國家，相對於較成熟的工業強國，事實上**享有優勢**，正如早先的自由貿易理論已經預測過的那樣。亞洲後起的現代化國家，從日本開始，都能從美國與歐洲購買最先進的技術，而且由於沒有基礎建設老舊與無效率的負擔，能夠在一、兩個世代之內就在高科技領域裡取得（許多美國人會說太高的）競爭力。不只亞洲相對於歐洲與北美是如此，就連在亞洲內部也是一樣，像泰國與馬來西亞的發展起步比日本與南韓晚，但並沒有經驗到相對的劣勢。西方跨國公司的行為就像自由主義經濟學教科書所指稱：他們一方面在亞洲「剝削」便宜的勞動力，但另一方面也提供了市場、資本與技術作為回報，並且成為擴散技術的載具，最終使當地經濟得以靠自己的力量繼續成長。這或許是為什麼一位新加坡的高階官員會說，他的國家不能忍受的三件可恨之事是「嬉皮、長髮少年，以及批評跨國公司」。[12]

這些後起的現代化國家所實現的成長紀錄確實驚人。日本在一九六〇年代的年成長率是百分之九點八，在一九七〇年代是百分之六；「四小龍」（香港、台灣、新加坡與南韓）在同時期裡年成長率為百分之九點三；而東南亞國協（ASEAN）整體則實現百分之八以上的年成長率。[13]在亞洲，我們能對不同經濟體制的相對表現做直接的比較。台灣與中華人民共和國在一九四九年分裂時，兩邊的生活水準一開始大致相同。在市場經濟體制下，台灣的實質國民生產毛額以每年百分之八點七的速度成長，到了一九八九年，平均國民生產毛額達到七千五百美金。中華人民共和國相應的數字差不多是三百五十美金，而且當中很大一部分還是近十年市場導向的經濟改革結果。一九六〇年，北韓與南韓的平均國民生產毛額水準大致相同。一九六一年，南韓放棄了進口替代的政策，讓國內與國際商品的價格相符。接著南韓經濟就以每年百分之八點四的速度成長，平均國民生產毛額在一九八九年達到四千五百美金，超過北韓水準四倍以上。[14]

而且經濟成就也沒有以犧牲國內的社會正義為代價。曾經有人認為，亞洲的工資低到剝削的程度，而且各國政府也採取嚴厲的手段來抑制消費需求，強行維持很高的儲蓄率。但一旦達到一定的繁榮程度，這些國家的所得分配就開始快速平等化。[15]台灣與南韓所得不平等的程度在過去一個世代裡持續降低：雖然一九五二年時台灣前百分之二十群組所得是最後百分之二十群組的十五倍，但到了一九八〇年時，就跌到只有四點五倍。[16]如果以接近目前的速度繼續成長，我們就沒有理由不認為，東南亞國協的其他國家在下一個世代也會追趕上來。

作為拯救依賴理論的最後努力，部分倡議者試圖指出，亞洲的新興工業化經濟體（NIE）的經濟成就是計畫的結果，而且其成功的根本原因並不是資本主義，而是工業政策。[17] 然而，雖然經濟計畫在亞洲確實扮演比在美國相對更重要的角色，但亞洲經濟體當中最成功的，卻往往是那些在國內市場允許最大程度競爭、也最大程度與國際市場整合的部門。[18] 再者，左派雖然援引亞洲作為國家干預經濟的正面案例，卻大多無法忍受亞洲半威權主義的計畫風格，包含其對勞工與福利訴求的壓制。左派喜愛的那種計畫，連同其為了救濟資本主義的受害者而採行的干預，從歷史上來看往往造成更渾沌不明的結果。

亞洲戰後的經濟奇蹟所證明的是，資本主義作為一條通往經濟發展的道路，是對所有國家潛在開放的。沒有一個第三世界的低度開發國家僅僅因為比歐洲更晚開始其成長過程就處於劣勢，也沒有任何成熟的工業強國能阻斷後起國家的發展，假使後者遵守自由經濟的規則的話。

但如果資本主義的「世界體系」不是第三世界經濟發展的障礙，那為什麼亞洲以外的其他市場導向經濟體沒能同樣地快速成長呢？拉丁美洲與第三世界其他地區的經濟停滯現象，跟亞洲的經濟成功，同樣真實，而這也正是一開始讓依賴理論得以興起的原因。如果我們排除像依賴理論那樣的新馬克思主義解釋，那麼還有兩大類可能的答案可以考慮。

首先是文化的解釋：拉丁美洲這類區域的民族，其習慣、風俗、宗教與社會結構或多或少阻礙了高度經濟成長的達成，而這是亞洲或歐洲人沒有的問題。[19] 這個文化論值得嚴肅看待，我們將留待本書第四部分來處理。如果有顯著的文化因素會使市場經濟在特定社會中無法運作，那麼資本主義作為通往經濟現代化道路的普遍性就會成為問題。

第二個解釋是政策問題：資本主義在拉丁美洲與第三世界其他地方之所以從來沒有成功，是因為這些地方從來沒有認真嘗試資本主義。意思是說，拉丁美洲大多數標榜「資本主義」的經濟體，一來由於自己的重商主義傳統，二來以經濟正義之名設立了無所不包的國家部門，以至於使資本主義受到嚴重干預。這個論述有不小的說服力，而既然政策比文化習慣更容易改變得多，那就讓我們先探討這個說法。

我們知道北美繼承的是英國——一個從光榮革命（Glorious Revolution）中興起的自由國家——所創造的哲學、傳統與文化，然而拉丁美洲繼承的卻是十七、十八世紀西班牙與葡萄牙的封建體制。其中一項就是西班牙與葡萄牙王室特別喜歡為了獲取更大的榮耀而控制經濟活動；這種行為也就是一般所稱的重商主義（mercantilism）。根據專家的說法，「從殖民時代直到現在，（巴西）政府從未從經濟領域中撤出，其干預程度甚至超過後重商主義時期的歐洲……王室是經濟的最高庇護者，所有商業與生產活動都倚賴特許權利、專賣許可以及貿易特權」。[20] 用政府力量來扶植上層階級的經濟利益，在拉丁美洲成為司空見慣的做法；他們仿效的對象是歐洲舊日悠閒又坐擁大片土地的上層階級，而不是在西班牙征服拉丁美洲後在英國與法國興起的更有企業精神的中產階級。這些上層精英受到進口替代政策的保護，無須面對國際競爭；從一九三〇年代直到一九六〇年代，拉丁美洲有不少政府都採行這樣的政策。進口替代把本地生產者限制在規模不大的國內市場裡，以至於無法實現潛在的規模經濟；舉例來說，在巴西、阿根廷或墨西哥生產一部汽車的成本，比在美國生產要高百分之六十到一百五十。[21]

拉丁美洲這種長期倒向重商主義的歷史傾向，在二十世紀又與進步力量結合起來；後者渴望以

「社會正義」之名，把財富重新從富人身上分配到窮人手中。[22]這種重新分配以各種不同的方式出現，包含阿根廷、巴西與智利在一九三〇與四〇年代制定的勞動法律，阻礙了勞力密集產業的發展，然而後者對亞洲經濟成長卻至關重要。因此，左派與右派的意見便達成一致，都認為有必要對經濟事務實施廣泛的政府干預。這個共識的結果就是，拉丁美洲許多經濟體都被肥大且無效率的政府部門主宰，這些政府單位不是試著直接管理經濟活動，就是用繁雜的法規為經濟增加負擔。在巴西，政府不只經營郵局與通訊，而且還製造鋼鐵、開採鐵礦與鉀鹼、探勘石油、控制商業與投資銀行、生產電力及製造飛機。這些公部門的公司不能破產，而且把僱用當作一種政治恩庇。在整個巴西的經濟裡，特別是在公部門內，價格不是由市場決定，而是由政府與強大的工會進行政治協商來制定。[23]

或者看秘魯的例子。赫南多・德・索托（Hernando de Soto）在《另一條道路》（*The Other Path*）一書中記錄了他在利馬的研究中心如何試著按照秘魯政府制定的正式法律規範設立一間虛構的工廠。走完十一道官僚程序需要兩百八十九天，手續規費與人事費用（包含支付兩次賄賂）總計花費一千兩百三十一美金，約當秘魯每月最低薪資的三十二倍。[24]根據索托，新設商店的法規壁壘是秘魯企業活動的主要障礙之一，對於窮人尤其如此。這也解釋了「非正式」（即非法或法外）經濟何以大行其道，因為人們無意願或能力去應付政府施加的貿易障礙。所有主要的拉丁美洲經濟體都有龐大的「非正式」部門，其經濟產出高達全部國民生產毛額的三分之一到四分之一。不用說，強迫經濟活動遁入非法管道對經濟效率不會有什麼好處。用小說家馬利歐・巴爾加斯・尤薩（Mario Vargas Llosa）的話來說：「關於拉丁美洲，一個人們最普遍相信的神話是，拉美的落後是自由經濟的謬誤哲學所造成的結果……」然而巴爾加斯・尤薩認為，這種自由經濟實際上從未存在；真正曾經存在的則是一種重商主義，也就是「政府官僚化又法規繁複，把國家財富的重新分配看得比財富生產還要重要」，而所謂重新分配又是以「授予少數精英專賣權或特許資格的方式來進行；這一小群精英仰賴政府，而政府又仰賴這群精英」。[25]

拉丁美洲這種國家干預經濟事務的災難案例不勝枚舉。聲譽最糟糕的是阿根廷。一九一三年，阿根廷的平均國內生產毛額與瑞士相當，是義大利的兩倍，加拿大的一半。如今，阿根廷這個數字分別是前述國家的六分之一、三分之一與五分之一。阿根廷從經濟發展跌回低度發展的漫長下坡可以直接回溯到一九三〇年代，當時阿根廷採取了進口替代政策來應對世界經濟危機。這些政策在一九五〇年代胡安・裴隆（Juan Perón）的統治期間被重新強化與制度化；裴隆也用政府的力量來把財富重新分配給勞動階級，作為鞏固個人權力基礎的一種手段。政治領袖頑固地拒絕面對經濟現實的能力，也許沒有比裴隆在一九五三年寫給智利總統卡洛斯・伊巴涅斯（Carlos Ibañez）的一封信上展示得更好的了：

> 把能給的一切統統給予人民吧，尤其是給勞工。當你認為已經給太多了的時候，就再多給一點。你會看到效果的。每個人都會試著用經濟崩潰來恐嚇你。但是他們說的全是謊言。沒有什麼比經濟更有彈性的了。每個人如此害怕經濟，是因為沒有人理解它。[26]

我們可以公平地說，現在阿根廷的技術官僚比胡安・裴隆當時更了解他們國家的經濟了。阿根廷現在面臨的問題讓人望而生畏：他們必須撤回從前國家主義遺留的經濟政策，而這個任務十分諷刺地落在一名裴隆的追隨者頭上——卡洛斯·梅南總統。

比梅南的阿根廷更大膽，卡洛斯·薩利納斯·德戈塔利總統領導的墨西哥採取了廣泛的經濟自由化改革，包含裁減稅率與財政赤字、國營企業民營化（在一九八二年與一九九一年之間出售了一千一百五十五家國營企業當中的八百七十五家），打擊逃稅以及公司、官僚、工會等其他形態的貪汙腐敗，並且與美國就一項自由貿易協定展開協商。其結果是，在一九八〇年代末期，有連續三年國民生產毛額達到百分之三至四的成長，通貨膨脹則低於百分之二十——以歷史與區域標準來看相當低。[27]

所以，社會主義作為一種經濟模式，對於開發中國家來說，並不比對於先進工業社會更具吸引力。在三十或四十年前，社會主義的替代選項看起來還可信得多。第三世界國家的領袖即使願意誠實承認蘇聯或中國式的現代化會造成巨大的人命傷亡，也還是可以主張，為了達成工業化目標，這些代價是合理的。他們自己的社會之前也是無知、暴力、落後且普遍貧困的。他們會說，資本主義條件下的經濟現代化也不是免費的過程，而且無論如何，他們的社會無法等待歐洲與北美耗費的數十年來完成這個過程。

如今，這個論述看起來愈來愈難以成立。亞洲的新興工業化經濟體（NIEs）重複了德國與日本在十九世紀晚期與二十世紀初期的經驗，證明了經濟自由化允許後起的現代化國家追上，或甚至超越先行者，也證明了這個目標可以在一個或兩個世代的時間內完成。儘管這不盡然是毫無代價的過程，但勞動階級所承受的匱乏與艱辛程度，在像日本、南韓、台灣與香港這樣的國家中看起來，是正面且良性的，如果比較的對象是落在蘇聯與中國人民頭上的全面性社會恐怖的話。

蘇聯、中國與東歐國家不久之前把他們的指令經濟轉換回市場經濟體制；這個過程呈現了許多全新範疇的值得深思之處，應該足以勸阻開發中國家選擇社會主義作為發展路徑。讓我們想像一下，假設秘魯叢林或南非城鎮中有一個游擊戰領袖，他正在規劃對所屬國家的政府發動一場馬克思列寧式或毛澤東式的革命。就像一九一七年或一九四九年一樣，他得事先了解奪取政權之必要，並使用國家機器的強制力量來打破舊的社會秩序，創造中央化的新經濟體制。但是除此之外，他還得預見（假設他是一個內心誠實的游擊戰領袖）這第一次革命的成果必然有限；或許還可以期望的是，在一個世代之後，他的國家將達到東德在一九六〇年或七〇年代的經濟水準。這將是不差的成就，但他必須能預見他的國家將被困在那個階段裡相當長的時間。而如果這名游擊戰領袖打算超越東德的發展程度，連同接受其所有令人喪氣的社會與環境成本，那麼他就得進一步預期第二次革命，而這一次，社會主義的中央計畫機制將被打破，資本主義體制將被恢復。不過這也不是容易的任務，因為屆時他的社會將已經採取一套全然非理性的定價系統，他的經理人將與外部世界最新的市場實務完全脫節，而他的勞動階級也將喪失任何他們曾有過的工作倫理。有鑑於所有這些他可以預見的問題，他應該會認為當一名自由市場的游擊戰士要容易得多，可以直接走向那第二次資本主義革命，而無須經歷社會主義的階段。也就是說，要打破管制與官僚體系等舊的國家結構，要瓦解舊的社會階級的財富、特權與地位，辦法是讓他們面對國際競爭，並且讓市民社會的創造能量釋放出來。

現代自然科學的進步邏輯固然預先決定人類社會會朝向資本主義前進，但也只限於人類能清楚見到自身經濟利益的範圍內。重商主義、**依賴理論**，以及大量其他不現實的妄想阻止了人們獲得這個清晰的視線。不過，如今亞洲與東歐的經驗提供了重要的試驗場，讓我們可以衡量彼此競爭的經濟體制所做的不同訴求。

我們的機制現在可以解釋一個普遍的消費文化如何在自由經濟的原則上被創造出來，不只對第三世界而言，對第一與第二世界也是如此。由先進科技與合理的勞動配置所創造出來的經濟世界，不只有廣大的生產力、充滿著動態，而且也具有極大的同質化力量。透過全球市場的創造，這個世界經濟能把世界各地不同的社會彼此在物理上連結起來，也能在形色多樣的社會之間創造出平行的經濟追求與實踐。這個世界的吸引力創造出一個極為強烈的**既定傾向**，讓所有人類社會參與其中，而成功參與的前提，就是必須採行自由經濟的原則。這是錄影機的終極勝利。

注釋

1 Lucian W. Pye in *Asian Power and Politics: The Cultural Dimensions of Authority* (Cambridge, Mass.: Harvard University Press, 1985), p. 4.

2 V. I. Lenin, *Imperialism: The Highest Stage of Capitalism* (New York: International Publishers, 1939).

3 Ronald Chilcote, *Theories of Comparative Politics: The Search for a Paradigm* (Boulder, Colo.: Westview Press, 1981); James A. Caporaso, "Dependence, Dependency, and Power in the Global System: A Structural and Behavioral Analysis," *International Organization* 32 (1978): 13-43; "Dependency Theory: Continuities and Discontinuities in Development Studies," *International Organization* 34 (1980): 605-628; J. Samuel Valenzuela and Arturo Valenzuela, "Modernization and Dependency: Alternative Perspectives in the Study of Latin American Underdevelopment," *Comparative Politics* 10 (July 1978): 535-557。

4 該委員會的調查報告**主要**在*El Segundo Decenio de las Naciones Unidas Para el Desarrollo: Aspectos Basicos del la Estrategia del Desarrollo de America Latina* (Lima, Peru: ECLA, April 14-23, 1969)。普雷比斯的工作後續經過桑凱

爾（Osvaldo Sunkel）與弗塔多（Celso Furtado）等經濟學家的擴充，再透過安德烈・貢德・法蘭克（André Gunder Frank）在北美得到普及。見 Osvaldo Sunkel, "Big Business and 'Dependencia,'" *Foreign Affairs* 50 (April 1972): 517-531; Celso Furtado, *Economic Development of Latin America: A Survey from Colonial Times to the Cuban Revolution* (Cambridge: Cambridge University Press, 1970); André Gunder Frank, *Latin America: Underdevelopment or Revolution* (New York: Monthly Review Press, 1969)。同在這個範疇的還有 Theotonio Dos Santos, "The Structure of Dependency," *American Economic Review* 40 (May 1980): 231-236。

5 請看普雷比斯的敘述，見 Walt W. Rostow, *Theorists of Economic Growth from David Hume to the Present* (New York: Oxford University Press, 1990), pp. 403-407。

6 根據桑凱爾與帕斯 (Pedro Paz)，引自 Valenzuela and Valenzuela (1978), p. 544。

7 這個觀點最早是范伯倫（Thorsten Veblen）在討論德國在十九世紀的發展時所提出，請看他的 *Imperial Germany and the Industrial Revolution* (New York: Viking Press, 1942)，也請看 Alexander Gerschenkron, *Economic Backwardness in Historical Perspective* (Cambridge, Mass.: Harvard University Press, 1962), p. 8。

8 有些較晚的依賴理論家，因為認識到手工製造業在拉丁美洲事實上仍在成長中，因此就劃分兩個部門，一個是連結到西方跨國公司的「現代」部門，另一個是傳統部門；前者較小且封閉，後者的發展可能性則遭到前者的破壞。見 Tony Smith, "The Underdevelopment of Development Literature: The Case of Dependency Theory," *World Politics* 31, no. 2 (July 1979): 247-285，以及同一位作者 "Requiem or New Agenda for Third World Studies?" *World Politics* 37 (July 1985): 532-561; Peter Evans, *Dependent Development: The Alliance of Multinational, State, and Local Capital in Brazil* (Princeton, N.J.: Princeton University Press, 1979); Fernando H. Cardoso and Enzo Faletto, *Dependency and Development in Latin America* (Berkeley: University of California Press, 1979)，以及 Cardoso, "Dependent Capitalist Development in Latin America," *New Left Review* 74 (July-August 1972): 83-95。

9 但也不是全部理論家都這麼認為。比如卡多索(Fernando Cardoso)就承認「企業家似乎也受到『自由民主主義』的吸引，跟其他社會活動者並無二致」，以及「在形成一個工業化的大眾社會的過程中，似乎也有一些結構性元素會使人們重視市民社會更甚於政府，並追求相應的社會模式」。"Entrepreneurs and the Transition Process: The Brazilian Case,"

10 in O'Donnell and Schmitter (1986b), p. 140.
在美國，有人就從依賴理論的角度，對現代化理論進行廣泛的攻擊，並認為後者不能算是實證社會科學。一位批評者表示：「美國社會科學家所採用的主流理論絕非像他們主張的那樣普遍有效；這些理論是針對美國在拉丁美洲的特殊利益而量身訂做的，因此更精確地說來應該是一種意識形態的表達，而不是紮實的科學知識基礎。」把「已開發世界在政治或經濟方面的自由主義視為歷史發展的終點」，這樣的概念受到上述論者的批評；他們認為這是一種「文化帝國主義：美國人（或者西歐人）把他們的文化抉擇強加在其他社會之上……」Susanne J. Bodenheimer, "The Ideology of Developmentalism: American Political Science's Paradigm-Surrogate for Latin American Studies," *Berkeley Journal of Sociology* 15 (1970): 95-137; Dean C. Tipps, "Modernization Theory and the Comparative Study of Society: A Critical Perspective," *Comparative Studies of Society and History* 15 (March 1973): 199-226. 有一群人極力把依賴理論投射到具高度傾向性的歷史解讀中，例如把十六世紀的世界視為已經具有資本主義的「世界體系」，有個「中央」以及被剝削的「邊陲」。代表者如：Immanuel Wallerstein, *The Modern World-System*, 3 volumes (New York: Academic Press, 1974 and 1980)。有評論者揭露他對歷史紀錄的解讀（但對其並非全無認同），見 Theda Skocpol, "Wallerstein's World Capitalist System: A Theoretical and Historical Critique," *American Journal of Sociology* 82 (March 1977): 1075-1090; 以及 Aristide Zolberg, "Origins of the Modern World System: A Missing Link," *World Politics* 33 (January 1981): 253-281。

11 Pye (1985), p. 4.

12 同上，頁五。

13 同上。

14 "Taiwan and Korea: Two Paths to Prosperity," *Economist* 316, no. 7663 (July 14, 1990): 19-22.

15 一個衡量中產階級的數量、成長以及受教育程度的指標，就是固定讀報紙的讀者數量。根據黑格爾，歷史終結時，讀報紙在中產階級社會中將取代每日的禱告。現在台灣與南韓的報紙觸及率就跟在美國一樣高。Pye (1990a), p. 9.

16 同上。台灣在一九八〇年代早期擁有所有開發中國家中最低的「吉尼係數」（衡量所得平均分配的指數）。Gary S. Fields, "Employment, Income Distribution and Economic Growth in Seven Small Open Economies," *Economic Journal* 94

(March 1984): 74-83.

17 其他試圖用亞洲的例證來捍衛**依賴理論**的，有 Peter Evans, "Class, State, and Dependence in East Asia: Lessons for Latin Americanists,"，以及 Bruce Cumings, "The Origins and Development of the Northeast Asian Political Economy: Industrial Sectors, Product Cycles, and Political Consequences,"，兩篇文章都收在 Frederic C. Deyo, ed., *The Political Economy of the New Asian Industrialism* (Ithaca, N.Y.: Cornell University Press, 1989), pp. 45-83, 203-226。

18 關於成功的日本工業部門的競爭本質，請參考 Michael Porter, *The Competitive Advantage of Nations* (New York: Free Press, 1990), pp. 117-122。

19 Lawrence Harrison, *Underdevelopment Is a State of Mind: The Latin American Case* (New York: Madison Books, 1985).

20 Werner Baer, *The Brazilian Economy: Growth and Development,* third edition (New York: Praeger, 1989), pp. 238-239.

21 數據引自巴朗森（Baranson）的一份研究，見 Werner Baer, "Import Substitution and Industrialization in Latin America: Experiences and Interpretations," *Latin American Research Review* 7, no. 1 (Spring 1972): 95-122。許多從前低度開發的歐洲與亞洲國家都保護本國的剛起步的工業，但我們並不清楚這是否對他們早期的經濟成長有幫助。無論如何，進口替代政策在拉丁美洲施行起來特別任意，而且在已無理由的情況下仍持續保護其工業。

22 Albert O. Hirschman, "The Turn to Authoritarianism in Latin America and the Search for Its Economic Determinants," in David Collier, ed., *The New Authoritarianism in Latin America* (Princeton, N.J.: Princeton University Press, 1979), p. 85.

23 關於巴西的公部門，請參考 Baer (1989), pp. 238-273。

24 Hernando de Soto, *The Other Path: The Invisible Revolution in the Third World* (New York: Harper and Row, 1989), p. 134.

25 同前註，見前言第十四頁。

26 Hirschman (1979), p. 65.

27 Sylvia Nasar, "Third World Embracing Reforms to Encourage Economic Growth," *New York Times* (July 8, 1990), pp. A1, D3.

第十章

在教育的國度

我就這樣來到你們面前，今日的人們哪，並踏入教育的國度裡……但我怎麼了？儘管充滿焦慮，但我非笑不可。我的雙眼從未見過這樣斑駁與混雜之物。我笑了又笑，同時我的腳仍在顫抖，我的心同樣驚顫。「這顯然是一切彩繪陶瓶的家，」我說……

——尼采《查拉圖斯特拉如是說》[1]

我們現在來到論述最困難的部分：現代自然科學的機制是否導致自由民主制？如果先進工業化的邏輯，在經過現代自然科學的決定之後，創造出一種強大的既定傾向，使人類走向資本主義與市場經濟，那麼這個邏輯是否也會產生自由政府與民主參與？在一篇一九五九年具有里程碑意義的文章中，社會學家西摩爾．馬丁．利普賽特（Seymour Martin Lipset）明確指出，在穩定的民主制以及一個國家的經濟發展程度之間有著極高的實證關聯性，同時也與其他經濟發展相關的指標（例如都市化、教育程度等）密切相關。[2] 所以在先進工業化與政治自由主義之間，是否有一種必然的連結，可以解釋此一高度的關聯性？或者是否有可能，這政治自由主義只不過是歐洲文明及其各個支系文化的產物，而各國出於互相獨立的原因，各自碰巧產生出工業化的最顯著成功個案？

如我們將見到的，經濟發展與民主制之間的關係遠遠不是偶然，但選擇民主制背後的動機本質上並非經濟性。這些動機有**另外的**來源，雖然受到工業化的推動，但並非由工業化所決定。

這個存在於經濟發展、教育程度、民主制度之間的緊密關係，在南歐的例子上有相當清楚的呈現。一九五八年，西班牙啟動一個經濟自由化的計畫，將佛朗哥政府的重商主義政策改換為自由主義政策，讓西班牙的經濟與外部世界連結起來。這項改革帶來了一段經濟成長相當快速的時期：在佛朗哥死前的十年裡，西班牙的經濟年成長率達到百分之七點一。緊追在後的是葡萄牙與希臘，年成長率分別達到六點二與六點四。[3] 工業化帶來的社會轉型相當劇烈：一九五〇年時，西班牙只有百分之十八的人口住在超過十萬人的都市裡；到了一九七〇年時，這個數字已經增加到百分之三十四。[4] 在一九五〇年時，西班牙、葡萄牙、希臘有一半的人口從事農業，相較之下，西歐整體平均則只有百分之二十四；到了一九七〇年，只有希臘還高於後面這個數字，同時西班牙已降到百分之二十一。[5] 隨著都市化的進展，教育程度與個人收入也跟著提高，歐洲共同體內正在被創造的消費文化也受到歡迎。儘管這些經濟與社會變遷本身並未帶來更多的政治多元化，但確實創造出適當的社會氛圍，讓多元主義在政治條件一旦成熟後可以蓬勃發展。佛朗哥時代的經濟發展計畫委員長勞倫亞諾．羅培茲．羅多（Laureano Lopez Rodo）是西班牙技術官僚革命的主持者；根據報導，他曾說西班牙如果國民平均所得達到兩千美金，就適合實施民主制。他這句話後來準確應驗了：一九七四年，在佛朗哥死去的前夕，西班牙平均國內生產毛額是兩千四百四十六美金。[6]

另一個類似的經濟發展與自由民主制的關聯性可以在亞洲找到。日本是東亞第一個現代化的國家，也最先達成穩定的自由民主制。（某種角度來說，日本的民主化是在武力脅迫下所完成，但其結果長期穩定，我們已經不能再說日本民主是被強迫實施的。）台灣與南韓有排名第二與第三高的教育程度與平均國民生產毛額，在政治體制方面也經歷了極大的轉變。[7] 例如在台灣，執政國民黨的中央委員會有百分之四十五的成員受過高等教育，當中許多人的學位是在美國完成。[8] 百分之四十五的台灣人與百分之三十七的南韓人受過一定的高等教育。作為對照，美國人這個數字是百分之六十，英國人是百分之二十二。確實，在台灣立法院中，最堅定推動國會改革、使其成為更具民意代表性的機構的，正是那些較年輕、教育程度較高的委員。而澳洲與紐西蘭是歐洲移民在亞洲建立的國家，當然早在二次大戰之前就進行了經濟現代化與民主化。

在南非，當馬蘭（D. F. Malan）的南非國民黨（National Party）於一九四八年贏得勝利時，即把種族隔離政策寫入法律。該黨所代表的南非白人群體的社會經濟條件出奇落後，尤其與同時間的歐洲社會相比。南非白人在這段期間大多是未受過教育的貧困農夫，被旱災與艱苦生活趕進城市的時間還不長。[9] 南非白人在掌權之後，主要透過受公部門僱用而提倡自己的社會與經濟利益。在一九四八年與一九八八年之間，他們經歷了一場劇烈的轉型，成為都會、有教育程度、而且愈來愈有企業精神的白領社會。[10] 隨著教育提升，與外部世界的政治常態和趨勢也有了更多接觸，他們已不能自絕於世界之外。南非社會的自由化在一九七〇年代晚期便已開始，黑人工會重新合法化，言論審查的法律也被放寬。到了戴克拉克於一九九〇年二月讓非洲民族議會合法化時，南非政府在許多方面只是順從其白人選民的意見，而這些白人在教育上與職業成就上與歐美的白人已無甚差距。

蘇聯同樣也經歷了一次程度相當的社會轉型，儘管前進的步伐比亞洲國家要慢。蘇聯同樣從農業社會轉變成都市社會，國民教育與專業教育的程度也日漸提升。[11] 當柏林與古巴緊張對峙的冷戰期間，這些社會學轉變就在背景裡持續進行著，並成為後來鼓勵蘇聯走向民主化的重要條件。

環顧世界，在社經現代化的進展與新的民主政體興起之間，整體而言一直有非常強勁的相互聯繫。傳統上經濟最先進的區域，像西歐與北美，同時也是世界最古老與最穩定的自由民主政體所在地。南歐緊追在後，在一九七〇年代實現了穩定的民主體制。在南歐範圍內，葡萄牙在一九七〇年代的民主轉型之路最為崎嶇，因為是從最低的社會經濟基礎開始；他們在舊政權結束之後（而非之前），仍必須進行大量的社會動員。經濟上緊接在歐洲之後的是亞洲。亞洲國家的民主化進程與其經濟發展的程度緊密相關。在東歐的前共產主義國家當中，經濟最先進的幾個國家（東德、匈牙利、捷克斯洛伐克、波蘭）也是最快轉型成完全民主的國家，而發展程度較低的保加利亞、羅馬尼亞、塞爾維亞及阿爾巴尼亞，則在一九九〇至一九九一年選出改革派的共產黨政府。蘇聯的發展程度大約與拉丁美洲較大的國家相當，例如阿根廷、巴西、智利及墨西哥，也跟這些國家一樣沒能達成完全穩定的民主秩序。非洲作為世界上最低度發展的區域，只有很少的幾個新成立的民主政體，穩定性也頗成問題。[12]

唯一異常的區域顯然是中東。中東沒有穩定的民主政體，卻有一些國家的國民平均所得達到歐洲或亞洲水準。這很容易用原油解釋：石油的收入讓沙烏地阿拉伯、伊拉克、伊朗、阿拉伯聯合大公國這些國家取得現代性的表徵，例如汽車、錄影機、幻象戰鬥轟炸機等事物，然而這些財富並不是由人民的勞動所獲取，因此他們的社會並沒有經歷必要的轉型。

先進工業化為什麼會產生自由民主政體？有三種論述被提出來作為解釋。每一種都有某種程度的缺陷。第一是功能性的論述。大意是說，現代經濟創造出充滿利益衝突的複雜網絡，只有民主制才能加以調和。這個論點最首要的提倡者是塔爾科特．帕森斯。他相信民主制是所有社會「演化的普遍現象」：

把民主結合視為普遍現象的基本理由是……社會愈大愈複雜，有效率的政治組織就愈重要，不只因為其治理能力，而且更重要的是，也因為這種組織支持了普遍性的法律秩序……沒有任何與民主結合有根本差異的體制形態能夠……靠著特定的人與群體**行使（權力與威權）來達成共識**，以產生有強制力的政策決策。[13]

帕森斯的論點可以約略重述如下：利益團體的數量會隨著工業化過程快速增加，只有民主制度最能應付這個情況。請看一下在工業化過程中會冒出哪些全新的社會角色：勞動階級會依據產業與技職專業而日益差異化；新的管理階層，其利益不必然與高層主管相符；政府官僚，包含國家、區域與地方層級；還有合法與非法管道的外國移民，這些人希望在開發中國家的開放勞動力市場中獲益。這個論述主張，民主因為更具適應力，所以在這樣的情境下更能發揮功能。政治體制的參與有了普遍與公開的標準，新的社會群體與利益關係人就能表達意見，並取得一般性的政治共識。獨裁體制固然也能適應變化，而且在某些情況下能比民主政體更快行動（例如一八六八年明治時代統治日本的寡頭政權），然而歷史上充斥著同樣多的其他反例：經濟發展帶來了社會變遷，但眼光狹隘的統治精英對於發生在腳底下的變化毫無知覺，例如普魯士的貴族地主，或者擁地自重的阿根廷精英。

根據這個論述路線，民主之所以比獨裁體制更具功能性，是因為發生在新興社會群體之間的許多利益衝突必須有所裁決，要嘛透過法律體系，要嘛最終透過政治體制。[14]市場本身不能決定的事情很多，例如基礎建設與公共投資的適當規模和地點、勞動糾紛的仲裁規則、航空與貨運的監管程度，或者職業的健康與安全標準。這些問題當中的每一個，某種程度都「取決於價值選擇」，因此必須由政治體制來決定。而如果該政治體制能用公平的方式來裁決這些利益衝突，並且獲得經濟體內所有主要參與者的同意，就一定是民主的。一個獨裁體制可以用經濟效率的名義來解決這些衝突，但現代經濟的順利運作卻有賴許多互相依賴的社會成員願意彼此合作。如果他們不相信仲裁者的合法性，如果政治體制中缺乏**信任**，成員們就不會積極熱心地協同合作，整個體制也就無法平順運作了。[15]

要說明民主對已開發國家更具功能性，有一個很好的例子，那就是我們這個時代的核心議題：環境問題。先進工業化最突出的產物之一，就是嚴重的汙染與環境損害。這就是經濟學家們所稱的外部成本，意即企業造成的損害成本被轉移到不直接影響企業的第三方頭上。即使許多不同的理論分別譴責資本主義或社會主義造成生態災害，但經驗顯示，這兩種經濟體制沒有一個對環境特別友善。不論是資本主義的私有公司，或者社會主義的企業與政府部門，都會把重點放在成長或產出上，也都會盡可能避免支付外部成本。[16]但既然人們並不只要求經濟成長，而也要求自己與後代擁有有安全的環境，所以政府的功能之一，就是要在兩者間找出合理的折衷，並分散生態保護的成本，以免某一個部門的負擔過大。

在這個面向上，共產世界極其惡劣的環保紀錄告訴我們，保護環境最有效的既不是資本主義，也不是社會主義，而是民主制度。整體而言，在一九六〇與七〇年代，當環境意識升高的時候，民主政體的反應要比獨裁政權快速許多。因為，如果政治體制不允許地方團體抗議劇毒的化學工廠進到他們的社區中，如果監督團體沒有監看公司企業行為的自由，如果國家的政治領導階層沒有足夠的意識、不願意投入可觀的資源來保護環境，那麼這樣的國家就會發生各種災難，例如車諾比（Chernobyl）核災、鹹海的乾涸、波蘭首都克拉科夫（Krakow）嬰兒死亡率比全國平均高出四倍、或者西波西米亞（Western Bohemia）的流產率達到百分之七十。[17] 民主國家允許人民參與政治與反饋意見；如果沒有這種反饋，政府將總是偏好大型企業，因為它們能顯著增加國家的財富，卻忽略民間分散的各式團體的長期利益。

關於經濟發展為何產生民主，第二個解釋路線是：獨裁體制或一黨專政通常會隨著時間而趨於衰敗，而且當它需要治理一個先進的科技社會時，衰敗的速度還會加快。革命政權靠著馬克斯．韋伯所稱的魅力型威權，早期或許還能有效統治。但一旦政權的創建者交了棒，他並不能保證後繼者擁有同等的威信，或甚至保有些微的統治能力。長年的獨裁統治往往讓領導者做出詭異的個人主義行為：例如羅馬尼亞的統治者尼古拉．齊奧塞斯庫（Nicolae Ceaucescu）在共產黨會議大廳上方裝了一盞功率四萬瓦特的水晶吊燈，然而當時羅馬尼亞政府卻三不五時就宣布停電。政權創建者的繼承人之間也會進行毀滅性的權力鬥爭；他們有能力互相阻撓，卻無法有效地治理國家。如果不願意見到無止境的權力鬥爭與任意的獨裁統治，替代的做法就是讓新領導者的選任與政策的審查程序逐漸慣例化與制度化。如果這種更換領導者的程序能建立起來，錯誤政策的提出者就可以被換掉，同時整個體制也不致崩潰。[18]

這個論題還有一個版本，用來解釋右翼威權政府的民主轉型。民主的出現，是精英團體（包含軍方、技術官僚、工業資產階級）彼此約定或讓步的結果。這些精英由於互相阻撓對方的企圖，於是在疲憊與挫折中退而求其次，接受協議或分享權力的安排。[19]無論是左翼共產主義還是右翼威權主義的版本，這個論述都主張，民主的出現不是因為任何人真的需要它，而是精英權力鬥爭的副產品。

最後一個、也最有能力把經濟發展與自由民主制掛鉤起來的論述路線認為，成功的工業化產生了中產階級的社會，而中產社會要求政治參與和權利平等。儘管在早期工業化的階段會出現所得分配不均的問題，但經濟發展最終往往促進廣泛的條件均等，因為這個發展過程對受過教育的勞動力有巨大的需求。而這種廣泛的條件均等，照理會讓人們傾向於反對那些不尊重權利平等、不允許人們平等參與的政治制度。

中產社會就是普及教育產生的結果。教育與自由民主制之間的關聯已經有很多人指出來，而且看來是個相當重要的因素。[20]工業社會需要大量具熟練技能與良好教育的勞工、經理人、技術人員與知識分子；因此，即使最獨裁的國家，如果希望有先進的經濟，也一定會需要普及教育以及取得更高等與專業化教育的開放管道。這樣的社會之存續，脫離不了大型專業化的教育機構。確實，在已開發世界，社會地位很大程度是由一個人教育成就的高低所決定。[21]例如，現今存在於美國社會的階級差異，主要就取決於教育程度的差別。一個人如果有正規的教育文憑，向上爬升的阻礙就不多。不平等之所以悄悄進入體系，就是教育機會不平等的結果。缺乏教育是一個人淪為次等公民的最大風險。

教育對政治態度的影響複雜，但我們有理由認為，教育最起碼為民主社會創造了條件。現代教育自我宣稱的目標是要讓人「擺脫」偏見與傳統形態的威權。受過教育的人被描述為不盲目服從權威，而是會學習獨立思考。即使能做到這一點的人不會太多，但人們仍然可以被教導如何更清楚、更長遠地看見自我利益。教育也使人們對自己與替自己做更多要求；換句話說，他們取得某種尊嚴感；他們希望獲得其他國民與政府的尊重。在傳統的貧農社會，一個地主（或者，說真的，一個共產黨領導）有可能僱用一些貧農去殺害其他貧農，好把他們從自己的土地上除掉。貧農會這麼做並不是因為對他們自己有利，而是因為他們習慣於服從權威。另一方面，已開發國家的都會專業人士可以爭取去做許多瘋狂的事，例如流質飲食與跑馬拉松，但是他們通常不會只因為長官的命令就自願加入私人軍隊或行刑小隊。

這個論述有一個變異版本會主張，現代工業經濟的運轉所需要的科學與科技精英最終會要求更大的政治自由化，因為科學探索只能在自由的氣氛與開放的意見交換中進行。我們先前看到，在蘇聯與中國興起的大批技術官僚精英如何創造了特定的政策傾向，使國家朝市場與經濟自由化發展，因為這更合乎經濟理性的判準。現在這個論述被擴充到政治領域裡：科學的進展不只賴於科學探索的自由，而且也需要一個整體而言允許人民辯論與參與的社會與政治體制。[22]

以上就是可以把高度經濟發展與自由民主體制掛鉤的幾個論述。兩者間存在一種**可實證的**連結；這是不容否認的。但最終說來，以上理論沒有一個適合用來建立一種必然的因果聯繫。

我們此處所引述的塔爾科特．帕森斯的論述——即自由民主制是複雜的現代社會中最能以共識為基礎化解利益衝突的體制——只在一個程度內為真。民主國家的法治所特有的普遍性與形式性確實提供一個公平的競技場，讓人們可以彼此競爭、結為聯盟，並最終互相妥協。但這並不必然表示，自由民主制**本質上**就是最適合解決社會衝突的政治制度。民主之所以最能和平解決衝突，是因為發生衝突的所謂「利益團體」之間，對於遊戲規則或者基本價值，事先就存在更大的共識，而且這些衝突主要是經濟性的。但也有其他非經濟類型的衝突遠遠更難處理，像是牽涉到既有社會地位與民族屬性的議題，民主並不特別善於化解。

美國人口異質性高、變動快速，存在許多不同的利益團體。但美國民主能成功解決這些利益團體間的衝突，並不代表民主同樣也將能化解其他社會中會有的對抗。美國的經驗在這一點上相當獨特；用托克維爾的話來說，就是「生而平等」。[23]儘管美國人的祖先來自相當不同的背景、國家與種族，但在來到美國時，他們整體上放棄了那些認同，融入新社會，不再有社會階級或長期存在的族裔與民族區隔。美國的社會與族裔結構一直十分流動，足以阻止僵化的社會階級、次級民族主義或語言少數群體的形成。[24]因此美國民主很少像其他較老的社會那樣，面臨難以處理的社會衝突。

再者，就連美國民主在解決其最持久的族裔問題上，即美國黑人的問題，也不是特別成功。黑奴是美國人「生而平等」這個普遍命題的主要例外，而且美國民主沒能透過民主手段來解決奴役的問題。在廢除奴隸制之後很久，事實上在美國黑人實現法律平權之後很久，許多黑人仍然與美國的主流文化有著深刻的隔閡。考慮到這個問題深刻的文化本質，無論是在黑人還是白人這邊，我們並不清楚美國民主是否真能做出必要之事，使黑人完全同化，並從形式的機會平等走向更廣泛的條件平等。

如果社會已經達成高度平等、對特定基本價值有共識，那麼自由民主制的功能性可能會比較好。但如果社會在階級、民族或宗教方面嚴重兩極化，那麼民主制也可能成為僵局與停滯的配方。兩極化最典型的形態，就是舊日封建社會秩序在一些國家中留下高度階層化與不平等的階級結構，並從而產生的階級衝突。法國大革命時期的情況就是這樣；菲律賓與秘魯這類第三世界國家也是如此。社會被傳統精英主宰，最常見的狀況是大地主；這些人既不能容忍其他階級，也不是有效率的企業家。在這樣的國家裡，形式民主制度的建立會掩蓋巨大的不平等；精英階層會用財富、名望、地位及權力來控制民主進程。一種常見的社會病態由此而生：舊社會階級的宰制產生出態度同樣堅決的左派反對力量；這些左派相信民主體制本身是腐敗的，需要被打碎，連同那些受此制度保護的社會群體。一個民主制度如果保護無效率又悠閒的地主階級，並因此導致社會內戰，那麼在經濟方面就不能說是「有功能」的。[25]

民主制也不特別善於解決不同族裔或民族群體之間的爭端。民族主權的問題本質上無可妥協：主權要嘛屬於一個民族，要嘛屬於另一個民族，不管是亞美尼亞人、亞塞拜然人、立陶宛人或俄羅斯人；如果不同群體間發生衝突，很少能透過和平的民主妥協來化解歧見，像解決經濟紛爭那樣。蘇聯不能在成為民主政體的同時還保持統一，因為在蘇聯所屬的各個民族群體之間，對於國民身分與國家認同並沒有共識。只有當這個國家分裂為許多較小的民族實體之後，民主才有興起的基礎。美國在應付族裔多元性方面表現意外地好，但這個多元性有一定限度：美國沒有一個族裔群體曾經在自己的傳統土地上建立共同體，說自己的語言，並對過去的國家屬性與主權懷有歷史記憶。

實施現代化的獨裁政權原則上比民主政體更有能力創造適當的社會條件，使資本主義的經濟成長及（長期而言）穩定民主的出現成為可能。菲律賓是一個很好的例子。菲律賓社會如今在鄉下地區仍然呈現嚴重的不平等，一小群傳統的地主家族控制該國很大比例的農地。與其他擁有土地的上層階級不同，菲律賓的地主並不特別擁有活力與效率。儘管如此，透過所占有的社會地位，他們成功主宰了獨立後的菲律賓政治。而這個社會群體長久的宰制，又回頭孕育了南亞少數僅存的毛澤東主義游擊戰運動，即菲律賓共產黨及其武裝派系「新人民軍」（New People's Army）的行動。即使一九八六年馬可仕獨裁政權垮台，換柯拉蓉・艾奎諾上台，也沒能絲毫解決土地分配或暴動的問題，尤其因為艾奎諾家族本身就是菲律賓最大的地主之一。自從她當選以來，任何實施土地改革的計畫都遭到國會的反對，然而控制國會的很大一部分人正好都是土地改革針對的對象。這個案例中的民主被綁住了手腳，無法實現平等主義的社會秩序，然而平等主義卻是資本成長或民主本身長期穩定所必須的條件。[26]在這樣的狀況下，獨裁體制在催生現代社會方面更有潛在功能性，例如在美國占領日本期間，獨裁的力量就被用於推動土地改革。

一九六八到一九八〇年間，統治秘魯的左翼軍官也進行了類似的改革努力。在軍方接管政權之前，秘魯百分之五十的土地控制在七百名大莊園領主手上，而這些人很大程度也左右秘魯的政局。但軍方制定了拉丁美洲（僅次於古巴）最廣泛的土地改革，把舊日的農業寡頭集團換成新的、更現代的工業精英與技術官僚，並改善教育，促成了中產階級的大幅崛起。[27]這段短暫的獨裁統治雖然為秘魯添加了肥大且無效率的政府部門，[28]但確實消除了某些最嚴重的社會不平等，長期而言，在軍方於一九八〇年退回軍營之後，也改善了經濟現代化部門興起的條件。

用獨裁的政府力量去打破當權社會群體的掌控，並不是列寧主義左派獨有的現象；右翼政權也會用這個辦法來為市場經濟的發展鋪路，以便達到最高程度的工業化。因為資本主義最發達的環境，就是一個可流動與平等的社會，在其中的傳統地主，以及其他享有特權但缺乏經濟效率的社會群體，已經被有企業精神的中產階級取而代之。如果一個推動現代化的獨裁政權使用強迫手段來加速這個過程，同時在改革無效率的傳統地主階級時，又能克制住誘惑，不用同樣無效率的政府部門來接收這些權力與資源，那麼我們就有理由相信，這個國家在經濟上應該能與最現代的「後工業」經濟體互相接軌。正是這種邏輯讓安德拉尼克・米格拉尼揚（Andranik Migranian）以及其他蘇維埃知識分子大聲疾呼，蘇聯應該設置有獨裁權力的全民總統，以推動從威權走向市場經濟的轉型工作。[29]

階級、國族、族裔、宗教造成的社會隔閡可以在資本主義的經濟發展過程中獲得緩解，長期而言也更可期待民主共識的出現。然而隨著國家的經濟成長，沒人能保證這些歧異不會長久持續，或者這些問題不會以更有害的形態捲土重來。經濟發展並沒有削弱魁北克法語區加拿大人的民族認同感；事實上，由於害怕被優勢的英語文化同質化，他們更加渴望保留他們的獨特性。如果要說美國這種「生而平等」的社會比較適合民主的人，就會引出另一問題：一個國家要怎麼先變得「生而平等」？所以，隨著社會變得愈複雜與多樣化，民主並不見得會更具功能性。事實上，恰恰當一個社會的多元性跨過了特定門檻，民主反而會失敗。

上面所呈現的第二個論述（即無論是左派或右派的非民主精英進行權力鬥爭，最終都會產生民主這個副產品）同樣不能合理解釋，為什麼這個世界會**普遍地**朝向自由民主制演進。因為照這個說法，民主不是任一個爭奪領導權的群體**所希望的結果**。民主成為交戰派系之間的某種停戰協議，雙方間的權力平衡一旦有所變動，很容易讓一個特定群體或精英重新勝出。換句話說，如果民主在蘇聯的出現，只是因為像戈巴契夫與葉爾欽這樣的角色需要一根煽動人民的魔杖，好藉以打敗當權的黨國機器，那麼這個人或那個人的勝利也將撤銷民主的成果。這個論證同樣預設，拉丁美洲的民主不過是威權右派與威權左派、或兩個右派權力集團之間的妥協，爭鬥的雙方各自都有偏好的社會願景，一旦拿到足夠的權力，就會將其強制實現。或許這是某些特定國家民主化過程的精確描述，但如果民主不是任何人的首要選擇，那麼這樣的民主幾乎不可能穩定。這樣的解釋讓人沒有理由預期，世界將普遍朝著民主演進。[30]

最後的論述，即工業化的進程會產生具教育程度的中產社會，而這樣的社會自然偏好公民的自由權利與民主參與——這個論述的正確性有一定的限度。毋庸置疑的是，教育即使不是民主絕對必要的前提，但至少是相當值得渴望的附加物。我們很難想像，民主在一個多數人不識字的社會裡能正常運作，因為人們難以利用資訊來掌握他們有哪些選項。但如果主張教育**必然**帶來對民主規範的信仰，則完全是另一回事。確實，從蘇聯與中國到南韓、台灣及巴西等國家，教育程度的提升與民主規範的推廣緊密相關。現今世界的教育中心所流行的理念碰巧是民主的：如果一個台灣學生在加州大學獲得工程學位、返回家鄉，而且相信自由民主代表了現代國家最高的政治形式，那一點也不會讓人意外。但你很難因此主張，在他的工程訓練（這將對台灣經濟很有價值）與他新信奉的自由民主之間，有任何**必然的**關聯。確實，認為透過教育就能讓人自然地採取民主價值觀，這種想法很大程度反映的只是民主人士的一廂情願。在其他時代，當民主理念還沒有被廣泛接受的時候，在西方讀書的年輕人回到家鄉時，也常常相信共產主義或法西斯主義是現代社會未來的潮流。現在的美國與其他西方國家的高等教育，一般說來，都灌輸年輕人二十世紀的歷史主義與相對主義的思想。這是鼓勵他們對不同觀點持寬容的態度，為他們在自由民主國家中當一名公民做準備，但這也教導他們，他們並沒有最終理由可以相信，自由民主制比任何其他政府形態更優越。

最先進的工業化國家中受過教育的中產階級整體而言都選擇自由民主制，而非各式各樣的威權主義，這件事實引出一個問題：為什麼他們有這樣的偏好？看起來相當清楚的是，對民主的偏好**並非**被工業化過程本身的邏輯所決定。實際上，這個過程的邏輯似乎會指向完全相反的方向。因為，如果一個國家的目標是經濟成長，超越所有其他考量，那麼真正成功的組合應該既非自由民主制，也非列寧式或民主式的社會主義，而是自由經濟加上威權政治；有些觀察家用「官僚專制國家」一詞來加以指稱，或者我們可以稱之為「市場導向的威權主義」。

有相當多實證證據指出，市場導向的威權主義在推動現代化時，經濟表現比其他民主制國家更好。從歷史上看，一些最出色的經濟成長紀錄都是由這類型的國家所達成，包含德意志帝國、明治日本、威特（Witte）與斯托雷平兩任首相領導的俄羅斯帝國，以及比較近的是一九六四年後由軍方接管的巴西、皮諾契統治的智利，當然還有亞洲的新興工業化經濟體（NIEs）。[31] 例如在一九六一年與一九六八年之間，已開發世界的民主國家，包含印度、錫蘭、菲律賓、智利及哥斯大黎加，平均年成長率只有百分之二點一；然而威權保守政權(西班牙、葡萄牙、伊朗、台灣、南韓、泰國及巴基斯坦)平均成長率卻達到百分之五點二。[32]

市場導向的威權主義國家的經濟表現為什麼比民主國家更好，理由不難理解，經濟學者約瑟夫·熊彼得在他的《資本主義，社會主義，民主制》（*Capitalism, Socialism, and Democracy*）一書中有所描述。雖然民主國家的選民或許理念上肯定自由市場的原則，但當自身的短期經濟利益受到威脅時，他們太容易放棄原則了。換句話說，我們無法假定民主國家的大眾將會做出合乎經濟理性的選擇，或者經濟的輸家不會用政治權力來保護他們的地位。民主政權在回應社會中各種不同利益團體的要求時，整體來說往往更容易增加福利的開支，用減稅政策來創造對生產活動不利的誘因，保護搖搖欲墜且失去競爭力的產業，並因此造成更大的預算赤字與更高的通貨膨脹率。舉一個離我們很近的例子：在一九八〇年代，美國通過了一連串逐年攀升的預算赤字，做了超過生產總額的開支，縮限了未來的經濟成長與未來世代的選擇，只為了維持當前的高消費水準。儘管人們普遍擔心，這種缺乏遠見的做法長期而言會對美國經濟與政治造成損害，但美國的民主體系無法嚴肅處理這個問題，因為這個體制無法決定，預算裁減與增稅帶來的痛苦應該如何公平分配。因此美國的民主近年來，並沒有在經濟方面展現高度的功能性。

另一方面，威權主義政權原則上更能真正地遵循自由經濟政策，不會受到資源重新分配目標的干擾，以致損及經濟成長。他們不必對沒落產業的勞工負責，也無須補貼無效率的部門（即使後者有政治勢力）。他們可以實質上使用政府的力量來抑制消費，以謀求長期的成長。在一九六〇年代的高速成長期間，南韓政府能夠透過取締罷工、箝制關於勞工消費與福利的言論，以鎮壓提高工資的要求。相較之下，南韓在一九八七年轉型為民主體制後，就面臨了罷工頻繁發生的局面，民主選出的新政府不得不迎合長期被壓低的工資訴求。結果是南韓勞動力成本顯著升高，競爭力也隨之下降。當然，共產主義政權由於殘酷地壓制消費者，得以達成極高的儲蓄率與投資率，但他們長期的成長以及現代化的能力，卻由於缺乏競爭的緣故而受到阻礙。另一方面，市場導向的威權主義者同時擁有以上兩者的優點：他們能強制本國人口遵守相對高度的社會紀律，同時又給予充分的自由空間，以鼓勵創新及運用最先進的科技。

如果有一種反對民主國家經濟效率的論述指出，他們為了重新分配與當前消費的緣故，過度地干預了市場，那麼另一種反對的論述就是，他們對市場的干預程度遠遠不夠。市場導向的威權主義政權所推行的經濟政策，在許多方面上，是比北美與西歐的已開發國家更具國家主義色彩的。但這種國家主義是專注於創造高速的經濟成長，而不是為了重新分配與社會正義等目標。我們不清楚這些所謂的「經濟政策」（即政府對特定經濟部門實施補貼或援助，並以犧牲其他部門為代價）長期下來，對於日本與其他亞洲新興工業化經濟體的經濟而言，是否更是一種阻礙而非助益。但政府對市場的介入，如果是有效的執行而不超出競爭性市場大致可容忍的範圍外，顯然可以與高度的經濟成長完全相容。例如，台灣的經濟規劃者在一九七〇年代末到一九八〇年代初，能夠把投資資源從紡織業等輕工業轉移到像電子與半導體等更先進的產業，即便這個政策在輕工業部門裡創造了相當大的痛苦與失業。台灣的產業政策之所以成功，只因為政府能夠保護負責規劃的技術官僚不受政治壓力，讓他們放手去強化市場、依據效率原則來做出決策——意即他們之所以成功，正因為台灣**不是**依照民主方式來統治。美國的產業政策並不那麼容易改善其經濟競爭力，原因正在於美國比台灣或其他亞洲的新興工業化經濟體更民主。政策規劃的過程很快會受到國會的壓力，要嘛得保護效率低的產業，要嘛得照顧特殊利益所偏好的行業。

經濟發展與自由民主制之間毫無疑問存在一種關係，我們只要環顧世界就能觀察到。但這個關係確切的性質比乍看之下更為複雜；在本書目前為止呈現的理論中，沒有一個能適切地加以解釋。現代自然科學的邏輯以及其所助長的工業化過程，有別於經濟領域，在政治領域裡並不指向單一的方向。自由民主制與成熟工業化並不衝突，也是許多先進工業化國家的公民所偏好的制度，但這兩者之間看起來並不存在一個**必然的**連結。這個位於方向性歷史底層的機制所指向的未來，既可能是官僚威權主義，也同樣可能是自由主義。因此，當我們試著理解威權主義當前的危機以及全世界的民主革命時，我們必須到別處去尋找答案。

註釋

1 Nietzsche, *The Portable Nietzsche* (New York: Viking, 1954), p. 231.

2 Seymour Martin Lipset, "Some Social Requisites of Democracy: Economic Development and Political Legitimacy," *American Political Science Review* 53 (1959): 69-105; "Economic Development and Democracy" in S. M. Lipset, *Political Man: Where, How, and Why Democracy Works in the Modem World* (New York: Doubleday, 1960), pp. 45-76; Phillips Cutright, "National Political Development: Its Measurements and Social Correlate," *American Sociology Review* 28 (1963): 253-264; Deane E. Neubauer, "Some Conditions of Democracy," *American Political Science Review* 61 (1967): 1002-1009.

3 R. Hudson and J. R. Lewis, "Capital Accumulation: The Industrialization of Southern Europe?" in Allan Williams, ed., *Southern Europe Transformed* (London: Harper and Row, 1984), p. 182; Linz (1979), p. 176. 這些數字比歐洲共同體六個創始成員國同一時期的成長率還高，也比共同體初步擴充之後的九個成員國高。

4 John F. Coverdale, *The Political Transformation of Spain after Franco* (New York: Praeger, 1979), p. 3.

5 Linz (1979), p. 176.

6 Coverdale (1979), p. 1.

7 "Taiwan and Korea: Two Paths to Prosperity," *Economist* 316: 7663 (July 14, 1990), p. 19.

8 Pye (1990a), p.8.

9 根據一份文獻，這時候有五分之一的南非白人可被歸類於「貧困白人」，其定義為：「一個人，無論由於道德、經濟、身體因素，以至於無能力在缺乏他人幫助下為自己找到謀生的方式，而只能仰賴他人，這樣的人稱為貧困……」Davenport (1987), p.319.

10 一九三六年，有百分之四十一的南非白人住在農村；這個數字到了一九七七年下降到百分之八，而百分之二十七是藍領勞工，以及百分之六十五成為白領管理階層以及專業人員。Hermann Giliomee and Laurence Schlemmer, *From Apartheid to Nation-Building* (Johannesburg: Oxford University Press, 1990), p. 120.

11 在一九六〇年代早期，威爾斯（Peter Wiles）指出，蘇聯漸漸開始根據功能而非意識形態標準來教育其技術官僚精英，而這最終使他們了解到他們經濟體制其他方面的非理性。*The Political Economy of Communism* (Cambridge, Mass.: Harvard University Press, 1962), p. 329. 列文(Moshe Lewin)認為都市化與教育很大程度為**「重建」政策**奠定了基礎。*The Gorbachev Phenomenon: A Historical Interpretation* (Berkeley, Calif.: University of California Press, 1987).

12 如同我們在第一部分指出過的，不少非洲國家，包括波扎那與納米比亞，在一九八〇年代成為民主國家，而更多國家則在一九九〇年代舉行了選舉。

13 Parsons (1964), pp. 355-356.

14 另一個版本的功能性論述認為，要確保市場的正確運作，自由民主政體有其必要。也就是說，監控市場經濟的威權主義政權很少能滿足於放任市場自由運作，而總是會動用國家的權威去干預市場，要嘛是為了經濟成長、正義、增強國力的原因，或者為了其他數不清的政治目標。我們可以主張，只有在政治上也存在「市場競爭」時，才有可能阻止政府干預經濟，因為不當的政府政策會遭遇相應的反饋與抵制。這個論述是尤薩所提出的，見 de Soto (1989), pp. xviii-xix。

15 蘇聯一九六〇與七〇年代就發生過這樣的事。當時蘇聯共產黨某種程度與其說是由上而下指導經濟發展的統治者，不如說是在不同部門、部會及企業之間協調利益衝突的仲裁者，共產黨可能由於意識形態的理由，下令農業要集體化，各部會要依照中央計畫來行動；但在解決爭端時，意識形態並無法提供多少指引，像是化學工業的兩個分支在爭奪投資的財源時。蘇維埃黨國在制度性利益之間扮演這種協調的角色，並不代表真正的民主存在，也不代表共產黨在社會的其他領域就不會以鐵腕**統治**。

16 關於把環境損害歸咎於資本主義的觀點，請看 Marshall Goldman, *The Spoils of Progress: Environmental Pollution in the Soviet Union* (Cambridge, Mass.: MIT Press, 1972)。關於蘇聯與東歐的環境問題的整體概況，請看 Joan Debardleben, *The Environment and Marxism-Leninism: The Soviet and East German Experiences* (Boulder, Colo.: Westview, 1985)，以及 B. Komarov, *The Destruction of Nature in the USSR* (London: M. E. Sharpe, 1980)。

17 “Eastern Europe Faces Vast Environmental Blight,” *Washington Post* (March 30, 1990), p. Al; “Czechoslovakia Tackles the Environment, Government Says a Third of the Country is ‘Ecologically Devastated,’” *Christian Science Monitor* (June 21, 1990), p. 5.

18 關於這個論述路線的大致討論，請看 Richard Lowenthal "The Ruling Party in a Mature Society," in Field (1976), p. 107。

19 這個觀點見於歐唐奈（O'Donnell）、施密特（Schmitter）以及普熱沃斯基（Przeworski）所做的分析。*Transitions from Authoritarian Rule volumes,* O'Donnell and Schmitter, eds. (1986a, 1986b, 1986c, 1986d).

20 然而這些文獻討論的大多是，教育如何讓人民有資格得到民主、如何幫助民主深化，而不是去解釋，為什麼教育會讓人民傾向於民主。Bryce (1931), pp. 70-79.

21 我們顯然也能在開發中國家找到失業的博士，他的收入比高中畢業的房地產開發商還低，但總體而言，收入與教育程度還是高度相關。

22 David Apter in *The Politics of Modernization* (Chicago: University of Chicago Press, 1965).

23 此一論點見 Huntington (1968), pp. 134-137。關於美國人「生而平等」的社會效應，見 Louis Hartz, *The Liberal Tradition in America* (New York: Harcourt Brace, 1955)。

24 這個概括的說法有一個例外，就是美國西南部出現大量西班牙母語的人口；他們與之前的族裔群體不同之處在於規模很大，以及語言同化程度相對較低。

25 一個可以類比的情況是蘇聯；不過蘇聯沒有封建社會遺留的舊社會階級，而有黨官與**黨指派**（nomenklatura）各級主管這樣的「新階級」，享有不可動搖的特權與權威。像拉丁美洲的**大領主**（latifundia）一樣，他們可以用傳統的權威去破壞選舉過程，以謀求對自己有利的結果。這個階級對於資本主義或民主政治的興起構成了頑強的社會阻礙。如果他們的力量沒有被打破，無論資本主義或民主政治都無法出現。

26 獨裁體制本身顯然不足以帶來平等主義的社會改革。費迪南．馬可仕用國家的力量來獎勵他個人的朋友，並由此惡化了既有的社會不平等。但一個致力於經濟效率的現代化獨裁體制，理論上也可以比一個民主政體在更短時間內讓菲律賓社會達成徹底的轉型。

27 Cynthia McClintock, "Peru: Precarious Regimes, Authoritarian and Democratic," in Larry Diamond, Juan Linz, and Seymour Martin Lipset, *Democracy in Developing Countries,* vol. 4, *Latin America* (Boulder, Colo.: Lynne Rienner, 1988b), pp. 353-358.

28 部分原因在於，從原先的寡頭集團所充公的資產被轉移到缺乏效率的政府部門手上了；在軍方執政期間，國內生產毛額從百分之十三成長到百分之二十三。

29 請看米格拉尼揚與伊戈爾・克利亞姆金（Igor Klyamkin）的訪談：*Literaturnaya Gazeta* (August 16, 1989)，英譯：*Detente,* November 1989; 以及 "The Long Road to the European Home," *Novy Mir,* no. 7 (July 1989): 166-184。

30 丹尼爾・萊文（Daniel H. Levine）在批判歐唐奈與施密特關於威權主義轉型的著作時，提出了類似的論點。如果沒有人相信民主本身的合法性，我們很難想像這樣的地方能產生任何形式的民主，更不用說產生堅實穩定的民主。"Paradigm Lost: Dependence to Democracy," *World Politics* 40, no. 3 (April 1988): 377-394.

31 也有人認為威權主義政權對於促進早期工業化具有優越性；一般性的論證見 Gerschenkron (1962)。關於專制主義與日本在一八六八年後的經濟成長之關聯，請看 Koji Taira, "Japan's Modern Economic Growth: Capitalist Development under Absolutism," in Harry Wray and Hilary Conroy, eds., *Japan Examined: Perspectives on Modern Japanese History* (Honolulu: University of Hawaii Press, 1983), pp. 34-41。

32 Samuel P. Huntington and Jorge I. Dominguez, "Political Development," in Fred I. Greenstein and Nelson Polsby, eds., *Handbook of Political Science,* vol. 3 (Reading, Mass.: Addison-Wesley, 1975), p. 61.

第十一章

前一個問題的解答

對於康德的問題：有沒有可能從世界主義的觀點來寫一部普遍史？我們初步的答案是肯定的。現代自然科學提供了我們一種機制，其逐步開展讓人類歷史在過去數百年擁有了一種方向性與連貫性。在一個我們已經不能把歐洲與北美的經驗直接與全人類經驗劃等號的時代裡，這個機制確實具有普遍性。除了在巴西或巴布亞紐幾內亞叢林中快速消失的原始部落之外，沒有一個人類分支不被這個機制所影響，或不透過現代消費主義的普遍經濟網絡與所有人類連結起來。一種真正的全球文化在過去幾個世紀中已經出現，其核心為科技驅動的經濟成長，以及為了製造與維持這種成長所必須的資本主義社會關係——這個認知所彰顯的並非地域主義，而是世界主義。從德川日本、鄂圖曼土耳其（Sublime Porte），到蘇聯、中華人民共和國、緬甸、伊朗，所有試著抗拒這種統合趨勢的社會，其抵抗行動都只勉強維持了一、兩個世代。即使是那些沒有被優勢軍事科技擊敗的國家，也都受到現代自然科學所創造的光鮮亮麗的物質世界所引誘。雖然不是每個國家都能在不久的未來成為一個消費社會，但是世界上幾乎沒有一個社會不擁抱這個目標。

有鑑於現代自然科學的控制力，週期循環的歷史觀難以維持。這並不是說，歷史不會有重複。

讀過修昔底德（Thucydides）的人會注意到，雅典與斯巴達的敵對，跟美國與蘇聯之間的冷戰對抗，兩者頗有相似之處。誰要是把古代一些強大國家的興衰拿來與當代的強國做比較，無疑會看到類似之處。不過特定長期歷史模式的重新出現，並不與具方向性、辨證的歷史相衝突，只要我們能夠了解在重複之間仍存在著記憶與運動。雅典民主並非現代民主，斯巴達也沒有現代的對應，即使它與史達林的蘇聯有某些相像的地方。一部真正的週期歷史，像柏拉圖或亞里斯多德所設想的那種，會需要一個巨大的全球災難，以使人類對過去時代的所有記憶統統喪失。但即使在核子武器與全球暖化的時代，我們也很難想像有災難能夠讓現代自然科學的理念完全消失。只要沒有用木樁打穿那隻吸血鬼的心臟，在幾個世代的時間內，它就會自己重組起來，社會、經濟、政治的伴隨效應也一樣不缺。如果要以任何根本方式逆轉這個過程，就意味著與現代自然科學全面決裂，連同與其所創造的經濟世界決裂。沒有任何跡象顯示哪一個當代社會會選擇這麼做，而且軍備競賽無論如何都會使他們無法拒絕成為軍事世界的一員。

在二十世紀末，希特勒與史達林那看來像歷史的小岔路，只是一條死巷，而不是人類社會組織真正可選擇的道路。雖然人命傷亡無可估計，但這些最純粹形態的極權主義在一個世代之內便自我毀滅——希特勒主義在一九四五年，史達林主義則在一九五六年。許多國家曾嘗試複製某種形式的極權主義，從一九四九年的中國革命，到一九七〇年代中期的柬埔寨紅色高棉政權，其間夾雜著為數眾多、規模較小的醜惡獨裁，從北韓、南葉門、衣索比亞、古巴、阿富汗等左派，到伊朗、伊拉克、敘利亞等右派。[1]不過所有這些後起的極權主義新手有個共同的特徵：他們全都出現在相對落後與貧困的第三世界。[2]共產主義一直無法在已開發世界中有所斬獲，但在剛進入工業化階段的國家中又頗為盛行，這顯示了一件事：「極權的誘惑」——如華特．羅斯托夫（Walt Rostow）所指稱——主要是一種「轉型期的疾病」，是處在特定社經發展階段的國家的特殊政治社會要求所造成的一種病理狀態。[3]

不過法西斯主義確實會發生在已高度發展的國家，這又該怎麼說呢？我們如何可能把德國的國家社會主義歸類於一個「歷史的階段」，而不是把它看做現代性自身的特定發明？而且，經歷了一九三〇年代的那個世代若也因為爆發的仇恨而從自滿中被嚇醒，發現原來據說已被文明的進步「克服」的那些仇恨仍然存在，那麼誰能保證我們將來不會驚訝地看到，又有新的仇恨從至今仍未被認識的來源爆發出來？

我們當然沒辦法保證，也無法對未來世代斷言將來不會再有希特勒或波布出現。一個現代的半吊子黑格爾主義者如果主張，為了把民主在一九四五年後帶到德國，希特勒的存在**有其必要**，那是值得嘲笑的。另一方面，普遍史若要揭示人類演進中更大且具意義的模式，並不需要為每一個暴君統治與每一場戰爭合理化。即便我們承認，演進過程也會發生大規模且表面上不可解釋的斷裂事件，但這個過程的力量及長期規律性並不因此而減損；就像恐龍突然的滅絕雖是事實，卻並不推翻生物演化論。

光是舉出集中營大屠殺的例子，並不足以期待關於人類歷史中進步或理性問題的討論可以就此打住，儘管此一事件的恐怖確實應該讓我們停下來好好思索。人們普遍有種傾向，不希望就集中營大屠殺的歷史因素進行理性討論；在許多面向上，這就類似於反核運動人士，一遇到關於核子武器的戰略運用與嚇阻能力相關的理性論述，就加以反對。在這兩種情況裡，人們都潛在地擔心「理性論述」

會使種族屠殺尋常化。有些論者某種程度將集中營大屠殺視為現代性的首要事件；他們通常認為，這起大屠殺既是歷史上獨一無二的邪惡事件，同時也是所有社會表面之下潛在的普遍邪惡的一種彰顯。但這兩者無法同時成立：如果大屠殺是獨一無二的邪惡事件，沒有歷史先例可言，那麼它必定有同樣獨一無二的原因，不會那麼輕易地在不同時代的其他國家裡重現。[4]因此，集中營大屠殺不能在任何意義上被視為是現代性的必要面向。另一方面，如果集中營大屠殺是普遍邪惡的一種彰顯，那麼它就屬於民族主義過度時常見的可怕現象，只是這次剛好特別極端而已。這可以使歷史火車頭減速，但不能使它出軌。

我傾向認為，集中營大屠殺既是獨一無二的邪惡，也是德國一九二〇及三〇年代獨特歷史情境匯聚下的產物。這些條件不只並不潛藏在最發達的社會中，而且未來也難以在其他社會中再現（儘管並非絕無可能）。許多情境，例如在一場漫長與殘酷的戰爭中戰敗，以及經濟大蕭條，都是眾所周知的，也可能在其他國家重演。但有些情境則與德國當時特殊的思想與文化傳統有關；德國當時盛行反物質主義，強調奮鬥與犧牲，這使德國與自由主義的法國和英國截然不同。這些絕不是「現代」的傳統；在普法戰爭前後，工業化的德意志帝國成了社會混亂的溫床，這些傳統受到嚴峻的考驗。即便相當極端，我們仍可以把納粹主義理解為另一個「轉型時期的疾病」，視為現代化進程的一個副產品，但絕非現代性本身必然的組成部分。[5]即使我們的社會進步已經超過了那樣的階段，這也並不意味著像納粹這樣的現象如今已不可能。不過這確實表示，法西斯主義是一種病態與極端的狀況，而我們不能據此來評判整個現代性。

當我說史達林主義或納粹主義是社會發展的病態，意思是我們不要對它們的巨大的醜惡視而不見，或者對受害者缺乏同情。正如尚－方斯華・何維爾所指出，自由民主制於一九八〇年代在一些國家取得勝利的這件事實，對於過去一百年來生命被極權主義吞噬的大多數人來說，並沒有什麼幫助。[6]

另一方面，**他們的**生命白白犧牲了，他們的痛苦也沒有得到彌補，這件事實也不該讓我們停止探討歷史有沒有理性模式的問題。人們普遍期待，如果我們真能鑑別出一部普遍的歷史，那麼這部歷史必須要是某種世俗的神義論（theodicy），意即站在歷史終點的角度上，為一切存在的事物提出合理的解釋。然而我們無法合理期待有一部普遍史能做到這一點。從一開始，這種思想建構代表了歷史的細節和紋理將被高度抽象化，最終也幾乎必然忽略那構成了「史前史」的所有民族與時代。我們所能建構的任何普遍史，都將不可避免地對許多發生過的事件缺乏合理的說明，而這些事件對親身經歷過的人來說，再真實也不過。普遍史只是一種思想工具；它不能代替上帝為每一個歷史的受難者帶來個人的救贖。

至於歷史發展中存在的像集中營大屠殺這樣的斷裂事件，即便這些事件再怎麼恐怖，也不能否決現代性是一個連貫、極其強大的整體的事實。人們在現代化進程中經驗到顯著的相似性；斷裂事件的存在，絲毫不減損這些經驗的真實性。沒有人能否認，二十世紀的生活在根本上與過去所有時代的生活相當不同；那些過著舒適生活的已開發民主國家的居民，即使對抽象的歷史進步概念嗤之以鼻，卻很少有人願意住到落後的第三世界國家，因為那樣的國家實際上代表了人類較早的時代。我們可以承認現代性為人類罪惡打開新的空間，甚至質疑人類**道德**進步的事實，但要同時繼續相信，歷史進程是有方向性與連貫性的。

註釋

1 敘利亞和伊拉克都稱自己是社會主義，儘管這反映的是他們上台時的國際流行，而不是政府的真實狀況。很多人會反對將這些國家歸類為「極權主義」，因為他們國家控管的能力相當有限；一個更好的稱呼也許是「失敗的」或「無能的」極權主義，但這還是無法傳達它們的殘暴。

2 人們普遍注意到，共產主義首先取得勝利的地方，並不像馬克思所預言的那樣，是在德國這樣擁有大量無產階級工人的已開發國家；而是在半工業化、半西方的俄國，然後是以農民和農業為主的中國。關於共產黨人如何試著面對這一現實，見 Stuart Schram and Hélène Carrère-d›Encausse, *Marxism and Asia* (London: Allen Lane，1969)。

3 Walt Rostow, *The Stages of Economic Growth* (Cambridge: Cambridge University Press, 1960), pp. 162-163.

4 這一點見茨維坦・托多洛夫（Tsvetan Todorov）對於齊格蒙・包曼（Zygmunt Bauman）《現代性與大屠殺》（*Modernity and the Holocaust*）的評論，見 *The New Republic* (March 19, 1990): 30-33。它正確地指出，納粹德國不能被視為現代性的典範，反之，納粹其實包含了現代和反現代的元素；這反現代的部分在一定程度上解釋了，為什麼集中營大屠殺成為可能。

5 Ralf Dahrendorf, *Society and Democracy in Germany* (Garden City, N.Y.: Doubleday, 1969); Fritz Stern's *The Politics of Cultural Despair* (Berkeley: University of California Press, 1961). 後者認為，納粹的某些思想源自於對有機的前工業社會的懷舊，以及對現代經濟社會使人原子化和異化的特徵產生廣大的不滿。柯梅尼的伊朗可以被看作一個平行的案例。伊朗在二戰後經歷了一段經濟成長極端快速的時期，完全打破了傳統的社會關係和文化規範。什葉派的基本教義派和法西斯主義相同，可以被視為一種懷舊的努力，想透過全新且根本不同的手段來恢復前工業的社會形態。

6 Revel (1989-90), pp. 99-103.

第十二章 沒有民主派就沒有民主

現在應該很清楚了，我們前面所提出的機制，本質上是對於歷史的一種經濟詮釋。「現代自然科學的邏輯」自身並沒有力量；它的力量只在於人類會利用科學來征服自然，以便滿足自己的需要，或者確保自己免於危險。就其本身而言，科學（無論是以機器生產或合理勞動配置的形式）只是在自然基本定律的基礎上劃定了技術可能性的範圍。人類的欲望促使人們去發展這些可能性：這裡所說的並不是為了滿足有限的「自然」需求的欲望，而是一種具高度彈性、不斷挑戰更大可能性範圍的欲望。

換句話說，這個機制是一種馬克思主義的歷史詮釋，但卻得出完全非馬克思主義的結論。正是「人這個物種存在」對於生產和消費的渴望，使他離開農村走向城市，使他在大型工廠或官僚組織而不是在鄉下工作，使他不是留在祖先的行業裡而是把勞動力出售給出價最高的人，也使他接受教育並服從時鐘的約束。

與馬克思的看法相反，那種允許人們在最平等的基礎上生產與消費最大量商品的社會，並不是共產主義社會，而是一個資本主義社會。在《資本論》第三卷中，馬克思對共產主義下將出現的自由的國度（realm of Freedom）做了如下描述：

事實上，只有當被必然性與外在實用目的所決定的勞動停止時，自由國度才真正開始；因此，就事情的本質來說，自由國度落在最必要的物質生產的範圍之外。就像野蠻人必須與大自然搏鬥，以便滿足自己的需求，以維繫生命與繁衍生命；同樣地，文明人也必須如此，而且他必須在一切社會形態與一切可能的生產方式下做這些事。隨著他的發展，這個自然的必然性國度因為他的需求而擴大了，但在同一時間，滿足這些需求的生產力也提高了。這個領域裡的自由要能成立，社會化的人（那已組織起來的生產者）必須能合理地規範這個與自然界的物質交換，並將之置於人們共同的控制之下，而不是讓自己被這個物質交換（彷彿被一股盲目的力量）所統治；並且他們還得用最少的力氣、在最合乎尊嚴與最符合人性的條件下完成這件事。儘管如此，這仍然是一個必然性國度。在這個國度之外，以自身為目的的人類力量的發展，也就是真正的自由國度，才真正開始。然而自由國度又只能以那必然性國度為基礎才能與盛。勞動時間的縮短是基本前提。[1]

馬克思主義的自由國度，實際上就是每日工作四小時制：一個社會的生產力如此之高，一個人上午的勞動就可以滿足自己與家人以及同伴所有的自然需求，讓他下午和晚上可以去打獵、寫詩，或者寫評論文章。以某種角度來說，真實世界的共產主義社會，例如蘇聯或前德意志民主共和國，都已實現這種自由的國度，因為很少有人一天認真投入超過四小時的工作。只是他們剩下的時間很少用來寫詩或寫評論文章，因為這可能立刻讓他們進監獄；這些時間他們用於排隊、喝酒，或盤算著是否有機會到一個被汙染的海灘，在一家擁擠的療養院裡度過假期。但是，如果滿足基本生理需求所需的

「必要勞動工時」對社會主義社會的工人來說平均是四小時的話，那麼對應到資本主義社會，則只需要一、兩個小時，而湊足一個工作日的其他六、七個小時的「剩餘勞動」，也不僅僅是進入了資本家的口袋，而是讓工人可以購買汽車、洗衣機、烤肉爐以及露營車。這在任何意義上是否算是「自由國度」是另一回事，但一個美國工人遠比一個蘇聯工人更能完全地從「必然性國度」中解放出來。

當然，每個工人的生產力統計數字跟幸福感之間並沒有必然的關係。如同馬克思所解釋，生理需求會隨生產力的提高而增加，你需要知道哪一種社會能讓需要與生產能力之間保持更好的平衡，才能知道哪種社會的工人比較滿意。諷刺的是，共產主義社會得到了西方消費主義社會所產生欲望，而且範圍不斷擴大，然而卻沒有取得滿足這些欲望的手段。艾瑞克·何內克過去曾說，德意志民主共和國的生活水準「比德皇時代要高得多」；確實，它比人類歷史上大多數社會的生活水準高上許多，而且滿足了人類的「自然」需求的好幾倍。但這幾乎不重要。東德人並不與德皇時代的人相比較，而是跟同時期的西德人比較，結果發現他們的社會頗為匱乏。

如果人本質上是經濟的動物，受欲望和理性所驅使，那麼對於不同的人類社會和文化來說，歷史演進的辨證過程應該有一定程度的類似。這就是「現代化理論」的結論；這個理論從馬克思主義借用了一種經濟本質的觀點，來看待歷史變遷背後的根本力量。現代化理論在十五、二十年前在學術界受到猛烈的攻擊；到了一九九〇年才顯得比較有說服力。幾乎所有成功達到高度經濟發展的國家，彼此間事實上都變得愈來愈相似，而非差別更大。雖然各國走向歷史的終點可以有各種不同的路線，但除了資本主義的自由民主制以外，幾乎沒有哪一個現代性的版本看起來像能良好運作。[2] 凡是進行現代化的國家，從西班牙、葡萄牙到蘇聯，從中國到台灣、南韓，全部都朝著這個方向前進。

不過，就像所有歷史的經濟理論一樣，現代化理論某種程度並不令人滿意。這個理論把人視為經濟的動物、視之為受到經濟成長與工業理性的強力驅使，然而理論也只在這個範圍內有解釋力。現代化理論確實有不可否認的力量，因為事實上人類（總體觀之尤其如此）在生活的大部分時間裡，確實是依據經濟的動機來行為。但人類動機還有其他與經濟無關的方面，歷史上的斷裂事件即源自於此，包含人類大多數戰爭、宗教、意識形態或民族主義等激情的突然爆發，以及由此導致的希特勒與柯梅尼等現象。一部真正的人類普遍史，不只要能夠解釋廣泛與漸進的演進趨勢，而且也要能解釋斷裂與預期之外的事件。

從前面的討論我們應該已經看見，如果我們完全只用經濟的角度來理解，就無法適切地解釋民主的現象。對歷史的經濟解釋把我們帶到了自由民主制的應許之地的大門前，但它並沒有完全將我們送進門口，讓我們進到另一邊。經濟現代化的進程或許能帶來特定大規模的社會變遷，像是部落社會和農業社會轉型為都會的、教育良好的、中產階級的社會，某種程度為民主制創造了物質條件。但這個過程並不能解釋民主本身，如果我們更深入觀察這個過程就會發現，民主幾乎從來不是出於經濟原因而被選擇。最早的主要民主革命，即美國和法國的革命，都發生在英國工業革命剛起步的時候，也就是在這兩個國家（照我們今天對這個詞彙的理解）經濟「現代化」之前。因此，他們當初選擇人的權利時，不可能是被工業化進程所決定。美國的開國元勳可能是因為英國王室試著在他們沒有議會代表權的狀況下對他們徵稅，所以才感到憤怒，但他們決定宣布獨立，並與英國開戰，以建立新的民主秩序，這很難用經濟效率的問題來解釋。如同世界史後來的許多時間點，富裕繁榮但沒有自由權的選項是存在的——從美國反對《獨立宣言》的保守派農場主，到十九世紀德國和日本的威權主義現代化革新者，再到鄧小平，他在獨裁共產黨的持續領導下推動了經濟自由化和現代化，還有新加坡的李光耀，他認為民主將會阻礙新加坡令人讚嘆的經濟成功。然而，所有時代的人們都冒著犧牲生命和生存基礎的危險來爭取民主權利，這並不是經濟的行為。沒有民主派就沒有民主，意即如果沒有一個具體的支持民主的人，他渴望民主，甚至在被民主塑造的同時也打造民主——如果沒有這樣的人，民主就不會存在。

此外，一部以現代自然科學的逐步展開為基礎的普遍史，所能闡明的只是過去四百多年的人類歷史，最早只能追溯到十六、十七世紀科學方法的發現。然而，無論是科學方法還是人類欲望的解放（這欲望驅使人類征服自然，並使之為人類目的而服務）都不是**憑空**從笛卡兒或培根的筆下變出來的。一部更完整的普遍史，即便是一部很大程度建立在現代自然科學之上的普遍史，也必須了解科學的前現代起源，以及經濟之人（Economic Man）欲望背後的欲望。

這些考量顯示，我們試圖從根本上理解當前全世界的自由主義革命，或任何可能作為其背景的普遍史的工作，還沒有走得很遠。現代經濟世界是一個龐大、壯闊的結構，它像鐵鉗那樣牢牢控制著我們大部分的生活，但它形成的過程並不等於歷史本身，也不足以告訴我們是否已經到達歷史的終點。為此，我們最好不要依賴馬克思和從他的經濟學史觀中衍生的社會科學傳統，而應該依賴他的「觀念論」前輩黑格爾；他是第一個對康德的普遍史書寫挑戰做出回應的哲學家。由於黑格爾對於歷史進程的根本機制的理解極為深刻，馬克思或任何當代社會科學家完全不能與之比擬。對黑格爾來說，人類歷史的主要推動者不是現代自然科學，也不是那範圍不斷擴大的欲望（它只是提供能量），而是一種完全非經濟性的驅力，也就是**爭取承認的鬥爭**。黑格爾的普遍史補足了我們剛才概述的機制，給我們一個對於人更廣泛的理解——「絕對意義下的**人**」（man as man）——，使我們能夠理解斷裂事件、戰爭，以及突然爆發的打破平靜經濟發展的非理性；這些事件刻劃了真實的人類歷史。

回到黑格爾的重要性，我們經由他獲得一個理解框架：人類歷史的進程是否可望無限地繼續下去，或者我們是否事實上已經抵達歷史的終點。在這個分析的一開始，讓我們接受黑格爾馬克思主義的論點，即過去的歷史**以辨證方式**前進，或者透過一個矛盾的過程而前進，至於這個辨證法是否有一個理念或物質基礎的問題，則暫時放在一邊。也就是說，某種形式的社會政治組織在世界的某個地方產生了，但包含一種內在矛盾，使其自身逐漸遭到破壞，最終被其他更成功的組織所取代。歷史終結的問題可以用下列方式表示：在我們當前的自由民主的社會秩序裡，是否存在任何「矛盾」，而這個矛盾足以使我們期待歷史進程將繼續下去，並產生一個新的、更高的秩序？如果我們看到有一個社會不滿的源頭足夠激進，最終可能導致自由民主社會（用一九六〇年代的語言來說就是民主「體制」）的整體崩潰，那我們就可以指認這是一個「矛盾」。光是指出當代自由民主國家的「問題」是不夠的，即使那些是預算赤字、通貨膨脹、犯罪或毒品等嚴重的問題。一個「問題」並不變成「矛盾」，除非它是如此嚴重，不只不能在體制內解決，而且還腐蝕體制本身的合法性，以至於體制被自身的重擔壓垮。例如，資本主義社會中無產階級貧困的不斷惡化，對馬克思而言，就不僅僅是「問題」，而是「矛盾」，因為它將導致一種革命的局面，將使整個資本主義社會的結構崩潰，另一種結構將取而代之。反過來說，如果目前的社會與政治組織的形態在其最本質的特徵上**完全滿足**人類，那我們就可以說，歷史已經抵達終點。

我們怎麼知道，現在的秩序內還有沒有任何剩下的矛盾呢？關於這個問題，基本上有兩種解決方式。照第一種方式，我們會觀察歷史發展的實際過程，看看歷史是否有一個可證明的模式，以指出某特定社會形態的優越性。就像現代經濟學家並不試圖定義產品本身的「效用」或「價值」，而是接受市場對它的評價（而且反映在市場價格上），同樣地，人們也接受世界歷史這個「市場」的判斷。我們可以把人類歷史設想為不同政體或社會組織形式之間的對話或競爭。各個社會在這個對話中彼此「反駁」，要嘛勝過別人，或比別人存續更久——在一些情況下是透過軍事征服，另一些情況下則是透過經濟制度的優越性，或者靠著內部更強大的政治凝聚力。[3] 如果人類社會幾百年來都朝向自由民主制這個單一的社會政治組織形式發展或匯聚，如果在自由民主制之外似乎沒有其他可行的選項，如果生活在自由民主國家的人們對於自己的生活並沒有激進的不滿，那麼我們就可以說，這場對話已經達成了最終與決定性的結論。歷史主義的哲學家將不得不接受，自由民主制所主張的優越性與終極性是成立的。「Weltgeschichte ist das Weltgericht」——世界史是權利的最後審判者。[4]

這並不是說，採取這個辦法的人就必須依照「強權即是正義」的格言，單純地膜拜權力和成功。你不必認可每一個在世界歷史舞台上短暫出現的耀眼暴君和未竟的帝國創建者，而只需認可那在世界歷史**整個**進程中存活下來的政體或制度。這意味著，這種體制有能力解決人類歷史一開始就存在的滿足問題，也能在不斷改變的人類環境中生存和適應下來。[5]

這樣的「歷史主義」的方法，不管多麼精緻，都會遇到下面這個問題：當在看似已經勝出的社會制度（例如我們這個自由民主制）中沒有顯然的「矛盾」時，我們如何知道這不是錯覺？我們如何知道隨著時間的推進，新的矛盾不會被揭露出來，使人類歷史的演進進入下一個階段？如果沒有一個關於人類本性的根本概念，設定關於人類基本特徵和非基本特徵的上下層級，我們就不可能知道，表面上的社會和平是否代表人類渴望的真正滿足，而不是警察機關特別有效率，或者只是革命暴風雨之前的寧靜。我們應該記住，法國大革命前夕的歐洲在許多觀察家看來，彷彿一個秩序良好且令人滿意的社會，就像一九七〇年代的伊朗，或一九八〇年代的東歐國家。或者再舉一個例子：一些當代的女性主義者斷言，從前的歷史大多是「父權」社會彼此衝突的歷史，但「母權」社會更有共識、更溫暖滋養、更傾向和平相處，因此是一個可行的選項。這個說法無法在經驗事實的基礎上證明，因為並沒有現存的母權社會的例子。[6]然而，如果女性主義這個理解被證明為真，即人類人格中女性面向的解放確實包含這樣的可能性，則母權社會**未來**的存在並無法被排除。而如果真是如此，那麼我們顯然還沒有達到歷史的終結。

另一個確定我們是否已達到歷史終點的辦法，可以用「超歷史」（trans-historical）來稱呼，或者說是一個基於自然概念的方法。也就是說，我們會從一個超歷史的人的概念出發，以判斷現有自由民主制是否足夠。我們不會單純只看**經驗**證據，例如看英國或美國等現實社會中民眾的不滿。我們將訴諸一種對人類本性的理解，即絕對意義下的**人**（man as man）所具有的永久屬性（雖然這些屬性並不持續可見），並且拿這個標準來衡量當代各民主國家是否合格。這個方法能讓我們免於現在觀點的宰制，意即能擺脫從我們當前社會所設定的標準和期望，因為那正是我們試著評判的對象。[7]

人類本性不是「一次性被創造出來且永遠不變」，而是「在**歷史**時間的過程中」自我創造出來的。這一簡單事實並不能讓我們免於談論人類的本質，無論是作為使人的自我創造得以發生的結構，還是作為一個人類歷史發展似乎正朝向的終點，或者說「telos」＊。[8]例如，就算像康德所指稱，人的理性除了作為長期累積的社會過程所產生的結果之外，不可能得到充分的發展，這也絲毫不影響理性作為人的一個「自然」面向。[9]

最終說來，如果不參考一個永久、超歷史的標準，意即不參考大自然，似乎就不可能談論「歷史」，更不用說「普遍史」了。因為「歷史」並不是被給定的，歷史不僅僅是過去發生的一切事件的條列，而是一種刻意的抽象工作；透過這層抽象，我們把重要與不重要的事件分開。這個抽象工作所依據的標準是可變動的。例如在過去好幾個世代裡，有一種趨勢是從外交史與軍事史轉向社會史、女性史和少數群體史，或者往「日常生活」史發展。歷史關注的對象從富人與權貴改成社會的底層，這並不意味著歷史選擇的標準被放棄，而只是為了適應較新且較更平等的意識，所以做出改變。無論是外交史學家還是社會史學家，都無法迴避重要與不重要之間的選擇，因此他們不能不參考一個存在於歷史「之外」某處的標準（順帶一提，也在職業歷史學者**作為**史家的管轄範圍之外）。就普遍史來說更是如此，其抽象程度甚至被提升到更高的層次。普遍史的歷史學家必須準備好將基本上屬於史前或非歷史的眾多民族與時代整個拋棄，因為它們與他或她的故事的核心「情節」(plot) 沒有關聯。

所以，如果我們真的要處理歷史終結的問題，看來就不可避免地必須從對歷史的討論轉向對自然的討論。如果要討論自由民主制的長期前景（民主對於沒有經歷過的人有何吸引力，以及其他已經習慣民主規則的人能否長期維持下去），我們就不能只關注當代世界呈現給我們的「經驗」證據。相反地，我們必須直接且明確地指出，我們是依照超歷史的標準來評價任何政權或社會制度的好壞。柯傑夫聲稱，我們已經來到歷史的終點，因為在普遍與同質的國家中的生活，讓公民們感到**完全滿足**。

＊譯註：古希臘文「τέλος」，即「目標」、「終點」。

換句話說，現代自由民主世界是完全沒有矛盾的。在評價此一主張時，我們不希望被那些誤解柯傑夫論點的人轉移話題——例如他們可能提出反對，說這個或那個社會群體或個人，由於貧窮、種族歧視等原因，被剝奪了公平享受社會的美好事物的機會，可見這些人是不滿意的。更深層次的問題，則是第一原則的問題——意即我們社會的「美好事物」對於「絕對意義下的人」來說，是否真正是美好、令人滿意的；或者原則上是否存在其他更高形式的滿足，是其他某種類型的政體或社會組織所能提供的。為了回答這個問題，為了了解我們這個時代事實上是否是「人類的老年時代」，我們必須回過頭來看看那存在於歷史進程開始之前的自然人，也就是那「最初之人」。

註釋

1 *Capital*, vol. 3 (New York: International Publishers, 1967), p. 820.（譯註：本段引文依據德文原文譯出。）

2 兩個例外是亞洲市場導向的專制國家（我們將在第四部分再談）以及伊斯蘭基本教義派。

3 從歷史主義的立場來看，我們不能斷言一種形式的「駁斥」比另一種形式的「駁斥」更優越；尤其我們沒有理由說，一個靠經濟競爭優勢生存的社會，比一個靠軍事實力生存的社會，在某種程度上更「合法」。

4 這個論述，以及把世界史比擬為一場對話的說法，是由柯傑夫所提出。Strauss (1963), pp. 178-179.

5 Steven B. Smith, *Hegel's Critique of Liberalism: Rights in Context* (Chicago: University of Chicago Press, 1989), p. 225.

6 有人曾經指出，地中海地區曾經存在過母權社會，但在某個歷史時期就被父權社會所淹沒。Maija Gimbutas, *Language of the Goddess* (New York: Harper and Row, 1989).

7 然而，這種方法也不是沒有問題。首先最重要的問題是，這個對人的超歷史理解從哪裡來。如果我們不接受宗教啟示的指導，那麼這個標準就必須以某種形式的私人哲學思考為基礎。蘇格拉底的做法是觀察其他的人，並與他們進行對話。我們這些在蘇格拉底之後的人，可以與從前時代的偉大思想家進行類似的對話；他們對人類本性的可能性有最深刻的理解。或者我們可以像盧梭、無數作家以及藝術家做過的那樣，深刻探索自己的靈魂，以了解人類動機真正的來源。現在在數學領域，以及在部分的自然科學領域，私人的思索可以在主體間就真理本質達成一致的意見，其形式即為笛卡兒的「清晰而明確的思想」。沒有人會想去菜市場找一個困難的偏微分方程式的解法；人們會去找一位數學家，他的正確解法會得到其他數學家的認可。但是在人類事務的領域裡，並不存在「明確而清晰的觀念」，沒有關於人的本質的一般共識，至於關於正義問題、人的滿足問題、由此產生的最佳制度為何的問題，也統統沒有一致看法。個人也許會認為自己對於這些主題有「清晰且明確的觀念」，但瘋子與怪人也能這麼想，而兩者間的區別並不總是很明顯。個別哲學家可能說服一群追隨者相信他的觀點具有「明證性」，此一事實或許可以保證這個哲學家不是瘋子，但這並不能保護這個群體不受到一種貴族偏見的影響。Alexandre Kojève, "Tyranny and Wisdom," in Strauss (1963), pp. 164-165.

8 列奧・史特勞斯在一九四八年八月二十二日給柯傑夫的一封信上指出，即使在柯傑夫的黑格爾體系裡，自然哲學仍「不可或缺」。他問道：「不然歷史進程的獨特性該如何解釋？只有當在無限的時間裡只**能**有**一個**持續時間的有限『地球』時，歷史進程才必然獨一無二。……此外，為什麼那唯一的、有時間性的、有限的地球不應該（每隔一億年）受到一次大災難的衝擊，使其歷史進程的全部或一部分重新上演？只有目的論的自然概念才能幫我們擺脫困境。」Leo Strauss, *On Tyranny,* Revised and Expanded Edition, Victor Gourevitch and Michael S. Roth, eds (New York: Free Press, 1991), p. 237; Michael Roth, *Knowing and History: Appropriations of Hegel in Twentieth Century France* (Ithaca, N.Y.: Cornell University Press, 1988), pp. 126-127.

9 Kant (1963), pp. 13-17. 康德把自然界形容為一個站在人類整體之外的意志行動主體（volitional agent），然而我們可以把這個說法理解為人類本性某個面向的隱喻：人的本質潛在地存在於所有人身上，但只有在他們的社會與歷史的互動過程中，這個本質才會實現。

PART 3

爭取承認的鬥爭

第十三章

在歷史開端，一場為純粹威望進行的殊死戰鬥

而且自由完全是透過冒生命危險來獲得的；只有這樣才能考驗與證明，自我意識的本質不僅只是存在，不僅只是它最初出現時最直接的形式……毫無疑問，一個不賭上性命的個體，也可能被承認為一個人；但他並沒有達到這種承認的真理，即作為一個獨立的自我意識。

——黑格爾，《精神現象學》[1]

一切人類的、人類繁衍的欲望（也就是產生自我意識、產生人類真實性的欲望），最終都是追求「承認」的欲望在發生作用。而為了讓人類真實性「出現」所甘冒的生命危險，就是為了此一欲望而冒的危險。因此，談到自我意識的「起源」，就必然要談到為爭取「承認」而殊死一戰。

——亞歷山大．柯傑夫，《黑格爾閱讀導論》(*Introduction to the Reading of Hegel*)[2]

世界各地的人民，從西班牙、阿根廷到匈牙利與波蘭，當他們推翻獨裁統治，建立自由民主國家時，他們的賭注是什麼？某種程度上，答案純然是負面的，是基於先前的政治秩序所犯的錯誤和

不正義：他們希望擺脫壓迫他們的人，即那些可恨的上校或黨派首腦，或者希望可以好好過日子，不用擔心被任意逮捕。東歐和蘇聯的居民相信或希望能得到資本主義的繁榮，因為在許多人心目中，資本主義和民主密不可分。但是，如我們已經看到的，沒有自由也完全可以擁有繁榮，例如西班牙、南韓、台灣在專制統治下所實現的那樣。然而對這些國家中的每一個來說，單單繁榮是不夠的。對於二十世紀末期的自由主義革命，或者對於從十八世紀美國和法國革命以來的任何自由主義革命，任何人如果想把在背後推動這些革命的人類基本動力僅僅描述為經濟革命的話，那他的說法將極不完整。由現代自然科學所創造的「機制」(Mechanism)仍然是對歷史進程的一種解釋，但這只是片面，而且最終說來並不令人滿意。自由政府本身就發出一種積極的號召力：當美國總統或法國總統讚美自由與民主時，自由民主是被讚美為本身即美好的事物，而且這種讚美似乎讓世界各地的人產生共鳴。

要理解這種共鳴，我們必須回到黑格爾；他是第一個響應了康德號召的哲學家，並寫下了在許多方面一直是最重要的普遍史。正如亞歷山大·柯傑夫所詮釋，黑格爾為我們提供了另一種「機制」來理解歷史的進程；這個機制建立在「爭取承認的鬥爭」之上。雖然我們不需要放棄歷史的經濟解釋，但是「承認」的解釋讓我們找回一種全然非物質主義的歷史辨證法；比起馬克思主義或源自於馬克思的社會學傳統，這種歷史辨證法對人類動機的理解更豐富得多。

當然，柯傑夫對黑格爾的詮釋，如我們這裡所呈現，是否真的即黑格爾本人所理解的黑格爾，或者其中是否摻入了實際上是「柯傑夫的」思想——這是一個合理的問題。柯傑夫確實把黑格爾論述中的某些內容，例如爭取承認的鬥爭及歷史的終結，拿來當作黑格爾論述的核心；這可能並不是黑格爾本人的處理方式。雖然就「當前的論點」而言，找出黑格爾原意是一個重要的任務，但我們關注的並不是黑格爾**本身**，而是由柯傑夫詮釋的黑格爾，或者也許是一個名叫黑格爾—柯傑夫的嶄新、人工合成的哲學家。接下來在提到黑格爾的時候，我們指的實際上將是黑格爾—柯傑夫，我們關注的更多是這些思想本身，而不是哪位哲學家最先闡述了這些思想。[3]

也許有人會認為，如果要揭開自由主義真正的含義，就要回到更久以前，去尋找作為自由主義最初源頭的哲學思想，也就是霍布斯和洛克。因為最古老和最持久的自由主義社會，例如盎格魯撒克遜傳統的國家，包含英國、美國和加拿大，通常都是以洛克的方式來自我理解。我們事實上也會回到霍布斯和洛克，但黑格爾對我們有特別的重要性。這有兩個原因。首先，他所提供的自由主義的理解，比霍布斯和洛克的更高貴。因為幾乎在洛克發表自由主義的同一時間，人們對於由此而產生的社會持續地感到不安，特別是對於該社會的最初產品——**資產階級**不安。這種不安最終可以歸咎在一個道德事實上，即**資產階級**主要關注的是自己的物質福祉，既沒有公共精神，也沒有良好美德，對自己周遭的社會也不關心。總之，**資產階級**是自私的；無論是馬克思主義左派還是貴族共和右派，當他們批判自由主義社會時，核心都是在批判私人個體的自私表現。與霍布斯、洛克不同，黑格爾為我們提供了另一種自由社會的自我理解；這種理解建立在人不自私的部分之上，而且他試圖保存這個部分作為現代政治工程的核心。他最終是否成功，還有待觀察：這一個問題將是本書最後一部分的主題。

回到黑格爾的第二個原因是，把歷史理解為「爭取承認的鬥爭」，實際上是看待當代世界一種相當有用的方式，具很高的啟發性。我們這些生活在自由民主國家的人，已經太習慣於看到時事敘述中的背後動機被化約為經濟原因；我們自己的認知也如此徹底地**資產階級化**，以至於我們時常很訝異地發現，大多數政治生活原來多麼不以經濟為考量。事實上，我們甚至沒有一套共同的詞彙來談論人性中傲慢和專斷的一面，而這正是大多數戰爭和政治衝突的源頭。「爭取承認的鬥爭」這個概念跟政治哲學本身一樣古老，指的是與政治生活本身幾乎等同的一種現象。如果現在的我們感覺這個詞彙有點奇怪與陌生，那只是因為在過去四百年裡，我們的思想已成功地「經濟化」了。然而，「爭取承認的鬥爭」在我們身邊隨處可見，而且是當代爭取自由權利運動的基礎，無論在蘇聯、東歐、非洲南部、亞洲、拉丁美洲或美國都一樣。

為了揭露「爭取承認的鬥爭」的意義，我們需要理解黑格爾對人的概念，或者說對人類本性的概念。[4]在黑格爾以前的近代早期，當自由主義理論家探討人類本性時，是透過描繪「最初之人」來呈現的，也就是去描寫「自然狀態」下的人。霍布斯、洛克和盧梭探討「自然狀態」時，從來不打算將它理解為對原始人的經驗敘述或歷史陳述，而是在進行一種思想實驗，為了把人類性格中那些僅僅是習俗產物的部分（例如剛好是義大利人、貴族或者佛教徒）去除掉，並把絕對意義下的人（man as man）的共同特徵發掘出來。

黑格爾並沒有自然狀態的理論，事實上他應該也不會接受「人類有永恆不變的本質」這樣的概念。對他來說，人是自由的、未被決定的，因此能在歷史時間的過程中創造自己的本性。然而這個自我創造的歷史過程卻有一個起點，看起來就像是一個自然狀態的理論。[5]黑格爾在《精神現象學》中描述了一個原始的「最初之人」，他生活在歷史的開端裡；而這個最初之人，在哲學的功能上，跟霍布斯、洛克、盧梭的「自然狀態下的人」並沒有區別。也就是說，這個「最初之人」就是一個原初形態的人；他所擁有的人類根本屬性，是在市民社會的產生以及歷史進程的開始之前，就已經具備的。

黑格爾的「最初之人」跟動物一樣，有某些基本的自然欲望，例如對食物、睡眠、居所的渴望，以及最重要的——保存自己生命的欲望。在這個程度內，他是自然或物理世界的一部分。但是黑格爾的「最初之人」與動物有著根本的不同，他不只渴望真實、「正面的」對象（一塊肉，保暖的毛皮外套，或者可遮風避雨的住處），而且還渴望完全非物質的對象。最重要的是，他還渴望其他人的欲望，意即他想要被他人需要，或者被他人**承認**。確實，對黑格爾來說，一個人如果不被其他人類所承認，就不可能有自我意識，即無法意識到自己是一個獨立的人類。換句話說，人從一開始就是一個**社會**的存在：他個人的自我價值感和身分認同，是跟他人給他的評價密切連結在一起的。用大衛・里斯曼（David Riesman）的話來說，他從根本上是「外部支配的」(other directed)。[6] 雖然動物表現出社會行為，但這種行為出於本能，是基於彼此間自然需求的互相滿足。一隻海豚或猴子渴望魚或香蕉，而不渴望另一隻海豚或猴子的欲望。正如柯傑夫所解釋，只有人可以渴望「一個從生物學角度來看完全無用的物品（如勳章，或敵人的旗幟）」；他渴望這些物件不是為了物件本身，而是因為這些物件被其他人類所渴望。

但黑格爾的「最初之人」跟動物還有第二個、也更根本的不同。這個人不只希望得到其他人的承認，而且還希望被承認為一個**人**。而一個人作為人類的身分，意即他最根本、最獨特的人類特徵，就在於他有能力冒生命危險。於是，「最初之人」與其他人相遇後，就發生一場激烈的爭鬥，爭鬥的雙方都賭上性命，要對方「承認」自己。人從根本上來說是一種他者支配的、社會性的動物，但這個社會性卻不是引導他走入和平的公民社會，而是讓他為了純粹的威望而進行一場激烈的殊死鬥爭。這場「血腥的戰鬥」可能有下列三種結果。戰鬥可能導致雙方都死亡，在這種情況下，生命本身，包含人類生命與自然生命，也就劃下句點。戰鬥可能導致其中一方死亡，在這種情況下，存活者仍然不滿足，因為已經沒有另一個人類意識來承認他。或者，最後戰鬥可以在主奴關係中結束，其中一個爭鬥者決定屈服於奴役的生活，而不是面臨暴力死亡的風險。於是主人得到滿足，因為他冒了生命危險，而且就這一點得到另一個人類的承認。在黑格爾的自然狀態中，兩個「最初之人」的最初相遇，完全就跟霍布斯的「自然狀態」或洛克的「戰爭狀態」一樣暴力，但結果產生的並不是社會契約，或其他形式的和平公民社會，而是產生出一種高度不平等的主奴關係。[7]

對黑格爾來說，就像對馬克思一樣，原始社會被劃分為不同的社會階級。但與馬克思不同的是，黑格爾相信，最重要的階級差異不是基於經濟功能（例如是地主還是貧農），而是基於一個人面對暴力死亡的態度。社會被劃分為願意賭上性命的主人和不願意這麼做的奴隸。黑格爾對早期階級分層的理解，就歷史而言，可能比馬克思的更為準確。許多傳統的貴族社會一開始是從遊牧民族的「勇士性格」中發展出來的；由於比別人更無情、殘酷與勇敢，他們征服了較習慣定居的民族。在最初的征服之後的幾個世代裡，主人們在莊園裡定居下來，以地主的身分向他們統治的廣大貧農「奴隸」徵收賦稅或供奉，於是形成一種經濟關係。但是，戰士性格（基於願意冒死的先天優越感）在世界各地的貴族社會文化中，仍一直是基本核心。即使在長年的和平與閒暇中，在這些貴族已經退化為嬌慣柔弱的朝臣之後很久，這件事也沒有改變。

黑格爾對早期人類的這段描述，當中有很大部分在現代人聽起來會感覺相當奇怪，尤其是他把願意為了純粹的威望而在戰鬥中冒生命危險，視為是人類最基本的特徵。因為，願意冒生命危險難道不只是一種原始的社會習慣，難道不是像決鬥與復仇殺人一樣，早已消失在這個世界上了嗎？[8]在我們的世界上，仍然有人到處在血腥戰鬥中冒生命危險，只為了一個名號、一面旗子，或者一件衣服；但他們通常隸屬於血幫（the Bloods）或瘸幫（the Crips）這樣的幫派*，以販毒為生，或者生活在阿富汗這樣的國家裡。如果一個人為了僅僅具有象徵價值的事物、為了威望或得到他人的承認，而願意殺人與被殺，那麼我們在什麼意義上可以說這個人，比起那些在挑戰面前更理智地退卻、並將他的主張交付和平仲裁或送上法院的人，更算是一個真正的人？

只有當我們更深入地思考黑格爾對人類自由的觀點，才能了解，在爭取威望的戰鬥中，願意冒生命危險為什麼重要。在我們所熟悉的盎格魯撒克遜自由主義傳統中，有一種常識性的理解，認為自由單純就是沒有束縛。因此，根據托馬斯．霍布斯的說法：「自由確切而言意味著沒有反對（所謂反對我指的是對於運動的外在阻撓），而且自由同樣可適用於非理性和無生命的受造物，不下於適用在理性生物上。」[9] 按照這個定義，一塊從山丘上滾下來的岩石，和一頭在森林中不受拘束地遊蕩的飢餓的熊，都可以說是「自由的」。但事實上我們知道，岩石的翻滾是由重力和山丘的坡度所決定，就像熊的行為是由各種自然欲望、本能以及需求的複雜交互作用所決定。一頭飢餓的熊在森林中覓食，也只在形式意義上是「自由的」。牠別無選擇，只能聽從自己的飢餓與本能。熊通常不會為了更高的事業而絕食抗議。岩石與熊的行為是由自身的物理或生理本性以及周圍的自然環境所決定。在這個意義下，牠們像是被輸入程式的機器，只能按照一套特定的規則運作，而最終的規則就是物理學的基本定律。

根據霍布斯的定義，任何人類，如果不是生理或物理上被限制去做某件事，都可以被認為是「自由的」。但人也具有生理或動物的本性：在這個範圍內，他或她也可以被認為不過只是一組有限的需求、本能、欲望和激情的集合，而這些事物以一種複雜但最終是機械式的方式交互作用，以決定這個人的行為。因此，一個飢餓受凍的人為了滿足對食物和居所的自然需求，並不比熊、或甚至比岩石更自由：他只是一部更複雜的機器，也依照一套更複雜的規則來運轉。他在尋找食物和住所的時候沒有受到物理上的限制，這只創造了自由的表象，實質上並非自由。

霍布斯偉大的政治作品《利維坦》(*Leviathan*) 一開始就是一幅這樣的描繪景象：人作為一部高度複雜的機器。他將人類本性分解成一系列基本激情，如快樂、痛苦、恐懼、希望、憤怒、野心等；他認為這些激情，在不同組合下，足以決定和解釋人類全部的行為。因此，霍布斯最終並不相信人在具有道德選擇能力的這個意義上是自由的。他在行為上可能多少合乎理性，但這種理性不過是為了服務自我保全等大自然所賦予的目的。而大自然又完全可以用不久前才被牛頓爵士所闡明的物質運動定律來解釋。

相比之下，黑格爾從一開始對人的理解就完全不同。人不只並非由他的生理或動物本性所決定，而且他之所以為人類，正在於他有能力克服或否定這種動物本性。他的自由不僅僅是霍布斯形式意義上的自由，即身體不受物理約束，而且還是形上學意義上的自由，即根本上不被自然本性決定(包含不被他自己的本性、周圍的自然環境，以及自然定律所決定)。簡言之，他能夠在兩種行動方案間做出真正的**道德**選擇，意即不僅僅是基於哪一個方案更有用，也不只是看哪些激情與本能占上風，而是因為他有先天的自由可以訂定並堅守自己的規則。而人特有的**尊嚴**並非來自於他有優越的計算能力，使他成為一部比低等動物更聰明的機器，而正在於他有能力做自由的道德選擇。

---

* 譯註：洛杉磯著名的兩大幫派。

然而我們如何知道人在這個更深刻的意義上是自由的呢？當然，人的選擇在許多案例上只是自我利益的計算，無非只是滿足動物性的欲望或激情。例如，一個人可能會克制自己不去偷鄰居果園的蘋果，但不是出於任何道德感，而是因為他擔心後果會比現在的飢餓更嚴重，或者因為他知道鄰居要出遠門，蘋果很快就能供他摘取。他能以這種方式計算，並不代表他受自然本能（在此例中即飢餓）決定的程度，就比直接抓蘋果吃的動物更低。

黑格爾不會否認人有動物性的一面，也不否認人有一個有限與被決定的本性：他確實需要食物與睡眠。但是，他顯然也能以完全違反自然本能的方式來行動，而且他違反這些自然本能不是為了滿足一個更高或更強大的本能，而是在某種程度上，純粹只是為了違反。這也是為什麼甘冒生命危險去爭奪純粹的威望，在黑格爾的歷史陳述中占據如此重要的地位。因為藉由冒生命危險，人就證明了他可以違背自己最強大、最基本的本能，即自我保全的本能。正如柯傑夫所說，人的欲望必須戰勝動物性的自我保全的欲望。而這也是為什麼那場發生在歷史開端的原始戰鬥只能是為了爭奪威望本身，或者為了爭奪勳章、旗幟這類乍看之下無足輕重但象徵承認的物件。我戰鬥的原因，是為了讓另一個人承認我願意冒生命危險，因此我是自由的，是一個真實意義下的人。如果是為了其他某種目的（或者像我們這樣受了霍布斯和洛克薰陶的現代資產階級會說的話，為了某種「合理的」目的）而進行血腥戰鬥，例如為了保護自己的家庭、為了獲得對手的土地和財產，那就只是為了滿足其他某種動物性的欲望。事實上，許多低等動物都能冒生命危險進行戰鬥，例如為了保護自己的孩子，或為了劃定可覓食的地盤。在每種情況下，這些行為都是由本能所決定，都是為了演化目的而存在，即為了確保物種的存續。唯有人類能夠在進行一場血腥戰鬥時，完全只是為了要證明他能不顧自己的性命、證明他不只是一部複雜的機器或一個「激情的奴隸」，[10]簡而言之，只為了證明他有人類特有的尊嚴，因為他是自由的。

也許有人會說，「反本能」的行為，像是願意為爭奪威望而冒生命危險，單純只是被更深一層、更返祖的本能所決定，只是黑格爾沒有意識到這一點。確實，現代生物學指出，動物與人類都會進行威望之爭，儘管沒有生物學家會主張後者是道德的行動主體。如果我們認真看待現代自然科學的教導，那麼人類的領域完全從屬於自然界，也同樣由自然定律所決定。所有人類行為最終都可以用低於人類的層次來解釋，即透過心理學與人類學，而心理學與人類學又以生物學與化學為基礎，最終則是建立在自然界基本力量的運作上。黑格爾與他的先行者伊曼紐爾．康德都注意到，現代自然科學的物質主義基礎已威脅到人類自由選擇的可能性。康德偉大的《純粹理性批判》（*Critique of Pure Reason*）最終的目的，就是要在機械的自然因果關係的大海中，用嚴格的哲學方式圍出一座「島嶼」，以便讓真正自由的、人類的道德選擇，得以與現代物理學共存。黑格爾接受了這座「島嶼」的存在；事實上這座島嶼遠比康德所設想的要更大、更寬闊許多。兩位哲學家都相信，在某些面向上，人類很大程度是不受制於物理學定律的。這並不是說人類的運動可以超過光速，或者可以取消重力的作用，而是說道德現象不能簡單地化約為物質運動的力學。

至於對德國觀念論所創造的這座「島嶼」的適切性進行分析，則已經超出了本書的範圍和意圖；人類的自由選擇是否可能？這個形上學問題，就像盧梭所說，是一座「哲學的深淵」。[11]不過如果暫時把這個折磨人的問題放到一邊，我們還是可以注意到，作為一種**心理學**現象，黑格爾對於死亡風險重要性的強調，指向了某種極為真實與重要的事物。無論真正的自由意志是否存在，幾乎所有的人都會**像是**真有這回事那樣來行動，並且人們評價彼此的標準，就是看對方是否能夠按照自己真正相信的道德信念做出選擇。雖然人類大部分活動都是為了滿足自然的需要，但有不小部分的時間則是用於追求更高遠的目標。人們不只追求物質上的安逸，也追求尊重或承認；此外他們相信自己也值得尊重，因為他們擁有一種特定的價值或尊嚴。一門心理學或一門政治科學，如果沒有考慮到人對承認的渴望，以及他不常表現但相當強烈的行動意願，有時候甚至能違反最強烈的自然本能，那麼就會誤解人類行為中某種極為重要的事物。

對黑格爾來說，自由不光只是一種心理現象，而是人之所以為人的本質所在。在這個意義下，自由和自然截然對立。自由並不是生活在自然裡的自由，或依照自然而生活的自由；正好相反：只有在自然結束之處，自由才開始。只有當人能夠超越其自然的、動物性的存在，並**為自己**創造一個新的自我時，人類自由才會出現。這個自我創造的過程有一個象徵性的起點，那就是為純粹威望而進行的殊死鬥爭。

不過，儘管這種爭取承認的鬥爭是第一個真實意義下的人類行動，它卻遠遠不是最後一個。黑格爾的「最初之人」所進行的血腥戰鬥只是黑格爾辨證法的起點，距離現代的自由民主制還有相當遙遠的路途。人類歷史的問題在一定意義上可以視為是在尋找一種辦法，好讓主人和奴隸**雙方**在相互且平等的基礎上滿足被承認的欲望；當有一天，一個能實現這個目標的社會秩序獲得勝利，歷史也就達到終點。

然而，在描述辨證法演進的下一個階段之前，為了方便理解，我們不妨將黑格爾對於「最初之人」在自然狀態中的描述，拿來與現代自由主義的傳統奠基者霍布斯和洛克的描述做個對照。因為雖然黑格爾的起點與終點跟這些英國思想家的想法頗為相似，但他的人類概念卻根本不同，可以給我們提供一種相當不同的看待當代自由民主制的方式。

註釋

1 Hegel, *The Phenomenology of Mind,* trans. J. B. Baillie (New York: Harper and Row, 1967), p. 233.

2 Kojève (1947), p. 14.

3 關於柯傑夫與真正的黑格爾的關係，請看 Michael S. Roth, "A Problem of Recognition: Alexandre Kojève and the End of History," *History and Theory* 24, no. 3 (1985): 293-306; 以及 Patrick Riley, "Introduction to the Reading of Alexandre Kojève," *Political Theory* 9, no. 1 (1981), pp. 5-48。

4 關柯傑夫對於黑格爾的「爭取承認的鬥爭」的說明，請看 Roth (1988), pp. 98-99; and Smith (1989), pp. 116-117。

5 提出這個論點的是 Smith (1989a), p. 115，也請看 Steven Smith, "Hegel's Critique of Liberalism," *American Political Science Review* 80, no. 1 (March 1986): 121-139。

6 David Riesman in *The Lonely Crowd* (New Haven: Yale University Press, 1950) 里斯曼使用「外部支配」(other-directed) 一詞來指稱一種他在戰後美國社會中觀察到的不斷蔓延的因循盲從心態；他用這個詞來與十九世紀美國人的「內在支配性」(inner-directedness) 互相對照。在黑格爾看來，沒有人可以是真正「內在支配的」；人如果不與其他人互動、不被其他人承認，就甚至無法成為一個人類。里斯曼所說的「內在支配性」，實際上應該是一種隱密的「外部支配性」。例如，有強烈宗教信仰的人，表面上看起來完全自足，實際上是建立在一個曾被移除的「外部支配性」之上，因為人為自己創造了宗教的標準以及奉獻的對象。

7 Friedrich Nietzsche, *On the Genealogy of Morals,* 2:16 (New York: Vintage Books, 1967), p. 86.

8 當代人對決鬥背後的人類動機缺乏理解。John Mueller, *Retreat from Doomsday: The Obsolescence of Major War* (New

York: Basic Books, 1989), pp. 9-11.

9 Hobbes, *Leviathan* (Bobbs-Merrill, 1958), p. 170.

10 這句話來自盧梭的《社會契約論》（*Social Contract*）：「只受食欲的驅動就是奴隸，遵守自己制定的法律則是自由。」*Oeuvres complètes,* vol. 3 (Paris: Gallimard, 1964), p. 365. 盧梭對「自由」的用法同時包括了霍布斯和黑格爾的兩種意義。一方面，他在《第二演講集》中提到，人在自然狀態下可以自由地遵循自己的自然本能，如對營養、性、休息的需要；另一方面，這段話也點出了他的理解，即「形上學的」自由需要從激情與匱乏中解放出來。他談到人類可趨於完美的特性時，跟黑格爾把歷史過程理解為自由的人自我創造的過程的說法相當相似。

11 盧梭在《社會契約論》第一版中的說法更準確：「在人的構成中，靈魂對身體的作用是哲學的深淵。」Rousseau (1964), vol. 3, p. 296.

第十四章
最初之人

因為每個人都期待他的同伴應該重視他，且其重視程度應該要像他對自己的重視看齊；如果出現任何輕蔑或鄙視他的訊號，他自然就會盡一切的膽量去傷害那個人，迫使他給予自己更高的重視，同時藉由這樣的範例，警告其他人給予自己同樣的重視。

——托馬斯・霍布斯，《利維坦》[1]

當代自由民主國家並不是從傳統的幽暗迷霧中自己浮現出來的。和共產主義國家一樣，民主國家也是人類在特定時間點上，根據對於人的某種理論認識，以及出於對人類社會應有的政治體制的理解，有意識地建立起來的。雖然自由民主制沒有像卡爾・馬克思那樣的單一作者作為其理論源頭，但是這個制度確實宣稱自己是建立在具體的理性原則之上；而這些原則擁有我們易於追溯的、豐富的思想淵源。被寫入《獨立宣言》和《美國憲法》中的美國民主的基本原則，是以傑佛遜、麥迪遜、漢彌爾頓（Hamilton）以及其他美國開國元勳的著作為基礎，而這些人的許多思想又得自於托馬斯・霍布斯與約翰・洛克的英國自由主義傳統。如果要揭露世界最古老的自由民主國家如何理解自己（北美以外的許多民主國家也已經採取了同樣的自我理解），我們就需要回顧霍布斯和洛克的政治著作。因為，雖然這些作者先於黑格爾提出了關於「最初之人」本性的許多假設，但是他們（以及他們所開啟的盎格魯撒克遜自由主義傳統）對於「被承認的欲望」卻採取了截然不同的態度。

托馬斯・霍布斯今天廣為人知的主要是兩件事：一個是他把自然狀態描述為「孤獨、貧窮、惡劣、殘忍和粗暴」，另一個是他的君主專制主權學說，經常與洛克更「自由」的主張——人民有權利對暴政進行革命——形成負面的對照。然而，雖然霍布斯絕非現代意義上的民主派，但他絕對是一個自由主義者，而且他的哲學還是現代自由主義的源頭。因為正是霍布斯首先確立了統治合法性的原則：政府的合法性源於被統治者的權利，而不是國王的神聖權利，也不是統治者的先天優越性。在這個面向上，他跟洛克或美國《獨立宣言》的起草者之間的差異其實微不足道，跟菲爾默（Robert Filmer）與胡克（Richard Hooker）這些在時間上更接近他的作家之間，反而有一道鴻溝。

霍布斯的權利與正義原則是從他對自然狀態下的人的刻劃中所推導而出。霍布斯的自然狀態是「從特定激情中推論而出」。這種狀態也許從來不曾作為人類歷史的普遍階段存在過，但當公民社會崩潰時，所有地方都潛在此種狀態——例如在黎巴嫩這樣的地方，當該國一九七〇年代中期陷入內戰之後，這種自然狀態就明白顯現出來。就像黑格爾的血腥戰鬥一樣，霍布斯的自然狀態也是為了闡明，當人類最恆久、最根本的激情互相作用時，會產生出何種人類處境。[2]

霍布斯的「自然狀態」與黑格爾的血腥戰鬥有驚人的相似之處。首先，兩者的特色都是極端的暴力：主要的社會現實不是愛或和諧，而是「每個人對每個人的戰爭」。而且，雖然霍布斯沒有使用「爭取承認的鬥爭」這個詞彙，但他這個所有人對所有人的戰爭所爭奪的對象，基本上與黑格爾的相同：

> 因此，在人的本性中，我們發現爭吵的三個主要原因：第一，競爭；第二，不信任；第三，**榮譽**……第三種使人為了小事情去侵犯別人，例如為了一句話、一個微笑、一個不同的意見，以及任何其他輕蔑的跡象，無論是直接對他們本人，還是間接對他們的親人、朋友、國家、職業，或者對他們的名字。[3]

根據霍布斯，人們可能會為了必需品而爭吵，但更多時候，他們是為了「小事」而爭鬥——換句話說，是為了爭取承認。偉大的物質主義者霍布斯最後用以描述「最初之人」本性的語詞，與觀念論者黑格爾所用的差異並不大。也就是說，首先驅使人們進入所有人對所有人的戰爭中的，並非對物質財富的貪婪，而是少數有野心的人為了滿足驕傲與虛榮所致。[4]黑格爾的「對欲望的欲望」，或者說對「承認」的追求，不外乎就是我們一般稱之為「驕傲」或「自尊」的人類激情（當我們認可時），或者「虛榮」、「浮誇」或「自負」（當我們不認可時）。[5]

此外，兩位哲學家都明白，自我保全的本能在某種意義上，是自然激情當中最強烈也最普遍的一種。對霍布斯來說，這種自我保全的本能，連同「過舒適生活所必需的事物」，讓人最傾向選擇和平的激情。黑格爾和霍布斯都在原始之戰中看到一種根本的緊張關係：在一方面，人的自豪，或者被承認的欲望，引誘他冒生命危險走進威望之戰；另一方面，他對暴力死亡的恐懼使他傾向於退讓，並接受奴役的生活，以換取和平與安全。最後，霍布斯會接受黑格爾的論點：就歷史來說，這場血腥戰鬥產生了主奴關係，因為有一名戰鬥者出於對自己生命的擔憂，而向另一名戰鬥者屈服了。對霍布斯來說，主人對奴隸的統治是暴政；這種狀況並不能使人脫離自然狀態，因為奴隸只是在隱然的武力威脅下才為主人服務。[6]

然而，霍布斯和黑格爾論述的本質相異之處，即盎格魯撒克遜的自由主義傳統出現決定性轉折之處，是他們為戰鬥雙方賦予了相對不同的道德分量：一邊是自豪或虛榮等激情（即「承認」）；另一邊則是對暴力死亡的恐懼。如同我們已經看到的，黑格爾相信，甘冒生命危險去為純粹的威望而戰，在某種意義上正是人之所以為人的原因，是人類自由的基礎。最終來說，黑格爾並不「贊同」主人和奴隸這種高度不平等的關係；他完全清楚這種關係同時是原始與壓迫性的。然而他明白，這是人類歷史一個必不可少的階段；在這個階段中，階級等式的兩個項，即主人和奴隸，都保存了人性中某種重要的事物。主人的意識對他來說，在某種意義上比奴隸的意識更高也更像人，因為奴隸臣服於對死亡的恐懼，沒能成功地超越他的動物性，因此比主人更不自由。換句話說，黑格爾在貴族戰士的自豪裡發現某種道德上值得讚賞的事物，因為後者願意冒生命危險；而且在奴隸意識裡發現某種可恥的事物，因為奴隸追求自我保全甚於一切。

但是另一方面，霍布斯在貴族主人的自豪（或者更恰當地說是虛榮）裡沒有發現任何道德上的可取之處：事實上，正是這種被承認的欲望，這種願意為一枚勳章或一面旗子等「小事」而爭鬥的心態，才是自然狀態中一切暴力和人類苦難的根源。[7]對他來說，最強烈的人類激情是對暴力死亡的恐懼，而最強烈的道德命令（「自然法則」）則是保全自己的肉體存在。自我保全是根本的道德事實：一切正義與權利概念，對霍布斯來說，都建立在對自我保全的理性追求之上，而不義和損害則是那些導致暴力、戰爭和死亡的事物。[8]

對死亡的恐懼占有核心的重要性；這是使霍布斯走向現代自由國家的原因。因為在自然狀態下，在成文的法律與政府建立之前，每個人都有維護自己生存的「自然權利」；這使他有權採取任何他認為必要的手段來達成這個目的，包含暴力手段。由於沒有共同的主人，不可避免的結果就是所有人對所有人的混亂戰爭。而這種無政府狀態的解決辦法，就是根據下列社會契約建立政府：所有人都同意「放下對一切事物的權利，並滿足於對他人只保留有限的自由，其範圍與他允許別人對自己所做的相當」。國家合法性的唯一來源，就是它有能力保護和保全每個個體作為人所擁有的那些**權利**。在霍布斯看來，最根本的人權就是生命權，即每個人維護自己肉體存在的權利；所以唯一合法的政府，就是能夠充分保全生命，防止重新回到所有人對所有人的戰爭的政府。[9]

然而，和平與生命權的維護並不是免費的。霍布斯的社會契約的根本要點是一項協議：為了換取肉體存在的保全，人們同意放棄不義的自豪和虛榮。霍布斯的要求是，凡是爭取承認的鬥爭，特別是爭取被承認為更優越的鬥爭（理由是願意冒生命危險進行威望之戰），現在都應該放棄。任何人想顯示自己比他人優越，想基於優越的德性來宰制他人，或者擁有極力突破自己「人性，太過人性」之限制的高貴品格，都必須被說服，這些只是他的驕傲與愚昧。因此，這個源自於霍布斯的自由主義傳統明確針對的，就是那些試著超越自己「動物」本性的少數人，並且以一種人類共通的最低等的激情（自我保全）之名義來約束他們。事實上，這個激情不僅是人類共有，而且也是「低等」動物所共有。與黑格爾相反，霍布斯認為被承認的欲望，以及對「單純」活著的高貴蔑視，並不是人之自由的開始，而是人之苦難的源頭。[10] 霍布斯最有名的著作名稱就是這樣來的：當霍布斯寫到，「上帝在闡述過利維坦的偉大力量後，便稱之為**驕傲者**的王」，他就把他的國家比作巨獸利維坦，因為牠是「所有驕傲之子的王」。[11] 利維坦並不去滿足這種驕傲，而是將其壓制。

從霍布斯到「一七七六年精神」，再到現代自由民主制，相距並不長。霍布斯信奉君主專制主權，並不是因為國王有任何與生俱來的統治權利，而是因為他相信君主可以被授予某種與「人民的同意」差不多的事物。他認為「被統治者的同意」不只可以通過自由、無記名、多政黨的普遍選舉來獲得（像我們今天這樣），而且也可以通過一種「默示同意」（tacit consent）來取得，意即公民願意生活在一個特定政府之下，並遵守其法律。[12] 對霍布斯來說，暴政與合法政府之間有著相當清楚的區別，儘管兩者在外表上看起來可能很相似（即兩者都採取君主專制的形式）：合法統治者有人民的同意，而暴君沒有。霍布斯偏向一人統治，而不是議會或民主統治，這是因為他相信必須有強大的政府來鎮壓驕傲的人，而不是對人民主權的原則本身有所異議。

霍布斯論證的弱點在於，合法君主有悄悄變成暴君的傾向；如果沒有選舉這樣的制度性機制來呈現人民的同意，我們通常很難知道某位君主是否還享有這樣的同意。因此，約翰・洛克就做了一件相對容易的事：他把霍布斯的君主主權論，修改成以多數統治為基礎的議會主權或立法主權論。洛克同意霍布斯，認為自我保全是最基本的激情，生命權是基本權利，其他權利都是由此而來。雖然他對自然狀態的看法比霍布斯溫和，但是他也認為，自然狀態常常惡化為戰爭或無政府狀態，而合法政府的建立是來自於有必要保護人免於受到他自己的暴力。不過洛克指出，專制君主也可能會侵犯人自我保全的權利，例如當國王任意剝奪臣民的財產和生命時。所以解決這個問題的辦法不是君主專制，而是有限的政府，一個保障公民基本人權的立憲政權，而且其權威來自於被統治者的同意。照洛克的看法，霍布斯的自我保全之自然權利隱含了一種對暴君的革命權，如果這名暴君不義地使用他的權力來危害人民的利益的話。當《獨立宣言》第一段提到「一個民族有必要解除與另一個民族之間的政治束縛」時，援引的就是這種革命權。[13]

洛克不會反對霍布斯把「自我保全」的道德價值置於「爭取承認」之上。為了自我保全，爭取承認也必須做出犧牲，因為自我保全是最根本的自然權利，所有其他權利都是從其衍生。但是與霍布斯相反，洛克會認為人不僅有保全肉體存在的陽春權利，而且還有權利過舒適與潛在富裕的生活；公民社會的存在不只是為了維護社會和平，而也是為了保護「勤勞與理性」的人，透過私有財產制，為所有人創造財富的權利。自然的貧困被社會的富足所取代，以至於「(在美利堅)統治一大片肥沃土地的國王，其飲食、居所、衣著還比不上英國的臨時工」。

洛克的最初之人與霍布斯的最初之人類似，但與黑格爾的最初之人則根本不同：儘管洛克的最初之人在自然狀態中也為爭取承認而鬥爭，但他必須接受教育，以使被承認的欲望從屬於保全生命的欲望，也從屬於給生命帶來物質享受的欲望。黑格爾的最初之人渴望的不是物質財產，而是另一種欲望，即渴望他人承認他的自由與人性，並且在追求承認的過程中，表現出對「此世之物」的漠不關心，不論是對私人財產還是對自己的性命都是如此。相較之下，洛克的最初之人進入市民社會，並不只是為了保護他在自然狀態下已有的那些物質財產，而是為了打開機會的大門，以便無限制獲取更多財富。

儘管近代的一些學者努力在美國政體中尋找古典共和主義的根源，但美國的創建其實相當深刻地受到約翰·洛克思想的薰陶。[14] 托馬斯·傑佛遜認為人的生命權、自由權以及追求幸福的權利是

「不證自明」的真理，這跟洛克的生命權和財產權等自然權利並沒有本質的差別。美國的建國者認為，美國人是身為人類便擁有這些權利，先於任何統治他們的政治權威的建立，而政府的主要目的就是去保護這些權利。美國人認為自己與生俱來的權利項目已經超出了生命、自由以及追求幸福的範圍，不僅包含《權利法案》中列舉的權利，而且還包含其他權利，像是較晚才發明的「隱私權」。然而，無論所列舉的具體權利是什麼，美國的自由主義及其他近似的憲政共和國的自由主義，都有一個共同的自我理解，即這些權利畫出了一塊屬於個人選擇的範圍，政府的力量在其中受到嚴格的限制。

對於一個受過霍布斯、洛克、傑佛遜和其他美國開國元勳思想薰陶的美國人來說，黑格爾如此尊崇冒生命危險進行威望之戰的貴族主人，聽起來一定非常的日爾曼與怪誕。這並不是因為這些盎格魯撒克遜思想家當中沒有一個人看到，黑格爾的最初之人也是一個真實的人類類型。而是他們認為，政治問題在某種意義上，就是去說服可能的主人接受奴隸的生活，請他接受一種無階級的奴隸社會。這是因為他們遠遠不像黑格爾那樣看重從被承認中獲得的快感，尤其當拿來與「人類的主人」所遭受的痛苦——即死亡——斟酌比較時，這種快感更是微不足道。事實上他們相信，對暴力死亡的恐懼及對舒適的自我保全的欲望是如此強烈，導致對於任何理性且深知自我利益的人來說，這些激情會蓋過被承認的欲望。我們為什麼會立刻感覺黑格爾的威望之戰是非理性的，幾乎像本能反應那樣，源頭就在這裡。

事實上，選擇奴隸而非主人的生活，這樣的選擇並不是那麼理所當然地更為理性，除非你接受盎格魯撒克遜傳統，願意賦予「自我保全」一個比「獲得承認」更高的道德分量。無法令我們滿意的，正是因為在霍布斯和洛克的思想中，自我保全或者舒適的自我保全，被賦予了道德的優先性。除了制定互相自我保全的規則以外，自由社會並不嘗試為公民定義任何積極的目標，或者提倡某種特定的生活方式比其他生活方式更優越或更理想。無論生活中要有什麼積極的內容，都必須由個人自身來填補。這種積極的內容，可以是高層次的從事公職或熱衷慈善，也可以是低層次的自私享樂與刻薄吝嗇。國家本身對此並不關心。事實上，政府承諾會容忍不同的「生活方式」，除非一種權利的行使侵害到另一種權利。在缺乏積極、「更高的」目標的情況下，洛克自由主義的核心顯得空洞，而通常填補這個真空的是對財富的無止境追求，不再受到需求與匱乏等傳統束縛所限制。[15]

如果我們考慮到自由主義社會最典型的產物，即後來被貶稱為**布爾喬亞**（bourgeois）的新形態個人，那麼自由主義對人的觀點的局限性就更為明顯了：所謂布爾喬亞，就是狹隘地只關注自己當下的自我保全以及物質福祉的那種人；至於周遭社會，則只在能促進或實現他私人利益的範圍內，才讓他產生興趣。洛克意義下的人不需要有公共精神、不必愛國，也不用關心身邊的人的福祉；而就像康德所說，自由社會可以由魔鬼組成，只要他們是理性的就行。我們不清楚為什麼一個自由主義國家的公民，特別是霍布斯所理解的那一種，會想到要去服兵役，並冒生命危險為他的國家去打仗。因為如果個人的自我保全是他基本的自然權利，那麼一個人還能有什麼合乎理性的理由去為國捐軀，而不是試圖帶著錢財與家人逃跑呢？即使在和平時期，霍布斯或洛克的自由主義也沒有提供任何理由解釋，為什麼社會上最優秀的人要選擇公共服務和從事政治，而不是去過賺錢的私人生活。事實上，我們並不清楚洛克意義下的人為什麼要積極參與社群生活，為什麼私下要對窮人慷慨解囊，甚至為什麼要為養家餬口做出必要的犧牲。[16]

你能否創造一個沒有人有公共精神卻仍然可以運作的社會？即使撇開這個實際的問題不談，這裡還有一個更重要的問題：如果一個人的目光永遠不超過自己狹隘私利和生理需求的範圍，這樣的人是不是有一些深刻的可鄙之處？黑格爾的貴族主人在威望之戰中冒生命危險，只是人類衝動超越單純的自然或生理需要的最極端例子。爭取承認的鬥爭是否有可能其實反映了一種對自我超越的渴望，而這種渴望不僅僅是自然狀態中以及奴隸制裡的暴力的根源所在，而且也是愛國主義、勇敢、慷慨、公共精神等高尚激情的源頭？「被承認」是不是與人的本性中的整個道德層面有某種聯繫？而當一個人為了超越身體的目標或原則，而犧牲對自身身體的狹隘關懷時，這個道德的層面就得到滿足？黑格爾沒有為了支持奴隸的觀點而否定主人的觀點，而是將主人爭取承認的鬥爭，在某種程度上確立為人類的核心；意即黑格爾力圖尊重和保存人類生活的某種道德層面，而這種道德層面在霍布斯和洛克所設想的社會中是完全不存在的。換句話說，黑格爾把人理解為一個道德行動主體，其特定的尊嚴與他內在的自由有關，意即他並不受生理或自然條件的決定。正是這種道德層面，以及為了讓這一點得到承認而進行的鬥爭，才是推動歷史辨證進程的動力來源。

但在這場原初的血腥戰鬥中，那爭取承認的鬥爭與死亡風險，以及我們比較熟悉的道德現象，是怎麼彼此連結起來的呢？要回答這個問題，我們需要更深入地探討何謂「承認」，並試圖了解人類性格的哪一個面向產生了這個現象。

註釋

1 Hobbes (1958), p. 106.

2 與霍布斯的自然狀態相比，黑格爾的血腥戰鬥在某種意義上是為了刻劃一個真實的歷史時刻（或者更準確地說，在歷史開端）的狀態。

3 強調之處為筆者所加。Hobbes (1958), p. 106.

4 Hobbes, *De Cive* Preface 100-101; Melzer (1990), p. 121.

5 請看柯傑夫於一九三六年十一月二日給列奧・史特勞斯的信；他在結語中說：「霍布斯沒能體會勞動的價值，因此低估了鬥爭（『虛榮』）的價值。根據黑格爾，勞動的奴隸理解（一）自由的**理念**，（二）這個理念在鬥爭中的**實現**。因此，最一開始的『人』永遠是主人或奴隸；在歷史『終點』的『完整的人』則既是主人又是奴隸（也就是說，既是兩者，也兩者都不是）。只有這個才能**滿足**他的『虛榮』。」強調之處為原文所有。Leo Strauss, *On Tyranny*, Revised and Expanded Edition, Victor Gourevitch and Michael Roth, eds. (New York: Free Press, 1991), p. 233.

6 關於這個霍布斯與黑格爾的比較請看 Leo Strauss, *The Political Philosophy of Hobbes* (Chicago: University of Chicago Press, 1952), pp. 57-58。在一個註解中，史特勞斯解釋說：「亞歷山大・柯傑夫尼科夫（M. Alexandre Kojevnikoff）與筆者打算對黑格爾與霍布斯之間的連結進行詳細的調查。」很可惜這個計畫從未完成。

7 根據霍布斯：「因為想像自己的力量與能力而產生的**快樂**(joy)就是那種被稱為『欣喜』(GLORYING)的內心雀躍；而這種欣喜如果是建立在自己先前行動的經驗上，就和**自信**（confidence）一樣，但如果是建立在別人的奉承上，或者只是自己為了高興而假想的，就叫『虛榮』（VAINGLORY）；虛榮這個名字取得十分恰當，因為有堅實基礎的**自信**會產生行動，而假想的權力則不會，因此稱為**虛**（vain）是很正確的。」強調之處為原文所有。Hobbes (1958), p. 57.

8 Leo Strauss, *Natural Right and History* (Chicago: University of Chicago Press, 1953), pp. 187-188.

9 霍布斯是最早在非基督教的基礎上，提出人類普遍平等原則的哲學家之一。因為按照他的說法，人互相殺害的能力基本上是相同的；如果一個人身體較弱，那麼他仍然可以用詭計或與其他人聯手來打敗對手。因此，現代自由國家與自由人權的普世主義，最初建立在一個假設的普遍性上，即所有人都對暴力死亡心懷恐懼。

10 史特勞斯指出，霍布斯最初是讚美貴族的美德的；把對暴力死亡的恐懼視為主要的道德事實，並以之取代貴族的驕傲，是後來才發生的。Strauss (1952), chap. 4.

11 強調之處為原文所有。Strauss (1952), p. 13.

12 默示同意的概念並不像乍看之下那樣荒謬。比如說，老牌自由民主國家的公民可以在選舉中投票選出領導者，但國家的基本憲政安排，通常不需要公民批准。那我們怎麼知道他們會同意？顯然是透過他們仍自願留在國內，並參與既有的政治程序這樣的事實（或至少不抗議）。

13 在霍布斯的自我保全的權利以外，洛克又增加了另一項基本人權，即財產權。財產權是從自我保全的權利衍生出來的：如果一個人有生命權，就也有權利獲得維持生命所需的手段，例如食物、衣服、住房、土地等。建立公民社會，不只可以防止驕傲者互相殘殺，而且允許人們保護他們在自然狀態下所擁有的自然財產，並讓他們和平地增加財產。把自然財產轉換成個人財產，也就是財產所有人之間的社會契約所認可的財產，使人類生活發生根本上的變化。因為按照洛克的說法，在市民社會建立之前，一個人的貪欲是有限的，僅限於他透過勞動、為了個人消耗而累積之物，假設東西沒有腐壞的話。但是市民社會讓人類的貪欲獲得解放：人不只可以累積他需要的事物，而且可以無限制地累積他想要的任何事物。洛克解釋，一切價值（我們現在會說，一切「經濟」價值）的起源是人類的勞動；人類勞動使自然界「幾乎沒有價值的材料」的價值增加了百倍以上。在自然狀態下，財富的累積可能會以犧牲另一個人的利益為代價，但在市民社會中，追求無限的財富是可能的，也是被允許的，因為空前的勞動生產力能讓所有人致富。這是有可能的，也是被允許的，意即市民社會要保護「勤勞與理性的人」的利益，讓他們免於「喜歡爭吵和爭議的人」的侵害。Locke, *Second Treatise of Government* (Indianapolis: Bobbs-Merrill, 1952), pp. 16-30; Abram N. Shulsky, "The Concept of Property in the History of Political Economy," in James Nichols and Colin Wright, eds., *From Political Economy to Economics ... and Back?* (San Francisco: Institute for Contemporary Studies Press, 1990), pp. 15-34; Strauss (1953), pp. 235-246.

14 關於古典共和主義與美國建國的文獻回顧及批評，見 Thomas Pangle, *The Spirit of Modern Republicanism* (Chicago: University of Chicago Press, 1988), pp. 28-39。

15 美國一些嚴肅的學者指出，洛克給「自豪」（pride）與「血性」（spiritedness）的空間比一般認為的要大得多。洛克嘗試讓跋扈者與侵犯者的自豪感遭到挫敗，並試著讓他們遵循理性的自我利益，這一點毫無疑問。但是納森・塔科夫（Nathan Tarcov）在《關於教育的一些想法》（*Some Thoughts Concerning Education*）中指出，洛克鼓勵人們為他們的自由感到自豪，並且鄙棄奴隸制：生命與自由成為目的本身，甚至值得人為之犧牲生命，而不只是保護財產的手段。因此，在自由國家裡，一個自由人的愛國主義可以與舒適的自我保全的欲望並存；事實上，這兩者在美國的歷史上似乎一直都是這樣。

雖然洛克明顯有一個常常未被注意到的論點，即對於承認也有所強調，就像麥迪遜與漢彌爾頓一樣；但在我看來，洛克一直堅定地站在這個巨大的倫理分水嶺的另外一邊，更偏好自我保全甚於自豪。即使在仔細閱讀他的教育著作時能看到一個強調自豪感的洛克，我們也不清楚這在多大程度上能縮限他在《政府論》（*Second Treatise*）中給自我保全賦予的那種首要地位。Nathan Tarcov, *Locke's Education for Liberty* (Chicago: University of Chicago Press, 1984), 尤其是 pp. 5-8 and 209-211; Tarcov, "The Spirit of Liberty and Early American Foreign Policy," in Zuckert (1988), pp. 136-148. 也請看 Pangle (1988), pp. 194, 227; and Harvey C. Mansfield, *Taming the Prince: The Ambivalence of Modern Executive Power* (New York: Free Press, 1989), pp. 204-211.

16 關於資本主義跟家庭生活潛在不相容的問題，請看 Joseph Schumpeter's *Capitalism, Socialism, and Democracy* (New York: Harper Brothers, 1950), pp. 157-160。

第十五章
保加利亞假期

「然後我們將把所有這樣的事情（從正義的城邦中）刪掉，」我說，「就從這行詩開始：
我寧願在田裡勞動，做他人的奴隸
服侍一個沒有家產、生活不寬裕的人
也不願統治所有已殞滅的亡靈……」

——蘇格拉底，於柏拉圖《理想國》第三卷[1]

「被承認的欲望」聽起來像個古怪而又有點不自然的概念；當把它說成是推動人類歷史發展的主要動力時，更是如此。「承認」（recognition）三不五時進入我們的語彙，例如，當我們的一位同事退休時，收到一隻手錶，「以表彰（recognition）他多年的服務」。但我們通常不會把政治生活看成是「爭取承認的鬥爭」。在一般談論政治的範圍內，我們更容易把政治看成不同的經濟利益之間的權力競爭，是為了分配財富和生活中其他美好事物的鬥爭。

作為一個基本概念，「承認」不是黑格爾發明的。這個概念與西方政治哲學本身同樣古老，指涉到人類性格中一個我們極其熟悉的部分。千年以來，「渴望獲得承認」這個心理現象一直沒有一致的用詞來指稱。柏拉圖說「thymos」或者「血性」，馬基維利說人對榮耀的欲望，霍布斯說人的自豪，盧梭說**虛榮**（amour-propre），亞歷山大·漢彌爾頓說愛慕名聲，詹姆斯·麥迪遜說野心，黑格爾說承認，尼采說人是「紅臉頰的野獸」。所有這些語詞都是指人的一個部分：人會認為需要為事物賦予**價值**——首先是賦予自己價值，但也及於他周圍的人、行為或事物。它是人格的一部分，是驕傲、憤怒、羞恥等情緒的根本來源，一方面不能化約為欲望，另一方面也不能化約為理性。對承認的渴望是人類性格中最具政治性的部分，因為正是這個部分驅使人想要對其他的人堅持自我，因而進入康德的「反社會的社會性」狀態。所以當如此多政治哲學家認為，政治的核心問題就在於馴服或駕馭這個「被承認的欲望」，以使之為整個政治共同體服務，也就不令人訝異了。事實上，在現代政治哲學的操作之下，馴服被承認的欲望的計畫是如此成功，以至於我們現代平等主義民主國家的公民往往看不清楚，存在我們內心的這個被承認的欲望究竟是怎麼回事。[2]

西方哲學傳統對於被承認的欲望的現象第一次深入的分析，很恰當地出現在這個傳統的開頭處，即柏拉圖的《理想國》一書中。《理想國》記錄了哲學家蘇格拉底與兩個年輕的雅典貴族格勞孔（Glaucon）和阿德曼圖斯（Adeimantus）的對話，他們試圖描述一個「在語言中」的正義城邦之本質。這樣的城邦就像「在現實中」的城邦一樣，需要一個守護者或戰士的階級來抵抗外敵。根據蘇格拉底，這些守護者的主要特徵是「thymos」，這個古希臘字也許可以有點笨拙地翻譯成「血性」。[3] 他把一個擁有「thymos」（血性）的人比作一隻高貴的狗；他能以極大的勇氣和憤怒與外邦人作戰，以保衛自己的城邦。蘇格拉底在對問題的第一個處理方式中，從外部描述了「thymos」（血性）：我們只知道它與情緒有關，包含願意冒生命危險的勇氣，以及憤怒或憤慨等代表個人立場的情緒。[4]

然後，蘇格拉底又在第四卷中對「thymos」（血性）進行了更詳細的分析，其中包含了他著名的靈魂三分法。[5]蘇格拉底指出，人類靈魂有一個欲望的部分，它是由許多不同的欲望所組成，其中最活躍的是飢餓和口渴。這些欲望都以類似的形式出現，即驅使人**朝向**某種自己以外的事物，像是食物或飲料。但蘇格拉底指出，有些時候，一個人即使口渴，也會克制自己不喝水。他和阿德曼圖斯很快地彼此同意，靈魂中有一個個別的部分，即推理或計算的部分，可能會引導人做出與欲望相反的行為——例如說，一個人明明口渴卻不喝水，因為他知道水不乾淨。那麼欲望和理性是否是靈魂中僅有的兩個部分，且足以解釋人類的行為？例如說，我們能不能把所有自我克制的情況解釋為，理性把一種欲望跟另一種欲望對立起來，例如令貪欲與色欲彼此對立，或者令長期的安全與短期的快樂彼此對立？

當阿德曼圖斯正準備同意「thymos」（血性）其實只是另一種欲望時，蘇格拉底說了某位利昂提烏斯（Leontius）的故事。這位利昂提烏斯很想看躺在城邦劊子手旁邊的一堆屍體，

> 但同時他又感到噁心，就背過頭去；他掙扎了好一會兒，並用手遮住了臉。但是最後，他被欲望打敗了，他睜大了眼睛，朝著屍體跑去，並說道：「好好看吧，你們這兩隻該死的壞蛋眼睛，盡情享受這美麗的景象吧。」[6]

我們可以將利昂提烏斯內心的掙扎理解為不過是兩種欲望之間的鬥爭：看屍體的欲望與觀看死

屍的自然排斥感在彼此競爭。這或許符合霍布斯略微機械式的心理學：霍布斯把意志單純地解釋為**「斟酌過程中最後的欲望」**，因此意志只是最強大或最頑固的欲望的勝利。但如果把利昂提烏斯的行為解釋為不過是欲望的衝突，並不能解釋他為什麼對自己**生氣**。[7] 因為如果他成功克制了自己，照理說就不會生氣了，反而還會感到一種不同但相關的情緒，也就是自豪。[8] 稍加思考就會發現，利昂提烏斯的憤怒，既不可能來自靈魂中欲望的部分，也不可能來自計算的部分，因為利昂提烏斯對自己內心掙扎的結果並非無動於衷。因此，這個憤怒必須來自第三個完全不同的部分，蘇格拉底稱之為「thymos」（血性）。這種來自於「thymos」（血性）的憤怒，如蘇格拉底所指出的那樣，在幫助理性壓下錯誤的或愚蠢的欲望時，是一個潛在的盟友，但儘管如此，這個部分還是與理性截然不同。

「thymos」在《理想國》中呈現的模樣，多少與一個人對自己設定的價值有關；這種價值，我們今天或許會稱之為「自尊」。利昂提烏斯相信自己是那種行為舉止能展現一定尊嚴和自制力的人，所以當他沒能達到自己的自尊感時，他就對自己生氣了。蘇格拉底為這個憤怒與「自尊」之間的關係提出一種解釋：一個人愈是高尚（也就是他為自己設定的價值愈高），那麼當受到不義的對待時，就愈是憤怒：他的精神「沸騰起來，變得嚴厲」，「與看似正義的事物形成戰鬥聯盟」，即使他「正承受著飢餓、寒冷和一切此類痛苦……」[9]「thymos」（血性）有點像是人類天生的正義感：人們相信自己有一定的價值，而當其他人表現出一副好像他們的價值沒有那麼高的樣子，也就是當其他人沒有依照他們的自尊**承認**他們正確的價值時，他們就會產生憤怒的情緒。「自我評價」與憤怒之間的關係緊密；這可以從與憤怒（anger）同義的英文單字「憤慨」（indignation）中看出來。「尊嚴」（dignity）指的是一個人的自我價值感，當某件事情恰好冒犯了這種價值感時，就會產生「憤慨」（in-dignation）＊。相反地，當別人看到我們沒有達到自己的自尊感時，我們會感到**羞愧**；而當我們得到公正的評價（即與我們的真實價值成正比）時，我們會感到**自豪**。

正如蘇格拉底所指出的，憤怒是一種極為強大的潛在情緒，能夠壓倒各種自然的本能，例如飢餓、口渴和自我保全等。但是憤怒並不像一般欲望那樣會針對在「我」之外的物質對象；如果我們真要把憤怒說成是一種欲望的話，那它就是一種**對欲望的欲望**，意即希望那個對我們評價過低的人改變意見，並按照我們自己對自己價值的估計來承認我們。因此，柏拉圖的「thymos」（血性）無非是黑格爾「被承認的欲望」的心理所在地：因為貴族主人走進血腥戰鬥，正是因為他渴望其他人依照他的自我價值感來評價他。的確，當他的自我價值感遭到貶低時，他就被逼進極度的憤怒中。「thymos」（血性）和「被承認的欲望」也有一點不同：前者指的是靈魂的一部分，負責為對象賦予價值；後者則是「thymos」（血性）的一種活動，它要求另一個意識採取相同的評價方式。一個人有可能在不要求承認的情況下感受到血性的（thymotic）自豪感。但尊重並不是一個「東西」，像一顆蘋果或一輛保時捷那樣：它是一種意識狀態；而如果要對自己的價值感取得主觀的確定性，這個意識狀態就必須得到另一個意識的承認。因此，「thymos」（血性）通常，但不必然，促使人們尋求被承認。

讓我們花點時間觀察一下「thymos」（血性）在當代世界中的一個案例，這案例並不重大，但深具啟發性。瓦茨拉夫．哈維爾在一九八九年秋天當上捷克斯洛伐克總統之前，因為過去作為異議人士參與活動以及擁有人權組織「七七憲章」（Charter 77）創始成員的身分，曾多次出入監獄而耗費多年歲月。這些獄中經歷顯然給他相當多的時間來思考這個監禁他的體制，以及這個體制所代表的邪惡的真實本質。一九八〇年代初，在戈巴契夫開始對東歐民主革命有絲毫概念之前，哈維爾在所發表的〈無權者的力量〉（The Power of the Powerless）一文中，說了一個蔬菜水果店老闆的故事：

一家蔬菜水果店的老闆在他的櫥窗裡，在洋蔥和胡蘿蔔之間，放置了一塊這樣的標語：「全世界的工人，團結起來！」他為什麼要這樣做？他想向世界傳達什麼？他是真心熱衷於全世界工人大團結的理念嗎？他真有如此大的熱情，以至於他感到不可抑制的衝動，非讓大眾認識他的理想不可？他是否稍微認真思考過，這樣的大團結會如何發生，又將意味著什麼？……

顯然，蔬果店老闆對標語的內容與意涵是漠不關心的；他把標語放在這個櫥窗裡，並不是因為他個人有任何渴望，想讓民眾了解它所表達的理想。當然，這並不意味著他的行為完全沒有動機和意義，也不代表這個標語沒有向任何人傳達任何訊息。這個標語實際上是一個**符號**，而作為符號，它包含了一個潛藏但非常確定的訊息。用白話來說，這個訊息要表達的或許是這樣：「我，蔬果店老闆某某某，住在這裡，我知道我該做什麼事。我依照上級對我的期望行事。我是可靠的，無可指責的。我是聽話的，所以我有權利不被找麻煩。」當然，這個訊息也有傳達對象：它是要往上傳的，是講給蔬果店老闆的上級聽的，同時它也是一面盾牌，為了保護蔬果店老闆不受潛在告密者的傷害。因此，這個標語真正的意義，深深地根植於蔬果店老闆的存在之中。這反映了他的重大利益。但是，那些重大利益是什麼呢？

* 譯註：「in-」是否定前綴，「in-dignation」就是「不—尊嚴」。

> 我們要注意到：如果蔬果店老闆接到的指示是要展示「我很害怕，所以我會無條件地服從」這樣的標語，他大概就不會對標語的語義如此漠不關心了，即便這個陳述將反映事實。**那樣的話，蔬果店老闆將會感到尷尬和羞愧，因為他在商店櫥窗裡如此直白地展示了自己的墮落；而且他很自然會是這種反應，因為他是一個人，因此擁有自己的尊嚴感**。為了克服這種糾結，他的忠誠表達必須採取一種符號的形式；而這個符號，至少在文字表面上，要展示一種事不關己的確信。這個標語要能讓蔬果店老闆說：「全世界的工人團結起來有什麼不好？」因此，這個符號幫助蔬果店老闆遮掩了他順從的低劣的理由，同時也遮掩了權力的低劣基礎。它把這些事物隱藏在某種崇高的事物的門面之後。而那就是**意識形態**。[10]

在閱讀這段文字時，你會對哈維爾使用「尊嚴」一詞感到驚訝。哈維爾描繪的這個蔬果店老闆是一個沒有特別教育程度或社會地位的普通人，然而他還是會感覺恥於展示一塊表示「我害怕」的牌子。尊嚴讓這個人有所顧忌，不過他這個尊嚴的本質是什麼？哈維爾指出，這樣的標誌還比展示共產主義的口號更誠實。此外，在共產主義的捷克斯洛伐克的每個人都知道，人們出於恐懼，都被強迫做著自己不想做的事。恐懼本身，也就是自我保全的本能，是所有人普遍具有的自然本能。那麼他為什麼不乾脆承認自己是一個普通人，所以害怕呢？

究其原因，最終還是跟蔬果店老闆認為自己具有一定的**價值**相關。這種價值與他的信念有關：他並不只是一隻膽小與匱乏的動物，只要用恐懼和需求就能操縱。即使無法清楚說明，他仍相信自己是一塊有選擇能力的道德行動主體；為了堅守原則，他可以抵抗自己的自然需要。

當然，正如哈維爾所指出的那樣，蔬果店老闆也可以避開這種內心辯論，因為他可以單純地展示一塊崇高的共產主義標語，並騙自己說，自己是有原則的，而非膽小與卑劣。在某種程度上，他就像蘇格拉底講述的利昂提烏斯，屈服於自己觀看屍體的欲望。蔬果店老闆和利昂提烏斯都認為自己有選擇的能力，因此都相信自己有一定的價值，「凌駕於」天生的恐懼和欲望。然而兩者最終都被他們天生的恐懼或欲望所征服。唯一不同的是，利昂提烏斯坦然面對自己的弱點，並為此自我譴責；然而蔬果店老闆卻沒有正視自己的墮落，因為意識形態為他提供了一個方便的藉口。哈維爾的故事告訴我們兩件事：第一，尊嚴感或自我價值感是源自於「thymos」（血性）的道德情感，跟一個人能否自視為擁有真正選擇能力的道德行動主體有關；第二，這種自我認知是所有人類與生俱來的，或者說是所有人類的特徵，無論他們是偉大高傲的征服者，抑或是卑微的蔬果店老闆。正如哈維爾所說：

> 人生的基本目標自然存在於每一個人身上。每個人心中都有某種嚮往：他嚮往人類應有的尊嚴、正直的道德、存在的自由表達，以及一種對實存世界的超越感。[11]

另一方面，哈維爾也指出：「每個人或多或少都能接受自己生活在謊言中。」他對後極權主義共產主義國家的譴責，主要是針對共產主義對人們道德品格的損害，人能夠作為道德行動主體的信念受到了摧殘——當蔬果店老闆同意掛上「全世界的工人，團結起來！」的牌子時，是沒有尊嚴感可言的。尊嚴和它的反面——屈辱，是哈維爾在描述共產主義捷克斯洛伐克的生活時，最常用的兩個詞彙。[12]共產主義讓一般人受到**屈辱**，強迫他們以良好本性在道德上做出無數微小（有時也不那麼微小）

的妥協。這些妥協的形式包含在自己店面櫥窗貼上標語，或簽署一份請願書，譴責某同事做了國家不喜歡的事，或只是在同事受不公平迫害時保持沉默。在布列茲涅夫時代，各個落伍破敗的後極權主義國家不是使用恐怖手段讓每個人成為道德的共犯，而是（極諷刺地）用現代消費文化的成果來引誘人們。這些並不是掀起了一九八〇年代美國投資銀行家貪欲的壯觀但無用的時髦商品，而是一些小東西，例如冰箱、換到較大的公寓，或者去保加利亞度假——對於物質財產不多的人來說，這些事物相當實惠。共產主義在強化靈魂中欲望的部分、使其蓋過血性的部分時，手段比「布爾喬亞」的自由主義更徹底得多。哈維爾對共產主義的指控，一點也不是說它沒有實現以工業效率帶來物質富足的承諾，也不是說它辜負了勞動階級或窮人對更美好生活的盼望。正好相反，共產主義確實提供了這些事物，只不過那是一筆浮士德的交易，他們要以折損自己的道德價值作為回報。而在做這個交易的過程中，體制的受害者成了體制的貫徹者，而體制本身也長出了自己的生命，不仰賴任何人參與的意願。

當然，哈維爾所指出的問題，「消費導向的民眾普遍不願意為了精神與道德上的正直，而犧牲一些物質上的確定性」，這很難說是共產主義社會所獨有的現象。在西方，消費主義誘使人們每天對自己做出道德上的妥協；他們不是以社會主義的名義來欺騙自己，而是以「自我實現」或「個人成長」等理念當作藉口。然而此處有一個重要的區別：在共產主義社會，如果不願意在一定程度上壓抑自己的「thymos」（血性），就很難有正常的生活，要有「成功」的生活更是幾乎不可能。一個人如果不以某種方式「隨波逐流」，就不可能成為一個普通的木匠、水電工或醫生，像那位蔬果店老闆一樣；而一個人如果不願意相當程度地涉入體制的欺騙中，就一定不可能成為成功的作家、教授或電視記者。[13]如果一個人是完全誠實的，也想保留內心的自我價值感，那麼他就只剩下一個選擇（假設他不是那種愈來愈少見的仍然真心相信馬克思列寧主義意識形態的人），即完全退出體制，像弗拉基米爾・布科夫斯基（Vladimir Bukovsky）、安德烈・沙卡洛夫（Andrey Sakharov）、亞歷山大・索忍尼辛，或者和哈維爾本人一樣，成為全職的異議人士。但這往往意味著完全棄絕生活中欲望的一面，把簡單的物質滿足（例如穩定的工作與寓所），換成監獄、精神病院或流亡這樣的困苦生活。廣大民眾的血性的一面並沒有那麼發達；正常生活對他們來說，就意味著接受自己微小、日常的道德墮落。

在柏拉圖的利昂提烏斯的故事和哈維爾的蔬果店老闆的寓言中（分別在西方政治哲學傳統的開端和結束之處），我們看到一個原本卑微的「thymos」（血性）如何興起，並成為政治生活的核心要素。「thymos」（血性）看起來某種程度上與良好的政治秩序有關，因為它是勇氣、具公共精神、某種不願做出道德妥協的動力來源。根據這些作家的敘述，良好的政治秩序需要的不僅僅是互相不侵犯的協定；除此之外，它還必須滿足一個人的正當渴望：希望自己的尊嚴和價值獲得承認。

不過，「thymos」（血性）和被承認的欲望是更為廣泛的現象，遠遠超過這兩個例子所呈現的範圍。在我們一般視為具經濟性的日常生活的許多面向中，評價與自我評價的過程隨處可見：人真的是「紅臉頰的野獸」。

註釋

1 *Republic* 386c, quoting Homer's *Odyssey*, XI, 489-491.

2 西方哲學傳統中對於「thymos」或「承認」的系統研究非常少，儘管這個現象對西方哲學傳統很重要。一個嘗試性的研究是 Catherine Zuckert, ed., *Understanding the Political Spirit: Philosophical Investigations from Socrates to Nietzsche* (New Haven, Conn.: Yale University Press, 1988)，也請看艾倫・布魯姆（Allan Bloom) 對「thymos」的討論，見他的《理想國》譯文註解：Plato's *Republic* (New York: Basic Books, 1968), pp. 355-357, 375-379。

3 「Thymos」也可以翻譯為「心」或「熱心」（heartiness）。

4 關於「thymos」在柏拉圖裡的角色的進一步討論，請看 Catherine Zuckert, "On the Role of Spiritedness in Politics," and Mary P. Nicholas, "Spiritedness and Philosophy in Plato's *Republic*" in Zuckert (1988)。

5 靈魂三分法的討論見於 *Republic* 435c-441c。關於「thymos」的初步討論見於 Book II, 375a-375e and 376c, 411a-411e, 441e, 442e, 456a, 465a, 467e, 536c, 547e, 548c, 550b, 553e-553d, 572a, 580d, 581a, 586c-586d, 590b, 606d。這個把人類本性分成許多部分的刻劃方式，在柏拉圖之後還有很長的歷史；第一個對此提出嚴肅質疑的人是盧梭。Melzer (1990), pp. 65-68; 69。

6 *Republic* 439e-440a.

7 霍布斯相對低估了「thymos」（血性）或「自豪」的價值，這一點從他對「憤怒」令人難以信服的定義中可以明顯看出。他說，憤怒是「突然的**勇氣**」，而勇氣等同於「希望用抵抗來避免傷害」，而此處的「希望」指的是恐懼，恐懼則是「認為對象會帶來傷害，而產生的**嫌惡**」。與霍布斯相反，一般人會認為勇氣是**衍生自**憤怒，而憤怒本身是一種完全獨立的激情，跟「希望」與「恐懼」的機制沒有關聯。

8 對自己生氣相當於羞恥，利昂提烏斯同樣可以說是感到羞恥。

9 *Republic* 440c-440d.

10 強調之處為筆者所加。Havel et al. (1985), pp. 27-28.

11 Havel et al. (1985), p. 38.

12 例如〈無權者的力量〉（The Power of the Powerless）全篇多次提到尊嚴和屈辱，以及哈維爾在第一次對全國發表的新年談話中說：「一個自稱屬於勞動人民的國家，卻在**羞辱**勞工……前政權以其傲慢與不寬容的意識形態為武器，將人貶低為生產人力，將自然貶低為生產工具……世界各地的人都感到驚訝，原先默默忍受的、**受屈辱的**、多疑的、看似再也不相信任何事物的捷克斯洛伐克人民，突然能在短短幾週的時間裡，找到巨大的力量，以完全體面與和平的方式，擺脫了極權的體制。」強調之處為筆者所加。引自 *Foreign Broadcast Information Service* FBIS-EEU-90-001, 2 January 1990, pp. 9—10。

13 擁有美國口音的知名蘇聯電視記者弗拉基米爾・波斯納（Vladimir Posner）寫了一本為自己卸責的傳記，講述了自己在布列茲涅夫統治下登上蘇聯新聞界頂峰的過程，並試圖自己的道德選擇做出辯解。他對讀者（或許也對自己）相當不誠實。他解釋自己被迫妥協的程度並不大，然後反問，以蘇聯體制之邪惡，又有誰能譴責他做出這樣的選擇。這種像例行公事一樣對道德墮落的全盤接受，本身就是血性（thymotic）生命毀壞的一部分；哈維爾認為這是後極權共產主義的必然結果。Posner, *Parting with Illusions* (New York: Atlantic Monthly Press, 1989).

第十六章

紅臉頰的野獸

然而，如果上帝要（這場戰爭）繼續下去，直到奴隸兩百五十年來未獲回報的辛勞所堆積起來的財富崩塌，直到鞭子抽出來的每一滴血都用刀劍砍出來的另一滴血來償還，我們還是要說，就像三千年前已被說過的那樣：「主的審判完全真確與公義。」

——亞伯拉罕．林肯（Abraham Lincoln），一八六五年三月，第二次就職演說

根據《理想國》或哈維爾的蔬果店老闆故事的描述，「thymos」（血性）是某種類似人類天生正義感的事物；就此而言，它是一切高尚美德的心理所在地，是無私、理想主義、道德、自我犧牲、勇氣、正直等等美德之所在。「thymos」（血性）為賦予價值以及評估價值的過程提供極為強大的情感支持，讓人類為了自己認為正確或正義的事，能克服自己最強大的自然本能。人們首先評價**自己**，賦予自己價值，並替**自己**感到憤慨。但人們也能賦予**其他人**價值，並替**他人**感到憤怒。最常見的情況是，有一個群體感到自己受到不正義的對待，而所屬的一員替群體感到憤慨。例如女性主義者替所有女性感到憤慨，或者一個民族主義者替他的族裔群體感到憤慨。這時個人的憤慨就會延伸到整個群體，並

產生團結的感情。也有一些情況是替自己並不屬於的群體發出憤怒。美國南北戰爭前激進的白人廢奴主義者對奴隸制度的正義怒吼，或全世界人民對南非種族隔離政策的憤慨，都是「thymos」（血性）的表現。這些情況之所以會產生憤慨，是因為感到憤慨的人認為，種族主義受害者沒有得到作為人類應有的待遇，意即種族主義受害者沒有得到**承認**。

「thymos」（血性）所產生的「被承認的欲望」是一個極為弔詭的現象，因為前者是正義和無私的心理所在地，卻同時又與自私密切相關。血性自我（thymotic self）對事物有**自己的**價值感，而且要求這個價值感得到自己與他人的承認。被承認的欲望一直是某種形式的自我主張，把一個人自己的價值觀投射到外在世界上，而當這些價值觀得不到別人的承認時，就產生憤怒的情緒。沒人能保證血性自我的正義感會跟其他人自我的正義感一致。像是何謂正義？對於反種族隔離政策的運動人士，跟對於支持種族隔離政策的南非白人來說，是完全不一樣的，因為雙方對黑人尊嚴的評價不同。事實上，由於血性自我通常是從評價自己開始的，所以它有很大機率會**高估**自己：正如洛克所說，關於自己的事，沒有一個人是好法官。

「thymos」（血性）這種自我主張的本質，導致人們很容易將它跟欲望發生混淆。然而事實上，由「thymos」（血性）而產生的自我主張，以及欲望的自私性格，是兩種截然不同的現象。[2] 以某汽車製造廠的管理階層與有組織的勞工之間的工資爭議為例。當代大多數政治學者，因為依照霍布斯式的心理學而把意志化約為僅僅是欲望和理性兩個部分，通常把這種爭議解釋為不同「利益團體」間的衝突，也就是管理者的欲望和勞工的欲望之間的衝突，因為雙方都希望從經濟大餅中切出更大一塊來。這樣的政治學者會斷言，理性會誘使雙方採取討價還價的策略，使自己的經濟利益最大化，或者在罷工的情況下，使自己的成本最小化，直到雙方的相對實力產生出妥協的結果來。

但事實上，這過度簡化了雙方內部的心理過程。罷工工人並沒有舉著「我是個貪婪的人，我要從管理階層那裡要到一切我能要的錢」的牌子，就像哈維爾的蔬果店老闆也不願意擺出一塊寫著「我害怕」的牌子一樣。罷工者說（而且自己也相信）：「我是個好工人；我對僱主的價值遠遠高於我目前領的工資。的確，考慮到我讓公司賺到的利潤，考慮到其他產業類似工作的薪資水準，我得到的酬勞太少了，很不公平；事實上，我正……」這時候，工人會援引一個生物學的隱喻，大意是他的人類尊嚴受到了侵犯。這位工人跟蔬果店老闆一樣，認為自己有一定的價值。工人要求更高的薪資理所當然，因為這筆錢可以支付他的房屋貸款，可以為他的孩子購買食物，但是他也希望這份收入能反映他的價值。在勞資爭議中產生的憤怒很少跟工資的絕對高低有關，而時常是因為管理階層提出的薪資沒有充分「承認」勞動者的尊嚴所致。這也解釋了，為什麼罷工者對破壞罷工者的憤怒，比起對管理階層本身往往還要強烈得多。儘管破壞罷工者不過是被管理者利用的工具，但是他被鄙視的原因是，他的自我尊嚴感被眼前的經濟利益壓倒了，就像一個小人。與其他罷工者不同，破壞罷工者的欲望戰勝了他的「thymos」（血性）。

我們很容易理解經濟上的自我利益，卻時常忽略它與血性的自我主張也有緊密的連結。較高的薪資既滿足了靈魂中欲望的部分對物質的渴望，**也**滿足了血性的部分對承認的渴望。在政治生活中，經濟訴求的呈現方式很少單純要求更多利益，反而通常以「經濟正義」的修辭來包裝。當有人把經濟的要求裝扮成代表自身正義的訴求，這可以純粹是一種尖酸挖苦的行徑，但更多的時候，這反映出人們血性的憤怒的真實力量，因為這些人認為（無論是否鮮明意識到）在金錢的糾紛中，他們的尊嚴最終可能遭到損害。事實上，很多通常被詮釋為經濟動機的事情，都可以分解為一種血性的被承認的欲望。政治經濟學之父亞當・斯密完全理解這一點。在《道德情感論》(*The Theory of Moral Sentiments*)中，斯密認為人之所以追求富裕與避免貧窮的原因，與生理需要的關係連結相當微弱。這是因為即使「最卑微的勞動者的薪資」也足以供應自然的必需品，例如「食物、衣服及住所、家庭的安慰」；而且就算是窮人的收入，也有很大部分花在一些嚴格說來只是「為了舒適方便、可算是多餘的事物」。那麼，為什麼人們要透過追求經濟生活的辛苦與勞碌來「改善生活狀況」呢？答案是：

> 引人注目、關心、博得同情、好感與贊同，這些全都是我們打算可以從中獲得的好處。我們感興趣的是**虛榮，而不是生活的舒適或快樂**。但是虛榮心總是建立在我們的一種想像上：相信自己是別人關注和認可的對象。富人為他的財富而**得意洋洋**，因為他認為這些財富自然會吸引全世界的注意，而且在他的優越處境如此容易引發的一切愉悅情緒中，全人類都樂於附和他……相反地，窮人會為他的貧窮**感到羞恥**。他會認為，要嘛自己被置於人類的視線之外，要嘛如果他們注意到他，對於他所遭受的悲慘和痛苦也幾乎不會感同身受……[3]

即使經濟活動只是為了滿足自然需求，有時候也仍存在一定程度的貧困，例如非洲一九八〇年代旱災期間的薩赫勒(Sahel)地區。但對世界上大多數其他地區來說，貧窮和匱乏是相對而不是絕對的概念，因為金錢成了價值的符號。[4] 美國官方的「貧窮線」所代表的生活水準，比某些第三世界國家富人的生活條件還高得多。然而這並不代表美國的窮人比非洲或南亞的富人更心滿意足，因為他們的自我價值感每天受到更多的冒犯。洛克提出的觀察——美利堅的國王「飲食、居所、衣著還比不上英國的臨時工」——沒有考慮到「thymos」(血性)，因此完全錯過了重點。美利堅的國王有一種尊嚴感，是英國臨時工完全沒有的；這個尊嚴來自於美利堅國王享有自由，能自給自足，也得到周遭社會的尊重和承認。英國臨時工也許吃得更好，但他完全仰賴僱主的鼻息，而僱主幾乎不把他當人看待。

由於沒能了解到，通常被認為的經濟動機當中還有血性的組成部分，便導致人們對於政治和歷史變遷有著巨大的誤解。例如人們常斷定革命是由貧窮與匱乏所引起，或者相信貧困與匱乏愈嚴重，發生革命的可能性就愈大。然而，托克維爾對法國大革命的著名研究卻指出，情況剛好相反：在大革命之前的三、四十年時間裡，法國經歷了一段前所未有的經濟成長時期，而法國君主制也進行了一系列用意良善但思慮不周的自由化改革。法國農民在革命前夕比賽利西亞或東普魯士的農民更富裕與獨立得多，法國中產階級也是如此。然而他們卻成了革命的燃料，因為發生在十八世紀末的政治自由化使他們比普魯士的任何人都更尖銳地感受到自己**相對上的**匱乏，於是他們對此表達了憤怒。[5]在當代世界，往往只有最貧窮和最富有的國家才是穩定的。那些正在進行經濟現代化的國家，在政治上往往最不穩定，因為經濟成長本身助長了新的期待和要求。人們不是拿自己的處境跟傳統社會的狀況相比較，而是跟富裕國家的狀況相比較，於是會感到憤怒。一般所認知的「期望上升引發的革命」既是一種血性的現象，也是一種源自於欲望的現象。[6]

在其他一些案例裡，「thymos」(血性)欲望也發生混淆。當歷史學家試著解釋美國南北戰爭時，他必須說明美國人願意忍受如此駭人苦難的原因：這場戰爭殺死了三千一百萬人口當中的六十萬人，幾乎占總數的百分之二。二十世紀不少歷史學家由於強調經濟因素，便試著把這場戰爭解釋為「工業化的資本主義北方」與「傳統的農場主南方」之間的鬥爭。但這類解釋在某種程度上無法令人滿意。這場戰爭一開始的目標很大程度並不是經濟性的：對於北方來說，是為了維護聯邦制；對於南方來說，則是為了維持他們的「特殊制度」及其所代表的生活方式。但亞伯拉罕・林肯比後來的許多詮釋者更明智；他指出了進一步的問題：「每個人都知道」奴隸制「一定程度上即為衝突的原因」。當然，也有許多北方人反對解放奴隸，希望通過折衷辦法早一點平息戰爭。但林肯要把戰爭進行到底的決心，無法從經濟上來理解。他的嚴厲告誡把這個決心表達得十分清楚：即使耗盡「奴隸兩百五十年來未獲回報的辛勞所堆積起來的財富」，他也願意看到戰爭繼續下去。這種談話只對靈魂血性的部分而言才有意義。[7]

在當代美國政治中，表達了「被承認的欲望」的例子不勝枚舉。例如對過去一個世代來說，墮胎是美國社會議題中最牽動神經的問題之一，然而這個問題幾乎沒有經濟意涵可言。[8]墮胎的辯論表面上聚焦在未出生的嬰兒和懷孕婦女的權利衝突上，但實際上反映的是一個更深的分歧：一邊是傳統家庭的尊嚴以及女性在其中的角色，另一邊則是經濟獨立的職業婦女。這場爭論的雙方或者為墮胎而死的胎兒憤慨，或者為只能求助於不合格的墮胎醫生而喪命的婦女憤慨，但他們同時也為自己感到憤慨：傳統的母親認為，墮胎某種程度減損了對於母親應有的尊重；而職業婦女則認為，沒有墮胎權損害了她本應與男性平等的尊嚴。現代美國種族主義的屈辱，只有一部分是來自黑人貧困所造成的物質匱乏，更大部分的痛苦在於，黑人——用拉爾夫・艾理森（Ralph Ellison）的話來說——在許多白人的眼中是一個「隱形人」：他們並不積極地恨他，而是看不到他也是一個人。貧窮只是讓他們更不被看見而已。實際上，整個公民自由與民權議題，雖然有一定的經濟成分，但本質上都是人們對於正義與人類尊嚴的理解不同，並為了獲得承認而進行的血性競賽。

其他還有許多活動雖然往往被視為自然欲望，但一樣有血性的面向。例如，性的征服通常不僅僅是為了肉體的快感（你不總是需要一個對象才能做到），而是反映了另外一種需要，即自己作為一個值得欲望的對象，需要得到對方的「承認」。這裡所謂被承認的自我，並不必然是黑格爾的貴族主人自我，也不必然是哈維爾的蔬果店老闆的道德自我。不過情色之愛最深刻的形式會包含一種渴望，即渴望愛人對自己的承認要超乎身體的特徵以外，差不多也就是渴望自己的價值獲得承認。

這些「thymos」（血性）的例子並不是要證明所有的經濟活動、所有的情色之愛和所有的政治都可以被化約為被承認的欲望。理性和欲望仍然是靈魂當中與「thymos」截然有別的部分。事實上，它們在許多方面都是現代自由人的靈魂中**占支配地位的**部分。人類之所以貪圖錢財，是因為他們想要**真實的事物**，不光只是被承認；而隨著近代早期人類貪欲的解放，物質欲望的數量和種類都有了爆炸性的成長。他們渴望性，因為——怎麼說呢，那樣感覺很好。我之所以點出貪欲和色欲也有血性的層面，正是因為欲望和理性在現代世界中的首要地位往往使人察覺不到「thymos」（血性）或「承認」在日常生活中所扮演的角色。「thymos」（血性）經常以欲望的盟友角色（例如工人要求「經濟正義」的案例所顯示）出現，因此很容易與欲望發生混淆。

在促成蘇聯、東歐和中國的反共產主義大地震中，被承認的欲望也發揮了關鍵作用。當然，許多東歐人希望結束共產主義，並不是出於多麼宏大的經濟理由；他們只是認為，這將讓自己的國家朝西德的生活水準邁進。蘇聯和中國進行改革的根本動力，在一定意義上屬於經濟性質，也就是前面我們所認定的問題：中央指揮的經濟體制已無法滿足「後工業化」社會的要求。但他們不只是渴望繁榮，作為目標本身，他們同時也要求民主權利與政治參與，意即他們要求一個在例行與普遍的基礎上獲得承認的體制。一九九一年八月失敗政變的策劃者以為俄羅斯人民——用俄羅斯議會的一位捍衛者的話來說——「願意用他們的自由交換一條香腸」，實屬大錯特錯。

血性的憤怒以及對承認的要求，伴隨著共產主義經濟危機一起出現。如果我們不理解它們如何運作，就無法全盤理解這個革命現象。革命的局勢有一個奇怪的特點，即激起人們冒最大風險、觸發政府崩潰的事件，很少是後來歷史學家們指稱為根本原因的那些重大事件，而往往是一些細小且看似偶然的事件。例如，捷克斯洛伐克的反對派團體「公民論壇」（Civic Forum）是民眾在群情激憤之下所成立，因為賈克斯（Jakes）的共產黨政權雖然先前做過自由化的承諾，但哈維爾本人仍然被關進監獄而引起眾人不滿。一九八九年十一月，布拉格街頭開始聚集大量人群，起初只是因為一則傳聞：有學生被安全警察殺害，但後來被發現為假。在羅馬尼亞，一九八九年十二月使齊奧塞斯庫政權垮台的一連串事件，是從蒂米什瓦拉鎮（Timisoara）抗議匈牙利神職人員托克斯（Tokes）神父入獄開始的；托克斯神父一直是當地匈牙利社群權利的積極倡議者。[9] 一九四〇年，蘇聯人民內務委員部（NKVD）在卡廷森林（Katyn forest）對波蘭軍官進行屠殺，由於莫斯科不願意對此承擔責任，使波蘭人幾十年來對蘇聯及與其聯手的波蘭共產黨敵意難消。一九八九年春天在圓桌會議達成協議後，團結工聯進入政府採取的第一個行動，就是要求蘇聯人對卡廷謀殺案做出完整說明。蘇聯本身也有類似的發展；許多史達林時代的倖存者要求那些犯下罪行的人做出解釋，並要求恢復受害者的名譽。如果沒有人想要揭發過去的真相，如果沒有人想要為那些無聲無息消失在古拉格集中營裡的人們恢復尊嚴，那麼**重建政策**與政治改革則無法被理解。一九九〇與一九九一年之所以興起一股怒潮，讓無數地方黨官因而下台，不僅是由於對經濟的系統性不滿，還有官員貪汙與傲慢的問題，例如黨部第一書記伏爾加格勒（Volgograd）就因為使用黨的資金給自己買了一輛富豪汽車，因而遭到撤職查辦。

一九八九年發生的一系列事件嚴重削弱了東德的何內克政權：數十萬人在難民危機中逃往西德，東德失去蘇聯支持，最後柏林圍牆開放。然而即使在那時候，社會主義在東德是否會敗亡仍不明確；真正讓統一社會黨（Socialist Unity Party）徹底垮台、並使其新領導者克倫茲（Krenz）和莫德羅（Modrow）名譽掃地的，是何內克在萬德利茨（Wandlitz）郊區的豪華私人住宅遭到揭露。[10] 嚴格說來，這些揭發事件所激起的巨大憤怒多少是有點非理性的。抱怨共產主義東德的原因很多，最主要的是缺乏政治自由，以及跟西德相比起來，生活水準低下。其實何內克住的並不是現代版的凡爾賽宮，他的住宅就像漢堡或不來梅一個富裕市民的家。但是過去長期對東德共產主義的各種重大譴責，都沒有像這次在電視螢幕上看到何內克的官邸那樣，引起東德人如此高度的血性憤怒。因為東德共產黨作為一個明白表示致力於平等的政權，那些電視畫面揭穿了他們巨大的虛偽，深深冒犯了人們的正義感，並足以讓他們走上街頭，要求徹底結束共產黨的權力。

最後是中國的情況。鄧小平一九八〇年代的經濟改革為新一代的中國年輕人創造了全新的經濟機會，他們現在可以創業經商，可以閱讀外國報紙，而且自革命以來首度可以到美國與其他西方國家留學。在這種經濟自由化的氣氛中成長的學生，當然也有經濟方面的抱怨，特別是一九八〇年代後期逐漸成長的通貨膨脹不斷侵蝕大多數城市居民的購買力。但是改革後的中國比毛澤東時代更充斥著活力和機會，對精英階層的子女來說尤其如此。他們在北京、西安、廣州、上海等地上大學，也享有更多的特權。然而，為了爭取更多民主而示威的也正是這些學生：先是一九八六年，然後在一九八九年春天胡耀邦逝世之際，又示威了一次。隨著抗議活動的進行，他們對自己缺乏發言權感到憤怒，也對黨和政府未能**承認**他們以及他們訴求的正當性感到憤怒。他們希望鄧小平、趙紫陽或其他中國高層領導者親自與他們會面，並開始要求他們的政治參與應該制度化。他們是否全都希望這個制度化最終採取代議民主制的形式，我們並不清楚，但他們的基本要求是，他們應該被當作成年人來認真對待，他們的意見應該得到一定程度的尊重與聽從。

所有這些來自共產主義世界的案例，以各自不同的方式說明了「被承認的欲望」如何運作。人們推動改革與革命，追求一種新的政治制度，讓普遍承認得以制度化。然而不只如此，血性的憤怒也扮演了關鍵角色，加速了革命事件的進行。人們在萊比錫、布拉格、蒂米什瓦拉、北京、莫斯科走上街頭，要求的並不是政府給他們一個「後工業經濟」，或者超市裡要充滿食物。他們激烈的憤怒往往是因為看到相對較小的不正義而引起，例如神父被關進監獄，或者高官拒絕接受一些訴求。

日後歷史學家把這些解釋為次要的原因或導火線，事實上也沒有錯，但這絲毫沒有降低它們在促成最後的革命連鎖事件中的必要性。除非至少有一部分人願意為奮鬥的目標賭上自己的性命與安逸生活，否則革命的局面就無從出現。這舉動所需要的勇氣，不可能從靈魂中欲望的部分產生，而必須是來自血性的部分。欲望之人、經濟之人、真正的**布爾喬亞**會在內心進行「成本效益分析」，結果總會給他一個「留在體制內」的理由。只有血性之人、憤怒之人，由於珍惜自己的尊嚴以及其他國民的尊嚴，雖然肉體存在由一套複雜的欲望構成，卻感到自身的價值並不只是這些欲望的總合——只有這樣的人才願意擋在坦克面前，或者正面迎向一排士兵。情況往往如此：如果沒有人採取勇敢的小行動來回應不正義的小事，那麼就不會發生更大的系列事件來促成政治和經濟結構的根本改變。

註釋

1 Abraham Lincoln, *The Life and Writings of Abraham Lincoln* (New York: Modern Library, 1940), p. 842.

2 嚴格說來，「被承認的欲望」可以視為是一種類似於飢餓或口渴的欲望形式，只不過這種欲望的對象不屬於物質，而是理想。「thymos」（血性）與欲望關係緊密，從古希臘文的欲望「epithymia」一詞來看十分明顯。

3 強調之處為筆者所加。Adam Smith, *The Theory of Moral Sentiments* (Indianapolis: Liberty Classics, 1982), pp. 50-51. 我感謝阿布蘭・舒蘭斯基（Abram Shulsky）與查爾斯・葛利斯沃（Charles Griswold, Jr.）提出的這個關於亞當・斯密的見解以及其他觀點。也請參考 Albert O. Hirschman, *The Passions and the Interests* (Princeton, N.J.: Princeton University Press, 1977), pp. 107-108。

4 盧梭在這裡會同意斯密的看法，即自然的需要相對較少，對私有財產的欲望則完全是出於人的**自負**或**虛榮心**，意即出於人跟其他人做比較的傾向。當然，他們的不同之處在於，關於斯密所說的「改善自身條件」在道德上可否接受，盧梭有不同的評價。

5 Alexis de Tocqueville, *The Old Regime and the French Revolution* (Garden City, N.Y.: Doubleday Anchor Books, 1955)（特別參考第三部第四至六章。）

6 關於這個現象的實證紀錄，見 Huntington(1968)，pp. 40-47。

7 林肯提到，他信仰一個公正的上帝，但這就帶來一個問題：在最偉大的血性自我克服行為中，人是否需要上帝的信仰作為支撐？

8 墮胎問題確實有一些經濟或社會學脈絡，因為支持者與反對者往往是依照教育與收入水準、住在城市還是鄉下等資源條件來分組，但這場辯論的實質內容仍然關於權利，而非經濟。

9 羅馬尼亞的案例比較複雜，因為有證據顯示，蒂米什瓦拉的示威不完全是自發性，軍方事先已經策劃了行動。

10 "East German VIPs Now under Attack for Living High Off Party Privileges," *Wall Street Journal* (November 22, 1989), p. A6.

第十七章
「thymos」（血性）的興起與衰亡

人並不追求幸福；只有英國人才那麼做。

——尼采，《偶像的黃昏》（*Twilight of the Idols*）[1]

到目前為止，我們一直把人的自我價值感（包含要求此價值被承認）呈現為勇氣、慷慨、有公共精神等崇高美德的源頭，它是抵抗暴政的根據地，也是選擇自由民主制的理由。但被承認的欲望也有它黑暗的一面，這個黑暗面讓許多哲學家相信，「thymos」（血性）是人類邪惡的根本來源。

「thymos」（血性）最初是作為一種對我們自身價值的評價而出現的。哈維爾所舉的蔬果店老闆的例子顯示，這種價值感往往與一種自我評價有關，即認為自己「不只是」一堆自然欲望，而是一個能自由選擇的道德行動主體。這種相當卑微的「thymos」（血性）形式可以被看成是一種自尊的感覺，或者用目前流行的語言來說，就是一種「自重」。自尊感幾乎所有人類或多或少都具備。擁有適度的自尊感對每個人來說似乎都很重要：人在世界上發揮作用需要自尊感，對自己的生活感到滿足也需要自尊感。瓊・蒂蒂安（Joan Didion）認為，這就是讓我們能夠對他人說「不」而不自責的原因。[2]

然而即使人類性格中存在一種道德層面，會不斷對自我與他人做出評價，但這並不代表人們對道德的實質內容就會有一致的看法。由於每個人都是一個血性的道德自我，所以人們會不斷地為各種大大小小的問題產生歧見、互相爭論，甚且怒目相向。因此「thymos」（血性）即使以最卑微的形式表現出來，也會成為人類衝突的起點。

再者，一個人對自身價值的評價也不保證會一直留在這「道德」自我的框限之內。哈維爾相信，所有人身上都有道德判斷力與「正當性」意識的種子；但即使我們接受這種概括的說法，也不得不承認，這顆種子在某些人身上的發展遠遠不如其他人。一個人不僅可以要求他人承認自己的道德價值，還可以要求承認自己的財富或權力，或者外在的美貌。

更重要的是，我們沒有理由認為，所有的人都會把自己評價為與他人**平等**的人。事實上，他們或許會希望被承認為比別人**更優越**，這也許基於他們真正的內在價值，但更有可能是基於他們膨脹和虛榮的自我評價。這種想要被承認為比他人優越的欲望，我們以下將用一個有古希臘字根的新詞來標示：「megalothymia」（優越血性）。「megalothymia」既可以表現在暴君身上——這樣的暴君侵略鄰國人民，奴役他們，好讓他們承認自己的權威；也可以表現在演奏鋼琴家身上——這樣的鋼琴家希望被承認為最傑出的貝多芬詮釋者。與此相反的則是「isothymia」（平等血性），即想要被承認為與他人平等的欲望。「megalothymia」（優越血性）與「isothymia」（平等血性）共同構成了「被承認的欲望」的兩種表現形式；而人類走向現代性的歷史轉型，可以大致用被承認的欲望來加以解釋。

顯然，「megalothymia」（優越血性）是政治生活中一種問題重重的激情，因為如果自身的優越性被另一個人承認會帶來滿足感，那麼被**所有人**承認帶來的滿足感當然就更大了。所以，「thymos」（血性）一開始出現時雖然是作為一種卑微的自尊，卻也可以表現為宰制的欲望。「thymos」（血性）背後這種黑暗的一面在黑格爾所描述的血腥戰鬥中當然從一開始就已存在，因為被承認的欲望引發了這場原初的戰鬥，最終導致了奴隸被主人宰制。承認的邏輯最終導致了被**普遍**承認的欲望，也就是帝國主義。

「thymos」（血性）無論是以卑微的形式（像蔬果店老闆的尊嚴感），還是以「megalothymia」（優越血性）的形式（像凱撒〔Caesar〕或史達林的殘暴野心）存在，一直是西方政治哲學的一個核心主題（儘管每個思想家都給了它一個不同的名稱）。幾乎每一個認真思考過政治和正義的政治秩序問題的人，都不得不面對「thymos」（血性）的道德模糊性，都必須找辦法利用它的積極面向，並化解其黑暗的一面。

蘇格拉底在《理想國》中對「thymos」（血性）進行了深入的討論，因為靈魂中血性的部分對於他「在語言中」打造的正義城邦至關重要。[3] 這座城邦和其他城邦一樣也有外來的敵人，也需要抵禦外來的攻擊。因此，它需要一個有勇氣、有公共精神的守護者階級，願意為了公共之善而犧牲自己的物質欲望與渴求。蘇格拉底不相信勇氣與公共精神可以從開明的自我利益的計算中產生出來。他認為這些事物必須根源於「thymos」（血性），如此守護者階級對自己與自己的城邦才會有正義的自豪感，對威脅到城邦的人才會發出潛在非理性的憤怒。[4] 因此，對蘇格拉底來說，「thymos」（血性）是任何政治共同體生存所必需的一種天然的政治美德，因為一個人是在這個基礎上從自私的欲望生活中被召喚出來，並開始關注共同利益。然而蘇格拉底也認為，「thymos」（血性）既有能力摧毀、也有能力鞏固政治共同體。《理想國》中許多段落都暗示了這一點，例如他把血性的守護者比作一條凶猛的看門狗：如果沒有適當的訓練，它既可以咬主人，也可以咬陌生人。[5]因此，打造一個正義的政治秩序需要同時培養和馴服「thymos」（血性）；《理想國》前六卷大部分篇幅就是在探討適合於守護者階級的血性教育。

想要成為主人，用帝國主義來宰制其他民族，這種「megalothymia」（優越血性）正是中世紀與近代早期政治思想的一個重要主題，只是這種現象在那裡被稱為追求**榮耀**。雄心勃勃的君王為了爭取承認的鬥爭被廣泛認定是人性和政治的普遍特徵。在帝國主義的合法性常常被視為理所當然的時代，這種鬥爭不必然意味著暴政或不義。[6]例如，聖奧古斯丁雖然把對榮耀的欲望列在惡德之中，但它卻是最無害的惡德之一，而且有可能成為人類偉大事功的泉源。[7]

「megalothymia」（優越血性）——當被理解為對榮耀的欲望時——也同時是尼可洛·馬基維利的思想核心。他是近代早期思想家當中，第一個完全擺脫中世紀基督教政治哲學的亞里斯多德傳統的人。馬基維利目前最為人所知的，主要是寫了不少關於政治的無情本質的銘言，意思直白得嚇人，像是讓人害怕比受人愛戴更好，或只有在符合自己利益的情況下，才應該遵守諾言。馬基維利是現代政治哲學的奠基者，他認為，如果你借鏡的對象不是人應該怎麼生活，而是人實際上怎麼生活，就能成為自己現實處境的主人。馬基維利並沒有像柏拉圖所教導的那樣，嘗試透過教育使人變好，而是試著從人的惡中創造出一種良好的政治秩序：通過適當的制度加以引導，惡也可以為善的目的服務。[8]

馬基維利明白，「megalothymia」（優越血性）——表現為對榮耀的欲望——是君王們雄心背後的基本心理動力。各國可能出於必要、自衛，或者為將來儲備更多人口和資源的考量而去征服鄰國。但比這些考量更重要的，卻是一個人被認可的欲望——當一個羅馬將軍在慶祝勝利，而他的敵手正戴著鐐銬在眾人的喊叫聲中遊街示眾時，他所感到的快樂就是這種被承認的快感。對馬基維利來說，對榮耀的欲望並不是君王或貴族政府專屬的特徵。這種欲望同樣影響共和政體，例如在恣意掠奪的雅典帝國和羅馬帝國的案例上，民主參與的效果是使國家的野心更為膨脹，並為擴張提供了更有效的軍事工具。[9]

雖然渴望榮耀是人的普遍特徵，[10] 馬基維利卻看到它製造的特殊問題：它讓野心家走向暴政，讓其餘的人淪為奴隸。他對這個問題的解決辦法與柏拉圖不同，而這之後成為共和憲政的特徵。他並不是像柏拉圖建議的那樣，試著去教育血性的君王或守護者，而是用「thymos」（血性）來制衡「thymos」（血性）。在混合的共和政體中，君王與少數貴族的血性雄心可以跟人民獨立的血性渴望互相平衡，於是一定程度的自由便得以確保。[11] 馬基維利的混合共和國因此是《美國憲法》中我們熟悉的三權分立的一個早期版本。

在馬基維利之後，又出現了一個也許更具企圖心、我們也已經熟悉的計畫。霍布斯與洛克，兩位現代自由主義的奠基者，試圖將「thymos」（血性）從政治生活中完全剷除，並且用一組欲望與理性的結合來加以取代。這些近代早期的英國自由主義者把「megalothymia」（優越血性）——無論其表現形式是君王們熱切頑強的自豪感，或者教士們好戰的宗教狂熱——視為戰爭的主要原因，並在這個過程中激烈地批評一切形式的自豪感。他們對貴族自豪感的詆毀被許多啟蒙運動時代的作家繼承下來，包含亞當・佛格森（Adam Ferguson）、詹姆斯・斯圖亞特（James Steuart）、大衛・休謨（David Hume）和孟德斯鳩（Montesquieu）。在市民社會中，如霍布斯、洛克與其他近代早期自由主義思想家所設想，人只需要欲望和理性。資產階級（bourgeois）完全是近代早思想的刻意創造，是一種社會工程的嘗試，想要透過改變人性本身來創造社會和平。現代自由主義的奠基者們並沒有像馬基維利所建議的那樣，把少數人的「megalothymia」（優越血性）與多數人的對立起來，而是希望使人類本性中欲望部分的利益與血性部分的激情相互對立，並藉此完全克服「megalothymia」（優越血性）。[12]

具體實現了「megalothymia」（優越血性）的社會階級，就是貴族階級；他們同時也是現代自由主義宣戰的對象。貴族戰士不創造財富，而是從其他戰士那裡竊取財富，或者更準確地說，是把貧農階級創造的剩餘據為己有。他並不根據經濟理性行事，不會把勞動力出售給最高的出價者：事實上他根本不工作，只是在閒暇中自我實現。他的行為被框限在自豪感的命令以及榮譽準則允許的範圍內，不能從事任何不符合尊嚴的活動，例如做貿易買賣。儘管許多貴族社會充滿頹廢，但一個貴族存在的要義，就是他願意在血腥戰鬥中冒生命危險，像黑格爾的原初主人一樣。因此，戰爭一直是貴族生活的重心，而且正如我們所熟知的，戰爭「並非經濟上的最佳選擇」。所以更好的做法，是使貴族勇士相信他的企圖心只不過是虛榮心，並把他改造成愛好和平的商人，如此他謀求財富的活動就能幫助他周圍的人跟著一起致富。[13]

當代社會科學所描述的「現代化」進程也可以被理解為靈魂中欲望的部分——在理性的引導之下——逐漸戰勝血性部分的過程，而且這個過程在世界各地的無數國家裡皆已完成。貴族社會幾乎普遍存在於不同的人類文化中，從歐洲到中東、非洲，再到南亞和東亞。經濟現代化不僅要求建立現代社會結構（例如城市、合理的官僚體系等），而且要求資產階級的生活方式在倫理上淘汰貴族的血性生活。在一個又一個的社會中，舊日的貴族階級得以進行一個霍布斯式的交易：請他們放下血性的自豪感，以換取和平生活以及無限獲取財富的機會。在部分國家中，例如日本，這個交易是公開進行的：政府在現代化過程中，安排從前的「samurai」（或說武士階級）改做商人；這些人的企業到了二十世紀已發展成大型**財閥**。[14]在像法國這樣的國家裡，許多貴族拒絕進行這筆交易，他們為了維護自己的血性倫理秩序，做出許多絕望的抵抗。在現今許多第三世界國家裡，這種鬥爭仍在繼續；戰士的後代們面臨著同樣的抉擇：要不要把寶劍束之高閣當作傳家寶，改用電腦終端機和辦公室。

到了美國建國時，洛克的原則在北美洲幾乎已經完全取得勝利；靈魂的欲望部分已戰勝了血性的部分。美國《獨立宣言》中高舉「追求幸福」的權利，主要是從取得財產的角度所設想。洛克主義是《聯邦黨人文集》（*Federalist papers*）的主要框架；而這些作品就是亞歷山大・漢彌爾頓、詹姆斯・麥迪遜以及約翰・傑伊（John Jay）為《美國憲法》所撰寫的偉大辯護。例如在著名的《聯邦黨人文集》第十號文章中（該文為代議制政府辯護，認為代議制政府是治療民選政府的派系弊端的良方），詹姆斯・麥迪遜主張，保護人的各種能力，特別是「獲得財產的不同與不平等的能力」，是「政府的首要目標」。[15]

雖然《美國憲法》的洛克傳統不可否認，但《聯邦黨人文集》的作者們仍然注意到，不能把被承認的欲望單純地排除於政治生活之外。他們實際上把自豪的自我主張看成是政治生活的一個目的或動機，並認為一個良好的政府需要讓這種主張有足夠發揮的空間。他們試圖把被承認的欲望往正面、或至少無害的方向引導，像馬基維利嘗試過的那樣。雖然麥迪遜在《聯邦黨人文集》中提到了基於經濟「利益」的派系鬥爭，但他認為這些跟其他基於「激情」的派系鬥爭是兩回事，或者更確切地說，後者是基於人們對是非對錯所持有的充滿激情的觀點：「對宗教、政府治理以及其他許多議題抱持不同意見的熱情」或者「對不同領導者的忠誠」。政治觀點是自我之愛的表現，與一個人對自己的評價和自己的價值感密不可分：「只要一個人的理智和自我之愛之間存在著聯繫，那麼他的意見與激情就會相互影響，而前者將成為後者依附的對象。」[16]因此，派系爭端不僅是由於不同人的靈魂的欲望部分（即經濟利益）發生衝突，也是由於他們的血性部分彼此發生衝突。[17]所以在麥迪遜的時代，美國政治最主要的分歧是關於禁酒、宗教、奴隸制度等議題，就像我們現在的政治最主要的分歧是關於墮胎權、學校祈禱權及言論自由等議題。

因此，不只大量相對渺小的個人將篤斷地提出無數激情的觀點，《聯邦黨人文集》的作者們認為，政治生活還必須面對「對名聲的愛好」，照漢彌爾頓的說法，即「最高貴的心靈們的一項主要熱情」[18]——雄心壯志者對榮耀的欲望。「megalothymia」（優越血性）跟「isothymia」（平等血性）一樣，一直是開國元勳關注的問題。麥迪遜和漢彌爾頓認為，《美國憲法》作為一種制度手段，並不是為了壓制這些「thymos」（血性）的不同表達，而是為了把這些聲音引導到安全的、實際上有建設性的宣洩管道。麥迪遜認為民選政府（包含競選公職、發表政治演說、辯論、撰寫社論、在選舉中投票等過程）是一個良性的辦法，讓人天生的自豪感與血性自我主張的傾向得以盡情開展，只要這樣的活動能在一個相對較大的共和體制中分散開來的話。民主政治的過程之所以重要，在於它不只可以作為一種決策或「利益整合」的手段，而且還是人的「thymos」（血性）得以表達的**一個過程**或舞台，在其中的人們可以試圖讓自己的觀點獲得承認。偉人與野心家的「megalothymia」（優越血性）的程度更高，也更具潛在危險性，因此開國元勳們明確地把立憲政府當成一種「用野心制衡野心」的手段。政府的不同部門可以作為擁有強大野心的人挺進的大道，但權力制衡的制度將確保這些野心會互相抵消，使暴政無從出現。一個美國政治人物可以懷著成為凱撒或拿破崙的雄心壯志，但這個制度會讓他或她只能成為吉米・卡特（Jimmy Carter）或隆納・雷根：他們在各方面受到強大的制度性約束以及政治力量的限制，只能透過當人民的「公僕」而非主人的方式來實現自己的野心。

霍布斯與洛克傳統的自由主義政治試著把被承認的欲望從政治中完全逐出，或者讓這個欲望受到限制、無力可施，這個做法讓許多思想家感到相當不安。從此以往，現代社會將由C・S・路易斯（C. S. Lewis）所說的那種「沒有胸膛的人」組成：這樣的人完全由欲望與理性構成，缺乏驕傲的自我主張能力，然而這種能力在先前的時代裡某種程度上卻是人類的核心特性。因為「胸膛」正是人之所以為人的原因：「以智力來看，人只不過是靈魂；以食欲來看，人只能算動物。」[19]近代最偉大、最旗幟鮮明的「thymos」（血性）捍衛者，以及預告其將再度興起的預言家，就是當今的相對主義和虛無主義的教父——弗里德里希・尼采。尼采曾被同時代的人描述為「激進主義的貴族」，對此他並沒有爭辯。他看到一整個「沒有胸膛的人」的文明興起，一個由**資產階級**所組成的社會，其所渴望的不外乎只是舒適的自我保全——尼采大部分的作品，在一定意義上，都可以看成是對這個現象的一種回應。對尼采來說，人的本質既不是他的欲望，也不是他的理性，而是他的「thymos」（血性）：人首先是一種**會做價值評估的**生物，是「紅臉頰的野獸」，其生命就在於有能力說出「善」和「惡」這兩個詞彙。就像他的查拉圖斯特拉（Zarathustra）所說：

> 真的，人的善與惡都是自己給的。真的，不是拿來的，不是找到的，也不是像天啟一樣從天上掉下來的。人最早把價值放在事物之中，以便自我保全——他最早為事物創造了意義，創造了人的意義！所以他才稱自己為「人」，那就是：評價者。

評價就是創造：聽好，你們這些創造者！評價本身是一切被評價的事物當中的無上珍寶。只有透過評價才有價值：沒有了評價，存在之核桃就會是空的。聽好，你們這些創造者！[20]

在尼采看來，人創造了哪些價值並不是關鍵，因為人有「一千零一個目標」可以遵循。世界上每一個民族都有自己的「善與惡的語言」，是他們的鄰居所不能理解。構成人的本質的是評價行為本身，是賦予自身價值、並要求別人承認的行為本身。[21]評價行為本質上並不平等，因為它要求一個人區分較好與較壞。因此尼采只對一種「thymos」（血性）的表現感興趣，那就是會導致人們說自己比別人好的「megalothymia」（優越血性）。現代性最可怕的後果就是，其創造者霍布斯和洛克以人身安全和物質累積為由，極力剝奪了人的評價能力。尼采著名的「權力意志」學說可以被理解為試圖重新確立「thymos」（血性）的首要地位，認為它高於欲望和理性，並試圖彌補現代自由主義對人的自豪感和自我主張能力的傷害。他的作品是對黑格爾的貴族主人的歌頌，因為後者為了純粹的威望敢於進行殊死的鬥爭；也是對現代性的強力譴責，因為後者已經完全接受奴隸道德至如此程度，以至於連自己做過這樣的選擇也已渾然不覺。

儘管用來描述「thymos」（血性）或「被承認的欲望」現象的詞彙不斷變化，不過我們可以肯定的是，這個靈魂的「第三部分」一直是哲學傳統的核心關懷，從柏拉圖以降直到尼采都是如此。它提出一種極為不同的歷史進程的解讀方式，所講述的不是現代自然科學的開展或經濟發展邏輯的故事，而是一個關於「megalothymia」（優越血性）的出現、成長和最終衰落的故事。事實上，現代經濟世界只有在欲望被解放後才能出現，可說是以消除「thymos」（血性）為代價。歷史進程從主人的血腥戰鬥開始，並在某種意義上以當代自由民主國家中的現代**資產階級**居民為終點——後者追求的不再是榮耀，而只是物質利益了。

如今，沒有人在受教育的過程中對「thymos」（血性）進行系統的研究，而「爭取承認的鬥爭」也不是我們當代政治詞彙的一部分。榮耀的欲望對馬基維利來說，曾經是人類組成中一個再正常不過的部分——使人過度地追求比別人更好，要求盡可能有更多的其他人承認自己的優越性——但如今以此為個人目標已不再為人所接受。事實上，我們今天會用這個特徵來描述我們不喜歡的人，或者那些從我們之中出現的暴君，例如希特勒、史達林、薩達姆·海珊等。「megalothymia」（優越血性）——想要被承認為優越的欲望——在日常生活中以各種不同的方式繼續存在，而且正如我們將在本書第五部分所見，如果沒有它，生活中許多讓我們感到滿意的事情就不可能實現。但是就我們對自己的描述而言，它在現代世界中的倫理地位已經被徹底毀壞了。

因此，當「megalothymia」（優越血性）備受攻擊，當它在我們當今世界中缺乏應有的尊重時，我們就不得不同意尼采：那些近代早期哲學家致力於把「thymos」（血性）較明顯的形態從公民社會中趕出去，如今已獲得很大的成功。那取代「megalothymia」（優越血性）的，是兩種事物的結合。首先是靈魂中欲望部分的活躍發展，其表現形式為生活的徹底**經濟化**。這種經濟化延伸到最高與最低的層次裡，從歐洲國家於一九九二年不追求偉大霸權而選擇締結一個更為整合的歐洲共同體，到大學畢業生在內心對各種職業生涯選項進行成本效益分析。

第二個留下來取代「megalothymia」（優越血性）的，就是無所不在的「isothymia」（平等血性），即一種想要被承認為與他人平等的欲望。它有各種表現形式，包含哈維爾的蔬果店老闆、反墮胎抗議者，或動物權利支持者等人的「thymos」（血性）。雖然我們不用「承認」和「thymos」（血性）等詞彙來描述我們的個人目標，但我們卻過於頻繁地使用「尊嚴」、「尊重」、「自尊」、「自重」等詞，而且這些非物質因素甚至被典型大學畢業生納入職涯考量。這類概念瀰漫在我們的政治生活中，對於理解二十世紀末在世界各地發生的民主轉型不可或缺。

於是，我們就有了一個明顯的矛盾。現代自由主義的盎格魯撒克遜傳統奠基者試著把「thymos」（血性）從政治生活中驅逐出去，然而「被承認的欲望」仍然以「isothymia」（平等血性）的形態存在於我們四周。這是一個意外的結果嗎？是因為那人性中無法壓抑的事物，最終自然也壓不下來的關係嗎？還是我們對於現代自由主義可以有一種更高的理解，它嘗試保留人類性格中的血性一面，而不是把它驅逐到政治領域之外？

這種更高的理解確實存在。要看見這種理解，我們必須回到黑格爾，回到他的歷史辨證法的未完成敘述中，而爭取承認的鬥爭在這之中扮演了關鍵的角色。

註釋

1 Nietzsche, *Twilight of the Idols and the Antichrist* (London: Penguin Books, 1968a), p. 23.

2 見瓊・蒂蒂安一篇討論這個主題的出色短文：“On Self-Respect,” in Didion, *Slouching Towards Bethlehem* (New York: Dell, 1968), pp. 142-148。

3 亞里斯多德是在關於「靈魂的偉大」（*megalopsychia*）或寬宏大量的脈絡下討論到「thymos」（血性）。對他來說，這是人類的核心美德。榮譽是所有外在事物中最偉大的；擁有偉大靈魂的人，在這方面「要求的多，應得的也多」。而他這麼做，就是在「虛榮」與「靈魂的卑微」之間取得中道。「虛榮」指的是「要求的多，應得的少」，「靈魂的卑微」則指「要求的少，應得得多」。靈魂的偉大包含了所有其他的美德（即勇氣、正義、節制、誠實等），並需要具有「kalokagathia」（譯為「紳士風度」或「道德高尚」）。換句話說，靈魂偉大的人，由於擁有最高的美德，因而要求得到最高的承認。有趣的是，按照亞里斯多德的說法，擁有偉大靈魂的人喜歡擁有「美麗但無用」的事物，因為那比較適合一個自足的人（*autarkous gar mallon*）。血性靈魂對無用之物的欲望，與促使他冒肉體生命危險的動力，是同一個來源。Aristotle, *Nichomachean Ethics* II 7-9; IV 3. 對「被承認的欲望」的接受程度，是希臘道德跟基督教道德的主要區別之一。

4 蘇格拉底認為，「thymos」（血性）不足以完成一座正義的城邦，它必須由靈魂的第三部分，即理性或智慧，以哲學家國王的形式來補全。

5 *Republic* 375b-376b. 蘇格拉底在這裡說「thymos」（血性）最常作為理性的盟友，而非其敵人，這其實嚴重誤導了阿德曼圖斯。

6 值得提醒的是，「megalothymia」（優越血性）曾有過極為不同的倫理內涵，請看克勞塞維茨（Clausewitz）下面這段話：

> 在所有激勵人類戰鬥的激情中，我們不得不承認，沒有一種激情像對榮譽和名聲的渴望一樣如此強大，如此恆久。德文用「貪圖榮譽」（Ehrgeiz）與「榮譽成癮」（Ruhmsucht）這兩個詞彙把榮譽跟可鄙的含義連結起來，不公平地汙損了這一點。對這些崇高抱負的濫用，無疑為人類帶來了最令人厭惡的暴行；儘管如此，光就起源而論，它們有權被納入人性中最崇高的行列。在戰爭中，它們作為生命的基本氣息，為遲滯的部隊灌注活力。其他情感可能更常見，也更受人重視——愛國主義、理想主義、復仇、各種熱情——但是它們不能代替對名望與榮譽的渴求。

Carl von Clausewitz, *On War,* edited and translated by Michael Howard and Peter Paret (Princeton: Princeton University Press, 1976), p. 105. 我感謝阿爾文・伯恩斯坦（Alvin Bernstein）給我的這個提示。

7 當然，追求榮耀的欲望與基督徒謙卑的美德是不相容的。Albert O. Hirschman *The Passions and the Interests* (Princeton, N.J.: Princeton University Press, 1977), pp. 9-11.

8 特別注意《君王論》（*The Prince*）第十五章。關於對馬基維利這位「更偉大的哥倫布」的一般性詮釋，請看 Strauss (1953), pp. 177-179，以及史特勞斯關於馬基維利的專章：Leo Strauss and Joseph Cropsey, eds., *History of Political Philosophy*, second edition (Chicago: Rand McNally, 1972), pp. 271-292。

9 請看 *Discourses*, Book I, chapter 43，標題譯為「只有那些為自身榮譽而戰鬥的，才是優秀忠誠的士兵」。Niccoló Machiavelli, *The Prince and the Discourses* (New York: Modern Library, 1950), pp. 226-227; Michael Doyle, "Liberalism and World Politics," *American Political Science Review* 80, no. 4 (December 1986): 1151-1169; and Mansfield (1989), pp. 137, 239.

10 Mansfield (1989), pp. 129, 146.

11 Harvey C. Mansfield, Jr., "Machiavelli and the Modern Executive," in Zuckert (1988), p. 107.

12 這是赫緒曼（Hirschman）的主題，他追溯了近代早期思想如何刻意淡化「thymos」（血性），很有說服力。

13 被承認的欲望也是盧梭思想的核心，他的作品是對霍布斯和洛克的自由主義的第一次重大攻擊。盧梭雖然極不同意霍布斯和洛克提出的市民社會的設想，但是他同意，被承認的欲望是人類社會生活中罪惡的根本原因。盧梭用來指稱「被承認的欲望」的語詞是「amour-propre」或虛榮心（「自負」），與「amour de soi」（或「自愛」）形成鮮明對比。他認為自然人在被文明腐蝕之前就具有自愛的特徵。「amour de soi」（自愛）與人對食物、休息和性的自然需求的滿足有關，這是一種自私的激情，但本質上是無害的，因為盧梭認為，人在自然狀態下過著孤獨而無攻擊性的生活。但是另一方面，在人類歷史發展過程中，當人們剛進入社會並開始相互比較時，「amour-propre」（虛榮）就產生了。這種將一個人的價值與另一個人的價值相比較的過程，對盧梭來說，是人類不平等的根本根源，也是文明人邪惡與不幸福的根源；它也是私有財產制的源頭，一切社會不平等都由此產生。

盧梭的解決方案並不是像霍布斯和洛克那樣，要把人蓄意的自尊完全驅逐。順著柏拉圖，盧梭力圖使「thymos」（血性）在一個民主與平等主義的共和國中，在某種程度上成為有公共精神的公民的基礎。合法政府的目的，如《社會契約論》所陳述，並不是為了保護財產權與私人經濟利益，而是為了創造社會版的天然自由，即「volonté générale」，或說「公共意志」。人重新獲得天然自由，並不是像洛克會說的那樣，完全不受國家干預，好讓他自由地賺錢或獲得財產；而是藉由積極參與公共生活，實踐小規模、有凝聚力的民主制度。這個由共和國所有公民的個人意志所組成的公共意志，可以被認為是一個單一的、巨大的血性個體；他享有自我決定與自我主張的自由，並在這個自由中獲得滿足滿足。Jean-Jacques Rousseau *Oeuvres complètes,* vol. 3 (Paris: Gallimard, 1964), pp. 364-365; Arthur Melzer, *The Natural Goodness of Man* (Chicago: University of Chicago Press, 1990) 關於人的靈魂在進入社會後形成的分裂，以及後續對其他人產生的依賴，相關討論在頁七〇至七一。

14 當然，這筆倫理交易在日本並不是那麼順利，貴族的道德觀在軍隊被保留了下來。日本帝國主義的快速擴張，最終導致對美國發動太平洋戰爭，可以理解為傳統血性階級的最後掙扎。

15 *The Federalist Papers* (New York: New American Library, 1961), p. 78.

16 *Federalist* (1961), pp. 78-79.

17 這個關於《聯邦黨人文集》的詮釋是由大衛・艾波斯坦（David Epstein）提出來的，見 *The Political Theory of the Federalist* (Chicago: University of Chicago Press, 1984), pp. 6, 68-81, 136-141, 183-184, and 193-197。我感謝艾波斯坦指出「thymos」（血性）不只在《聯邦黨人文集》中重要，而且在其他幾位政治哲學家那裡也有其重要性。

18 *Federalist* (1961), p. 437.

19 見 C. S. Lewis, *The Abolition of Man, or, Reflections on education with special reference to the teaching of English in the upper forms of schools* (London: Collins, 1978) 第一章，頁七至二十。

20 "On the Thousand and One Goals," in *Thus Spoke Zarathustra,* Book I (in *The Portable Nietzsche* (New York: Viking, 1954), pp. 170-171.（譯註：本段引文依據德文原文譯出。）

21 Nietzsche, *On the Genealogy of Morals,* 2:8 (New York: Vintage Books, 1967), p. 70.

第十八章
主與奴

一個完全的、絕對自由的人，當他決定性地與完全地滿足於自己之所是，並在這種滿足中，以及透過這種滿足，獲得了完美與完成，那麼，他必將是一個「戰勝」了他的奴隸地位的奴隸。如果說懶惰的主人是一種僵局，那麼反過來說，辛勞的奴隸就是一切人類、社會、歷史進步的泉源。歷史是勞動奴隸的歷史。

——亞歷山大．柯傑夫，《黑格爾閱讀導論》[1]

我們在好幾章前離開了對黑格爾辨證法的陳述，停在歷史進程一個相當久遠的時期——即在人類歷史的開端階段結束時，當時人類第一次冒著生命危險為純粹的威望而戰。在黑格爾的「自然狀態」中盛行的戰爭狀態（請記住，黑格爾本人從未使用過這樣的語詞），並沒有像洛克所設想的那樣，直接導致以社會契約為基礎的公民社會的建立，而是導致了主奴關係，因為其中一名原初戰鬥者，由於擔心自己的性命，便「承認」了對方，並同意當他的奴隸。然而，主與奴的社會關係長期來說並不穩定，因為無論是主人還是奴隸，他被承認的欲望最終都沒有被滿足。[2]這種不滿足的狀態構成了奴隸社會的一種「矛盾」，並產生歷史繼續進步的動力。人的第一個人類行為也許是他願意冒生命危險進行血腥戰鬥，但他並沒有因此成為一個完全自由、也因此感到滿足的人。這只有在後續的歷史演進過程中才有可能實現。[3]

主人與奴隸得不到滿足的原因並不相同。主人在某種意義上比奴隸更具人性，因為他願意為了非生物性的目的——被承認——而克服自己的生物性。透過冒生命危險，他證明自己是自由的。相反地，奴隸卻順從霍布斯的勸告，屈服於對暴力死亡的恐懼。這樣一來，他仍然是一種匱乏和膽怯的動物，無法克服自己的生物性或自然的限制。而奴隸的不自由與其人類資格的不完整，造成了主人的兩難。因為主人渴望得到另一個人類的承認，也就是希望有另外一個有價值與尊嚴的人，承認自己的價值與人類尊嚴。但透過威望之戰的勝利，他得到一個淪為奴隸的人的承認；由於這個人屈服於對死亡的天然恐懼，他的人性沒有得到實現。主人的價值因此得到了一個不完全是人的人的承認。[4]

這符合我們對承認的常識性經驗：如果讚美我們、承認我們價值的人，是那些我們尊敬、信賴其判斷的人，那麼我們會給予更高的重視，特別是如果他們的表示是自由的，而不是被強迫。當我們回家時，我們養的狗搖著尾巴歡迎我們；狗在某種意義上「承認」了我們；但它也以類似的方式承認所有人（郵差，或者小偷），因為狗這樣做是被本能所制約。或者舉一個更政治性的例子：史達林或薩達姆．海珊在體育場聽到大批群眾歡呼時（這些人被巴士成批運來，並被迫在死亡的威脅下歡呼），他們的滿足感大概比不上華盛頓或林肯這樣的民主領袖的滿足感，因為後者得到自由人民的真心敬重。

這就構成了主人的悲劇：他冒了生命危險，只為了獲得一個沒資格承認自己的奴隸的承認。主人於是一直無法滿足。此外，在時間進程中，主人基本上沒有改變。他不用工作，因為他有一個奴隸為他工作；他很容易取得所有維持生活所必須的事物。因此他的生活就成為一種靜止不變的休閒與消費的生活；正如柯傑夫所說，他可以被殺死，但不能被教育。主人當然可以一次又一次地冒生命危險與其他主人進行殊死戰鬥，為了控制一個省分，或者為了繼承某人的王位。不過，冒著生命危險的行為雖然深具人的屬性，但也永遠與自己相同。無止境地征服並不能改變他與其他人、與自然環境的關係的性質，因此無法提供歷史進程的動力。

而且奴隸也無法滿足。然而他的不滿足並不導致死氣沉沉的停滯，像主人的狀況那樣，反而帶來創造性與豐富的變化。由於屈服於主人，奴隸當然就不被承認為人類：正好相反，他被當作一個**物**來對待，只是滿足主人需求的工具。承認完全只是單方向的。但這種完全得不到承認的狀態，導致奴隸渴望有所改變。

害怕暴力死亡而失去的人的資格，奴隸現在透過**工作**將它找了回來。[5]一開始，出於對死亡的恐懼，奴隸被迫為主人的滿意而工作。但他勞動的動機逐漸在改變。他不再因為害怕立即的懲罰而工作，而是開始出於責任感和自律性而工作，在這個過程中，他學會為了工作的緣故而壓抑自己的動物性欲望。[6]換句話說，他發展出某種工作倫理。更重要的是，奴隸透過工作開始認識到，作為一個人，他有能力改造自然，也就是把自然的材料，根據既有的構想或觀念，自由地改造成別的事物。奴隸使用工具；他可以用工具來製造工具，從而發明技術。現代自然科學並不是懶惰的主人所發明，因為他們已擁有自己想要的一切；現代自然科學是奴隸發明的，因為他們被迫工作，並不喜歡自己目前的狀況。藉由科學與技術，奴隸發現他可以改造自然：不僅可以改變他所處的物理環境，還可以改變他自己的本性。[7]

對黑格爾來說，他的看法與洛克相反，工作完全從自然中解放出來了。工作的意義並不單純是為了滿足自然的需要，或甚至新創造的欲望。工作本身即代表著自由，因為它證明人有能力克服自然的限制，有能力透過勞動來創造。世上根本沒有「依照自然」的工作這種事；只有在展現出對自然的主宰之後，人類真正的工作才開始。黑格爾對私有財產的理解方式也與洛克相當不同。洛克設想人獲得財產的目的是為了滿足自己的欲望；黑格爾設想的人則把財產看成是自身在事物（例如房子、汽車、土地）中的一種「客體化」。財產並不是事物的固有特徵，而只是一種社會約定，只有當人們同意尊重彼此的財產權時才存在。人擁有財產會獲得滿足感，不僅是因為財產滿足了需要，而且還因為其他人承認它。對黑格爾來說，保護私有財產是公民社會的合法目的，就像對洛克與麥迪遜而言一樣。但黑格爾把財產視為「爭取承認的歷史鬥爭」的一個階段或面向，是一種滿足「thymos」（血性）與欲望的事物。[8]

主人透過在血腥戰鬥中冒生命危險證明了自己的自由，同時也展示了自己的超越性，證明自己不受自然的限制。相反地，奴隸是透過為主人工作來構想自由的**理念**，並在這個過程中了解到，作為一個人類，他能夠進行自由、創造性的勞動。奴隸對自然的主宰是他**直接**理解何謂「主宰」的關鍵。從歷史上看，奴隸的潛在自由比主人的實際自由要重要得多。主人是自由的：他做他喜歡的事，消費他想要的事物，他在直接、不經反思的意義上享受他的自由。另一方面，奴隸只是構想自由的**理念**，這是他因工作而產生的理念。然而，奴隸在自己的生活中並不自由；他的自由理念和他的實際狀況之間存在著差距。因此，奴隸是更具哲學性的：他必須先抽象地考慮自由，然後才能在現實中享受自由；他必須先為自己發明自由社會的原則，然後才能在自由社會中生活。因此奴隸的意識高於主人的意識，因為前者更意識到自己，即對自身以及自身狀況有更多反思。

一七七六年或一七八九年關於自由與平等原則的行動，並不是自動從奴隸們的腦袋裡跳出來的。奴隸並不是一開始就向主人挑戰，而是經歷了一個漫長而痛苦的自我教育過程；他教導自己克服對死亡的恐懼，也伸張自己應有的自由。奴隸透過反思自己的處境與自由的抽象**理念**，先是拋出了幾個初步版本的自由，最後才命中正確的那一個。這些初步的版本對黑格爾來說，就跟對馬克思一樣，都是**意識形態**，意即並非本身真實的思想建構，而是反映了現實的底層結構，也就是反映了主與奴的現實。它們雖然包含自由理念的種子，卻有助於讓奴隸對他缺乏自由的現實做出妥協。黑格爾在《精神現象學》中指出好幾種這類奴隸意識形態，包含斯多葛主義（Stoicism）與懷疑論等哲學門派。但最重要的奴隸意識形態，同時也是最直接導致在地球上實現以自由與平等為基礎的社會的意識形態，就是基督教這個「絕對宗教」。

黑格爾把基督教說成「絕對宗教」，並不是出於任何狹隘的民族中心主義思想，而是因為基督教教義與西歐自由民主社會的興起之間，存在一種客觀的歷史關係——這種關係被後來的一些思想家所接受，例如韋伯與尼采。根據黑格爾，自由的理念在基督教身上獲得了倒數第二種形式，因為這個宗教是第一個根據道德選擇或信仰的能力，確立了所有人在上帝面前普遍平等的原則。也就是說，基督教堅持相信人是自由的：不是霍布斯那種形式上不受物理約束的自由，而是道德上的自由，可以在對與錯之間做出選擇的自由。人墮落了，是赤裸裸的貧困動物，但他也能透過選擇與信仰的能力獲得精神的再生。基督教的自由是精神的內在條件，而不是身體的外在條件。蘇格拉底的利昂提烏斯與哈維爾的蔬果店老闆所感受到的血性自我價值感，跟基督教信徒內心的尊嚴和自由有某種共同之處。

基督教對自由的理解隱含了人類的普遍平等，但理由與霍布斯與洛克傳統的自由主義者不同。美國《獨立宣言》主張「所有人生而平等」，大概是因為造物主賦予了他們某些不可剝奪的權利。霍布斯和洛克則把他們對人類平等的信念建立在自然稟賦平等的基礎上：前者說人是平等的，因為他們具有同等的互相殘殺的能力，後者則指出他們的能力平等。然而洛克指出，兒童並不與他們的父母平等；他也像麥迪遜那樣認為，人獲得財產的能力並非均等。所以洛克意義下的平等，含義上比較接近機會平等。

相較之下，基督教的平等是基於一種事實，即所有人都被平等地賦予了一種特定的道德選擇的能力。[9]所有人都可以接受或拒絕上帝，都可以行善或為惡。一九六四年馬丁路德・金恩（Martin Luther King）博士在林肯紀念堂台階上發表的「我有一個夢想」演說就闡述了基督教的平等觀。他在一段令人難忘的話中說到，他有一個夢想，他的四個小孩「有一天將會生活在一個不用膚色、而用品格內涵來評判他們的國家裡」。要注意的是，金恩並沒有說應該根據他們的天賦或貢獻來評判他們，也沒有說希望他們在能力允許的範圍內盡可能向上爬升。對於金恩這位基督教牧師來說，人的尊嚴不在於人的理性或聰明程度，而在於人的性格，也就是人的道德品格，以及他辨別是非的能力。人們雖然在美貌、才能、智力或技能方面明顯不平等，然而只要他們是道德上的行動主體，就還是平等的。在上帝眼裡，最平凡、最笨拙的孤兒的靈魂，可以比最有才華的鋼琴家或最出色的物理學家的靈魂更美麗。

所以，基督教對歷史進程的貢獻，就是讓奴隸明白這種人類自由的願景，並為他界定在何種意義上可以說所有人都擁有尊嚴。基督教的上帝普遍**承認**所有的人，承認他們個人的價值和尊嚴。換句話說，天國展現了一個前景，在這個世界裡，每個人的「isothymia」(平等血性）將得到滿足——但狂妄虛榮者的「megalothymia」(優越血性）不在此列。

然而基督教的問題在於，它仍然只是另一種奴隸意識形態，意即它在某些關鍵方面上並不真實。基督教認定，人類的自由並不在地球上實現，而是只在天國裡才能實現。換句話說，基督教對自由的**概念**是正確的，但最後卻告訴現實世界的奴隸，不要期待今生獲得解脫，讓他們向不自由做出妥協。黑格爾認為，基督徒並沒有了解到，上帝並沒有創造人，而是人創造了上帝。人所創造的上帝，是作為一種自由理念的投射；因為在基督教的上帝身上，我們看到一個完美主宰的存在，不論對自己或者對自然都是如此。但接著基督徒就把自己變成奴隸，服侍他自己所創造的這位上帝。他相信自己以後會被上帝救贖，所以對自己在地上的奴役生活做出妥協，然而事實上他完全可以救贖他自己。因此基督教是某種形式的**異化**，也就是一種新形態的奴役：人把自己變成奴隸，服從於他自己創造的事物，從而造成自己的分裂。

最後一種偉大的奴隸意識形態——基督教——為奴隸清楚闡述了人類自由應該有什麼樣的願景。儘管這個宗教沒有為他提供擺脫奴役的實際途徑，卻仍然讓他更清楚地看到自己的目標：要做一個自由與自主的個體，而且其自由與自主得到所有人普遍與對等的承認。透過工作，奴隸做了許多爭取自由的事：他掌控了自然，並按照自己的理念加以改造，而且意識到自己自由的可能性。所以對黑格爾來說，歷史進程的完成只需要把基督教世俗化，也就是把基督教的「thymos」(血性）理念翻譯到此時此地裡。這需要另一場血腥戰鬥，即奴隸從主人手中贏得自由的戰鬥。黑格爾把自己的哲學視為一種基督教教義的轉型；這種轉型不再建立於神話與《聖經》權威的基礎上，而是建立於奴隸達到絕對知識與自我意識的基礎上。

人類的歷史進程從純粹的威望之戰開始，貴族主人藉著冒生命危險以尋求承認。主人藉由克服自己的本性，證明自己是更自由、更真實的人。但是推動歷史向前發展的，並不是主人與他的戰鬥，而是奴隸與他的工作。奴隸一開始出於對死亡的恐懼，接受了自己的奴役，但跟霍布斯追求自我保全的理性之人不同，黑格爾的奴隸從來不滿足於他自己。也就是說，奴隸仍然擁有「thymos」(血性)，擁有對自身的價值感與尊嚴感，也渴望過一種不僅僅是奴役的生活。他對自己的工作感到自豪，他有能力操控自然裡「幾乎毫無價值的材料」，並將它們改變成帶有自己印記的事物——這些都是「thymos」(血性)的表現。他對自由的理念也顯示了同樣的事：早在他自己的價值與尊嚴被任何其他人承認之前，「thymos」(血性)就開始讓他想像一個——存在於抽象可能性之中的——有價值與尊嚴的自由存在。與霍布斯的理性之人不同，他沒有嘗試壓抑自己的自豪感。正好相反，在獲得承認之前，他並不認為自己是一個完整的人。正是奴隸這種不斷持續的被承認的欲望，才成為推動歷史前進的動力，而不是主人那種懶惰的自滿與從未改變的自我認同。

註釋

1 Kojéve (1947), p. 26.

2 這裡的「長期」**非常**長，以數千年的尺度衡量，從主奴社會關係第一次出現，差不多一直到法國大革命為止。當柯傑夫（或黑格爾）提到奴隸時，他說的不是狹義的、具有動產法律地位的人，而是所有尊嚴不被「承認」的人，例如法國大革命前法律上享有自由的貧農。

3 下面引述的黑格爾《精神現象學》中對歷史過程的相當簡略敘述，再次強調，這是按照柯傑夫的解釋所進行，所以應該再度被視為那位人工合成的哲學家黑格爾—柯傑夫的作品。關於這個主題，請看 Roth (1988), pp. 110-115; Smith (1989a), pp. 119-121。

4 主人當然尋求其他主人的承認，但在這個過程中，他們會試著用接連的威望之戰把這些主人變成奴隸。在理性、相互的承認之前，主人只能得到奴隸的承認。

5 柯傑夫認為，在形上學的意義上，死亡恐懼對於奴隸的後續發展是必要的，不是因為他逃避死亡，而是因為死亡向他揭示了他本質上的**虛無**，揭示他是一個沒有永久身分的存在，或者說他的身分將隨著時間而被否定（即其存在遭到改變）。Kojéve (1947), p. 175.

6 柯傑夫區分奴隸與**資產階級**；資產階級是為自己工作的。

7 在這一點上，我們注意到，黑格爾與洛克在工作問題上有某種程度的交會。對洛克來說，就跟對黑格爾一樣，工作是**價值**的主要來源：人類的勞動——而不是自然界「幾乎沒有價值的材料」——才是財富的最大來源。對洛克來說，就跟對黑格爾一樣，工作並不為任何積極的自然目的而服務。人的自然需求相對不多，也容易滿足；洛克設想的財產之人，即累積了無限數量的金銀的人，他並不是為了那些自然需求而工作，而是為了滿足不斷變化的新需求而工作。人的勞動在這個意義上具創造性，因為它牽涉到永無休止地設定更新、更宏大的任務。人類的創造力也延伸到自己身上，因為他為自己發明了新的需求。最後，洛克也像黑格爾一樣有一定的反自然傾向，因為他相信，當人類操控自然，並將其用於自己的目的時，人類就在這種能力中找到了滿足。所以洛克與黑格爾的理論同樣可以作為為資本主義——也就是由現代自然科學逐步展開所創造的經濟世界——合理化的理由。

然而洛克與黑格爾卻在一個看似微小但卻很重要的問題上有所分歧。對洛克來說，勞動的目的是為了滿足欲望。這些欲望並非固定，它們不斷地成長和改變，但它們恆久的特點是，它們的要求需要被滿足。對洛克來說，勞動是本質上不愉快的活動，是為了它所創造的價值對象才進行。而且，雖然勞動的具體目的無法根據自然原則被事先定義——意即洛克的自然法則並不能回答一個人應該當皮鞋銷售員還是當晶片設計師這樣的問題——但工作仍然有一個自然基礎。工作與無限制地累積財產被當成一種逃避死亡恐怖的手段。對死亡的恐懼仍然是一個負面的極點，人類所有勞動都想朝反方向遠離。即使一個富人擁有的財富遠遠超過了他的自然需求，但他仍執著地累積財富，追根究柢是為了預防未來的艱苦日子，為了可能返回自然狀態下的貧窮而預做準備。

8 Smith (1989a), p. 120; and Avineri (1972), pp. 88-89.

9 Kojéve in Strauss (1963), p. 183.

第十九章

普遍同質之國

上帝行走於世上的足跡，即是國家。

——黑格爾《法哲學》1

對黑格爾來說，法國大革命是把基督教對自由平等社會的設想落實到人間的事件。在進行這場革命的過程中，從前的奴隸冒了生命危險：以前他們因為對死亡的恐懼而被定義為奴隸，如今他們證明自己已經克服了這種恐懼。自由平等的原則被拿破崙的勝利軍隊帶到歐洲其他地區。在法國大革命之後出現的現代自由民主國家，簡單來說，就是基督教對自由與人類普遍平等的理想，在此時此地的實現。這並不是要把國家神格化，也不是要為國家賦予一種盎格魯撒克遜自由主義所沒有的「形上學」意涵。而是，這構成了一種承認：是人類首先創造了基督教的上帝，所以人類自然也可以讓上帝來到人間，住進現代國家的議會大廈、總統府及各種官僚機構中。

黑格爾提供了我們一個機會，讓我們用與霍布斯和洛克所開展的盎格魯撒克遜自由主義傳統相當不同的詞彙，重新解釋現代自由民主。這種黑格爾式的自由主義理解，一方面更崇高地照鑑自由主義所代表的意涵，另一方面也更準確地說明了，當世界各地的人說他們想要生活在民主制度下時，他們是什麼意思。對於霍布斯和洛克，以及對他們的追隨者（《美國憲法》和《獨立宣言》的起草人）來說，自由社會是一個社會契約，由一群擁有特定自然權利的個人協議而成，其中最主要的權利是生命權，即自我保全的權利，以及追求幸福的權利，一般理解為私有財產權。因此，自由社會作為公民之間互惠平等的協議，是為了讓人們互不干涉對方的生命財產。

相較之下，對黑格爾來說，自由社會作為公民之間互惠平等的協議，是為了讓人們互相承認彼此。如果霍布斯或洛克的自由主義可以被解釋為追求理性的自我利益，那麼黑格爾的「自由主義」就可以被解釋為追求**理性的承認**，即在普遍基礎上的承認：每一個人，作為自由與自主的人，其尊嚴都能得到所有人的承認。當我們選擇生活在一個自由民主的環境時，對我們來說，真正重要的不僅僅是它讓我們可以自由地賺錢，滿足我們靈魂中欲望的部分。更重要、最終來說也更令人滿足的是，它讓我們的尊嚴獲得承認。自由民主的生活有可能是通往極大的物質富裕的道路，但它也為我們指明一個通往全然非物質目的的途徑，即讓我們的自由獲得承認。自由民主國家重視我們的自我價值感。因此，我們靈魂的欲望與血性的部分都得到了滿足。

各種版本的奴隸制社會在承認問題上都存在嚴重的缺失，而民主社會的普遍承認解決了這些問題。在法國大革命以前，幾乎每一個社會都是君主制或貴族制；在這種社會中，要嘛只有一個人（國王）被承認，要嘛只有少數人（「統治階級」或精英）得到承認。他們從被承認中得到的滿足感，是以犧牲其他人作為代價：廣大民眾作為人的資格並沒有被承認。只有將承認放在普遍與平等的基礎上，才能使其合理化。主奴關係的內在「矛盾」，在一個成功綜合了主人道德與奴隸道德的政體中，獲得了解決。主人和奴隸之間的區別本身被廢除了，以前的奴隸成了新的主人——但不是其他奴隸的主人，而是自己的主人。這就是「一七七六年精神」的意義——並不是另一批主人的勝利，也不是新的奴隸意識的抬頭，而是自我主宰在民主政府的形式下的實現。在這個新的綜合體中，主與奴分別有一些事物被保留下來——主人被承認的滿足感，以及奴隸的工作。

透過與其他非理性的承認形式的對照，我們更容易理解普遍承認的合理性。例如，民族主義國家，即公民身分僅限某一民族、族裔或種族群體的成員享有，這樣的國家就構成了一種**非理性**的承認。民族主義在很大程度上所彰顯的，是一種源自於「thymos」（血性）的被承認的欲望。民族主義者主要關注的不是經濟利益，而是承認和尊嚴。[2] 民族屬性並不是天生的特質；一個人只有在別人承認他擁有的情況下才會擁有民族屬性。[3] 然而，民族主義者所尋求的承認，並不是為自己這個個體、而是為自己所處的群體而爭取。在某種意義上，民族主義代表了先前時代的「megalothymia」（優越血性）朝著更現代、更民主的形式的蛻變。現在不是個別的君王為個人榮耀進行鬥爭，而是整個民族要求他們的民族地位得到承認。這些民族跟貴族主人一樣，也表現出願意為了得到承認、為了自己「平等的地位」，而接受暴力死亡的風險。

然而，基於民族或種族的被承認的欲望，並不是理性的。人與非人的區別完全合理：只有人是自由的，即有能力在純粹的威望之戰中爭取承認。這個區別建立在自然的基礎之上，或者說是基於自然的國度與自由的國度之間的根本斷裂。但另一方面，一個人類群體與另一個人類群體之間的區別，則是人類歷史的偶然與任意的副產品。而民族群體之間為了爭取其民族尊嚴得到承認而進行的鬥爭，在國際的層次上，導致了與貴族主人之間的威望之戰相同的僵局：可以說是一個民族成為主人，而另一個民族則成為奴隸。任何一方所能得到的承認都有缺陷，就像原本個人層次的主奴關係無法令人滿意的原因一樣。

再者，自由國家是合理的，因為它在唯一可能且互相可接受的基礎上，即在個人作為人類的認同基礎上，讓這些彼此競爭的承認要求互相調和。自由國家必須是**普遍性的**，意即必須承認所有公民，只因為他們是人，而不是因為他們是某個特定民族、族裔或種族群體的成員。而且它必須是**同質的**，因為它廢除了主人與奴隸的區別，並在此基礎上建立了一個無階級的社會。這個普遍同質的國家之合理性在一件事實上表現得更明顯：它是有意識地建立在開放與公開的原則之上，例如美國共和國誕生前的制憲會議的過程就是如此。也就是說，國家的權威不是來自古老的傳統，也不是來自朦朧深邃的宗教信仰，而是來自一個公開辯論的結果，身在其中的國家公民就共同生活的確實條件彼此間達成一致的協議。它代表了一種理性的自我意識，因為人類作為一個社會，第一次意識到自己的真實本性，而且能夠形成一個符合這些本性的政治共同體。

我們可以在什麼意義上說，現代自由民主制度普遍「承認」所有人？

透過授予所有人**權利**並加以保護。也就是說，任何兒童出生在美國、法國或任何其他幾個自由國家的領土上，都因此一事件本身而被賦予一定的公民權。任何人都不得傷害該兒童的生命，無論他是貧窮還是富有，是黑人還是白人，否則將受到刑事司法系統的起訴。到了一定時間，這個孩子將擁有財產的權利，國家和其他國民必須予以尊重。這個孩子將有權對任何他或她所想到的主題，做出血性的選擇（即關於信念與價值的意見），也將有權盡可能廣泛地發表與傳播這些意見。這些血性的意見可以是宗教信仰的形式，他也將有完全的自由去實踐這些信仰。最後，當這個孩子成年時，他或她將有權參與一開始確立了這些權利的政府本身，並就最高與最重要的公共政策的審議發表意見。這種參與可以是在定期選舉中投票，或者更積極地直接進入政治程序，例如競選公職，或者撰寫社論支持某個人或某個立場，或者在公共部門的官僚機構中服務。民選的自治政府取消了主人和奴隸的區別；每個人都有資格擔任一些主人的角色。「當主人」這件事現在採取了頒布民主決定的法律形式，也就是是頒布一套普遍的規則，讓人可以有意識地當自己的主人。當國家和人民互相承認時，也就是當國家賦予公民權利、公民同意遵守國家法律時，承認就成為**對等**。這些權利唯一會受到限制的時候，就是當它們變得自相矛盾時，即當一項權利的行使與另一項權利的行使相互干擾時。

這種對黑格爾國家的描述，聽起來幾乎與洛克的自由主義國家完全相同，後者同樣被定義為保護一系列個人權利的制度。不過黑格爾專家會立刻反對說，黑格爾對於洛克主義或盎格魯撒克遜自由主義採取了批判態度，並且一定會拒絕把洛克主義的美利堅合眾國或英國視為歷史最後階段的觀點。當然，某種意義上這樣說並沒有錯。黑格爾絕不會贊同盎格魯撒克遜傳統中某些自由主義者的觀點；這些人現在主要以自由意志主義右派（libertarian Right）為代表，他們認為政府的唯一目的是不妨礙個人，而個人有絕對的自由去追求自私的個人利益。有一種版本的自由主義他也一定不會接受，那就是把政治權利僅僅看成保護個人生命與金錢的手段，或者用更現代的語言來說，只為了保護他們個人的「生活方式」。

另一方面，當柯傑夫斷言，戰後的美國或歐洲共同體成員國體現了黑格爾所說的普遍承認國家，他確實指出了一個重要的真相。雖然盎格魯撒克遜民主國家可能建立在明確的洛克主義基礎上，但它們的自我理解從來就不是純粹的洛克主義。例如，我們已經看到麥迪遜和漢彌爾頓在《聯邦黨人文集》中都考慮到人性中的血性面向；前者認為代議制政府的目的之一，就是給人們的血性和激情的意見提供一個出口。當如今的美國人在談論他們的社會與政府形態時，他們經常使用的語言更多是黑格爾式的，而不是洛克式。例如在民權運動時期*，人們說某項民權立法的目的，是為了承認黑人的尊嚴，或說是為了實現《獨立宣言》和《美國憲法》的承諾，意即讓所有美國人擁有尊嚴和自由地生活——這樣的語言相當正常。一個人不需要是黑格爾學者，就能理解這個論點的力量；它是受教育最少、最卑微的公民的語彙的一部分。（德意志聯邦共和國的憲法就明確提到了人的尊嚴。）在美國和其他民主國家，首先是讓不符財產資格的人擁有選舉權，然後是讓黑人與其他少數族裔或種族擁有選舉權，再然後是讓婦女擁有選舉權——這些人的選舉權從未被視為是純粹的經濟問題（即選舉權使這些群體能保護自己的經濟利益），而是普遍被視為是他們的價值和平等地位的象徵，並被視為目的本身。美國開國元勳們確實沒有使用「承認」和「尊嚴」這兩個詞彙，但這件事實並不妨礙洛克式的權利語言毫不費力地、不知不覺地滑向黑格爾式的承認語言。

因此，歷史終結時出現的普遍同質國家，可以看成是建立在經濟和承認的雙重支柱上。通向它的人類歷史進程，同樣由現代自然科學的逐步展開以及爭取承認的鬥爭所推動。前者源於靈魂中的欲望部分，這個部分在近代早期得到解放，並轉向財富的無限累積。這種無限累積之所以成為可能，是因為欲望與理性之間形成了一種聯盟：資本主義與現代自然科學密不可分地交織在一起。而爭取承認的鬥爭，則起源於靈魂的血性部分。它由奴隸制的現實所推動，因為奴隸的願景是在一個所有人在上帝面前自由平等的世界裡成為主宰，而這個願景與現實形成了鮮明的對比。如果不對這兩個支柱做出說明，對歷史進程的全面描述（即一部真正的普遍史）就不可能完整；就像如果不考慮欲望、理性和

「thymos」（血性），對人類性格的描述就不可能完整一樣。馬克思主義、「現代化理論」，或任何其他主要以經濟學為基礎的歷史理論，除非考慮到靈魂的血性部分，以及作為歷史主要動力的爭取承認的鬥爭，否則都將是從根本上就不完整的。

我們現在可以更充分地闡述自由主義經濟與自由主義政治之間的相互關係，並對先進工業化與自由民主制之間的高度相關性做出說明了。如前所述，民主沒有**在經濟上**的存在理由；一定要說的話，民主政治其實會拖累經濟效率。民主是一種自主的選擇，是為了承認，而不是為了欲望而選擇。

但經濟發展創造了一定的條件，使這種自主選擇更有可能發生。之所以如此，有兩個原因。首先，經濟發展向奴隸展示了主宰的概念，使他發現可以透過技術來主宰自然，並藉由工作與教育的紀律來主宰自己。隨著社會教育程度的提高，奴隸們有機會更加意識到自己是奴隸，更想要當主人，也有機會吸收其他奴隸的想法，看他們如何對自己的奴役狀態進行反思。教育讓他們明白，他們是有尊嚴的人類，他們應該努力爭取，讓這種尊嚴得到承認。現代教育會教導自由和平等的思想，並非出於偶然；這些都是奴隸們在回應自己的實際處境時所提出來的奴隸意識形態。基督教與共產主義都是掌握了部分真理的奴隸意識形態（後者是黑格爾沒有預料到的）。但隨著時間的進展，兩者的不合理與自相矛盾都暴露無遺。特別是共產主義社會，儘管它們致力於自由平等的原則，卻被揭穿為奴隸制社會的現代變種，其中廣大民眾的尊嚴沒有得到承認。馬克思主義意識形態在一九八〇年代後期的崩潰，某種意義上反映了生活在那些社會裡的人們達到了更高的理性程度，因為他們認識到，只有在自

＊譯註：民權運動時期，一九五四到一九六八年。

由的社會秩序中才能得到理性的普遍承認。

經濟發展促進自由民主的第二個方式，是經濟發展需要教育普及化，因此帶來巨大的平等化效應。舊的階級壁壘被打破，機會平等成為一般狀況。雖然新的階級是基於經濟地位或教育而興起的，但社會內部的流動性變大了，促進了平等主義思想的傳播。因此，在**法律上的**平等出現以前，經濟就已經創造了某種**事實上的**平等。

如果人類不過只是理性和欲望，那麼他們完全可以滿足於生活在軍事獨裁統治下的南韓、佛朗哥開明技術官僚治理下的西班牙，或者在國民黨領導下的台灣，不顧一切地追求經濟快速成長。然而，這些國家的公民並不只是欲望和理性：他們對自身的尊嚴有一種血性的自豪感與信念，並希望這種尊嚴得到承認，最主要是得到他們所在國家的政府的承認。

因此，被承認的欲望就是自由主義經濟與自由主義政治之間那個缺少的環節。我們已經看到，先進工業化如何使社會變得都市化、流動化、教育程度日漸提高，並擺脫傳統的權威形式（例如部落、教會或行會等）。我們看到，在這種社會與自由民主制之間存在著高度的經驗相關性，但卻無法完全解釋這種相關性的原因。我們的解釋框架的弱點在於，我們正在為自由民主的選擇尋求一種經濟解釋，意即尋求一種來自於靈魂的欲望部分的解釋。但我們原本應該看的是血性的部分，也就是靈魂的被承認的欲望。伴隨先進工業化出現的社會變遷（特別是在教育方面），似乎釋放了某種被承認的要求，而這種要求在原本比較貧困與教育程度較低的人裡面並不存在。隨著人們變得更富有、更國際化、受教育程度更高，他們要求的已不僅僅是更多的財富，而是自己的地位獲得承認。正是這種全然非經濟、非物質的動力，才解釋了為什麼西班牙、葡萄牙、南韓、台灣以及中華人民共和國的人民都不只要求市場經濟，而且也要求民治民享的自由政府。

亞歷山大・柯傑夫在解釋黑格爾時認為，普遍同質的國家將是人類歷史的最後階段，因為它能令人類**完全滿意**。這是因為他對於「thymos」（血性）——或者說被承認的欲望——的首要地位有最終的確信，那是人類最深層與最根本的渴望。在指出「被承認」在形上學與心理學上的重要性時，黑格爾與柯傑夫所看到的人類性格，也許比洛克或馬克思等其他哲學家更為深刻（後者認為欲望和理性才是最重要的）。雖然柯傑夫宣稱，他沒有超歷史的標準可以衡量人類制度的適切性，然而事實上，被承認的欲望就是這樣的標準。畢竟對柯傑夫來說，「thymos」（血性）是人性中永久的一部分。「thymos」所推動的爭取承認的鬥爭也許需要一萬年或更長時間的歷史進程，但它對柯傑夫來說仍是靈魂的一個組成部分，就跟對柏拉圖一樣。

因此，柯傑夫聲稱「我們已經抵達歷史終點」的言論正確與否，就取決於「當代自由民主國家所提供的承認適切滿足了人類對承認的渴望」這個論斷是否成立。柯傑夫認為，現代自由民主成功地綜合了主人的道德與奴隸的道德，克服了它們之間的區別，即便這個制度從主奴兩種存在形式中各自保留了某些事物。但真的是這樣嗎？主人的「megalothymia」（優越血性）是否已經被現代政治體制成功地昇華和疏導，因此不再成為當代政治的問題？人會永遠滿足於只被承認為與其他所有人平等，還是時間到了就會做出更多的要求？而如果「megalothymia」（優越血性）已被現代政治如此徹底地昇華或疏導，以至於不再發出更多要求，那麼我們是否應該同意尼采的觀點，認為這不是值得慶祝的理由，而是一場空前的災難？

這些都是非常長期的考量，我們將在本書第五部分再回來談。

在那之前，我們將更仔細地觀察人的意識中走向自由民主的實際轉型。被承認的欲望在轉變成普遍平等的承認之前，可以採取許多不同的非理性形式，例如歸類在宗教與民族主義的大標題之下的那些形態。這種轉變從來都不是平順的；而且事實證明，在大多數真實世界的社會中，理性承認與非理性承認往往同時存在。不只如此，一個能體現理性承認的社會出現之後，其持久存在似乎**需要**某種形式的非理性承認也能存活下來。這是一個柯傑夫沒有充分處理到的弔詭之處。

黑格爾在《法哲學》序言中解釋，哲學就是「用思想捕捉到的自身時代」；作為一個哲學家，他不能超越自己的時代去預測未來，就像從前的人不能一舉躍過矗立在羅德島（Rhodes）的巨大銅像一樣。但儘管有這樣的警告，我們還是要展望未來，試著了解當前世界上自由主義革命的前景與局限性，以及它將對國際關係產生什麼樣的影響。

註釋

1 這句話有不同的詮釋，有的翻作「上帝在地上的行走，就是國家」，有的翻作「上帝在地上的旨意是，應該要有國家」。出自《法哲學》二五八節增補。

2 比較一下艾尼斯特・葛爾納（Ernest Gellner）對民族主義的定義：「民族主義作為一種情緒或運動，最好的定義就是（政治單位與民族單位應該一致）這個原則。民族主義**情緒**是因為這個原則被違反而引起的憤怒情感，或者因為這個原則被實現而引起的滿足感。民族主義**運動**則是由這種情緒所推動的運動。」*Nations and Nationalism* (Ithaca, N.Y.: Cornell University Press, 1983), p. 1.

3 Gellner (1983), p. 7.

PART 4

躍過羅德島

這裡就是羅德島，就在這裡跳吧

第二十章
一切冷酷異獸中最冷酷者

別的地方還有民族與羊群，但我們這裡沒有，我的兄弟，我們這裡有國家。國家？那是什麼？好吧，那就張開你的耳朵，因為現在我要對你們講民族的死亡。

國家就是一切冷酷異獸中最冷酷者之名。牠也說冷酷的謊言；這謊言從牠嘴裡爬了出：「我，國家，即是民族。」這是謊言！創造者創造了民族，並為他們高高掛出信仰與愛：因此他們是為生命所服務。

毀滅者為許多人設下陷阱，並稱他們為國家：他們在人們頭上高掛一把劍，以及一百種欲望。

我給你們這個符號：每個民族都說自己的善與惡的語言，隔壁的民族聽不懂。每個民族都為自己發明習俗與權利的語言。但國家在一切善與惡的語言中都撒謊；無論國家說什麼，都是在撒謊——無論國家擁有什麼，全是偷來的。

——尼采，《查拉圖斯特拉如是說》[1]

在歷史的終點，自由民主制已經沒有值得一提的意識形態競爭者了。從前人們拒絕自由民主，因為他們認為自由民主不如君主制、貴族制、神權統治、法西斯主義、共產極權主義，或者不如他們碰巧相信的任何意識形態。但是現在，在伊斯蘭世界之外似乎有一種普遍的共識：人們接受自由民主政體宣稱自己是最合理的政府形式，即最充分實現合理欲望或理性承認的國家。假設如此，那為什麼伊斯蘭世界以外的國家沒有全部變成民主制呢？為什麼有這麼多國家，他們的人民與領導者雖然已經概念上接受了民主原則，但轉型成民主制仍然遭遇如此困難？為什麼我們會懷疑，世界上目前有些號稱民主的政權不太可能一直保持民主？同時又有其他一些政權，是除了保持穩定民主體制之外，幾乎無法想像其他可能？為什麼目前自由主義的潮流最終有可能衰退，即便它長遠來看很有機會取得勝利？

自由民主制度的建立，照理說是一種極其理性的政治行為，在這個過程中，整個共同體都對憲法以及一套規範公共生活的基本法律的性質進行審議。但我們往往對理性與政治的軟弱感到詫異：政治軟弱地無法達成其目標，人們也軟弱地「喪失對生活的控制」，不只在個人層面上，也在政治層面上如此。例如拉丁美洲許多國家，在十九世紀從西班牙或葡萄牙手中贏得獨立後不久，就建立了自由民主政體，並以美國或法蘭西共和國的憲法為藍本制定憲法。然而這些國家當中，沒有一個成功地把民主傳統不間斷地維持到現在。除了來自法西斯主義與共產主義的短暫挑戰外，拉丁美洲的自由民主在理論層次上從來沒有遭遇強大的抵抗，然而自由民主人士要贏得權力與保持權力時，卻一直面臨艱苦的戰鬥。也有一些國家像俄羅斯那樣，經歷過各種專制形式的政府，但截至目前為止從不曾實施真正的民主。其他像德國這樣的國家，儘管堅實地根植於西歐傳統，但實施穩定的民主卻仍困難重重；而法國作為自由平等的發源地，自一七八九年以來，已經先後經歷了五個不同的民主共和政體。這些案例與大多數源自盎格魯撒克遜民主國家的經驗形成鮮明的對比；後面這些國家在維持體制的穩定方面相對容易。

自由民主之所以沒有成為普遍的民主，或者沒能在取得政權之後就保持穩定，最終來說在於人民與國家之間的不完全對應。國家是有目的的政治創造，而民族是預先存在的道德共同體。也就是說，民族作為共同體，對於善與惡、神聖與世俗的本質抱持著共同的信仰；這些信仰可能是在遙遠的過去裡特意建立起來的，但現在主要是作為傳統而存在。正如尼采所說，「每個民族都會說自己的善與惡的語言」，並且「發明了自己的習俗與權利的語言」；這些語言不僅體現在憲法和法律中，體現在家庭、宗教、階級結構中，也體現在人們奉行的日常習慣與生活方式中。國家的範疇是政治的範疇，是自覺選擇適當治理模式的領域。民族的範疇則是次政治的：它屬於文化和社會的領域，其規則不甚明確，即使是參與其中的人也很少自覺地予以承認。當托克維爾談到美國憲政制度的權力制衡或聯邦政府和州政府之間的責任劃分時，他說的是國家；但當他描述美國人有時狂熱的精神信仰、他們追求平等的熱情，或他們沉迷於實踐而非理論科學時，他的描述是把美國人視為一個民族。

國家把自己強加於民族之上。某些情況下則是國家打造民族，就像雷克格斯（Lycurgus）和羅慕盧斯（Romulus）的法律被認為分別塑造了斯巴達和羅馬人民的「ethos」（性格），或者像美利堅合眾國的自由平等規則在各個移民族裔之間形成了一種民主意識。然而在許多情況下，國家與民族之間的關係緊張不安，而且在部分案例中可說是與民族交戰——就像俄國與中國的共產黨人試著強迫其人民改信馬克思主義的理想。因此自由民主的成功與穩定，從來不是單純靠某一套普遍原則與法律的嚴格適用，而是需要人民與國家之間在一定程度上互相配合。

如果我們按照尼采的說法，把一個民族定義為一個共享善惡觀念的道德共同體，那麼很清楚的是，民族以及其所創造的文化都起源於靈魂的血性部分。也就是說，**文化**是從評價的能力中產生出來的，例如，人們會說聽從長輩的人是有價值的，或者說吃豬等不潔動物的人是沒有價值的。「thymos」（血性）或被承認的欲望因此是社會科學家所謂「價值觀」的所在地。正如我們先前所見，正是爭取承認的鬥爭產生了主奴關係的各種表現形式，以及由此產生的道德準則——臣民對君主的服從，農民對地主的服從，貴族傲慢的優越感等。

被承認的欲望也是兩種極其強大的激情——宗教和民族主義——的心理所在地。我並不是指宗教與民族主義可以被化約為被承認的欲望；不過這些激情之所以有巨大的力量，正是因為它們的根源就在「thymos」（血性）之中。凡是宗教認定為神聖的事物，宗教信仰者都會賦予尊嚴——一套道德法則、一種生活方式，或特定的崇拜對象。當他認為神聖的事物的尊嚴受到侵犯時，他會憤怒。[2]民族主義者相信他的民族或種族群體的尊嚴，因此也相信自己**作為**該群體成員的尊嚴。他極力使這個特殊的尊嚴得到別人的承認，而且就像宗教信仰者一樣，如果這個尊嚴遭到輕視，他會憤怒。一種血性的激情（即貴族主人被承認的欲望）開啟了歷史的進程，而也正是宗教狂熱與民族主義的血性激情，才推動了歷史進程在許多世紀裡的戰爭與衝突中繼續前進。宗教與民族主義的血性起源解釋了，為什麼關於「價值觀」的衝突比關於物質財產或財富的衝突更具潛在致命性。[3]尊嚴與金錢不同；金錢的分配非常簡單，尊嚴則是一種天生無可妥協的事物：要嘛你承認我的尊嚴，要嘛你承認我所珍視的事物的尊嚴，要嘛你不承認。只有當「thymos」（血性）尋求「正義」時，才會有真正的狂熱、偏執與仇恨。

盎格魯撒克遜版本的自由民主代表了一種冷酷計算的興起，並以犧牲較早的道德與文化視野為代價。理性的欲望必須戰勝非理性的被承認的欲望，尤其是當自豪主人們尋求自身優越性被承認時，必須戰勝他們的「megalothymia」（優越血性）。從霍布斯和洛克的傳統中發展出來的自由主義國家，對自己的人民進行了持久的鬥爭。它嘗試將他們樣貌豐富的傳統文化同質化，並教導他們計算自己的長期利益。取而代之的是一個有機的道德共同體，擁有自己的「善與惡」的語言；人們不得不學習一套新的民主價值觀：「參與」、「理性」、「世俗」、「流動」、「移情」和「寬容」。[4]這些新的民主價值一開始根本不是用於定義人類最終美善的價值。它們的功能被認為是純粹工具性的，是一個人想要在和平繁榮的自由社會中成功生活就必須養成的習慣。正因如此，尼采才稱國家是「一切冷酷異獸中最冷酷者」；它透過在人民眼前高高掛起「一千種欲望」來摧毀民族及其文化。

然而，民主若要成功運作，民主國家的公民必須忘記其價值觀的工具性根源，以及為了自己的政治制度與生活方式所發展出的某種非理性與血性的自豪感。也就是說，他們必須熱愛民主，不是因為民主必然比其他選擇更好，而是因為民主是**他們的**。再者，他們必須停止把「寬容」等價值觀視為僅僅是達成目的的手段；民主社會的寬容必須成為決定性的美德。[5]發展這種對民主的自豪感，或者將民主價值同化為公民的自我意識，就是創造「民主」或「公民文化」的目標所在。這種文化對民主國家的長期健康與穩定至關重要，因為沒有任何現實世界的社會能夠光靠理性計算與欲望而長期生存。

在特定傳統價值觀轉型為民主價值觀的過程中，也可能受到文化的抵抗，因而形成民主化的障礙。那麼是哪些文化因素會妨礙穩定的自由民主制度的建立呢？[6]這可以分為幾個大類。

第一，一個國家的國家意識、民族意識、種族意識的強烈程度和性格有關。民族主義和自由主義之間本質上並沒有不相容之處；在十九世紀德國與義大利的民族統一的鬥爭中，民族主義與自由主義其實是緊密結合的。民族主義與自由主義在一九八〇年代波蘭推動民族復興的過程中也有關聯，並且與波羅的海國家脫離蘇聯的獨立鬥爭中也有密切聯繫。「對民族獨立與主權的渴望」可以被視為是「對自決與自由的渴望」的一種可能的表現形式，不過其前提是，民族、種族或族裔不成為公民身分和法律權利的唯一基礎。一個獨立的立陶宛可以成為一個完全自由的國家，但前提是它必須保障所有公民的權利，包含任何選擇留下的俄羅斯少數民族。

另一方面，一個國家如果其組成群體的民族主義或種族特性太過發達，以至於他們沒有共同的民族意識，也不接受彼此的權利，那麼民主就不可能出現。因此，在穩定的民主制度出現之前，強烈的民族團結感是必要的，正如英、美、法、義、德等國的民主制度出現之前也都有強大的民族團結感一樣。蘇聯缺乏這種團結感，是該國不能出現穩定民主的原因之一，之後也分裂成較小的國家單位。[7] 秘魯只有百分之十一的人口是白人，他們是西班牙征服者的後裔；其餘的人口是印第安人，他們在地理、經濟和精神上都與該國其他地區分隔開來。這種分隔將是秘魯民主維持穩定的一個嚴重長期障礙。南非的情況也是如此：不僅黑人白人之間存在根本的隔閡，而且黑人本身也分成不同的族群，族群間彼此對抗也有長遠的歷史。

民主的第二個文化障礙與宗教有關。就像民族主義一樣，宗教與自由民主之間並沒有先天的衝突，除非宗教做出不寬容的行動或反對平等主義。我們前面已經指出，黑格爾相信基督教基於人的道德選擇能力確立了所有人平等的原則，為法國大革命鋪出了道路。今天絕大多數民主國家都有基督教的宗教傳統，薩繆爾・杭亭頓也曾指出，一九七〇年以來的新民主國家大多是天主教國家。[8]所以在某些方面，宗教似乎不是民主化的障礙，而是助力。

不過宗教**本身**並沒有創造自由社會；基督教在一定意義上必須將自己的目標世俗化，廢除自己，然後自由主義才能出現。在西方，一般都認為這種世俗化的推動者是新教。藉由把宗教變成基督徒與他的上帝之間的私人事務，新教不再需要額外的教士階級，也更廣泛地減少了對政治的宗教干預。世界上其他宗教也經歷了類似的世俗化過程。例如，佛教與神道教將自己局限在以家庭為中心的私人崇拜領域。印度教和儒家的遺產則是混雜的：雖然它們都擁有相對寬鬆的教義，已被證明與廣泛的世俗活動並無衝突，但他們的教義實質上是講究上下階級與反對平等主義的。相較之下，正統派猶太教和基本教義派伊斯蘭教是極權主義的宗教；它們試圖管制人類生活的所有面向，包含公共與私人範圍，也包含政治領域。這些宗教可能與民主相容（尤其是伊斯蘭教所確立的人類普遍平等原則並不下於基督教），但是它們很難與自由主義或普世人權和平共處，特別是牽涉到信仰自由或宗教自由的時候。當代穆斯林世界中唯一的自由民主國家是土耳其，這也許不令人訝異，因為土耳其是二十世紀初唯一明確拒絕其伊斯蘭傳統、並支持世俗社會的伊斯蘭國家。[9]

第三個影響穩定民主制度出現的文化障礙，牽涉到高度不平等的社會結構，以及由此產生的所有思想習慣。根據托克維爾，美國民主制度的強大和穩定，是因為早在《獨立宣言》和《美國憲法》制定之前，美國就已經徹底是平等與民主的社會了：美國人「生而平等」。也就是說，被帶到北美的主流文化傳統是自由主義的英國和荷蘭的文化傳統，而不是諸如十七世紀專制主義的葡萄牙和西班牙的文化傳統。相較之下，巴西和秘魯繼承了高度分化的階級結構，不同階級之間則相互敵對，只關注自我利益。

換句話說，主人和奴隸在一些國家比在另一些國家更赤裸裸、更根深蒂固地存在著。就像南北戰爭前的美國南方一樣，拉丁美洲許多地方也存在著公開的奴隸制，或者存在著某種形態的大規模莊園農業，身在其中的貧農們受到特定地主的束縛，處在實際上的農奴狀態裡。這就導致了黑格爾所描述的主奴關係早期特有的情況：暴力且懶惰的主人，以及恐懼、依賴、對自身自由缺乏概念的奴隸。相較之下，在哥斯大黎加，也就是在西班牙帝國這個被孤立與忽視的角落，民主卻相對成功。沒有大莊園農業，以及貧窮所造成的平等狀態，可以作為一個解釋。[10]

最後一個會影響到穩定民主前景的文化因素，牽涉到一個社會是否能自主地創造一個健康的公民社會——在這個領域裡，一個民族能夠行使托克維爾所說的「結社的藝術」，擺脫對國家的依賴。托克維爾認為，當民主不是由上而下、而是由下而上地進行時，民主的效果是最好的，這時，中央政府自然地從大量地方政府單位與民間協會中產生；其中後者即是行使自由與自治的訓練所。民主畢竟是一個自我治理的問題；如果人們能在自己的城鎮、公司、專業協會或大學裡自我管理，他們就更有機會在國家層次上成功地自我治理。

回頭來說，這種能力又往往與產生民主的前現代社會的特徵有關。曾經有人主張，那些由強勢中央集權政府治理的前現代社會，尤其是當所有中間的權力來源，例如封建貴族或地區軍閥，都被系統性摧毀時，這樣的前現代社會一旦實施現代化，產生專制統治的機會就比封建社會更大，因為在封建社會中，權力是在國王與一些強大的封建主之間分配的。[11]因此，革命前是龐大中央集權官僚帝國的俄國與中國，後來就發展為共產主義極權國家；而原本以封建為主的英國和日本，則維持了穩定的民主制度。[12]這種解釋說明了，法國、西班牙等西歐國家為什麼難以建立穩定的民主制度。在這兩種情況下，封建制度都被十六、十七世紀中央集權的現代化君主制所摧毀；強大的國家權力，以及依賴國家權力的軟弱和沮喪的公民社會，便成為這些國家的政治遺產。這些中央集權的君主政體引發一種特定的思想習慣：人們失去了私下自發組織起來的能力，失去了在地方上共同工作的能力，也失去了為自己生活負責的能力。以法國的中央集權傳統來說，沒有巴黎的許可，任何省分的落後地區都不能修建道路或橋樑，從路易十三世到拿破崙，再到現在的第五共和國，這個傳統從未間斷，至今仍體現於法國最高行政法院（Conseil d'État）中。[13]西班牙也給拉丁美洲許多國家留下了類似的遺產。

一種「民主」文化的強弱，往往很大程度取決於自由民主的各種要素產生的順序。當代最強大的自由民主國家（例如英國或美國的自由民主國家）都是自由主義先於民主產生，或者自由先於平等產生。也就是說，言論自由、結社自由、參與政府等自由權利是先在少數精英階層中實行，主要是男性、白人、有土地的人，然後才擴及其他人。[14]民主的爭論與妥協的習慣，即失敗者的權利得到謹慎的保護，先由小規模精英群體來學習比較容易成功，因為他們的社會背景與傾向大體相似；如果先讓大型且異質的社會來學習（例如有長期的部落或種族仇恨的社會），就比較困難。這種實踐順序使自由民主的實踐不易動搖，也與最古老的民族傳統整合在一起。自由民主在與愛國主義掛鉤之後，就強化了對新獲得選舉權的群體的血性吸引力；比起讓他們從一開始就參與民主，這個順序更能把他們牢固地與民主體制聯繫在一起。

所有這些因素（民族認同感、宗教、社會平等、公民社會的傾向、自由制度的歷史經驗）共同構成了一個民族的文化。各民族在這些方面可以如此不同，也就說明了，為什麼相同的自由民主憲法對一些民族來說可以順利運作，對另一些民族來說卻不能；也說明了，為什麼同一個民族在一個時代拒絕民主，在另一個時代卻毫不猶豫地接受民主。任何政治家如果想擴大自由的範圍並鞏固其進步，都必須敏感地意識到這類次政治的限制，因為這會影響到一個國家成功抵達歷史終點的能力。

儘管如此，有幾個關於文化和民主的謬誤是我們應該避免的。首先是，以為文化因素就已經是建立民主制度的**充分**條件。因此，一位著名的蘇聯學家說服自己，蘇聯在布列茲涅夫時代存在一種有效的多元化形式，只因為蘇聯的城市化、教育、國民平均所得、世俗化等條件都達到了一定的水準。但我們不該忘記，納粹德國實際上滿足了穩定民主通常被認為需要的所有文化先決條件：它民族統一，經濟發達，新教占大多數，有健康的公民社會，而且社會不平等的程度不超過西歐其他國家。然而血性的自我主張及憤怒的巨大爆發（即德國國家社會主義的構成內涵）卻能完全壓倒理性與對等承認的欲望。

民主永遠不可能偷偷到來，而是必須在某一時刻，經過公開審慎的政治決定，才能建立。政治領域仍然獨立於文化領域之外；作為欲望、「thymos」（血性）以及理性之間的交匯點，它有自己特殊的尊嚴。明智且有行動力的政治家既懂得政治的藝術，也能將人民的潛在傾向轉化為持久的政治體制；如果沒有這種政治家的存在，穩定的自由民主就不可能出現。關於成功民主轉型的研究指出，有一些全然政治性的因素相當重要，像是新的民主領導層能否在清查過去的權力濫用時，同時讓武裝部隊保持中立、新的民主領導階層能否與過去維持一種象徵性的連續性（國旗、國歌等）、過去所建立的政黨制度的性質，或者新的民主是總統制還是議會制等。[15] 另一方面，關於民主崩潰的研究則不斷指出，民主崩潰決不是文化或經濟環境的必然結果，而往往是由個別政治人物具體的錯誤決策所造成。[16]拉丁美洲國家在面對一九三〇年代的世界經濟大蕭條時，從來不是因為被迫才採取貿易保護主義與進口替代政策，但這種政策卻破壞了它們在接下來的年月裡維持穩定民主的前景。[17]

第二個，也可能是更常見的謬誤，是把文化因素當成建立民主的**必要**條件。馬克斯·韋伯對現代民主的歷史起源做了很詳盡的敘述；他認為現代民主是在西方城市某些非常特定的社會條件下所產生。[18]韋伯對民主的論述一如既往地提供了豐富的史料和深刻的見解。但他把民主描繪成只有在西方文明一個小角落的特定文化社會環境中才能產生的事物。他並沒有認真考慮過，民主制度之所以能夠快速發展，是因為它是最合理的政治制度，並且「適合」更廣泛與跨文化的人類性格。

許多國家的例子並不滿足一些所謂的文化「先決條件」，但它們仍然實現了令人訝異的高度穩定民主。最主要的例子是印度。印度既不富裕，也沒有高度工業化（儘管某些經濟部門擁有非常先進的技術），沒有民族統一，也不信奉新教，但從一九四七年獨立以來，印度卻能維持一個有效運作的民主。在過去的其他場合，許多民族曾被全面否定，被認定在文化上不俱備穩定民主的條件：德國人與日本人被認為是受制於他們的專制傳統；在西班牙、葡萄牙與許多拉丁美洲國家中，天主教被認為是民主的不可跨越的障礙，就像希臘與俄羅斯的東正教一樣。許多東歐民族被認為是無民主能力，或者對西歐自由民主傳統不感興趣。當戈巴契夫的**重建政策**遲遲沒有端出任何明確的改革，蘇聯內外許多人就說，俄羅斯民族在文化上沒有能力維持民主：他們既沒有民主傳統，也沒有公民社會，因為過去幾個世紀以來一直是暴君統治。然而，現在所有這些地方都出現了民主體制。鮑里斯·葉爾欽領導的俄羅斯議會運作起來就像一個歷史悠久的立法機構；此外，在一九九〇至一九九一年間，公民社會開始自發地興起，而且日益深化也充滿活力。民主理念在廣大民眾間生根的程度，在一九九一年八月強硬派政變遭到的廣泛抵抗中表露無遺。[19]

一個我們經常聽到的論點是，某個國家不可能民主化，因為它沒有既存的民主傳統。如果後者真的必要，那麼**沒有一個**國家能成為民主國家，因為沒有一個民族或文化（包含西歐）不是始於強烈的專制傳統，或者不曾採行這樣的傳統。

進一步的思考顯示，文化與政治、民族與國家之間的分界線並非那麼截然。國家可以很大程度地**塑造**民族，也就是建立他們的「善與惡的語言」，並創造**全新**的習慣、風俗和文化。美國人並不是直截了當地「生而平等」，而是在美國建立之前，透過州與地方層級的自治實踐，在殖民地從英國獨立之前的年代裡「變得平等」。而美國建國時鮮明的民主性質，是後來世代的民主美國人形成的主因。正如托克維爾精彩地描述過的，民主美國人作為一種人類形態，在歷史長河中是不曾出現過的。文化並不像自然法則那樣是靜態的現象；文化是人類的創造，有一個不斷演進的過程。文化可能因經濟發展、戰爭與其他民族傷痕、移民或有意識的選擇而改變。因此，民主的文化「先決條件」固然重要，但我們有必要以一定的懷疑態度來看待。

另一方面，民族及其文化的重要性凸顯了自由的理性主義的局限性，或者換一種說法，凸顯了理性的自由體制對非理性的「thymos」（血性）的依賴。理性的自由主義國家不是一次選舉就能打造完成。如果沒有某種程度的非理性愛國心，或者如果沒有對寬容等價值觀的本能忠誠，理性的自由主義國家也無法生存。如果當代自由民主的健康有賴於公民社會的健康，而後者又有賴於人們自發的結社能力，那麼很顯然地，自由主義必須超越自身的原則才能取得成功。托克維爾所指出的民間社團或社群往往不是建立在自由主義的原則之上，而是建立在宗教、種族或其他一些非理性的基礎上。因此，成功的政治現代化需要在其權利和憲法安排的框架內保留一些前現代的事物；這也就是民族的存續以及國家的不完全勝利。

註釋

1 *The Portable Nietzsche* (New York: Viking, 1954), pp. 160-161.（譯註：本段引文依據德文原文譯出。）

2 當然，正如柯傑夫所指出，基督徒對永生的信仰有一定的欲望因素。基督徒對恩典的渴望，動機可能僅僅是自我保全的自然本能。一個受暴力死亡的恐懼所驅使的人，永存的生命就是他最終的滿足。

3 當然，如同我們前面所指出，大量的衝突表面上是為了物質對象，比如為了一省或一國的寶庫，但實際上只是爭取征服者承認的鬥爭。

4 這些語詞都來自於現代社會科學，試圖定義使現代自由民主制成為可能的「價值」。例如丹尼爾・賴納（Daniel Lerner）認為：「本研究的主要假設是，只有在現代社會中，高度的移情能力才是主要的個人風格；現代社會的顯著特徵是工業化、城市化、高識字率以及**公共參與**。」(Lerner 1958, p. 50.)「公民文化」一詞最早由希爾斯（Edward Shils）使用，其定義為「既非傳統，也非現代，但兩者兼具的第三種文化：一種建立在溝通與說服上的多元文化，一種共識和多樣性的文化，一種允許變化但又有適當節制的文化」。Gabriel A. Almond and Sidney Verba, *The Civic Culture* (Boston: Little, Brown, 1963), p. 8.

5 *The Closing of the American Mind*(New York: Simon and Schuster, 1988) 關於寬容的美德在現代美國的核心地位，艾倫・布魯姆做了出色的描述，特別是第一章。與之相對的惡德 —— 不寬容，如今被認為比大多數傳統惡德（比如野心、淫欲、貪婪等）更不可接受。

6 請看 Diamond-Linz-Lipset, *Democracy in Developing Countries* (Boulder, Colo.: Lynne Rienner, 1988a) 系列每一冊開頭關於民主先決條件的一般討論，特別是關於拉丁美洲的第四冊 (1988b), pp. 2-52，也請看 Huntington (1984), pp. 198-

209 對民主先決條件的討論。

7 民族統一作為唯一真正的民主先決條件，請看 Dankwart Rustow, "*Transitions to Democracy,*" *Comparative Politics* 2 (April 1970): 337-363。

8 薩繆爾・杭亭頓認為，大量天主教國家加入了當前的「第三波」民主化浪潮，使這個浪潮在某種意義上成為一種天主教現象，這與一九六〇年代天主教意識往更民主、更平等主義的方向轉變有關。雖然這種說法顯然有一定的道理，但這似乎引發這樣的疑問：為什麼天主教的意識會發生變化？無疑地，天主教教義中沒有任何元素先天會使其傾向民主政治，或者能推翻傳統的說法，即認為天主教教會的威權與階層結構會使它傾向於威權統治。天主教意識變化的先行原因似乎是：一，民主理念的普遍合法性影響了（而不是源自於）天主教思想。二，到一九六〇年代，大多數天主教國家的社會經濟發展程度不斷提高。三，隨著馬丁・路德的腳步過了四百年後，天主教會長期「世俗化」。Samuel Huntington, "Religion and the Third Wave," *The National Interest* no. 24 (Summer 1991) 29-42.

9 即使是土耳其，要維持這個從世俗化運動以來實施的民主也有相當程度的問題。一九八四年，在三十六個穆斯林占多數的國家中，自由之家將二十一個國家評為「不自由」，十五個國家評為「部分自由」，沒有一個國家評為「自由」。Huntington (1984), p. 208.

10 Harrison (1985), pp. 48-54.

11 Barrington Moore, *Social Origins of Dictatorship and Democracy* (Boston: Beacon Press, 1966).

12 這個論題的問題很多，限制了它的解釋力。例如，不少中央集權的君主制國家，比如瑞典，後來都發展成為高度穩定的自由民主國家。有些作者認為，封建制度對於後來的民主發展有時是障礙，但有時也是助益。這構成了北美和南美經驗的主要差異。Huntington (1984), p. 203.

13 法國人長期進行了許多努力，以打破自己中央集權的習慣，包含試圖將某些領域的權力，比如教育，下放給地方選舉機構。這種情況在不久前的保守派政府與社會主義政府都發生過。這些去中央化的努力最終能否成功，還有待觀察。

14 關於順序有一個類似的論點：先是民族認同，然後到有效的民主體制，再到擴大參與。Robert A. Dahl, *Polyarchy: Participation and Opposition* (New Haven: Yale University Press, 1971), p. 36.； Eric Nordlinger, "Political Development:

"Time Sequences and Rates of Change," *World Politics* 20 (1968): 494-430; Leonard Binder, et al. *Crises and Sequences in Political Development* (Princeton: Princeton University Press, 1971).

15 比如說，如果智利實行議會制而不是總統制，一九七〇年代智利民主的崩潰本來是可以避免的，因為議會制可以使政府總辭並重組執政聯盟，而不會破壞國家的整個體制結構。關於這個議會制與總統制民主的比較，見 Juan Linz, "The Perils of Presidentialism," *Journal of Democracy* 1, no. 1 (Winter 1990): 51-69。

16 Juan Linz, *The Breakdown of Democratic Regimes: Crisis, Breakdown, and Reequilibriation* (Baltimore: Johns Hopkins University Press, 1978).

17 Diamond et al. (1988b), pp. 19-27. 到二戰結束為止，比較政治學的研究都集中在憲法與法律學說上。在歐陸社會學的影響下，戰後的「現代化理論」忽略了法律和政治，幾乎只著重在根本的經濟、文化和社會因素來解釋民主的起源和成功。在過去的幾十年裡，學院有某種返回先前觀點的態勢，特別是耶魯大學胡安．林茲的研究。林茲與他的研究夥伴們雖然不否認經濟與文化因素的重要性，但卻著重強調了政治的自主性和尊嚴，並與次政治領域取得了更好的平衡。

18 按照韋伯的說法，西方自由之所以存在，是因為西方城市建立在獨立戰士的自衛組織基礎上，也因為西方宗教（先是猶太教，然後是基督教）清除了建立在巫術與迷信上的階級關係。要解釋中世紀城市自由與相對平等的社會關係的出現，需要幾個具體的中世紀創新，例如行會制度。*General Economic History* (New Brunswick, N.J.: Transaction Books, 1981, pp. 315-337.

19 雖然我們絕無明顯理由可以說戈巴契夫在蘇聯最初一輪改革將會建立持久的民主體制，但並沒有絕對的文化障礙阻止民主在下一個世代裡生根茁壯。從教育程度、城市化、經濟發展等因素來看，俄羅斯人其實比印度、哥斯大黎加等第三世界民主化成功的國家擁有更多優勢。事實上，認為某個民族由於深層的文化原因不能民主化，這種思想本身就成為民主化的重要障礙。俄羅斯精英階層本身的某種仇俄心態、對蘇聯公民無法掌控自己生活的悲觀主義、認為強勢國家威權不可避免的宿命論等，這些思想在一定程度上會變成自我實現的預言。

第二十一章

工作的血性起源

黑格爾……相信，工作就是本質，是人真正的本質。

——卡爾·馬克思[1]

考慮到先進工業化與民主之間的密切關係，國家是否能長期維持經濟成長，似乎對於該國能否創造與維持自由社會至關重要。然而，雖然最成功的現代經濟也許屬於資本主義，但並非所有的資本主義經濟都成功，或者至少不是都跟其他經濟一樣成功。就像形式上民主的國家，維持民主的能力彼此間也有鮮明的差異；同樣地，形式上屬於資本主義的經濟體，經濟成長的能力彼此間也有顯著的不同。

亞當·斯密認為，各國財富的差異主要是政府政策的明智或愚蠢所造成，而人類的經濟行為一旦擺脫不良政策的約束，就或多或少具有普遍性。資本主義經濟體之間的績效差異，事實上大多可以歸因於政府政策的差異。如同我們先前所述，[2]拉丁美洲許多表面上的資本主義經濟體實際上是畸形的重商主義，在這個狀態下，多年的政府干預降低了效率，削弱了企業家精神。反過來說，戰後東亞經濟的成功在很大程度上可以歸因於該地區採取了明智的經濟政策，例如維持內部市場的競爭性。當西班牙、南韓、墨西哥因為開放經濟而繁榮，或者當阿根廷因為將產業收歸國有而崩潰時，這時最能看見政府政策的重要性。

然而人們會感覺到，政策差異只是故事的一部分，文化會在某些關鍵的面向上影響經濟行為，就像它會影響一個民族能否維持穩定的民主一樣。在對工作的態度上，這一點表現得最為明顯。黑格爾認為，工作是人的**本質**：藉由工作，奴隸把自然世界改造成人類可居住的世界，並由此創造人類歷史。除了少數懶惰的主人之外，所有的人類都在工作；然而他們的工作方式和程度卻有著巨大的差異。傳統上，這些差異是放在「工作倫理」的範疇下討論的。

在當代世界，人們認為談論「民族性格」是不可接受的：這種對一個民族的道德習慣的概括描述無法「以科學方式」衡量，容易流於粗暴的成見和濫用，因為這類概括通常都以傳聞的證據為基礎。對民族性格做概括陳述，這樣的事也與我們時代的相對主義與平等主義氛圍背道而馳，因為這種陳述幾乎總是會對該文化的相對價值做出隱含的價值判斷。沒有人喜歡被別人說他所屬的文化助長了懶惰和不誠實；而事實上，這種價值判斷很容易被嚴重濫用。

儘管如此，任何一個在國外旅行或生活過的人都會注意到，人們對工作的態度會深深受到民族文化的影響。在某種程度上，這些差異可以用實證的方式衡量，例如在馬來西亞、印度或美國等多民族社會中，不同群體間會有相對的經濟表現。某些民族，如歐洲的猶太人、中東的希臘人和亞美尼亞人，或者東南亞的中國人，他們優越的經濟表現已經廣為人知，不需要詳細舉證。湯瑪斯·索威爾（Thomas Sowell）曾經指出，在美國，自願從西印度群島移民的黑人，以及直接從非洲被當作奴隸帶到美國的黑人，他們的後裔在收入與教育方面顯示出巨大的差異。[3] 這種差異顯示經濟表現不光與環境條件有關（例如有沒有經濟機會），而也跟民族群體本身的文化差異有關。

除了國民平均所得等衡量經濟表現的概略指標外，不同文化對於工作的態度也有許多細緻的差異。這裡可以舉一個例子。在二次大戰中，英國科學情報的創始人之一 R．V．瓊斯（R. V. Jones）講了一個故事，故事是關於在戰爭初期，英國人如何擄獲一套完整的德國雷達，並將其帶回英國。英國人發明了雷達，技術上遙遙領先德國人，然而德國人的機器卻出奇地好，因為德國天線的製造精確度比英國能生產的任何產品都更優越。[4] 德國在維護精密技術工業的工藝傳統方面長期比歐洲鄰國更勝一籌，在現今的汽車和工具機工業中優勢也仍然顯著，這是無法用「宏觀」經濟政策來解釋的現象之一。其最終的原因必須從文化領域裡尋找。

自亞當．斯密以降的傳統自由主義經濟理論認為，工作本質上是一種不愉快的活動，[5] 是為了工作成果的效用而進行。[6] 這種效用主要可以在休閒中享受；人類勞動的目的，在一定意義上，並不是為了工作，而是為了享受休閒。一個人只會工作到一個程度：當勞動邊際反效用（即不得不在辦公室呆到很晚或在週六加班帶來的不愉快）超過了工作所得物質利益的效用時，他就會停止工作。每個人的勞動生產力不一樣，對勞動反效用的主觀評價也不同，但他們願意工作到什麼程度，本質上是理性計算的結果：他們會把工作帶來的不愉快與工作成果的愉悅程度互相權衡。更高的物質利益可以刺激勞動者更努力工作：如果僱主願意支付雙倍的加班費，一個人更有可能在辦公室裡待到很晚。因此，按照傳統的自由主義經濟理論，欲望和理性便足以說明不同的工作傾向。

相較之下，「工作倫理」這個詞彙本身就意味著，人們工作的方式與程度上的差異，是由文化與習俗決定的，因此在某種程度上與「thymos」（血性）有關。而事實上，要用傳統自由主義經濟學的嚴格功利主義語彙來對具有強烈工作倫理的個人或民族做出恰當的解釋，相當困難。以當代的「A型」人格為例——極力進取的律師或企業主管，或者受僱於競爭激烈的日本跨國公司「上班族」。這樣的人隨著職業生涯的攀升，很容易就每週工作七十或八十小時，只有很少或很短的假期。相對於其他工作不那麼辛苦的人來說，他們的工資也許很高，但他們工作的辛苦程度與報酬的高低並沒有嚴格的關係。事實上，從嚴格的功利角度來看，他們的行為並不合理：[7]他們如此努力工作，以至於他們永遠用不到自己的錢；他們無法享受休閒，因為他們根本沒有時間；而在這個過程中，他們毀掉了自己的健康與舒適的退休前景，因為他們很可能提早死去。也許有人會說，他們是為了家庭，或是為了子孫後代而工作。這無疑也是一種動機。但大多數「工作狂」幾乎從來見不到自己的孩子；他們是如此被事業所驅使，以至於太常犧牲他們的家庭生活。這些人之所以如此努力工作，跟他們的金錢報酬只有部分關係：他們顯然從工作本身，或者從工作所帶來的地位與承認中得到滿足。他們的自我價值感，與他們工作的努力程度、工作的技術水準、在職涯階梯中的爬升速度，以及其他人對他們的尊重程度息息相關。即使是他們的物質財產，也更多是為了享受其所帶來的聲譽，而非為了任何實際用途，因為他們享受這些財富的時間是如此短暫。換句話說，他們從事工作是為了滿足他們的「thymos」（血性），而非欲望。

事實上，許多關於工作倫理的實證研究都認為，它們的起源是非功利性的。其中最著名的無疑是馬克斯・韋伯出版於一九〇四至〇五年的《基督新教倫理與資本主義精神》（*The Protestant Ethic and the Spirit of Capitalism*）。韋伯絕不是第一個觀察到新教（特別是喀爾文教派或清教徒）與資本主義經濟發展之間關係的人。事實上，韋伯在寫這本書的時候，這個觀察是如此普遍，以至於他認為想反駁的人需要自己舉證。[8]自發表以來，他的論題一直引發無止無盡的爭論。關於宗教與經濟行為之間的聯繫，雖然許多人對韋伯提出的特定因果關係提出質疑，但很少有人會完全否認兩者之間存在著密切的關係。[9]在現今的拉丁美洲，新教與經濟成長之間的關係仍然十分明顯；在人們大規模皈依新教（通常是北美福音派的宗派）之後，個人收入急遽上升的現象並不少見，犯罪行為、吸毒等問題也會減少。[10]

韋伯想要解釋的是，為什麼許多早期資本主義企業家畢生致力於無止境地累積財富，卻似乎對消費這些財富沒什麼興趣。他們的節儉、自律、誠實、潔身自愛、厭惡單純的享樂，構成了一種「此世的禁欲主義」；他把這種禁欲主義理解為喀爾文主義救贖預定論的蛻變。工作並不是為了效用或消費而進行的不愉快活動；它是一種「使命」，信徒希望它能反映出他的地位是得救還是要下地獄。從事工作是為了一個完全非物質的、「非理性」的目標，即證明自己已經「得到天選」。信徒工作的奉獻精神與紀律，不能用任何世俗對快樂痛苦的理性計算來解釋。韋伯認為，這個原本作為資本主義基礎的精神動力在隨後的年歲裡已經萎縮，而為物質財富而工作的心態已經重新進入資本主義。儘管如此，「一個人使命中的責任」的理念「像死去的宗教信仰幽靈一樣」繼續活在當代世界裡；如果不提到這個精神起源，現代歐洲的工作倫理就無法被充分解釋。

也有人在其他文化中發現類似「新教倫理」的現象，以解釋其經濟上的成功。[11]例如羅伯特・貝拉（Robert Bellah）指出，當代日本人的工作倫理可以追溯到某些日本宗教的源頭，而這些宗教在功能上相當於喀爾文主義。例如**淨土真宗**（Jodo Shinshu）或佛教的「淨土宗」就強調經濟、節儉、誠實、勤勞，對消費採取禁欲的態度，同時將獲利合理化——這是日本早期的儒家傳統不能同意的。[12]石田梅岩（Ishida Baigan）的**心學**（Shingaku）運動，雖然影響小於**淨土真宗**，但也宣揚一種形式的「此世神祕主義」，強調經濟和勤奮，同時貶低消費。[13]這些宗教運動與**武士**（samurai）階級的**武士道**（Bushido）倫理不謀而合。後者是一種強調死亡風險的貴族武士思想，儘管如此，它鼓勵的不是當懶惰的主人，而是提倡禁欲主義、經濟，以及最重要的，要學習。所以，「資本主義精神」及其禁欲主義的工作倫理與工作理性，並不一定要跟海軍技術以及普魯士憲法一起輸入日本，而是從一開始就存在於日本的宗教與文化傳統之中。

以上是宗教信仰鼓勵經濟發展或使之成為可能的例子。與之相反，還有許多宗教與文化構成經濟發展障礙的例子。例如，印度教是世界上少數不以人的普遍平等為教義的偉大宗教之一。印度教教義把人分為一系列複雜的種姓，規定了他們的權利、特權及生活方式。奇怪且弔詭的是，印度教並沒有對印度的自由政治實踐構成太大的障礙（儘管日益升高的宗教不寬容程度顯示這一點正岌岌可危），但它似乎構成了經濟成長的阻礙。這通常被歸因於，印度教將低等種姓的貧困與社會不流動神聖化：在承諾他們來世有可能重生在更高種姓的同時，這個宗教讓他們對此生的任何地位做出妥協。這種傳統的印度教對貧窮的神聖化，透過現代印度之父甘地（Gandhi）的鼓勵，甚至被賦予了更現代的形式。甘地宣揚簡單農民生活的美德，認為這種生活讓人在精神上得到滿足。對於那些生活在赤貧之下的印度人來說，印度教也許減輕了他們日常生活的重擔，而且該宗教的「靈性」對西方的中產階級年輕人有著巨大的吸引力。然而它卻在信徒之間誘發了某種「此世的」麻木與惰性，而這在許多方面都與資本主義精神背道而馳。印度有很多相當成功的企業家，不過他們（和海外華人一樣）似乎更多是在印度文化的框限之外從事企業活動。小說家奈波爾（V. S. Naipaul）就注意到，印度許多偉大的科學家都是在國外達成他們的成就，因此他說：

> 印度的貧窮比任何機器都更摧殘人性；比起任何機器文明下的人，印度人更像是一個單位，被他們的**法**（dharma）思想鎖死在最直接的服從裡。回到印度的科學家卸下了他在國外獲得的個體性；他重新獲得種姓身分的安全感，而世界再度變得簡單。這裡有細碎的規則，同時安慰著他也束縛著他；個別的認知與判斷力，從前召喚他的創造力，現在都被當作負擔而予以放棄……種姓的弊害不只是賤民制度以及由此而來的汙穢在印度的神聖化；在一個試著發展的印度，弊害還包含它所強加的全面順從，它現成的滿足，冒險精神的消失，人離開個性與卓越的可能性愈來愈遠。[14]

綱納・繆達爾（Gunnar Myrdal）在他關於南亞貧困問題的名著中做了結論，整體而言，印度宗教構成了「使社會怠惰的巨大力量」，在任何地方都無法像喀爾文教派或**淨土真宗**曾做到的那樣積極推動改變。[15]

考慮到印度教這類把貧窮神聖化的例子，大多數社會科學家都認定，宗教是「傳統文化」的面向當中，會隨著工業化的衝擊而衰落的其中一個。宗教信仰本質上是非理性的，因此最終將不得不讓位給構成現代資本主義的理性貪欲。但如果韋伯和貝拉的看法是正確的，那麼**有一些**形式的宗教信仰跟資本主義之間並不存在本質上的緊張關係：事實上，以其在歐洲和日本的表現形態來說，資本主義都受到宗教教義極大的助長；這些教義鼓勵人們「在使命中勞動」，也就是為了勞動本身而不是為了消費而勞動。純粹的經濟自由主義（該學說認為，人類應該將理性用於滿足私人財產欲望以便**無限地**致富）也許足以解釋大多數資本主義社會的運作，但它並不能完整說明最具競爭力、最有活力的社會。最成功的資本主義社會之所以崛起，是因為他們恰好有一種根本上**非理性**與「前現代」的工作倫理；這種工作倫理促使人們過苦行的生活，折損自己的壽命，只因工作本身被認為可以帶來救贖。這說明了，即使在歷史的終點，為了使我們這個理性、自由的經濟世界繼續運轉下去，或者說至少為了我們能夠躋身於世界上名列前茅的經濟強國，某種形式的非理性「thymos」（血性）仍然是必要的。

這時可能會出現一種反對意見，不管歐洲與日本的工作倫理有什麼宗教起源，現在由於現代社會的整體世俗化，它們已經完全脫離了各自的精神源頭。人們不再相信自己是在「使命中工作」，而是按照資本主義法則的要求，理性地追求自己的私人利益。

資本主義的工作倫理脫離精神根源，強調即時消費的合理性與可欲性的文化逐漸成長，許多觀察家因此預測工作倫理會急遽衰退，因而破壞資本主義本身。[16]「富裕社會」實現之後，自然的必然性僅剩的任何激勵能力也將被拔除，人們將追求休閒的滿足而非工作的滿足。一九七〇年代的一些研究似乎支持了對工作倫理衰退的預測。這些研究指出，美國經理人普遍認為他們的工人的職業精神、自律性與工作幹勁的標準正在惡化。[17]現今的企業管理者中，似乎很少人是韋伯所描述的那種禁欲節儉的典範。人們認為工作倫理之所以被侵蝕，不是因為受到正面攻擊，而是因為其他與此世禁欲主義不相容的價值觀大行其道，例如「自我實現」，或者不只希望有工作，而且希望做「有意義的工作」。雖然日本的工作倫理仍然強健，但這種工作價值觀逐漸退化的過程在未來同樣也會成為問題，因為日本現在的企業幹部與經理人就跟美國或歐洲的同行一樣，都是世俗的，也都脫離了他們文化的精神根源。

至於這些關於工作倫理將會衰落的預測是否在美國也會應驗，則仍有待觀察。目前為止，這個一九七〇年代被注意到的工作熱情減弱趨勢似乎已經逆轉，至少在美國的專業與管理階層上是如此。[18]之所以如此，原因似乎主要源自經濟，而非來自文化。對於許多部門的人來說，實質生活水準與工作保障在一九八〇年代下降了，人們發現自己不得不更加努力地工作，才能留在原來的社會位置。即使在這個時期裡也有人享受到更高的物質繁榮水準，但在理性自我利益的吸引力的鼓舞下，他們繼續勤奮地長時間工作。那些擔心消費主義會為工作倫理帶來不良後果的人，往往像馬克思一樣忘記了，人類的欲望與不安全感本質上有無限的彈性，會繼續促使人們工作到身體的極限。如果把東德和西德工人的生產力進行對照，就可以看出理性的自我利益在鼓舞工作倫理方面的重要性，因為他們雖然有共同的文化，卻面對不同的物質誘因。強健的工作倫理在西方資本主義國家的持續存在，與其說是見證了韋伯提到的「死去的宗教信仰幽靈」之持久性，不如說是與理性掛鉤的欲望力量之展現。

然而，某些國家不但致力於經濟自由主義，也視理性的自我利益為理所當然，但**彼此間**在工作習性上仍然呈現重大差異。這似乎反映了在某些國家出現的現象：「thymos」（血性）已在宗教之外找到可以在現代世界中依附的新對象。

例如，日本文化（像東亞的許多其他文化）更傾向於群體而非個人。這些群體從最小、最直接的家庭開始，延伸到一個人成長與求學過程中建立的各種恩庇侍從關係，包含個人工作的公司，以及在任何日本文化意義下的最大群體，即日本民族。個人身分很大程度上被掩蓋在群體的身分之下：他的工作與其說是為了自己的短期利益，不如說是為了他所屬的更大群體的福祉。他的地位與其說是由他個人表現決定，實際上更大程度是由他所屬團體的表現所決定。因此，他對群體的忠誠有一種高度的血性特徵：他為了得到群體賦予的承認而工作，為了所屬群體得到其他群體的承認而工作；而不單只是為了像薪水這樣的短期物質利益。當他爭取承認的那個群體是民族時，結果就是經濟民族主義。而事實上，日本在經濟上往往比美國更具民族主義性格。這種民族主義不是表現在公然的保護主義上，而是以不太明顯的形式表現出來，例如日本製造商維持的傳統國內供應商網絡，以及他們很願意支付更高的價格購買日本產品。

正是這種群體認同感，使得日本某些大企業採取的終身僱用制等做法相當有效。按照西方經濟自由主義的戒律，終身僱用讓員工太有安全感，應該會損害經濟效率，就像大學教授一拿到終身教職就停止發表論文一樣。共產主義世界的經驗也證實了這一點：在共產國度裡，每個人實際上得到固定的終身僱用報酬。最優秀的人才應該受到最有挑戰性的工作吸引，並獲得最高的薪資獎勵；另一方面，企業也需要能夠淘汰冗員。從古典自由主義經濟學的角度看，恩庇侍從的忠誠關係使市場僵化，限制了經濟效率。然而，在日本文化培養出來的群體意識背景下，企業對員工表現出家長式的堅定照顧，員工則回報以更高層次的工作努力；員工工作不只是為自己，而更是為了更大組織的榮耀與聲譽。這個更大組織所代表的並不只是兩週發一次的薪水，而是一種認可的來源，也是家人與朋友的保護傘。而日本人高度發達的民族自我意識，也在家庭或公司之外為他們提供了進一步的認同與動機來源。因此，即使在一個宗教精神幾乎完全消失的時代，由於員工在受到一層一層更大群體承認的基礎上產生了一種勞動的自豪感，工作倫理也得以延續。

這種高度發達的群體意識在亞洲其他地區也很常見，但在歐洲則要少得多，而在美國則幾乎完全不存在。在美國，一輩子效忠一個公司的想法往往被視為不可理解。然而在亞洲以外，也有某種形式的群體意識對於維持工作倫理有所幫助。經濟民族主義——指管理與勞動階層齊心協力，努力擴大出口市場——在瑞典與德國等部分歐洲國家相當發達。手工業行會（craft guilds）傳統上是群體認同的另一個來源：一個技術高超的機械師並不只是為了打卡而工作，而是因為他對自己的勞動成果有自豪感。專門職業也是如此；他們相對較高的資格認證標準滿足了「thymos」（血性）。

共產主義的經濟崩潰告訴我們，某些形式的群體意識遠遠不比個人的自我利益更能激發強大的工作倫理。當一個東德或蘇聯工人被當地的黨官訓斥要為了建設社會主義而工作，或者被要求放棄週六的休息日來聲援越南人或古巴人時，他們只把工作看成一種想盡辦法也要躲開的負擔。東歐民主化國家在習慣了幾十年的國家福利之後，都面臨著在個人自我利益的基礎上重建工作倫理的問題。

然而某些亞洲與歐洲經濟體的成功經驗顯示，在那些採行資本主義經濟制度（連同其個人激勵手段）的國家中，位於西方自由主義經濟理論核心的個人自我利益，在激勵工作動機方面，也許還比不上某些形式的群體利益。西方人早就認識到，人們為家庭工作時，會比為自己一個人工作更努力；而且在戰爭或危機期間，人們也願意為國家工作。另一方面，美國或英國高度原子化的經濟自由主義，由於完全建立在理性欲望的基礎上，所以到了一定程度就會在經濟上產生反作用。當工作者不為勞動本身感到自豪，而把勞動看成等待出售的商品時，或者當工作者與經理人把對方視為零和遊戲的對手，而不是為了與他國工作者和經理人競爭而可以合作的潛在對象時，這種情況就會發生。[19]

文化不只影響各國建立和維繫政治自由主義的能力；同樣地，文化也會影響各國使經濟自由主義順利運作的能力。正如政治民主的情況，資本主義的成功在某種程度上，有賴於前現代文化傳統是否能繼續存活在現代裡。像政治自由主義一樣，經濟自由主義也不能完全靠自己維持，而必須仰賴一定程度的非理性「thymos」（血性）。

雖然許多民族（無論在政治或經濟上）廣泛接受自由主義，但它們之間基於文化而產生的差異並不會消失，而且隨著政經意識形態分歧的淡化，這種文化差異無疑會變得更加顯著。例如在許多美國人的觀感裡，與日本的貿易爭端已經比世界各地的自由問題更為嚴重，儘管日本與美國在形式意義上有著共同的政治經濟制度，日本對美國仍持續存在（且顯然無法消除）貿易順差，此刻與其說是任何法律保護主義的結果，更大程度其實是文化因素的產物，例如日本的高儲蓄率，或者日本供應商網絡的封閉性格。當一方或另一方在具體政治問題（例如柏林圍牆）上做出妥協，或者全盤放棄其意識形態時，冷戰的意識形態衝突就可以徹底解決。但表面上自由民主的資本主義國家之間持續存在的文化差異，則難以消除。

美日兩國與許多第三世界國家（特別是資本主義運作不太成功的國家）之間有著顯著的文化差異；跟這樣的差異相比，日本與美國之間在工作態度上的文化差異就顯得微不足道。經濟自由主義為任何願意利用它的人提供了通往繁榮的最佳途徑。對許多國家來說，問題只在要採取正確的市場導向政策而已。但政策只是高速成長的必要前提。「非理性」形式的「thymos」（血性）——包含宗教、民族主義、手工行業與專門技術職業維持工作標準與自豪感的能力——繼續以無數方式影響經濟行為，造成國家的富裕或貧窮。而這些差異的持續存在可能意味著，國際生活將愈來愈不是敵對意識形態之間的競爭（因為大多數經濟成功的國家都將依照類似路線而組織），而是介於不同文化之間的競爭。

註釋

1 Kojeve (1947), p. 9.

2 請看前面的第二部分第九章〈錄影機的勝利〉。

3 Thomas Sowell, *The Economics and Politics of Race: An International Perspective* (New York: Quill, 1983); Sowell, "Three Black Histories," *Wilson Quarterly* (Winter 1979): 96-106.

4 R. V. Jones, *The Wizard War: British Scientific Intelligence, 1939-1945* (New York: Coward, McCann, and Geoghan, 1978), pp. 199, 229-230.

5 把工作視為本質上不愉快的事，這種觀念在猶太基督教傳統中有深遠的根源。在《希伯來聖經》中的創世故事裡，工作是依照上帝的形象所做，因為上帝辛勞地創造了世界；但工作同時也是人所遭受的詛咒，作為他從恩典中墮落的結果。「永恆生命」的內容不是工作，而是「永遠的安息」。Jaroslav Pelikan, "Commandment or Curse: The Paradox of Work in the Judeo-Christian Tradition," in Pelikan et al., *Comparative Work Ethics: Judeo-Christian, Islamic, and Eastern* (Washington, D.C.: Library of Congress, 1985), pp. 9, 19.

6 洛克也會支持這個觀點；他認為勞動只是手段，是為了生產可供消費的事物。

7 現代經濟學家會試著用「效用」的純形式定義來解釋這樣的個體行為；這個「效用」的定義將包含人類實際追求的任何目的。也就是說，現代的工作狂會被說成是從他的勞動中獲得一種「心理效用」，正如同韋伯的新教禁欲主義企業家會被界定為從他對永恆救贖的希望中獲得一種「心理效用」。對金錢、閒暇、承認或永恆救贖的欲望都可以被籠統地歸納在一個形式性的效用標題下；這個事實顯示，經濟學的這種形式性定義無法被用於解釋任何真正有趣的人類行為上。在挽救理論的同時，這種涵蓋一切的效用定義也使理論失去了真正的解釋力。

比較明智的做法是，與「效用」的傳統經濟學定義分道揚鑣，把「效用」限制在比較有限但更通俗的意義上：效用是任何滿足人類欲望或減輕人類痛苦的事物，主要是透過獲取財產或其他物質財富達成目的。因此，一個苦行者每天為了純粹血性的滿足而克制他的肉體，並不能說是一個「效用極大化的人」。

8 在注意到新教與資本主義關係的作家中，韋伯提到了比利時的埃米爾．德．拉維萊耶（Émile de Laveleye），他在一八八〇年代寫了一本流行的經濟學教科書；還有英國評論家馬修・阿諾德（Matthew Arnold）。其他還包含俄國作家尼可萊・梅爾古諾夫（Nikolay Melgunov）、約翰・濟慈（John Keats）、以及巴克爾（H. T. Buckle）。關於比韋伯的論題更早的例子，請看 Reinhold Bendix, "The Protestant Ethic—Revisited," *Comparative Studies in Society and History* 9, no. 3 (April 1967): 266-273。

9 韋伯的許多批評者指出，資本主義在宗教改革之前就已經出現了，例如在猶太人或義大利的天主教社群裡。也有人指出，韋伯所討論的清教主義是在資本主義擴散開來**之後**才出現的墮落的清教主義，因此它雖然可以作為資本主義的承載者，但並不是資本主義的創始者。最後，也有論者認為，新教與天主教社群在經濟表現上的相對差異，比較好的解釋應該是反宗教改革運動對經濟理性主義構成障礙，而不是新教有任何積極貢獻。對韋伯的論題採批判立場的文獻包括：R. H. Tawney, *Religion and the Rise of Capitalism* (New York: Harcourt, Brace and World, 1962); Kemper Fullerton, "Calvinism and Capitalism," *Harvard Theological Review* 21 (1929) 163-191; Ernst Troeltsch, *The Social Teaching of the Christian Churches* (New York: Macmillan, 1950); Werner Sombart, *The Quintessence of Capitalism* (New York: Dutton, 1915); H. H. Robertson, *Aspects of the Rise of Economic Individualism* (Cambridge: Cambridge University Press, 1933)。也請參考 Strauss (1953), footnote 22, pp. 60-61 對韋伯的相關討論。史特勞斯指出，在宗教改革之前，理性哲學思想的革命同樣為無限累積物質財富提供理由；它對於擴散資本主義的合法性也有部分責任。

10 Emilio Willems, "Culture Change and the Rise of Protestantism in Brazil and Chile," in S. N. Eisenstadt, ed., *The Protestant Ethic and Modernization: A Comparative View* (New York: Basic Books, 1968), pp. 184-208; Lawrence E. Harrison, *Who Prospers? : How Cultural Values Shape Economic and Political Success* (New York: Basic Books, 1992); David Martin, Tongues of Fire: *The Explosion of Protestantism in Latin America* (Oxford: Basil Blackwell, 1990). 當代拉丁美洲的「解放神學」是「反宗教改革」當之無愧的繼承者，因為它的作用在於使理性與無限的資本主義累積失去合法性。

11 韋伯自己也寫了關於中國與印度宗教的書，來解釋為什麼資本主義精神沒有出現在這些文化裡。這跟討論「為什麼這些文化鼓勵或排斥從外部輸入的資本主義」的問題有一點不同。David Gellner, "Max Weber, Capitalism and the Religion of India," *Sociology* 16, no. 4 (November 1982): 526-543.

12 Robert Bellah, *Tokugawa Religion* (Boston: Beacon Press, 1957), pp. 117-126.

13 同上，頁一三三至一六一。

14 *India: A Wounded Civilization* (New York: Vintage Books, 1978), pp. 187-188.

15 除了印度教引起的精神麻木外，繆達爾還指出，印度教禁止殺牛的規定本身就是阻礙經濟成長的主要因素，因為在這個國家裡，沒有生產力的牛隻數量是其龐大人口數的一半。Gunnar Mydal, *Asian Drama: An Inquiry into the Poverty of Nations* (New York: Twentieth Century Fund, 1968), vol. 1, pp. 89-91, 95-96, 103.

16 Daniel Bell, *The Cultural Contradictions of Capitalism* (New York: Basic Books, 1976), p. 21; Michael Rose, *Reworking the Worth Ethic: Economic Values and Socio-Cultural Politics* (New York: Schocken Books, 1985), pp. 53-68.

17 Rose (1985), p. 66; David Cherrington, *The Work Ethic: Working Values and Values that Work* (New York: Amacom, 1980), pp. 12-15, 73.

18 根據美國勞動統計局的數據，一九八九年全職就業的美國勞動力中，有近百分之二十四的人每週工作四十九小時以上，而十年前只有百分之十八。根據哈里斯（Louis Harris）的調查，美國成年人每週休閒時間的中位數從一九七三年的二十六點二小時下降到一九八七年的十六點六小時。統計數字來自 Peter T. Kilborn, "Tales from the Digital Treadmill," *New York Times* (June 3, 1990), Section 4, pp. I, 3，也請看 Leslie Berkman, "40-Hour Week Is Part Time for Those on the Fast Track," *Los Angeles Times* (March 22, 1990), part T, p. 8。我感謝麥馬納（Doyle McManus）提供這些參考。

19 關於英國與日本工作者的差異，請看 Rose (1985), pp. 84-85。

第二十二章
怨恨的帝國，順從的帝國

文化對經濟發展的影響，無論是作為刺激或者束縛，都是第二部分所描述的普遍史進程中的潛在障礙。現代經濟學（由現代自然科學決定的工業化進程）正迫使人類同質化，並在此過程中破壞了廣大多樣性的傳統文化。但它未必每場戰鬥都勝利，而且我們會發現，某些文化和某些「thymos」（血性）的表現形式難以消化。而如果經濟同質化的進程停止，民主化的進程就將面臨一個不確定的未來。世界上很多民族在思想層面上相信自己想要資本主義的繁榮以及自由民主，然而並不是每一個民族都能順利得到。

因此，儘管目前顯然並沒有系統性的替代方案可以取代自由民主，但某些新的、歷史上也許前所未見的威權主義替代方案可能會在未來抬頭。這些替代方案如果出現，將會由兩種不同的民族所創造：一種是儘管努力推行經濟自由主義、但由於文化的原因卻持續遭受經濟失敗的民族；另一種則是在資本主義遊戲中過度成功的民族。

第一種現象（從經濟失敗中產生反自由主義的學說）在過去曾經出現過。伊斯蘭基本教義派當前的復興，由於涉及幾乎世界上每一個有相當穆斯林人口的國家，可以被視為是穆斯林社會普遍未能在非穆斯林的西方面前維護自身尊嚴的一種回應。在歐洲優勢軍力的競爭壓力下，一些伊斯蘭國家在十九世紀與二十世紀初進行了急遽的現代化努力，以吸收被認為是必要的西方做法來強化競爭力。就像明治日本的改革一樣，這些現代化計畫包含徹底將西方理性主義的原則引入各行各業，從經濟、官僚機構、軍事到教育和社會政策。在這個方向上最有系統的嘗試是由土耳其所進行：在鄂圖曼帝國於十九世紀的改革之後，二十世紀現代土耳其奠基者凱末爾・阿塔圖爾克（Kemal Ataturk）繼續推動了改革；他嘗試建立一個基於土耳其民族主義的世俗國家。伊斯蘭世界從西方輸入的最後一個重要思想是世俗民族主義，其代表為埃及納瑟（Nasser）偉大的泛阿拉伯民族主義運動，以及敘利亞、黎巴嫩與伊拉克的阿拉伯復興社會黨。

然而與明治日本不同（明治日本一九〇五年用西方技術打敗俄國，然後在一九四一年挑戰美國），大部分的伊斯蘭世界從未以令人信服的方式徹底消化這些西方思想，也沒有達成十九世紀、二十世紀初現代化推動者們曾經期待過的那種政治或經濟成就。直到一九六〇與七〇年代石油財富出現之前，沒有任何一個伊斯蘭社會能夠在軍事或經濟上挑戰西方。事實上許多伊斯蘭社會在二次大戰期間一直是殖民附庸，而在埃及於一九六七年遭到以色列羞辱性擊敗後，世俗的泛阿拉伯政治統一計畫也隨之瓦解。至於隨著一九七八至七九年伊朗革命而出現的伊斯蘭基本教義派復興，則並不是「傳統價值」延續到現代的案例。那些傳統價值觀（包含腐敗與寬宏大度的），已經在過去數百年的過程中被徹底打倒了。伊斯蘭基本教義派的復興，更確切地說，是懷舊地重新標舉一套號稱更古老、更純粹的價值觀；這套價值觀據說在遙遠的過去就已存在，而且既不是晚近以來顏面盡失的「傳統價值觀」，也不是被如此殘缺不全地引入中東的西方價值觀。在這方面，伊斯蘭基本教義派與歐洲的法西斯主義有著不僅僅是表面上的相似之處。就像歐洲法西斯主義的情況一樣，基本教義派復興不意外地對表面上最現代化的國家打擊最大，因為正是這些國家的伊斯蘭傳統文化遭到了西方移入價值觀最徹底的威脅。既無法保持傳統社會的一致性，又無法成功吸收西方的技術和價值觀——只有了解到伊斯蘭社會的尊嚴在這個雙重失敗中受到多麼深刻的傷害，才能理解伊斯蘭基本教義派復興的力量。

即使在美國，也可以看到新的反自由主義意識形態正開始出現，這是對經濟活動的不同文化態度長期產生的結果。在民權運動的全盛時期，大多數美國黑人都渴望完全融入白人社會，這意味著全盤接受美國社會的主流文化價值觀。美國黑人的問題不在於價值觀本身，而在於當黑人接受了主流價值觀，白人社會是否願意承認這些黑人的尊嚴。然而儘管法律上的平權障礙在一九六〇年代被掃除了，各種優先考慮黑人的平權法案也隨之上路，但美國黑人人口當中有一群人卻不僅在經濟上沒有進步，實際上還更加惡化。

然而，持續的經濟失敗產生的一個政治結果，即我們現在經常聽到的一種說法：傳統上衡量經濟成功的標準，例如工作、教育、就業狀態等，所代表的不是普世價值，而是「白人」價值。部分黑人領袖並不尋求融入一個無種族歧視的社會，而是強調要以獨特的非裔美國人文化為榮；這個文化有自己的歷史、傳統、英雄和價值觀，平等於但獨立於白人社會的文化之外。在某些情況下，這種情況會逐漸過渡為「非洲中心主義」，主張非洲本土文化比社會主義、資本主義等「歐洲」思想更優越。許多黑人希望教育體系、僱主以及國家本身承認他們這種獨立文化的尊嚴，而不是承認他們不分膚色種族**身為人類**的尊嚴，例如馬丁路德·金恩提到的人作為道德行動主體的基督教尊嚴。這種思想的結果是，黑人出現愈來愈多的自我隔離——這種情況在現今美國多數大學校園裡十分明顯；以及強調群體尊嚴的政治（而非個人成就或經濟活動）以作為社會進步的主要途徑。

不過，如果那些認為自己在經濟競爭中受到文化不利拖累的人，可以發展出新的、反自由主義的意識形態，那麼那些在經濟上比一般人更成功的人，也就可能成為威權主義思想的另一個潛在來源。如今，美國和法國革命的自由普世主義面臨的最重大挑戰，不是來自共產主義世界，因為他們的經濟失敗眾人有目共睹，而是來自亞洲那些將自由經濟與家長式威權主義相結合的社會。在二次大戰後的許多年裡，日本與其他亞洲社會都把美國與歐洲看成是全面現代化社會的榜樣，認為必須向他們借鏡一切（從科技到西方的管理技術，以及最終到西方的政治制度），才能保持競爭力。但亞洲在經濟上取得的巨大成功，使人們愈來愈認識到，這種成功不僅僅是由於成功地借鏡了西方的做法，而是由於亞洲社會**保留了**自身文化的某些傳統特性（例如強大的工作倫理），並將之整合到現代的商業環境中。

與歐洲或北美相比，亞洲大部分地區的政治權威有著特殊的淵源，對自由民主的詮釋也明顯有別於其歷史發源地國家。[1]那些在儒家社會中對於工作倫理的維繫至關重要的群體，同樣也是政治權威相當關鍵的來源。一個人的地位主要不是建立在他的個人能力或價值上，而是因為他是一系列相互關聯的群體中的一員。例如，日本的憲法與法律體系也許就像美國的一樣承認個人權利，但是日本社會則往往主要承認的是群體。在這樣的社會中，一個人只要屬於一個地位穩固的群體，並順從其規則，就有尊嚴。但從他試著違抗群體、主張個人尊嚴與權利的那一刻起，他就會遭到社會排擠與喪失地位，結果可能跟受到傳統專制主義的公然施暴一樣悲慘。這就產生一種巨大的順從壓力；而這種文化下的孩童從很小的年紀起也會把順從內化為性格的一部分。換句話說，亞洲社會的個人要服從於托克維爾所說的「多數的暴政」——或者更確切地說，一個個體要服從於他或她一生中所屬的所有大大小小的社會群體的「多數的暴政」。

這種暴政可以用日本社會的幾個例子來說明，而類似的案例也出現在東亞其他每一個文化裡。在日本，個人所要服從的主要社會群體是家庭，而父親對子女的仁慈權威則是一種最初示範，向孩子預先展示了整個社會的威權關係，包含統治者與被統治者之間的關係。[2]（父權在歐洲也是政治權威的一種模式，但現代自由主義代表著與這個傳統公然決裂。）[3]在美國，年幼的孩子被期待要聽從父母的權威；但隨著他們開始長大，他們也會堅持自己的認同，**反抗**父母。少年的叛逆行為，也就是孩子公開拒絕父母的價值觀與願望，幾乎是一個成年人類在人格形成過程中的必要環節。[4]因為只有在這種叛逆中，孩子才會發展出自足與獨立的心理資源，一種血性的個體自我價值感（相信自己有能力離開家庭的保護傘），日後也將支撐著作為成年人的個體。只有在這種叛逆階段完成後，孩子才能回到與父母互相尊重的關係中，不過這一次孩子不是作為一個依賴者，而是作為一個平等者。相較之下，日本青少年叛逆的發生率要低得多：早年對長輩的順從，被期待在成年之後也要繼續維持下去。一個人的「thymos」（血性）與其說是依附於個體的自我，而個體為其個人特質而自豪，不如說是依附於家庭與其他群體，而群體的聲譽優先於其任何成員的聲譽。[5]憤怒的產生不是因為其他人不承認自己的價值，而是因為所屬群體受到了輕視；反過來說，最大羞恥感的產生不是因為個人的失敗，而是為自己的群體帶來了恥辱。[6]因此，日本的父母繼續影響著子女的重要決定，例如選擇婚姻對象，這是任何一個有自尊心的美國年輕人都不會允許的。

日本群體意識的第二個表現，是民主「政治」被靜音——至少就西方傳統對政治一詞的理解來說是如此。意即西方的民主是建立在爭執之上的：不同的血性觀點就事情的對錯有所爭執，先在社論的版面上進行，最終在各級選舉中完成，而代表不同利益或血性觀點的政黨則在職位上彼此輪替。這種爭執被認為是民主運作中一種自然、事實上也必要的附帶現象。相比之下，日本整個社會往往把自己看成是一個單一的龐大群體，有一個穩定的權威來源。由於強調群體和諧，公開對抗往往被推到政治的邊緣；沒有基於「議題」衝突的政黨輪流執政，而是自民黨長達數十年都居於主導地位。當然，自民黨與社會主義、共產主義等在野黨之間也有公開的爭辯，但極端主義讓這些在野黨趨於邊緣化。嚴肅的政治，一般來說，是在大眾的視線之外，在中央官僚機構或者自民黨的密室裡進行。[7] 在自民黨內部，政治的主軸就是派系的不斷運作，而這些派系以基於人脈的恩庇侍從關係為基礎，很大程度上缺乏任何西方人會理解的政治內容。

日本對群體共識的強調，一部分是透過對特立獨行的個人之敬重來獲得平衡，例如對已故小說家三島由紀夫（Yukio Mishima）的尊崇。但是在其他許多亞洲社會，對於有道德原則的個人主義者，例如獨自對抗周遭不正義的索忍尼辛（Solzhenitsyn）或沙卡洛夫（Sakharov），就幾乎不會有什麼尊重。在法蘭克・卡普拉（Frank Capra）的電影《華府風雲》（*Mr. Smith Goes to Washington*）中，吉米・史都華（Jimmy Stewart）飾演一個天真的小鎮青年，在前參議員突然去世後，他被政界的老闆們指派為該州的代表。到了華盛頓後，史都華對他所看到的貪汙腐敗進行了反抗，並且無視他的操控者的阻止，單槍匹馬地在參議院發言杯葛，以阻止一項不道德的立法。史都華這個角色在某種意義上是一個極具代表性的美國英雄。相較之下，在許多亞洲社會裡，這種由一個孤立的人全盤否定主流共識的做法，則會被視為精神錯亂。

日本的民主以美國或歐洲的標準看起來，是有些威權色彩。國內最有權勢的人要嘛是高級官僚，要嘛是自民黨內的派系領袖，他們不是通過民眾的選擇，而是因為他們的教育背景，或者是通過他人的提拔而到達他們所處的位置。這些人做出會影響社會福利的重大決策，但很少得到選民的回饋或面臨其他形式的民眾壓力。這個體制基本上仍屬民主，因為它在**形式上**是民主的，意即它符合多黨派定期選舉及保障基本權利的自由民主標準。西方普遍的個人權利概念在大部分的日本社會裡已經被接受與內化。但另一方面，在某些面向上，我們可以說日本是由仁慈的一黨專制所統治。這並不是說該黨以蘇聯共產黨的方式把自己強加於社會之上，而是因為日本人**選擇**以這種方式被統治。日本現行的治理體制反映了一種廣泛的社會共識，這種共識根植於日本的群體導向文化；更多的「公開」爭執或政黨輪流執政會讓他們深感不安。

然而考慮到大多數亞洲社會對於群體和諧的重要性有廣泛的共識，這個區域普遍有著不加掩飾的威權主義，也就不令人感到訝異。一個可能的解釋（特別是曾經由新加坡前總理李光耀所提出）是，家長式的威權主義更符合亞洲的儒家傳統，而且最重要的是，它比自由民主更相容於持續的高經濟成長率。李光耀認為民主會拖累經濟成長，因為民主會干擾合理的經濟規劃，助長某種齊頭主義的個人放縱，讓人們堅持各種私人利益，卻以犧牲社會整體為代價。近年來，新加坡本身也因為扼殺新聞自由與侵犯反政府人士的人權而惡名在外。此外，新加坡政府對公民私生活的干涉程度，在西方是完全不可接受的，例如規定男孩頭髮可以留多長、禁止客廳電影院（放映室），並且對亂扔垃圾或使用公廁不沖水等微小犯行處以重罰。新加坡的威權主義以二十世紀的標準來看是溫和的，但在兩個方面上十分獨特。首先，它伴隨著相當出色的經濟表現；第二，這個威權主義被理直氣壯地合理化，不只作為一種過渡性安排，而是被視為比自由民主更優越的制度。

亞洲社會由於這種群體導向而失去很多事物。他們對成員要求高度的一致性，即使對最溫和的個人表達形式也要打壓。這種社會壓迫在女性身上最為明顯；由於社會上對傳統父權家庭的重視，她們在家庭以外的發展機會相當有限。消費者沒有權利，只能接受經濟政策且無法表達意見。基於群體的承認追根究柢而言是非理性的：在極端狀況下，它可能成為沙文主義和戰爭的來源，就像一九三〇年代那樣。在戰爭以外的時期，群體導向的承認也可以非常錯亂。例如，所有已開發國家現在都湧入大批來自貧窮與較不穩定國家的移民；他們被工作和安全所吸引。日本也跟美國一樣需要某些職業的低薪勞工，但卻可能是最不能接納移民的國家，因為其組成群體本質上無法容忍外來者。相較之下，美國原子式的自由主義是我們唯一可想像能夠成功同化大量移民人口的土壤。

人們長期以來預測，亞洲傳統價值觀將在現代消費主義面前崩潰，但這個預測遲遲沒有實現。這或許是因為亞洲社會有某種其成員不會輕易否定的優勢，特別是當他們看到非亞洲的替代選項時。雖然美國工人不用一面集體做操同時唱公司的歌曲，但人們對當代美國生活性格最常見的抱怨之一，正好就是缺乏**社群意識**。美國社群生活的崩壞從家庭開始；美國家庭在過去幾個世代裡不斷地裂解與原子化，所有美國人對此再熟悉也不過。此外，許多美國人缺乏任何有意義的地方忠誠感，除了最親近的家人以外沒有社交管道，這些也都是明顯的社群崩壞現象。然而，亞洲社會所提供的正好是一種社群意識；而且對許多在這種文化裡成長的人而言，社會服從與個人主義的受限只是一個很小的代價。

在這樣的考慮之下，亞洲（特別是日本）似乎正站在世界歷史一個特別關鍵的轉折點上。我們可以想像，隨著亞洲經濟在往後幾個世代裡繼續成長，亞洲將有兩個相當不同的發展方向。一方面，亞洲日益國際化、教育程度也愈來愈高的人口將繼續吸收西方的普遍對等承認思想，使真正的自由民主制得到進一步的傳播。群體作為血性認同來源的重要性將會降低；亞洲人將更加關注個人尊嚴、女性權利與私人消費，同時把人的普遍權利原則加以內化。這是在過去一個世代裡推動南韓與台灣走向正式民主的過程。日本在戰後已經在這條道路上走得很遠了，父權體制的衰敗使日本成為一個遠比新加坡「現代」的國家。

另一方面，如果亞洲人相信他們的成功更大程度是靠自身的文化而不是借來的文化，如果美國與歐洲的經濟成長相對於遠東開始衰退，如果西方社會的基本制度（例如家庭）持續崩潰，如果西方自己也以不信任或敵意的態度對待亞洲，那麼，一個系統性的反自由反民主替代選項，挾帶著技術官僚的經濟理性以及家長式的威權主義，可能會在遠東站穩腳跟。直到目前為止，許多亞洲社會至少在口頭上肯定了西方的自由民主原則：他們接受自由民主的形式，只是修改其內容以適應亞洲的文化傳統。但與民主公開決裂的情況也可能出現，這時即使是民主形式本身也會遭到拒絕，因為它被視為是西方的強加之物，被視為對亞洲社會的成功運作無關緊要，就像西方商業管理技術對於亞洲經濟無關緊要一樣。亞洲這種對自由民主系統性的拒絕態度，可以從李光耀發表的理論見解，以及石原慎太郎（Shintaro Ishihara）等特定日本人的著作中得到線索。如果未來真的出現了這種替代選項，日本將會扮演一個關鍵的角色，因為該國已經取代美國成為亞洲大部分地區的現代化榜樣。[8]

這個新的亞洲威權主義很可能不會是我們所熟悉的那種殘酷的極權警察國家。那將是一種以服從為主的暴政，是人們心甘情願地服從上級權威，並遵守一套嚴格的社會規範。這種政治制度能否輸出到其他沒有亞洲儒家傳統的文化裡，仍是一個疑問，就像伊斯蘭基本教義主義也無法輸出到世界上的非伊斯蘭地區一樣。[9]它所代表的服從帝國也許能帶來空前的繁榮，但它也意味著大多數公民的孩童時期將被延長，即他們的「thymos」（血性）不能完全被滿足。

在當今世界裡，我們看到一個奇怪的雙重現象：既有普遍同質的國家的勝利，各民族也持續存在。一方面，由於現代經濟與科技，以及把合理承認視為政府唯一合法基礎的理念在全世界擴散，因此人類不斷地趨於同質化。但是另一方面，這種同質化在到處都遭遇抵抗，人們很大程度是在次政治的層次上重新伸張自己的文化認同，最終使各民族與國族之間既有的障礙更加鞏固。一切冷酷異獸中最冷酷者的勝利並沒有完成。雖然過去數百年來，人類可接受的經濟政治組織形式種類愈來愈少，但對資本主義與自由民主這些仍然存續的形式，卻一直有著各種可能的詮釋。這表示，即使國家間的意識形態差異逐漸退到背景裡，國家間仍然會有重要差異，只是轉移到文化與經濟的層面上。這些差異進一步顯示，現有的國家體系（state system）不會那麼快就崩解成**名符其實的**普遍同質國家。[10]即使有愈來愈多的國家實施共同的經濟政治組織形式，個別國族仍將繼續是認同的中心。

所以，我們現在需要考慮的是，這些國家之間的關係將會是什麼模樣，它們與我們熟悉的國際秩序又將有什麼不同。

註釋

1 Roderick McFarquhar, "The Post-Confucian Challenge," *Economist* (February 9, 1980): 67-72; Lucian Pye, "The New Asian Capitalism: A Political Portrait," in Peter Berger and HsinHuang Michael Hsiao, eds., *In Search of an East Asian Development Model* (New Brunswick, N.J.: Transaction Books, 1988), pp. 81-98; Pye (1985), pp. 25-27, 33-34, 325-326.

2 日本主要的社會關係不是跟同年次的人的關係，而是**前輩**（sempai）與**後輩**（kohai）、上級與下級之間的縱向關係。在家庭、大學、公司裡都是如此，一個人主要的忠誠對象是一個較年長的保護者。Chie Nakane, *Japanese Society* (Berkeley: University of California Press, 1970), pp. 26ff.

3 例如，洛克的第一篇關於政府的論述就是從攻擊羅伯特·菲爾默開始的，他試圖以家庭模式來合理化父權的政治權威。Tarcov (1984), pp. 9-22.

4 這並非偶然，洛克在《政府論》中反對部分形式的親權，並維護兒童的權利。

5 Pye (1985, p. 72) 日本家庭與中國家庭不同之處在於，日本家庭既強調個人榮譽，也強調家庭忠誠，因此使其更具外向性與適應力。

6 家庭**本身**在經濟理性上似乎不是特殊資產。在巴基斯坦與部分的中東地區，家庭聯繫跟在東亞同樣牢固，但這往往對經濟理性化構成障礙，因為它鼓勵裙帶關係以及基於部族的差別對待。在東亞，一個大家庭不只由現在活著的成員組成，而是包含由長長一串已逝的祖先；這些祖先的期望對個別成員的行為仍然具約束力。因此，強大的家庭往往會促進內部的紀律與正直，而不是去要求裙帶關係。

7 一九八九年的徵兵醜聞及其他醜聞，使自民黨一年內兩任首相下台，自民黨失去在國會參議院的多數席位，這些都顯示日本政治體制中也有西方式的可問責性。然而，自民黨成功地控制了損害，並保住了對政治體制的主導權，而無須對自身或日本政治人物與官僚行事的方式進行任何結構性改革。

8 例如韓國人在建立自己的執政黨時，試著模仿的不是美國的民主黨或共和黨，而是日本的自民黨。

9 近年來，日本某些強調群體忠誠度與凝聚力的管理方式也輸出到美國與英國；這種管理方式跟日本對工廠與設備的直接投資包裹在一起，也取得了一定的成功。至於亞洲其他更具道德內涵的社會制度，例如家庭或民族意識，是否也能同樣輸出，則值得懷疑，因為這些制度根植於其原生國的特殊文化經驗之中。

10 我們並不清楚，柯傑夫是否認為歷史的終結要以建立一個名符其實的普遍同質國家為前提。一方面，他說歷史已經在一八〇六年結束了，但他說這句話的一九四七年，國家體系顯然仍然完好；另一方面，在一切道德上有意義的民族差異被消除之前，一個完全理性的國家顯然難以想像。他為歐洲共同體所做的工作則顯示，他認為消除現有國家邊界是一個具歷史意義的任務。

第二十三章

「現實主義」的不現實性

> 舉凡我們所信仰的神明，舉凡我們所認識的人類，無論在何處，只要他們握有力量，出於其本性之必然，就一定會遂行統治。我們既非此律法之制定者，也非此律法制定以來最早之使用者，而是承接此既有律法，也預期此律法將永遠存在。因此我們使用此一律法，同時深知，一旦你們或其他人握有與我們相同的力量，也必將做出相同之事。
>
> ——雅典人對米洛斯人的談話，《伯羅奔尼撒戰爭史》（*History of the Peloponnesian War*）[1]

方向性歷史的存在會對國際關係產生重要影響。如果普遍同質之國的出現意味著在同一社會中的個人層次上建立理性的承認，並廢除他們之間的主奴關係，那麼這種普遍同質之國在整個國際的國家體系中的擴散，也應該意味著民族**之間**的主奴關係的結束——即帝國主義的終結，帝國主義戰爭的可能性也將降低。

不過，正如二十世紀的事件使人對於普遍史以及國家內部的進步革新之可能性產生嚴重的悲觀主義，它同樣也使人對於國與國之間的關係抱持悲觀主義。後面這種對國際關係的悲觀主義，從某種角度來說，比關於國內政治的悲觀主義還要徹底得多。因為在二十世紀，經濟學與社會學的主流理論一直努力探討著歷史與歷史變遷的問題，但國際關係理論家們談論起來卻好像歷史並不存在一樣——好似戰爭與帝國主義是人類舞台的永恆面向，其根本原因在現今與在修昔底德的時代並沒有什麼不同。人類社會環境的所有其他面向（宗教、家庭、經濟形態、政治合法性概念）都在歷史中演進，但國際關係卻被視為永恆不變：「戰爭是永恆的。」[2]

學者們對這種悲觀的國際關係觀點進行了系統性的陳述，使用的標題則有「現實主義」、**實力政治**或「強權政治」等。現實主義（不論是否有意識地以此名稱呼）是我們理解國際關係的主要框架，也影響著今天美國與世界大部分地區幾乎所有外交政策專業人士的思維。為了理解民主的擴散對國際政治的影響，我們需要分析這個主流的現實主義詮釋路線的弱點何在。

現實主義真正的創始者是馬基維利，他認為人們在釐清自己的方向時，不應該根據哲學家對人類生活的倫理想像，而應該根據他們實際的生活來決定。他還教導說，最好的國家要想生存下去，就必須效仿最壞國家的政策。然而，作為一種打算運用在當代政治問題上的學說，現實主義直到二戰後才登上舞台。從那時起，現實主義出現了好幾種形式。最初的陳述來自戰前與戰後早期的作家，如神學家尼布爾（Reinhold Niebuhr）、外交家喬治・凱南（George Kennan）以及漢斯・摩根索（Hans Morgenthau）教授；後者的國際關係教科書也許是美國人冷戰期間外交政策思考的單一最大影響來源。[3]在那以後，學術界對這個理論有各種不同理解版本，例如「新」現實主義或「結構」現實主義，但在過去一個世代中，最明確提倡現實主義的人，則是亨利・季辛吉。作為國務卿，季辛吉認為他長期的任務是教育美國人擺脫傳統的威爾遜自由主義，轉而對外交政策採取更「現實」的理解。季辛吉許多學生與門徒的思想都具有現實主義的特色；他們在季辛吉卸任國務卿之後仍繼續形塑著美國的外交政策。

所有現實主義理論都從一個假設出發，即認為國際秩序一個普遍與永久的特性就是不安全，因為國際秩序長期具有無政府的特徵。[4]在沒有國際主權的情況下，每個國家都可能受到其他國家的威脅，除了拿起武器來防衛自己以外，沒有其他辦法來解決不安全的問題。[5]這種威脅感在某種程度上不可避免；因為每個國家都會把其他國家的「防衛」措施誤解為對自己的威脅，而對此所採取的防衛措施又會被其他國家誤解為侵略性的舉動。威脅於是成為一種自我實現的預言。這個情況的結果是，所有國家都會試著極大化對其他國家的相對武力。競爭與戰爭是國際體系不可避免的副產品，但並不是因為這些國家本身的性質，而是由於國家體系整體的無政府特性。

這種對國際權力的爭奪不受國家內部特徵的影響——無論是神權國家、奴隸制貴族統治國家、法西斯警察國家、共產獨裁國家或者自由民主國家，皆無例外。摩根索解釋：「政治在本質上決定了，政治舞台上的演員必然利用意識形態來粉飾其行動的直接目標。」而這個目標始終就是權力。[6]例如，俄國在沙皇統治下擴張，在布爾什維克統治下也擴張；不變的是擴張，改變的只是特定的政府形式。[7]所以一般的預期是，未來的俄國政府在完全擺脫馬克思列寧主義的束縛之後，仍將維持同樣的擴張主義，因為這種擴張主義正是俄國人民權力意志的一種表達。[8]日本現在也許是一個自由民主國家，而不是像一九三〇年代那樣的軍事獨裁，但它首先仍然是日本，現在不用子彈而用日元主宰著亞洲。[9]

如果所有國家的權力欲望基本相同，那麼決定戰爭可能性的真正因素就不是某些國家的侵略行為，而是國家體系內的權力是否平衡。如果平衡，那麼侵略就不太可能達到目的；如果不平衡，那麼各國就有誘因去侵犯鄰國的利益。最純粹形式的現實主義者認為，權力的**分配**是決定戰爭與和平的單一最重要因素。當體系中有兩個國家凌駕所有其他國家時，權力可以用「兩極」的模式來分配。伯羅奔尼撒戰爭時的雅典和斯巴達是如此，幾百年後的羅馬和迦太基也是如此，或者冷戰中的蘇聯與美國也是如此。另一種可能的情況是「多極」體系，這時權力在更多的國家之間分配，例如十八、十九世紀歐洲的情況。至於兩極體系還是多極體系對於長期國際穩定更為有利，現實主義者們進行過深入的爭論。大多數人的結論是，兩極體系更有可能是穩定的，儘管其原因可能與歷史上的偶然因素有關，例如現代民族國家在其聯盟體系中無法完全靈活地選擇策略。[10] 因此，二戰後的兩極權力分配被認為是歐洲在一九四五年後空前地保持了半個世紀的和平的原因之一。

在最極端的形式下，現實主義把民族國家當作一顆顆的撞球，其內部的內容被不透明的表面所掩蓋，與預測其行為毫無關聯。國際政治學不需要這些內部知識。我們只需要了解支配其相互作用的物理力學定律：一顆球撞到球檯邊時如何以互補的角度再度彈開，或者一顆球在同時擊中兩顆球時能量如何做不同的分配。因此，國際政治不牽涉複雜的、在歷史發展中的人類社會彼此間的交互作用，戰爭也與價值觀的衝突沒有關係。按照「撞球」的方法論，只要略微知道一個國際體系是兩極還是多極，就足以決定和平或戰爭的可能性。

現實主義既是對國際政治的一種**描述**，也是國家應該如何執行其外交政策的一種**規範**。現實主義的規範性價值顯然來自於其描述的準確性。大概沒有一個好人願意按照現實主義的犬儒信條來做事，除非他像馬基維利說的那樣，被「惡劣多數人」的行為所逼迫。規範性的現實主義提出了幾條我們熟悉的政策指導規則。

第一條規則：解決國際不安全問題的終極辦法，就是與自己潛的在敵人保持力量平衡。既然戰爭是國家間爭端的最終仲裁者，那麼國家就必須有足夠的力量來防衛自己。它們不能僅僅依靠國際協定，也不能仰賴像聯合國這種沒有強制力或制裁能力的國際組織。尼布爾以國際聯盟沒能懲罰日本入侵滿洲為例，認為「國際社會的威望不足以……產生一種足夠團結的社群精神，來規訓不守約定的國家」。[11] 在國際政治中，真正的法定貨幣是軍事力量。其他形式的力量，例如自然資源或工業能力也很重要，不過主要只是作為創造軍事防衛能力的手段。

現實主義的第二條戒律是，選擇朋友與敵人應該主要根據他們的力量，而不是基於意識形態或政權的內部性格。在世界政治中，這樣的例子不勝枚舉，例如美蘇聯手以打敗希特勒，或者布希政府與敘利亞結盟對付伊拉克。在拿破崙戰敗後，奧地利外交大臣梅特涅親王（Metternich）所領導的反法聯盟拒絕瓜分法國，也拒絕向法國索取懲罰性的特許權，理由是歐洲和平未來可能面臨意想不到的全新威脅，因此需要完整強大的法國作為制衡。而事實上，在後來的幾年裡，試圖顛覆歐洲現狀的不是法國，而是俄國與德國。梅特涅這種沒有意識形態或復仇考量、不動感情的權力平衡，正是季辛吉第一本書所探討的主題，也一直是現實主義實踐的經典範例。[12]

第三個相關的信條是，在評估外國威脅時，政治家應該更密切關注軍事能力而非企圖。現實主義認為在某種意義上，企圖總是存在；即使今天一個國家看起來友好、不挑釁，但明天它的心態可能就會改變。軍事能力（坦克、飛機與火炮的數量）就沒有那麼容易改變，而且本身也構成一種企圖的指標。

現實主義理論的最後一條戒律，或者說最後一串戒律，則與外交政策必須排除道德主義有關。摩根索抨擊了各國普遍存在的一種傾向，「把某個民族的道德使命與支配宇宙的道德法則混為一談」，認為這會導致驕傲和踰越，然而「以實力來界定的利益概念……卻能使我們免於那種道德的過度與政治的愚蠢」。[13] 季辛吉以類似的思路主張國家體系有兩種，一種是「合法的」，一種是「革命的」。在前者中，所有成員國都接受彼此的根本合法性，不嘗試破壞對方或以其他方式挑戰彼此的生存權。另一方面，革命的國家體系一直受到大規模衝突的威脅，因為某些成員國不願意接受現狀。[14] 革命國家的一個明顯的例子是蘇聯，它從成立以來就致力於世界革命，為社會主義的全球勝利而鬥爭。但像美國這樣的自由民主國家有時也會像革命國家一樣，例如當美國試著把自己的政府形式推廣到從越南到巴拿馬等不太可能的地方時。革命的國家體系先天就比合法的國家體系更容易發生衝突：其成員國不滿足於和平共存，而把每一場衝突都看成是為了最高原則而進行的二元對立鬥爭。由於和平是最重要的目標（特別是在核子時代），所以人們遠遠更偏好合法的國家體系而非革命的國家體系。

由此得出的是一種強烈反對在外交政策中注入道德主義的立場。根據尼布爾，

> 作為指路者，道德主義者可能跟政治的現實主義者同樣危險。他通常認識不到在當前的社會和平中也存在著不正義與脅迫的元素……因此，他會不加批判地過度頌揚合作與互助，接受傳統的不正義，並且偏好較微妙而非較明顯的脅迫。[15]

這就導致了一個有點弔詭的情況：現實主義者雖然不斷尋求在軍事力量上達到力量平衡，但也

最容易與強大的敵人尋求和解。後者是從現實主義立場自然得出的結論。因為如果國與國之間的競爭在某種意義上是永久與普遍的，那麼敵對國家的意識形態或領導階層的改變就不會從根本上改善國際安全的困境。用革命的手段來尋求安全問題的補救（例如用侵犯人權的批判來攻擊對手政府的基本合法性），這種嘗試既是錯誤的，也是危險的。

所以梅特涅等早期現實主義者是外交家而非戰士；現實主義者季辛吉雖然在很大程度上鄙視聯合國，但卻一手策劃了一九七〇年代初期美蘇的關係緩和（即一個自由民主國家與一個完全沒有改革的蘇聯之間的關係緩和），這些都並非出於偶然。正如季辛吉當時試著解釋的那樣，蘇聯共產主義強權是國際現實中永久的面向，無法用想像使其消失或者從根本上加以改革，所以美國人在處理這個問題時必須習慣於和解而非對抗。美國與蘇聯在避免核子戰爭上有著共同的利益，而季辛吉在努力促進這個共同利益時，一貫反對加入人權的考量，例如關於蘇聯猶太移民的問題。

現實主義在美國二戰後的外交政策思想形成過程中扮演了重大且有益的角色。因為現實主義讓美國免於順從其傾向，以非常天真的自由國際主義的形式來尋求安全，例如主要仰賴聯合國來保障安全。現實主義是理解這個時期的國際政治的一個適當框架，因為這世界是按照現實主義的前提來運作的。之所以如此，並不是因為現實主義原則反映了永恆的真理，而是因為這個世界被截然不同與相互敵對的意識形態鮮明地劃分開來。二十世紀上半葉的世界政治，首先是由侵略性的歐洲民族主義（尤其是德國的民族主義）所主宰，接著是由法西斯主義、共產主義與自由民主的衝突。法西斯主義明確地接受了摩根索的論點，即所有的政治生活都是對權力無止境的爭奪，而自由主義與共產主義雙方對正義的概念都內含一種普世主義，使兩者間的衝突擴散到幾乎全球每一個角落。這些意識形態不可化解的敵意保證了，一個自由國際主義的框架（原本用於規範自由國家互相來往的框架）要嘛被忽視，要嘛被不誠實地用於推進侵略性的國家目標。日本、德國與義大利在兩次大戰之間的時期公然藐視國際聯盟的決議，就像蘇聯在聯合國安理會的否決權足以在一九四六年後使該組織喪失作用一樣。[16]在這樣的世界裡，國際法是一種妄想，軍事力量實際上是解決安全問題的唯一辦法。因此，現實主義看起來是一個理解世界如何運作的適當框架，也為戰後北約的建立、西歐與日本的其他軍事聯盟提供了必要的思想支撐。

對悲觀的二十世紀來說，現實主義是一個適合觀察國際政治的角度，也是許多主要實踐者從生活閱歷中很自然形成的觀點。例如，亨利．季辛吉在小時候被迫逃離納粹德國時，曾親眼目睹文明生活如何變成殘酷的權力鬥爭。他研究康德的榮譽論文（於哈佛大學就讀時撰寫）抨擊了康德的歷史進步觀，並接受了一種有時近於虛無主義的觀點：沒有任何人能為事件之流提供意義；上帝不能，像黑格爾的普遍史那種世俗機制也不能。毋寧說歷史只是一連串混亂、無止境的國族間的鬥爭，自由主義在其中並沒有特別優越的地位。[17]

然而，現實主義儘管早期對美國外交政策做出貢獻，我們仍應該注意到，把現實主義當作觀察國際關係的框架存在嚴重的弱點，無論是作為現實的描述，或者是作為政策的規範。因為現實主義已經成為外交政策「老手」的一種痴迷，他們往往毫無批判地接受現實主義的前提，卻沒有認識到這些前提已經不再適合這個世界。這個理論框架在超過其被適用的時間之後仍繼續存在，以至於對後冷戰世界的思考與行動都提出了一些相當奇怪的建議。例如，有人建議西方應努力維持《華沙公約》，因為歐洲的兩極分裂是一九四五年以來歐陸和平的原因；[18]也有人認為，歐洲分裂的結束將導致歐洲進入一個比冷戰時期更不穩定、更危險的時期，而這個問題可以透過在管制下向德國擴散核武來加以補救。[19]

這兩種建議都讓人想起這樣一個例子：一位醫生在讓他的病人接受漫長而痛苦的化療之後，終於使癌症消失了，現在則以過去的化療非常成功為由，極力勸這位患者繼續化療下去。為了治療一種不再存在的疾病，現實主義者現在建議痊癒的病人繼續接受昂貴又危險的治療方法。若要明白為什麼病人變得健康，我們需要再考察一下現實主義如何設想疾病的根本原因——所謂疾病，也就是國際間的戰爭。

註釋

1 III 105.2; I 37, 40-41。（譯註：本段引文依據古希臘原文譯出。）

2 Kenneth Waltz, *Theory of International Politics* (New York: Random House, 1979), pp. 65-66, 參照下面這段話：

> 雖然國際政治變化多端，但是其連續性同樣令人印象深刻，或者說更加深刻。這個命題可以用許多方式來加以說明。如果你把第一次世界大戰期間與之後的事件作為背景，閱讀偽經《馬加比前書》（First Maccabees），就會對國際政治特有的連續性產生一點概念。不管是在基督前二世紀，還是在基督後二十世紀，阿拉伯人與猶太人都彼此征戰，也為了爭奪北方帝國的殘餘而戰，而競技場外的國家則高度警覺地觀看著或者積極介入。為了更普遍地說明這一點，我們可以舉一個著名的案例，那就是霍布斯以修昔底德時代為例提出論述。比較不有名、但同樣值得注意的路易斯．J．哈勒（Louis J. Halle），他連結修昔底德與核子武器和超級強權時代的重要關聯性。

3 尼布爾的國際關係觀點最簡明的表達也許在 *Moral Man in Immoral Society: A Study in Ethics and Politics* (New York: Scribner's, 1932)。摩根索的教科書是 *Politics among Nations: The Struggle for Power and Peace* (New York: Knopf, 1985)，印行了六版，最後一版由肯尼士．湯普森（Kenneth Thompson）在摩根索死後編輯出版。

4 肯尼斯．華茲（Kenneth Waltz）一開始區分了國家層次以及國家體系層次兩種原因，見 *Man, the State, and War* (New York: Columbia University Press, 1959)。

5 現實主義者與自由國際主義者有親緣關係，因為兩者都強調，共同主權與國際法的缺乏是戰爭的根源。事實上，我們將會看到，缺乏共同主權看起來並不是阻止戰爭發生的關鍵因素。

6 這個論證有另一個版本，見柏拉圖《理想國》中特拉敘馬克斯（Thrasymachus）把正義定義為「強者的利益」。Book I, 338c-347a.

7 與其他許多戰後早期的現實主義者不同，喬治．凱南並不認為擴張必然是俄國所固有，而是蘇維埃俄羅斯的民族主義與軍事化的馬克思主義相結合的產物。他最初的圍堵戰略基本設想是，對內強制實施的蘇維埃共產主義最終會走向崩潰。

8 這個論述的另一個版本，見 Samuel Huntington, "No Exit: The Errors of Endism," *The National Interest* 17 (Fall 1989): 3-11。

9 肯尼斯．華茲曾批評摩根索、季辛吉、雷蒙．阿宏以及史丹利．霍夫曼（Stanley Hoffman）等現實主義者，因為他們允許衝突理論被摻入國內政治的雜訊，比如對「革命的」與「保持現狀的」國家加以區分。相比之下，他試圖純粹根據國家體系的結構來解釋國際政治，而完全不考慮其成員國的國內特徵。他令人詫異地顛倒了常見的語詞用法，把那些考慮到國內政治因素的理論稱為「簡化論」(reductionist）而與自己的理論對立，但他自己才是真正的簡化論：他把整個世界政治的複雜性歸結於一個「體系」，基本上只需要考慮它是兩極體系還是多極體系就夠了。Waltz (1979), pp. 18-78.

10 Waltz (1979), pp. 70-71, 161-193. 在理論上，像古典的歐洲協調（European concert of nations）這樣的多極體系應該比兩極體系擁有更多的優勢，因為體系的挑戰者可以透過盟友的快速調整來加以制衡；此外，由於權力分布比較普遍，平衡的變化在邊緣上影響較小。這在君主統治的世界中特別有效，因為國家之間完全可以自由地建立或解除聯盟，也可以透過增設或裁撤省分來調整有形的權力平衡。然而，當民族主義與意識形態會限制一個國家結交盟友的自由時，在這樣的世界裡，多極體系就成了不利的因素。我們完全無法確定第一次世界大戰是多極體系的結果，因為一個**衰落的**多極體系會愈來愈像兩極體系。德國與奧匈帝國由於民族主義與意識形態等種種原因，或多或少地被鎖死在一個永久的聯盟中，迫使歐洲其他國家也建立一個同樣缺乏彈性的聯盟來對抗他們。當奧匈帝國的領土完整受到以塞爾維亞民族主義為代表的威脅時，這個處在微妙平衡上的兩極體系就被推向了戰爭。

11 Niebuhr(1932), p. 110.

12 Henry A. Kissinger, *A World Restored: Metternich, Castlereagh and the Problems of Peace* 1812-1822 (Boston: Houghton Mifflin, 1973), pp. 312-332.

13 Morgenthau (1985), p. 13.

14 同上，頁一至三。

15 Niebuhr (1932), p. 233.

16 當然，唯一的例外是一九五〇年安理會對北韓的進攻做了回應，但也只是因為蘇聯為抵制聯合國而未出席安理會才得以通過。

17 Peter Dickson, *Kissinger and the Meaning of History* (Cambridge: Cambridge University Press, 1978).

18 John Gaddis, "One Germany—In Both Alliances," *New York Times* (March 21, 1990), p. A27.

19 John J. Mearsheimer, "Back to the Future: Instability in Europe after the Cold War," *International Security* 15, no. 1 (Summer 1990): 5-56.

第二十四章

無權者的力量

現實主義是一種理論，它認為不安全、侵略與戰爭是跨國的國家體系中永久的可能性，而且這種境況是一種**人類**的境況，意即這種境況不會因為特定的人類社會形式或類型的出現而改變，因為這最終來說根植於不變的人性之中。為了支持這一論點，現實主義者指出，從《聖經》中記載的第一場血腥戰鬥到二十世紀的世界大戰，人類歷史上普遍存在著戰爭。

這一切直覺上聽起來似乎很合理，但現實主義是建立在兩個很難站得住腳的基礎上：關於人類社會的動機與行為不可接受的簡化論，以及沒能處理歷史的問題。

在其最純粹的形式中，現實主義試著排除對國內政治的一切考量，僅僅從國家體系的結構中推斷戰爭的可能性。依照一位現實主義者的說法：「衝突在國家間很常見，因為國際體系為侵略創造了強大的誘因……國家試著讓自己相對於其他國家的力量極大化，以便在無政府狀態下生存……」[1] 但這種純粹的現實主義偷偷重新引進了一些關於人類社會本質的極度簡化假設，而且錯誤地把這些假設歸因於「體系」，而不是歸因於構成體系的各個單位。例如，我們絕對沒有理由認為，在一個無政府的國際秩序中，任何國家都會認為被另一個國家威脅——除非你有理由相信人類社會先天就具侵略性。這種由現實主義者所描述的國際秩序跟霍布斯的自然狀態極為相似，即人類處在一種所有人對所有人的戰爭狀態中。但霍布斯的戰爭狀態並不是從單純的自我保全的欲望中所產生，而是因為自我保全與虛榮心（或者說被承認的欲望）同時存在的緣故。如果不是因為有些人想把自己的觀點強加於別人，特別是那些沉浸在宗教狂熱裡的人，那麼霍布斯自己應該也會主張，戰爭的原始狀態從一開始就不會出現。光是自我保全並不足以解釋所有人對所有人的戰爭。

盧梭所設定的就是一種和平的自然狀態。盧梭否認**虛榮心**或**自負**是人的天性，他認為自然的人恐懼而孤獨，本質上是和平的，因為他自私的需求很少，也很容易被滿足。恐懼與不安全感並不會使人永遠追求更多的權力，反而會帶來孤立和寧靜：在自然狀態下居住的人是像乳牛一樣的個體，他們滿足於自己的生活，也讓別人生活；他們體會著自己的存在感受，並不依賴其他人類。因此，最初的無政府狀態產生的是和平。或者換一種語言來說：一個由奴隸組成的世界將不存在衝突；因為奴隸們尋求的是自己的自然存在的保存，只有主人們才追求血腥戰鬥。我們完全可以想像一個無政府卻和平的國家體系，而且與兩極體系或多極體系的問題毫不相干，**如果**我們假設人類社會的行為就像盧梭的自然狀態下的人，或者像黑格爾的奴隸一樣的話，意即他們**唯一**的利益就是自我保全。現實主義者的觀點認為，每個國家把彼此視為威脅，並據此武裝自己，這種觀點並不是從國家體系中所產生，而是來自於一種隱藏的假設，即相信人類社會在國際上的行為更類似於黑格爾的尋求承認的主人，或者更類似於霍布斯的虛榮的最初之人，而不是像盧梭的擔驚受怕的獨居者。

歷史上國家體系中的和平是如此難以達成，這件事實反映了某些國家追求的**不只是**自我保全。就像巨大的血性個體一樣，這些國家以王朝、宗教、民族主義或意識形態為由，要求其價值或尊嚴被承認，並在此過程中強迫其他國家要嘛戰爭，不然就臣服。因此，國家間的戰爭最終的理由是「thymos」（血性），而不是自我保全。正如同人類歷史始於爭取純粹聲望的血腥戰鬥一樣，國際衝突也始於國家間的爭取承認的鬥爭，也就是帝國主義的起源。所以，現實主義者光是從國家體系內的權力分配的單純事實中，根本無法推斷出什麼來。這種推斷只在一個情況下才有意義，那就是當他或她對構成體系的人類社會的本質做出特定假設時，即假設至少其中一些社會會尋求承認，而不只是追求自我保全。

上一代的現實主義者，如摩根索、凱南、尼布爾與季辛吉等，都允許在他們的分析中納入一定的關於國家內部特性的考量，因此能比後來的「結構」現實主義學派對國際衝突的原因做出更好的說明。[2]前面這些人至少承認，衝突必須由**人**的宰制欲望所驅動，而不是來自於撞球體系的機械互動。儘管如此，許多派別的現實主義者在談論國內政治時，往往都傾向於對國家行為做出高度簡化主義的解釋。

例如我們很難知道，像摩根索這樣的現實主義者如何能以實證證明，權力鬥爭如他所說「在空間和時間上具有普遍性」，因為有無數的案例顯示，許多社會與個人似乎是被其他動機所驅動，而不是為了極大化其相對權力。無論是一九七四年把權力交給平民的希臘上校，還是一九八三年下台的阿根廷軍事委員會，他們都面臨著因為職務上的罪行而被起訴的風險，都不能被合理地描述為「權力極大化者」。十九世紀最後四分之一的英國將全國大部分的力量用於獲取新的殖民地，特別是在非洲；而在第二次世界大戰後，英國幾乎以同樣大的努力來擺脫這個霸權。一戰前的土耳其夢想建立一個從亞得里亞海一路延伸到俄羅斯中亞的泛突厥主義（pan-Turkic）或大圖蘭主義（pan-Turania）帝國，但後來在阿塔圖爾克的引導下放棄了這種帝國主義目標，退回到安納托利亞（Anatolia）這個較小的民族國家邊界內。謀求**變小**的國家，是否跟藉由征服與提升軍備以謀求變大的國家一樣，都算是權力鬥爭的實例？

摩根索會認為，這些案例確實是權力鬥爭的案例，因為權力有不同的形式以及不同的累積方式。有些國家試著用維持現狀的政策來維護自己的權力；另一些國家則試著透過帝國主義政策來增加權力；還有一些國家試著透過威望政策來展示自己的力量。一個非殖民化的英國或一個凱末爾主義的土耳其同樣是權力極大化者，因為他們都被迫實施鞏固的政策。透過變小，他們保證了自己長期的實力。[3]一個國家不需要透過軍事與領土擴張等傳統管道來尋求權力的極大化，而也可以透過經濟成長，或透過使自己成為自由民主鬥爭的前鋒來實現。

然而在進一步考慮後，我們清楚地看到，一個定義如此廣泛的「權力」(既包含試著變小的國家的目標，也包含使用暴力和侵略來擴大其領土範圍的國家的目標）顯然已經失去了描述或分析的價值。這樣的定義無法幫助我們理解為什麼國家要發動戰爭。因為很顯然地，廣義的「權力鬥爭」的某些展現，對他人不僅沒有威脅，反而是正面有益的。例如，如果我們把南韓與日本尋求出口市場解釋為它們爭奪權力的表現，那麼這就是一種兩國可以無限期進行的權力鬥爭，而且不但對兩國都有利，對整個區域也有利，因為所有人都將能買到愈來愈便宜的產品。

很顯然地，所有國家都必須尋求權力以實現其國家目的，即使這些目的不過只是為了生存。對權力的追求在這個意義上確實是普遍的，但意義卻變得微不足道。然而如果說所有國家都在謀求自身力量的極大化，特別是軍事力量的最大化，那就完全是另一回事。把加拿大、西班牙、荷蘭或墨西哥等當代國家理解為權力極大化國家，這種說法有什麼用處呢？當然，這些國家全都想變得更富有，但追求財富是為了國內消費的緣故，而不只是為了強化該國相對於鄰國的權力地位。事實上，這些國家也會支持鄰國的經濟成長，因為與它們自己的繁榮息息相關。[4]

因此，國家不僅僅是追求權力，它們還追求由**合法性**概念所決定的各種目的。[5]這樣的概念對於純粹的權力追求有強大的制約作用；那些不顧合法性而執意這麼做的國家，會為自己帶來麻煩。當英國在二戰後放棄印度與帝國其他地區時，很大程度上是因為戰爭勝利後國力已經耗竭。然而許多英國人也認為殖民主義不符合《大西洋憲章》與《世界人權宣言》，而英國才剛剛基於這樣的立場結束了對德戰爭。如果英國的主要目標是使其權力地位極大化，那麼英國就有可能像法國一樣在戰後繼續堅持其殖民地，或者在國家經濟恢復以後重新贏回這些殖民地。而後者之所以不可想像，是因為英國接受了現代世界的裁判，也就是認同殖民主義是一種非法的統治形式。

要說明權力與合法性概念之間的緊密連結，最好的例證就是東歐。在一九八九與一九九〇年，隨著《華沙公約》解體，統一的德國出現在中歐，歐洲的權力平衡出現了和平時期僅見的最大規模的轉移。物質力量平衡沒有改變：歐洲沒有一輛坦克在戰鬥中被摧毀，甚至沒有由於軍備控制協議而被調動位置。這種轉變完全是由於合法性標準的改變而發生：由於共產主義力量在一個接著一個的東歐國家裡遭到唾棄，蘇聯人自己也沒有以武力恢復帝國的自信，結果是《華沙公約》的凝聚力潰散得比在真正的戰火中還要快得多。如果一個國家的士兵與飛行員不願意坐進坦克和飛機，不願意用它們來對付國家所謂的敵人，或者不願意向平民抗議者開火，以保護他們表面上服務的政權，那麼一個國家究竟有多少坦克與飛機也就並不重要。用瓦茨拉夫·哈維爾的話來說，合法性就是「無權者的力量」。

只看能力不看意圖的現實主義者，在意圖發生如此大的變化時，就會不知所措。

合法性的概念在時間中發生如此巨大的變化，這一事實凸顯了現實主義的第二個主要弱點：**它沒有考慮到歷史因素**。[6]現實主義把國際關係描繪成一個孤立、無時間性的真空，不受周遭演進過程的影響，與人類的政治社會生活的所有其他面向截然有別。但從修昔底德到冷戰，世界政治中那些表面上的連續性，事實上並不能掩蓋人類社會在尋求、控制和與理解權力的方式上的重大差異。

帝國主義（一個社會以武力宰制另一個社會）直接起源於貴族主人想要被承認為優越者的欲望，也就是他的「megalothymia」（優越血性）。那驅使主人去征服奴隸的血性動力，也必然導致他率領自己的社會去與其他社會進行血腥戰鬥，以尋求所有人的承認。這個過程沒有邏輯上的終點，直到主人要嘛達成世界帝國，要嘛死亡。是主人被承認的欲望，而不是國家體系的結構，才是戰爭的最初原因。因此，帝國主義與戰爭所牽涉的是一個特定的社會階級，即主人階級，也稱貴族階級，他們的社會地位來自於他們在過去的日子裡願意冒生命危險。在貴族社會裡（一直到過去幾百年前為止，貴族社會占了人類社會的絕大多數），君王們追求普遍且**不對等**的承認，而且曾被廣泛視為合法。為了不斷擴張統治而進行的領土征服戰爭曾被視為人類的正常抱負，即使某些道德主義者與作家同時也痛斥戰爭的破壞性衝擊。

主人爭取承認的血性追求也可以採取其他形式，例如宗教。對宗教主宰的渴望（就是使自己的神明與偶像被其他民族承認）可能伴隨著對個人主宰的欲望，如科特斯（Cortés）或皮薩羅（Pizarro）等西班牙征服者的行動；也可能完全取代世俗動機，如十六、十七世紀的各種宗教戰爭。王朝擴張主義與宗教擴張主義的共同基礎並不是像現實主義者所說的無差別的權力鬥爭，而是爭取承認的鬥爭。

但「thymos」(血性)的這些呈現方式,在近代早期有很大程度被日漸理性的承認形式所取代,而其最終表達形式,就是現代自由國家。霍布斯與洛克所預言的資產階級革命試著從道德上把奴隸的死亡恐懼提升到主人的貴族美德之上,從而把「thymos」(血性)非理性的表現形式,例如君王的野心與宗教的狂熱,昇華為財產的無限累積。在曾經因王朝與宗教問題而發生內戰衝突的地方,現在則成為由現代自由主義歐洲民族國家組成的新的和平地帶。英國的政治自由主義結束了新教與天主教之間的宗教戰爭(這些戰爭在十七世紀幾乎要摧毀這個國家):隨著政治自由主義的出現,宗教被拔掉了利牙,變得寬容起來。

自由主義帶來的國內和平,從邏輯來說,在國與國的關係上應該也有對應的現象。帝國主義與戰爭在歷史上是貴族社會的產物。如果自由民主讓奴隸成為自己的主人,並因此廢除了主人和奴隸之間的階級差別,那麼它最終也應該廢除帝國主義。經濟學家約瑟夫·熊彼得用稍微不同的形式提出了這個論題;他認為,民主資本主義社會具有鮮明的反戰與反帝國主義的特點,因為它們為從前掀起戰爭的那些能量提供了其他的宣洩管道:

> 競爭性的體制吸納了所有經濟層級上絕大多數人的全部能量。隨時注意並集中與應用這些能量是這個體制的生存條件,特別是在特定的經濟專門職業中,但也在其他依照此模式組織起來的活動裡。與任何一個前資本主義社會比較起來,能用於戰爭與征服的剩餘能量都大幅減少。剩餘的能量主要流向工業本身,促成其閃耀人物(工業鉅子的類型)再有剩餘的能量則應用於藝術、科學及社會鬥爭……因此,一個純粹的資本主義世界無法為帝國主義衝動提供肥沃的土

壞……重點在於，其人民很可能基本上是一種不好戰的性格。[7]

態彼得對帝國主義的定義是：「一個國家無差別無限制強行擴張的傾向。」[8]這種對征服的無限渴望並不是所有人類社會的普遍特徵，也不可能是奴隸社會對安全的抽象追求所造成。它是在特定的時間與地點上興起的，例如埃及在驅逐希克索斯人（Hyksos）（公元前十八到十六世紀統治埃及的閃族王朝）之後，或者在阿拉伯人皈依伊斯蘭教之後，出現了一個以戰爭為道德基礎的貴族秩序。[9]

現代自由主義社會在系譜上是源自於奴隸意識（而非主人意識），而最後一個偉大的奴隸意識形態（即基督教）對這些社會的影響在現今則具體表現為同情心的擴散，以及對於暴力、死亡與痛苦之容忍度的持續降低。例如，已開發國家的死刑逐漸消失，或已開發社會對戰爭傷亡的容忍度逐漸降低，都說明了這一點。[10]在美國南北戰爭間，士兵經常因為逃兵而被槍斃；到了第二次世界大戰，只有一名士兵因為這個罪名被處決，而且他的妻子後來代表他對美國政府提起訴訟。英國皇家海軍過去常常強徵底層的水手入伍，讓他們過著形同非自願的奴役生活；現在則必須用堪比文職部門工作的薪水賄賂他們，並在船上為他們提供居家的舒適。十七、十八世紀的君王們為了個人的榮耀，不假思索地派遣數以萬計的農民士兵去送死。如今民主國家的領導者除了嚴重的國家大事以外，不會率領自己的國家發動戰爭，而且在做出這種重大的決定之前，必定會考慮再三，因為他們知道自己的政體不允許他們魯莽行事。而如果他們這樣做，例如像美國在越南所做的那樣，就會受到嚴厲的懲罰。[11]托克維爾在一八三〇年代寫《美國的民主》（*Democracy in America*）時，就已經注意到同情心的興起，他引用了一六七五年德．塞維涅夫人（Mme. de Sévigné）寫給女兒的一封信，她平靜地在信中描述自己目睹一個提琴手因為偷了一些紙張而被綁在輪子上打斷手腳，死後又被執行四分之刑（即身體被切成四塊），「四肢則被暴露在城市的四個角落」。[12]托克維爾對於她就像在討論天氣一樣輕描淡寫地說這些事感到驚訝，並且將日後風俗變得溫和歸功於平等的興起。民主打破了昔日劃分社會階級的壁壘；這些壁壘使得像德．塞維涅夫人這樣受過教育、有感受力的人甚至無法承認小提琴手是一個人。如今，我們的同情心不僅延伸到社會底層的人，而且還及於較高等的動物。[13]

隨著社會平等的普及，戰爭經濟學也發生了重要的變化。在工業革命之前，國家財富必須從廣大農民辛苦所得的剩餘裡榨取；當時幾乎全是農業社會，農民則生活在勉強餬口或者略好一點的水準上。一個有雄心的君王只能透過搶奪別人的土地與農民，或者透過征服某些有價值的資源，例如新大陸的金銀，才能增加自己的財富。然而在工業革命之後，與科技、教育以及合理的勞動配置相比，土地、人口以及自然資源作為財富來源的重要性急遽下降。前項要素所允許的勞動生產力的巨大提升，遠比透過征服領土所獲得的任何經濟利益更重要、也更明確。像日本、新加坡、香港這樣土地少、人口有限、而且沒有自然資源的國家現在發現自己在經濟上處於令人羨慕的地位，而且無須藉助帝國主義來增加財富。當然，正如伊拉克嘗試接管科威特所展示的那樣，控制石油等特定自然資源可能帶來巨大的經濟利益。然而這種入侵所招致的後果，不太可能使這種確保資源的手段在未來顯得具吸引力。既然可以透過全球自由貿易體系和平地獲得這些資源，戰爭的經濟意義就比兩、三百年前要小得多。[14]

同時，隨著科技的進步，戰爭（令康德如此痛心）的經濟成本也快速成長。到了第一次世界大戰時，傳統技術已經使戰爭成本如此昂貴，以至於整個社會都可能因為參與戰爭而慘遭破壞，即使他們是勝利的一方。至於核子武器就更不用說，戰爭的潛在社會成本比這個還要高出許多倍。核子武器在冷戰期間維護和平的作用已受到廣泛的承認。[15]在解釋一九四五年後歐洲沒有戰爭的原因時，我們很難將核子武器的影響與兩極體系等因素分開來談。然而事後觀之，我們似乎可以合理地推測，如果兩個超級強權沒有意識到衝突的可怕潛在代價，那麼某一次冷戰危機（關於柏林、古巴或中東）可能早就升級為一場真正的戰爭。[16]

自由社會有著本質上不好戰的性格；這一點從它們彼此間保持格外和平的關係來看極為明顯。現在有大量的文獻指出一件事實，那就是很少有自由民主國家對另一個自由民主國家開戰的例子（如果有的話）。[17]例如政治學家麥可・多伊爾（Michael Doyle）就認為，在現代自由民主制存在的兩百多年裡，沒有發生過一次這樣的案例。[18]自由民主國家當然可以跟非自由民主的國家打仗，就像美國在兩次世界大戰、朝鮮半島、越南以及最近的波斯灣打仗一樣。他們打這種戰爭的興致甚至可能超過傳統的君主國家或專制政體。但自由民主國家彼此之間卻鮮少表現出不信任或統治對方的興趣。他們彼此共享普遍的平等與權利原則，因此沒有理由質疑對方的合法性。在這樣的國家裡，「megalothymia」（優越血性）找到了戰爭之外的出口，或者已經萎縮到如此程度，幾乎無法挑起現代版的血腥戰鬥。所以，這個論點並不是說自由民主約束了人的侵略與暴力的自然本能，而是說它從根本上轉化了本能本身，並且消除了帝國主義的動機。

自由主義思想對外交政策的和平影響，可以從一九八〇年代中期以來蘇聯與東歐發生的變化中看出。根據現實主義理論，蘇聯的民主化應該不會對其戰略地位產生任何影響；事實上，許多現實主義學派的觀察家都相當直白地預測，戈巴契夫絕對不會允許柏林圍牆的拆除，也不會允許蘇聯失去在東歐的**緩衝地帶**。然而，正是在一九八五至一九八九年期間，蘇聯的外交政策發生了這些驚人的變化，不是因為蘇聯的國際地位發生任何實質性的改變，而是由於戈巴契夫所謂的「新思維」而造成的結果。蘇聯的「民族利益」並非固有，而是由戈巴契夫與前外長愛德華・謝瓦爾德納澤（Eduard Shevardnadze）用至極精簡的術語重新詮釋出來的。[19]「新思維」首先是對蘇聯面臨的外部威脅進行重新評估。蘇聯的民主化直接導致蘇聯外交政策原先的要點被降級，例如對「資本主義包圍」的恐懼，或者將北約視為「侵略性、復仇主義」組織。剛好相反，蘇聯共產黨的理論刊物《共產黨人》（*Kommunist*）在一九八八年初解釋，「無論是西歐還是美國，都沒有任何有政治影響力的勢力」思考「對社會主義進行軍事侵略」，以及「在發動這種戰爭的道路上，資產階級民主絕對是一個障礙」。[20]所以看起來，對外國威脅的觀感並不是由一個國家在國家體系中的地位所「客觀」決定，而是深受意識形態的影響。對外部威脅的認知變化則為蘇聯大規模單邊裁減傳統武力預做了準備。東歐共產主義被推翻後，捷克斯洛伐克、匈牙利、波蘭與其他推行民主化的國家也同樣宣告了單邊裁減軍隊。所有這一切之所以能夠發生，是因為蘇聯和東歐的新民主力量比西方現實主義者更明白，民主國家對彼此幾乎不構成威脅。[21]

即使自由民主國家之間沒有戰爭是顯著的經驗事實，一些現實主義者仍然試著加以辯解；他們認為自由民主國家要嘛彼此不相鄰（因此不能彼此興戰），要嘛出於非自由民主國家的相互威脅感而被迫合作。意即自一九四五年以來，英國、法國、德國等傳統對立國之間之所以維持和平關係，並不是因為他們共同致力於自由民主，而是因為他們對蘇聯的共同恐懼促使他們一起加入北約聯盟和歐洲共同體。[22]

要得出這種結論，只有堅持把國家看成撞球，並且堅定地讓視線迴避國家內部發生的事情，才有可能做到。事實上，有些國家的和平關係主要可以被解釋為是更大的相互威脅的結果，而一旦這種威脅被消除，這些國家就會恢復敵對狀態。例如，敘利亞與伊拉克在跟以色列發生衝突的期間都是攜手合作，但是在其他所有時期幾乎都是相互廝殺。即使在「和平」時期，這種盟友之間的相互敵視也是每個人都能明顯看到的。但冷戰期間聯合起來反對蘇聯的民主國家之間卻不存在這種敵意。在當今的法國或德國，有誰會伺機越過萊茵河，去奪取新的領土或報復舊的冤仇？用約翰·穆勒（John Mueller）的話來說，像荷蘭或丹麥這樣的當代民主國家之間若要發生戰爭，「簡直不是理性所可以想像」。[23]近一個世紀以來，美國與加拿大之間一直保持著整個大陸寬、不設防的邊界（儘管加拿大一邊呈現權力真空）。為了保持思想一貫，一個現實主義者應該倡議美國接管加拿大，因為冷戰結束提供了機會之窗——當然，前提是他是美國人。如果認為冷戰後出現的歐洲秩序會回到十九世紀的競爭性強權行為，那就是不知道當今歐洲生活的徹底資產階級性格。自由歐洲的無政府國家體系並不會助長不信任與不安全感，因為大多數歐洲國家之間太了解對方了。他們知道自己的鄰居過於放縱和消費主義，以致不願意冒死亡的危險；他們多半是企業家和經理人，卻缺乏僅憑野心就足以發動戰爭的君王或煽動家。

然而，今天許多仍在世的人都曾經見證這同一個資產階級的歐洲被戰爭席捲。帝國主義和戰爭並沒有隨著資產階級社會的到來而消失；事實上，歷史上最具破壞性的戰爭甚至是在資產階級革命**之後**發生的。我們該如何解釋這件事？熊彼得的解釋是，帝國主義是人類社會進化的早期階段遺留下來的一種返祖現象。「它是源自於過去的（而非現在的）生活條件的一個元素——或者用歷史的經濟詮釋的角度來說，是源自於過去的（而非現在的）生產關係。」[24]雖然歐洲經歷了一系列的資產階級革命，但直到第一次世界大戰結束為止，歐洲的統治階級仍然來自貴族階級；對他們來說，國族偉大與榮耀的概念並沒有被商業所取代。貴族社會的好戰性格可以傳給他們的民主後代；到了危機或熱情高漲的時候，這種性格就又燃燒了起來。

對於熊彼得的這種解釋（把帝國主義與戰爭的持續存在視為貴族社會留下來的一種返祖現象），我們應該加上另一種直接從「thymos」（血性）的歷史中得出的解釋。在以王朝與宗教野心為代表的舊的承認形式，以及它在普遍同質國家中找到的完全現代的解決辦法之間，「thymos」（血性）也可以採取民族主義的形式。民族主義顯然與二十世紀的戰爭有很大的關係；它在東歐與蘇聯的復甦對於後共產主義的歐洲和平構成了威脅。這就是我們現在要談的問題。

註釋

1 Mearsheimer (1990), p. 12.

2 華茲在他國際關係理論中試著完全排除國內政治的考量，因為他希望這個理論具有嚴謹的科學性——用他的話說，就是要把「單位」與「結構」兩個分析層次截然地區分開來。他努力尋找國際政治中人類行為的規律與普遍法則，並在這個過程中造出了一座壯觀的思想大廈，然而他最終指出的一系列關於國家行為的觀察都很平庸，而且可以總結在一句話裡：「權力的平衡很重要。」

3 見雅典人在科林斯人（Corinthian）向斯巴達人（Lacedaemonians）發出呼籲後的反應（修昔底德，《伯羅奔尼撒戰爭史》），其中他們主張雅典跟斯巴達沒有什麼不同，儘管後者支持維持現狀；以及雅典人在米洛斯對話中的論點。

（見本書第二十三章開頭的引言。）

4 當然，當鄰國們經濟成長的速度不一時，就會出現問題。這種情況經常會引起怨恨。然而面對這樣的情況，現代資本主義國家一般不會極力去破壞鄰國的成功，而是會去複製它。

5 關於權力與合法性的相互關係論述，以及對簡單化的「權力政治」概念的批判，見 Max Weber (1946), “Politics as a Vocation,” pp. 78-79; and “The Prestige and Power of the ‘Great Powers,’” pp. 159-160。

6 考克斯（Robert W. Cox）對華茲的現實主義理論的非歷史性觀點提出了類似的反對，但從馬克思主義的角度出發，見 Robert W. Cox, “Social Forces, States, and World Orders,” in Robert O. Keohane, ed., *Neorealism and Its Critics* (New York: Columbia University Press, 1986), pp. 213-216，也請看 George Modelski, “Is World Politics Evolutionary Learning?” *International Organization* 44, no. 1 (Winter 1990): 1-24。

7 Joseph A. Schumpeter, *Imperialism and Social Classes* (New York: Meridian Books, 1955), p. 69.

8 同上，頁五。

9 熊彼得並沒有使用「thymos」（血性）的概念，而是給出了一個相當功能性的或經濟性的解釋：他認為無限制征服的渴望是舊時代遺留下來的習慣，因為在那個時代，無限征服是必要的生存技能。

10 這一點即使在蘇聯也成立，例如阿富汗戰爭的人員傷亡所帶來的政治後座力，即使在布列茲涅夫政權下，也比外部觀察者願意相信的要大得多。

11 但這些趨勢與當代美國城市的高度暴力或大眾文化中日漸普遍的暴力描繪並不衝突。對於北美、歐洲與亞洲的主流中產階級社會來說，個人遭遇暴力或死亡的機率比兩、三個世紀前要低得多，最主要的原因是醫療保健的改善不但降低了嬰兒死亡率，也提高了預期壽命。電影中對暴力有這些露骨刻劃，反映的大概是這些事物在看這些電影的人的生活裡有多麼不尋常。

12 Tocqueville (1945), vol. 2, pp. 174-175.

13 部分論點見於 John Mueller, *Retreat from Doomsday: The Obsolescence of Major War* (New York: Basic Books, 1989)。穆勒指出，奴隸制與決鬥的消失，是長期的社會習俗在現代世界中被廢除的例子；他也認為，已開發國家間的重大戰爭可能也會往這個方向發展。穆勒指出這些變化是正確的，但是正如凱森（Carl Kaysen）所指出的那樣，這些變化被呈現為孤立的現象，而且發生在過去數百年人類社會進化的普遍脈絡之外。奴隸制與決鬥的廢除有共同的根源，那就是法國大革命所實現的主奴關係的廢除，以及主人被承認的欲望被轉化為普遍同質國家的理性承認。現代世界的決鬥是主人道德的產物，展示的是主人願意冒生命危險進行血腥戰鬥。奴隸制、決鬥、戰爭在世俗世界中的衰落有共同的根本原因，那就是理性承認的出現。

14 這些一般論點有許多見於凱森評論穆勒的精彩文章："Is War Obsolete?" *International Security* 14, no. 4 (Spring 1990): 42-64。

15 John Gaddis, "The Long Peace: Elements of Stability in the Postwar International System," *International Security* 10, no. 4 (Spring 1986): 99-142.

16 當然，核子武器本身也是美蘇冷戰中最嚴重的對抗（古巴飛彈危機）的主要原因，但即使如此，核子戰爭的前景同時也使對峙並未往實際的軍事衝突發展。

17 Dean V. Babst, "A Force for Peace," *Industrial Research* 14 (April 1972): 55-58; Ze'ev Maoz and Nasrin Abdolali, "Regime Types and International Conflict, 1816-1976," *Journal of Conflict Resolution* 33 (March 1989): 3-35; R. J. Rummel, "Libertarianism and International Violence," *Journal of Conflict Resolution* 27 (March 1983): 27-71.

18 這個結論在某種程度上取決於多伊爾對自由民主的定義。英國與美國在一八一二年發生戰爭，當時《英國憲法》已經具備了許多自由主義的特點。多伊爾把英國往自由民主制轉型的年代設定在一八三二年的「議會選舉法修正法案」（Reform Bill）的通過，因而避開了這個問題。但是這個時間點多少有些任意性——英國的選舉權在進入二十世紀之前一直都很有限，而且英國在一八三二年絕對沒有把自由權利擴大到殖民地。儘管如此，多伊爾的結論是正確的，也很引人注目。Doyle (1983d), pp. 205-235; Doyle (1983b), pp. 323-353; "Liberalism and World Politics," *American Political Science Review* 80, no. 4 (December 1986): 1151-1169.

19 關於蘇聯「民族利益」的定義不斷變化，相關討論見 Stephen Sestanovich, "Inventing the Soviet National Interest," *The National Interest* no. 20 (Summer 1990): 3-16。

20 V. Khurkin, S. Karaganov, and A. Kortunov, "The Challenge of Security: Old and New," *Kommunist* (January 1, 1988), p. 45.

21 華茲曾指出，蘇聯的內部改革是由國際環境的變化所引發，**重建政策**本身應該被認為是對現實主義理論的一種確認。如前所述，外部的壓力與競爭對於促進蘇聯的改革當然發揮了很大的作用，而且如果蘇聯後退一步是為了以後再向前走兩步，那麼現實主義理論或許可以被證明有道理。但這完全忽略了一九八五年以來蘇聯的國家目標與蘇維埃政權基礎所發生的根本變化。他的相關評論見 *United States Institute of Peace Journal* 3, no. 2 (June 1990): pp. 6-7。

22 Mearsheimer (1990), p. 47. 米爾斯海默（Mearsheimer）做了一個相當不簡單的簡化，把自由民主國家之間兩百年的和平紀錄壓縮到只剩下三個案例，即英國和美國、英國和法國，以及一九四五年以後的西方民主國家。但是不用說，從美國與加拿大的例子開始，在他說的這些以外還有更多案例。也請看 Huntington (1989), pp. 6-7。

23 今天德國有少數人主張波蘭、捷克斯洛伐克以及蘇聯的前德國領土應該歸還德國。這個群體主要由二戰後從那些地區被趕出來的人或其後代組成。前西德、前東德，以及新統一的德國議會都已表明放棄這些要求。民主德國如果重新出現有政治分量的復仇主義來針對民主波蘭，將對「自由民主政體互不對抗」的論題構成重要考驗。也請看 Mueller (1990), p. 240。

24 Schumpeter (1955), p. 65.

第二十五章
民族利益

民族主義是一種特殊的現代現象，因為它用相互且平等的承認取代了主奴關係。但它並不完全理性，因為它只承認某一民族或族裔群體的成員。與世襲君主制相比，這是一種更民主、更平等主義的合法性形式，因為在世襲君主制中，整個民族都可以被視為祖傳遺產的一部分。因此，自法國大革命以來，民族主義運動與民主運動密切相關，也就不令人訝異。然而民族主義者所追求的尊嚴並不是普遍的人類尊嚴，而是他們群體的尊嚴。對這種承認的要求有可能導致與其他群體的衝突，因為後者也尋求其特殊的尊嚴得到承認。因此，民族主義完全可以取代王朝與宗教野心而作為帝國主義的基礎，例如德國的案例正好就是如此。

在十八、十九世紀資產階級的重大革命之後，帝國主義與戰爭之所以繼續存在，不光是由於返祖的武士性格繼續存活，也是由於主人的「megalothymia」（優越血性）沒有完全昇華為經濟活動。在過去的幾個世紀裡，國家體系是由自由社會與非自由社會混合而成。在後者中，「thymos」（血性）的非理性形式，例如民族主義，經常可以任意發揮，而所有國家都在某種程度上受到民族主義的影響。歐洲的民族彼此間盤根錯節，特別是在東歐與東南歐；而當他們斷開交錯、成為獨立的民族國家時，就成了重大的衝突根源——如今這種衝突仍在許多地區繼續上演。自由社會會為了防禦來自非自由國家的攻擊而走入戰爭，而他們自己也會去攻擊非歐洲社會，並統治他們。許多表面上的自由社會由於夾雜了褊狹的民族主義而變調，而且實際上把公民身分建立在種族或族裔基礎上，並沒有把他們的權利概念普遍化。十九世紀最後幾十年，「自由」的英國與法國可以在非洲與亞洲取得廣大的殖民帝國，靠武力而不是人民的同意進行統治，因為他們認為印度人、阿爾及利亞人、越南人及其他人的尊嚴低於自己的尊嚴。用歷史學家威廉・朗格（William Langer）的話來說，帝國主義「也是民族主義朝歐洲邊界以外的投射，是存在於歐洲大陸數世紀、歷史悠久的權力鬥爭與權力平衡鬥爭的全球性投射」。[1]

法國大革命後，現代民族國家的興起產生了一系列重要結果，從根本上改變了國際政治的性質。[2]一個君主率領由不同民族匯聚而成的農民兵團，為征服一座城市或一個省分而戰，這樣的王朝戰爭已不再可能。荷蘭不能再被西班牙「擁有」，皮德蒙特（Piedmont）也不能再被奧地利人「擁有」，單憑過去幾個世代裡的一場婚姻或一次征服的情況已不復存在。在民族主義沉重的壓力下，哈布斯堡家族與鄂圖曼土耳其人的多民族帝國開始崩潰。現代兵力就像現代政治一樣，也變得更加民主，改成對全人口**大量徵兵**。而隨著大量民眾參與戰爭，戰爭目標必須在某種程度上滿足整個民族，而不僅僅是為了統治者個人的野心。聯盟和邊界變得更加僵固，因為民族和人民不能再像許多棋子一樣被交易。不僅正式的民主政體如此，像俾斯麥德國這樣的民族國家也是一樣，即使在沒有人民主權的情況下，也必須順應民族認同的要求。[3]再者，一旦大量民眾被民族主義動員參戰，他們的血性憤怒就能上升到王朝衝突中罕見的高度，而這限制了領導者適度或靈活對待敵人的空間。一個主要例子是結束第一次世界大戰的《凡爾賽和約》。與維也納會議不同的是，凡爾賽的協定無法在歐洲重新建立一個可行的勢力平衡，因為一方面在重劃邊界以取代德意志帝國與奧匈帝國時，需要照顧到民族主權的原則，另一方面則因為法國公眾要求對德國進行報復。

然而，在承認過去幾個世紀民族主義的巨大力量之同時，我們有必要適切地看待這個現象。我們相當容易看到記者、政治家、甚至學者們有這樣的看法，好像民族主義是反映了人性深層的、根本的一種渴望，好像民族主義所依據的「民族」是一種永恆的社會實體，就跟國家或家庭一樣古老。一般的看法是，民族主義一旦覺醒，就代表著歷史上一種狂暴的力量，是宗教或意識形態等其他形式的忠誠感所無法阻擋，而且最終將會壓倒共產主義或自由主義這些脆弱的蘆葦。[4]最近這個觀點似乎得到實證上的支持，東歐與蘇聯各地再度升起民族主義情緒，以至於一些觀察家預測，後冷戰時代將是一個民族主義復興的時代，就像十九世紀一樣。[5]蘇聯共產主義堅持認為，民族問題只是更根本的階級問題之必然結果，並且聲稱，由於走向無階級社會，共產主義已經徹底解決了民族問題。但隨著民族主義者到處把共產主義者趕下台（在一個接著一個的蘇維埃共和國中，以及在前共產主義東歐的每個角落裡），這種說法顯然相當空洞，也讓許多人更加無法相信「所有的普世意識形態已經取代民族主義」這樣的主張。

儘管民族主義在後冷戰世界很大部分地區的力量不容否認，但若把民族主義視為永恆與所向無敵，這種觀點也偏頗與不真實。首先，這種觀點誤解了民族主義是一個多麼晚近與偶然的現象。用艾尼斯特・葛爾納的話來說，民族主義「在人類心理中並沒有任何深刻的根基」。[6]自古以來，只要有群體存在，人們就會對較大的社會群體產生忠誠感，但一直要到工業革命，這些群體才被定義為語言與文化上同質的實體。在前工業社會，同一個民族屬性的人彼此間的階級差異無所不在，成為相互來往不可穿越的障礙。一個俄國貴族跟一個法國貴族的共通之處，會比跟生活在他自己莊園裡的貧農要多得多。他不只社會條件跟法國人相似，而且也說跟法國人相同的語言，同時往往無法與自己的貧農直接溝通。[7]政治實體不考慮民族屬性：哈布斯堡皇帝查理五世可以同時統治日爾曼、西班牙、荷蘭的部分地區，而鄂圖曼土耳其人則同時統治土耳其人、阿拉伯人、柏柏爾人（Berbers）以及歐洲基督徒。

然而，正是本書第二部分所討論的現代自然科學的經濟邏輯迫使所有經歷過它的社會從根本上變得更平等、更同質化，教育程度也更高。統治者與被統治者必須講同一種語言，因為兩者在國民經濟中的關係密不可分；來自鄉下的農民必須獲得識字能力，並且接受足夠的教育，使他們有能力在現代工廠中工作，而且最終也能在辦公室裡工作。舊有的階級、親屬、部落、教派等社會劃分方式在勞動力必須持續流動的壓力下逐漸消失，人們只剩下共同的語言和共同的語言文化作為其社會關聯性的主要形式。因此，民族主義在很大程度上是工業化（以及隨之出現的民主與平等主義意識形態）的產物。[8]

這些由於現代民族主義而被創造的民族，很大程度上是建立在既有的「自然」的語言劃分之上。但它們也是民族主義者特意編造出來的；民族主義者在界定哪些人才構成一個民族、怎樣才算是一種語言的問題上，有一定程度的自由。[9]例如說，目前正在「甦醒」的蘇維埃中亞各民族在布爾什維克革命以前並不以自覺的語言實體而存在；烏茲別克以及哈薩克民族主義者如今回到圖書館，「重新發現」他們的歷史語言與文化，然而這對他們當中的許多人來說，是全新取得的事物。艾尼斯特・葛爾納指出，地球上有八千多種「自然」語言，其中有七百種是主要語言，但只有不到兩百個民族。許多跨越兩個或更多群體的較老民族國家，例如有巴斯克少數民族的西班牙，現在正面臨著承認這些新群體的獨立身分的壓力。這說明了，民族並不是人們世世代代以來穩定或「自然」的忠誠感之來源。民族的同化或重新定義都是可能的，事實上也很常見。[10]

民族主義似乎有一定的生命歷程。在歷史發展較早的特定階段，例如農業社會，民族主義還根本不存在於人們的意識中。在往工業社會轉型或者剛剛度過這個階段時，民族主義的發展最為強烈；尤其當一個民族已走過經濟現代化第一個階段，卻同時被剝奪了民族認同與政治自由時，其民族主義就愈發激烈。因此，發明法西斯極端民族主義的兩個西歐國家（義大利與德國）、同時也是西歐最後完成工業化與政治統一的國家，或者，二戰剛結束時最強烈的民族主義，也正是第三世界裡歐洲前殖民地的民族主義，也就不令人訝異了。有鑑於這些先例，我們也就不應該感到驚訝，現今最強烈的民族主義是出現在蘇聯或東歐，因為那裡的工業化相對較晚，民族認同也長期受到共產主義的壓制。

然而對於身分認同較穩固、歷史比較悠久的民族群體來說，民族作為血性認同的來源反而似乎有所衰退。特別是被民族主義激情損害最嚴重的地區——也就是歐洲，民族主義起初的激烈時期消退的程度也最大。在這個大陸上，兩次世界大戰發揮了巨大的作用，促使人們以更寬容的方式重新定義民族主義。在見識到民族主義這個承認形式所內含的恐怖非理性之後，歐洲人民逐漸接受了普遍平等承認作為一種替代選項。結果是，戰爭的倖存者審慎地進行了拆除民族邊界的工作，並把民眾的激情從民族的自我主張導向經濟活動。當然，結果就是歐洲共同體。這個計畫近年來在北美與亞洲的經濟競爭壓力下取得了一定的動能（如果有的話）。歐洲共同體顯然沒有取消民族差異；這個組織沒有辦法建立起超主權的屬性，如同其創始人所希望的那樣。但是，歐洲共同體在農業政策與貨幣聯盟等問題上所展現的民族主義已經是高度馴化的版本，跟推動了兩次世界大戰的那股力量已經相去甚遠。

如果有人說，民族主義是一種太狂暴、太強大的力量，不可能被結合了自由主義的經濟自我利益所征服，那麼他應該考慮一下宗教組織化的命運——這是緊接在民族主義之前被使用的承認工具。曾經有一段時間，宗教在歐洲政治中握有至高無上的權力，新教徒與天主教徒分別組織成政治派系，並且在教派戰爭中揮霍著歐洲的財富。英國自由主義的出現，如我們所看到的，正是對英國內戰展現宗教狂熱的一種直接反應。當時的人相信宗教是政治地景上必要且永久的特徵，但與他們的看法正好相反，**自由主義在歐洲戰勝了宗教**。在與自由主義進行了長達數百年的對抗之後，宗教已被教會了要寬容。在十六世紀，對大多數歐洲人來說，不利用政治權力來強制人們接受他們特定的教派信仰，是很奇怪的事。如今若還認為其他的宗教實踐會讓自己的信仰受到損害，這種想法就很奇怪，即使是最虔誠的教徒也不會這樣想。因此宗教被降級到私人生活的範圍裡——甚至或多或少地被永久放逐在歐洲的政治生活之外，除了在某些狹隘的議題上，例如墮胎問題。[11]

只要民族主義能夠像宗教一樣被拔掉利牙與現代化，各個民族主義接受一個獨立但與其他民族主義平等的地位，那麼帝國主義和戰爭的民族主義基礎就會被削弱。[12]很多人相信，目前歐洲整合的進程是一種偏離常軌的現象，是由於二戰與冷戰經驗所造成，然而（這些人認為）近代歐洲歷史的整體趨勢卻是走向民族主義的。但事實可能是，兩次世界大戰對於民族主義所扮演的角色，是類似於十六、十七世紀的宗教戰爭對於宗教方面所扮演的角色：不只影響了緊接的下一代人的意識，而且是影響到所有後來世代的意識。

如果要使民族主義逐漸失去作為政治力量的能力，就必須使它像之前的宗教一樣變得寬容。民族群體可以保留各自的語言和認同意識，但這種認同將主要表現在文化領域而不是政治領域。法國人可以繼續品嚐他們的葡萄酒，德國人可以繼續享用他們的香腸，只是這一切都將只在私人生活的範圍內進行。歐洲最先進的自由民主國家在過去幾個世代的時間裡都已經發生了這樣的演變。雖然當代歐洲社會的民族主義仍然相當顯著，但與上個世紀那種民族主義已有很大的不同；那時「民族」與民族認同仍然是相對上嶄新的概念。自從希特勒倒台後，西歐民族主義已不再把宰制其他民族視為自身認同的關鍵。正好相反，最現代的民族主義走的是阿塔圖爾克的道路；他們把自己的使命看成是在一個傳統的家園中鞏固和淨化民族認同。事實上我們可以說，所有成熟的民族主義都在經歷一個「土耳其化」的過程。這樣的民族主義似乎沒有建立新帝國的能力；它們只能打破既有的帝國。當今最激進的民族主義者，如德國宣赫博（Schoenhuber）的共和黨或法國的勒龐（Le Pen）的國民陣線（National Front），一直以來所專注的也不是統治外國人，而是為了驅逐外國人，像諺語所說的貪婪市民一樣，只想獨享美好生活，不願有人干擾。最令人驚訝和說明現象的是，通常被視為歐洲最倒退的俄羅斯民族主義，現在卻已經在迅速地進行著土耳其化的過程；它拋棄了以往的擴張主義，並轉而追求「小俄羅斯」的概念。[13] 現代歐洲已經在快速的進展中擺脫主權，並且在私人生活的柔光中享受民族認同。與宗教一樣，民族主義並沒有消失的危險；但也跟宗教一樣，民族主義似乎已經失去了刺激歐洲人的能力：歐洲人已不再為了帝國主義的偉大行動而賭上他們舒適的生活。[14]

當然，這並不意味著歐洲往後將不會有民族主義的衝突。對於東歐與蘇聯那些剛剛被釋放出來的民族主義來說尤其如此，因為它們在共產黨統治下長期沉睡，沒有獲得實現。事實上，我們可以預期，隨著冷戰的結束，歐洲民族主義的衝突程度還會升高。在這些情況下，民族主義是擴大民主化必然的伴隨現象，因為那些長期被剝奪了聲音的民族和族裔群體，開始表達對主權與獨立存在的支持。舉例來說，一九九〇年在斯洛文尼亞、克羅埃西亞以及塞爾維亞舉行了自由選舉，其中前兩個共和國選出了支持從南斯拉夫獨立的非共產黨政府，等於為南斯拉夫的內戰搭好了舞台。此外，歷史悠久的多民族國家一旦解體，考慮到各民族群體錯雜交織的程度，很容易演變成暴力和血腥的事件。例如在蘇聯，約有六千萬人（其中一半是俄羅斯人）生活在自己民族的共和國之外，而克羅埃西亞人口有八分之一是塞爾維亞人。蘇聯已經開始出現大規模的人口移動，而且隨著各個共和國走向獨立，這些移動還會加快速度。現在出現的許多新的民族主義，特別是在社會經濟發展程度相對較低的地區，可能相當原始——即不寬容、愛國主義、對外具侵略性。[15]

此外，現存較老的民族國家很可能受到由下而上的攻擊，即少數語言群體要求獲得單獨的承認。斯洛伐克人現在希望有一個獨立於捷克人之外的身分認同。自由加拿大的和平繁榮對許多魁北克的法裔加拿大人來說還不夠，他們還想保留自己的文化獨特性。庫德族、愛沙尼亞人、奧塞提亞人、藏人、斯洛文尼亞人等也有可能成立新的民族國家，以實現其民族認同；這種可能性是無止境的。

然而民族主義這些新的表現形式應該被放在恰當的背景裡來看待。首先，最激烈的民族主義主要將會發生在歐洲現代化程度最低的地區，特別是在巴爾幹半島上或附近區域，以及前俄羅斯帝國的南部地區。不過它們的爆發很可能不會影響歐洲較老民族主義的長期演進，也就是變得更為寬容的趨勢，如前面所提及。雖然蘇聯外高加索地區的人民已經犯下了難以形容的殘暴行為，但目前為止並沒有證據顯示，東歐北半部（捷克斯洛伐克、匈牙利、波蘭及波羅的海各國）的民族主義將會朝著有侵略性的、與自由主義不相容的方向發展。這並不是說像捷克斯洛伐克這樣的現有國家可能不會分裂，也不是說波蘭與立陶宛不會有邊界爭端。但這不一定會造成其他地區特有的政治暴力的動亂，而是將被經濟整合的壓力所抵消。

第二，新的民族主義衝突對於歐洲與世界更大範圍的和平與安全所造成的衝擊，將比一九一四年的時候小得多——當時塞爾維亞民族主義者行刺奧匈帝國王儲，引發了第一次世界大戰。當南斯拉夫土崩瓦解、新解放的匈牙利人和羅馬尼亞人為了外西凡尼亞（Transylvania）的匈牙利少數民族的地位而無止境互相折磨的時候，歐洲已經沒有強權有興趣利用這樣的衝突來提高自己的戰略地位了。正好相反，大多數先進的歐洲國家會像遇到燙手山芋那樣避免捲入此類爭議，只有在面對嚴重侵犯人權或威脅本國國民的情況下才進行干預。作為一次大戰爆發之地，南斯拉夫現在已經陷入內戰，其民族實體正在解體。但歐洲其他國家已經就解決該問題的辦法達成了相當程度的共識；歐洲安全是更重大的問題，必須與南斯拉夫問題分開看待。[16]

第三，人們必須認識到，現在在東歐與蘇聯發生的新民族主義的鬥爭，都是過渡性的。隨著前共產主義帝國的崩潰，這些鬥爭是這個地區新秩序誕生時的陣痛。這些新秩序一般來說都更為民主。我們有理由期待，在這個過程中出現的許多新民族國家將會是自由民主國家，而且它們的民族主義雖然暫時因獨立鬥爭而顯得激烈，但是最終將走向成熟，也將像西歐那樣完成相同的「土耳其化」過程。

二次大戰後，以民族認同為基礎的合法性原則在第三世界裡大為流行。它來到第三世界的時間比歐洲晚，因為工業化和民族獨立來到這裡也比較晚；然而當它來到時，所產生的衝擊大致是一樣的。雖然自一九四五年以來，第三世界國家相對上比較少是正式的民主國家，但幾乎所有國家都放棄了王朝或宗教頭銜的合法性，而轉為支持民族自決原則。這些嶄新登場的民族主義往往比歐洲那些更古老、更成熟、更自信的民族主義更專斷獨行。例如泛阿拉伯民族主義，雖然與前一世紀義大利與德國的民族主義一樣，也是基於對民族統一的渴望，但從來無法透過建立一個單一且政治整合的阿拉伯國家來實現。

不過，第三世界民族主義的興起也在某些方面限制了國際衝突的發生。民族自決原則已被廣泛接受（不必然是透過自由選舉而實現的正式自決，也可以是各民族群體在其傳統領域中獨立生活的權利），這使得任何軍事干預或領土擴張的行為都容易遭到逆反。第三世界民族主義的力量幾乎到處都獲得勝利，而且跟相對的科技與經濟發展程度看起來並無關聯：法國人被趕出越南與阿爾及利亞，美國人被趕出越南，蘇聯人被趕出阿富汗，利比亞人被趕出查德，越南人被趕出柬埔寨，以及其他類似案例。[17] 自一九四五年以來，國際邊界發生的重大變化幾乎都是國家沿著民族邊界分裂，而不是透過帝國主義擴張領土——例如一九七一年巴基斯坦與孟加拉的分裂。有許多因素讓已開發國家進行領土征服的行為並不顯得划算（戰爭成本快速上升、統治敵對人口的成本高昂、國內經濟發展很可能是更好的財富來源等），這些因素同樣適用在第三世界國家之間的衝突上。[18]

民族主義在第三世界、東歐和蘇聯仍然比較強烈，而且在那裡將比在歐洲或美洲持續更長時間。這些新的民族主義的蓬勃發展，似乎讓已開發自由民主國家的多數人相信，民族主義是我們這個時代的標誌，卻沒有注意到民族主義在自己國內的緩慢衰退。令人玩味的是，民族主義的歷史源頭明明如此晚近，為什麼人們會相信它從此將成為人類社會地景上的永久特徵？經濟力量從前鼓勵民族主義的方式，是用民族藩籬取代階級，並在過程中創造中央化且語言上同質的實體。同樣的經濟力量現在則鼓勵著民族藩籬的破除，辦法是創造一個單一整合的世界市場。民族主義最終的政治無害化也許不會在這個世代或下個世代裡出現，但此事終將發生的展望並不受到影響。

註釋

1 William L. Langer, "A Critique of Imperialism," in Harrison M. Wright, ed., *The New Imperialism: Analysis of Late Nineteenth-Century Expansion,* second edition (Lexington, Mass.: D. C. Heath, 1976), p. 98.

2 Kaysen (1990), p. 52.

3 正是這種缺乏彈性，而非多極體系的內在缺陷，才解釋了十九世紀歐洲協調的崩潰以及第一次世界大戰最終的爆發。如果在十九世紀，國家繼續以王朝的合法性原則來組織，那麼歐洲協調就會更容易透過一系列的聯盟改換來適應德國力量的成長。事實上，如果沒有民族原則，德國本身根本不會統一。

4 Ernest Gallner, *Nations and Nationalism* (Ithaca, N.Y.: Cornell University Press, 1983).

5 John Gray, "The End of History—or of Liberalism?" *The National Review* (October 27, 1989): 33-35.

6 Gellner (1983), p. 34.

7 俄國貴族的法國崇拜也許是一個極端的例子，但在幾乎所有國家，貴族與農民所使用的語言都有顯著的方言差異。

8 我們應該注意，不要太過機械地使用這種民族主義的經濟解釋。雖然民族主義可以被廣泛視為工業化的產物，但民族主義意識形態可以有自己的生命力，可以獨立於一個國家的經濟發展程度之外。不然我們如何解釋二戰後像柬埔寨或寮國這類基本上是前工業國家的民族主義運動？

9 例如，阿塔圖爾克就在他生涯的最後階段，用大量時間進行歷史及語言學的「研究」，然而實際上卻是為他所想要的那種現代土耳其民族意識發明一個基礎。

10 Gellner (1983), pp. 44-45.

11 我當然知道歐洲各地都有強大的基督教民主政黨，但它們先是民主的，然後才是基督教的，以及它們對基督教的世俗性詮釋，都充分顯示自由主義戰勝了宗教。不寬容、反民主的宗教，在佛朗哥死後，也跟著從歐洲政治中消失了。

12 Gellner (1983), p. 113.

13 當然，俄羅斯民族主義運動中有一派仍是愛國主義與帝國主義的，也在前蘇聯最高指揮部中占有很大的比例。不意外地，老派帝國主義式的民族主義最主要是在歐亞大陸的低度發展地區出現。一個例子是斯洛波丹．米洛塞維奇（Slobodan Milosevic）的塞爾維亞沙文民族主義。

14 米爾斯海默注意到，在國內政治當中，民族主義幾乎是他認為唯一與和平或戰爭前景有關的面向。他指出「極端民族主義」（hypernationalism）是衝突的一種根源，並認為「極端民族主義」本身是由外部環境所造成，或者說，是由學校的本國史教學不當所造成。米爾斯海默似乎沒有認識到，民族主義與「極端民族主義」並非隨機出現，而是在特定的歷史、社會和經濟脈絡下所產生，而且跟所有這類歷史現象一樣，也受制於內部的演化法則。Mearsheimer (1990), pp. 20-21, 25, 55-56.

15 當茲維亞德．加姆薩胡爾季亞（Zviad Gamsakhurdia）的獨派圓桌聯盟（Round Table）在喬治亞共和國一九九一年的選舉中獲勝時，所做的第一件事就是對喬治亞的奧塞提亞（Ossetian）少數民族挑起爭端，否認後者有權被承認為一個單獨的少數民族。這與鮑里斯．葉爾欽當俄羅斯總統的表現形成鮮明的對比。葉爾欽在一九九〇年巡視了俄羅斯共和國的各組成民族，並向他們保證，與俄羅斯的連結將純屬自願。

16 有趣的是，許多新的民族群體執意尋求主權，儘管它們的規模與地理位置使它們在軍事上無法作為獨立的實體生存，至少根據現實主義的前提來說是如此。這表示了，在人們的認知中，國家體系已不像以前那樣具有威脅性，而且傳統上支持大國的論點（國防考量）也不那麼重要了。

17 當然，這條規則有幾個重要的例外，比如中國對西藏的占領，以色列對西岸（West Bank）與加薩（Gaza）的占領，以及印度對果阿（Goa）的併吞。

18 時常被指出的是，儘管非洲現有的國家邊界並不合理，常跨越部落和族裔的分界線，但從來沒有一條邊界在該國獨立後被成功改變。 Yehoshafat Harkabi, "Directions of Change in the World Strategic Order: Comments on the Address by Professor Kaiser," in *The Changing Strategic Landscape: IISS Conference Papers, 1988,* Part II, Adelphi Paper No. 237 (London: International Institute for Strategic Studies, 1989), pp. 21-25.

第二十六章

走向和平的聯盟

強權政治仍然盛行於那些不是自由民主的國家之間。工業化與民族主義進入第三世界的時間相對較晚，這將使第三世界大部分國家的行為與工業化民主國家的行為有著鮮明的區隔。在可預見的未來，世界將被區分為兩個部分：一個是後歷史的部分，另一個是仍停留在歷史中的部分。[1] 在後歷史的世界裡，國家間互動將以經濟為主要軸心，而強權政治的老舊規則將愈來愈不重要。也就是說，我們可以想像一個多極體系的、由德國經濟力量所主導的民主歐洲，而且儘管如此，德國的鄰國並不會感覺到多少軍事威脅，也不會採取任何特別的措施來提升自己的戰備能力。他們將有相當大的經濟競爭，但很少軍事競爭。這個後歷史的世界仍將分為不同的民族國家，但其獨立的民族主義將與自由主義相安無事，而且將在愈來愈大的程度上只在各自的私人生活領域中表達。同時，經濟理性將侵蝕主權的許多傳統特徵，因為市場與生產都被經濟理性所統合。

另一方面，那個仍留在歷史中的世界會一直因為各種不同的宗教、民族、意識形態衝突而四分五裂，分裂程度視相關特定國家的發展程度而定，而強權政治的老規則仍將繼續適用。像伊拉克與利比亞這樣的國家將繼續侵略他們的鄰國，並進行血腥的戰鬥。在這個歷史世界裡，民族國家仍將是政治認同的主要場所。

後歷史世界與歷史世界的邊界線變化快速，因此很難清楚劃定。蘇聯正在從一個陣營轉移到另一個陣營；它的解體將讓一些後繼國家成功地轉型為自由民主制，但另一些後繼國家則不能。天安門事件後的中國遠遠談不上實現民主，但從經濟改革開始以來，它的外交政策可以說已經變得愈來愈**資產階級**。中國當前的領導階層似乎了解到，經濟改革不能走回頭路，中國必須對國際經濟保持開放。這一點使中國無法重返毛澤東主義的外交政策，儘管有人在國內試著重啟毛澤東主義的某個面向。拉丁美洲較大的國家（墨西哥、巴西、阿根廷）在過去一個世代裡已經從歷史世界進入了後歷史世界，儘管其中任何一個國家都有可能跌回去，但它們現在由於在經濟上互相依賴，所以也與其他工業化民主國家緊密地連結在一起。

在許多方面，歷史世界和後歷史世界將維持平行但獨立的存在，彼此間的互動相對較少。然而這兩個世界將沿著幾條軸線發生對撞。第一是石油：這是伊拉克入侵科威特的危機事件的背景原因。石油生產一直集中在歷史世界裡，但對後歷史世界的經濟福祉至關重要。儘管在一九七〇年代石油危機的時候，許多人談到全球各種商品互相依賴的程度不斷提高，但石油仍然是唯一一種生產高度集中的商品，其交易可以出於政治動機而被操控或中斷，而一旦中斷，立刻就能為後歷史世界帶來毀滅性的經濟後果。

互動的第二條軸心目前還不像石油那麼明顯，但長期看來或許更麻煩：那就是移民。目前不斷有人從貧窮、不穩定的國家流向富裕、安全的國家，幾乎所有已開發世界的國家都受到影響。這種人口流動近年來不斷成長，還可能因為歷史世界的政治動盪而突然加速。像蘇聯解體，或東歐爆發嚴重種族暴力事件，或香港被未改革的共產主義中國併吞等事件，都將是人口大規模從歷史世界往後歷史世界遷徙的場合。而這種人口流動將保證後歷史國家對歷史世界保持關注，不管是為了阻止潮流，或者因為這些新移民已經進入了政治體系，現在正推動新移居的宗主國更加涉入。

經驗顯示，後歷史國家要禁止移民相當困難，至少有兩個原因。首先，它們難以制定出公正的原則來排斥外國人，而同時不會看起來是種族主義或民族主義，因而違反他們作為自由民主國家所承諾的普遍權利原則。所有已開發的民主國家都曾在某個時候對移民施加限制，但這種做法通常可以說都是懷著內疚執行的。

第二個移民增加的原因是經濟性的，因為幾乎每個已開發國家都經歷過某種非技術或半技術勞動力的短缺，而這種勞動力在第三世界卻有源源不絕的供給。並非所有的低薪工作都可以移轉到國外。單一全球市場的經濟競爭將促成區域性勞動力市場的進一步整合，正如早期資本主義使國內勞動力呈現高度的流動性，並因此促進了統一的民族國家的經濟成長一樣。

兩個世界的互動所圍繞的最後一條軸心，將是關於某種「世界秩序」的問題。意即除了某些歷史國家對其鄰國構成的特殊威脅之外，許多後歷史國家會形成一種抽象利益，即防止某些科技被擴散到歷史世界裡，理由是該世界最容易發生衝突和暴力。目前，這些科技包含核子武器、彈道飛彈、化學武器與生物武器等。但是在未來，世界秩序的問題可能會被擴大到某類型的環境利益上，如果不受管制的技術擴散會威脅到這些環境利益的話。若後歷史世界的行為跟歷史世界的行為有如此大的差異，如我們在此處所假設的那樣，那麼後歷史民主國家的共同利益將在於，一方面保護自己不受外部威脅，另一方面則是把民主事業推廣到目前還沒有民主的國家裡。

儘管民主制在一九七〇與一九八〇年代取得了很大的進展，作為一種**規範性**的學說，現實主義對於國際關係的觀點仍然十分重要。仍在歷史中的半個世界將繼續依照現實主義的原則運作，所以當後歷史的半個世界要跟仍在歷史中的半個世界打交道時，就必須使用現實主義的方法。民主國家與非民主國家之間的關係仍將以相互不信任與恐懼為特徵，儘管經濟上相互依賴的程度愈來愈高，但武力仍將是它們相互關係中的**最終手段**（ultima ratio）。

另一方面，作為解釋世界運作的**描述性**模型，現實主義擁有非常多的缺陷。現實主義者認為，在人類歷史上的所有時期，所有國家都有不安全感，行為上也奉行權力最大化的原則：這種觀點在仔細的審視下是站不住腳的。人類歷史進程產生了一系列的合法性概念——王朝的、宗教的、民族的、意識形態的，為帝國主義和戰爭提供了各式各樣的可能基礎。在現代自由主義興起之前，每一種合法性形式都建立在某種形式的主奴關係之上，所以帝國主義在某種意義上是由社會制度所決定。正如合法性的概念會隨著歷史改變，國際關係同樣也發生了相應的變化；雖然戰爭與帝國主義在歷史上似乎一直存在，但是每個時代的戰爭都是為了非常不同的目標而進行。在不同時間、地點的國家行為背後，並不存在一種「客觀」的民族利益作為共通的線索，而是有許多的民族利益，其內涵則分別由當下的合法性原則及其詮釋者來界定。

而自由民主國家既然尋求廢除主人與奴隸的區別，並讓人成為自己的主人，所以自然也會有完全不同的外交政策目標。後歷史世界之所以產生和平，將不是因為主要國家擁有共同的合法性原則。這種事態曾存在於過去，例如從前當歐洲所有國家都是君主政體或帝國的時候。相反地，和平的產生，將是由於民主合法性的特殊本質，以及其滿足人類被承認的欲望的能力。

民主國家和非民主國家之間的差異，以及自由民主在一個更廣泛的歷史進程中向全世界擴散的可能性，都顯示了美國外交政策傳統上的道德主義，以及其對人權與「民主價值」的關注，並非完全用錯地方。[2] 亨利．季辛吉在一九七〇年代認為，對蘇聯與中國等共產主義國家做出革命的挑戰，在道德上或許令人滿意，但實際上並不明智，因為這會阻斷溝通的管道，以至於無法在軍備控制或解決區域爭端等問題上達成「現實的」協議。前總統雷根因為一九八七年呼籲蘇聯拆掉柏林圍牆而受到尖銳批評，而且批評得最厲害的還是德國自己，因為德國早已適應了蘇聯勢力的「現實」。但在一個朝向民主發展的世界裡，事實顯示，這些對蘇聯合法性的革命性挑戰不只在道德上令人滿意，**同時**在政治上也是明智的，因為它們順應了當時生活在共產主義下的許多人即將表達的渴望。

當然，沒有人會主張對擁有強大武器（特別是核子武器）的非民主國家採取軍事挑戰的政策。一九八九年東歐發生的那種革命是罕見的、甚至是史無前例的事件；一個民主國家不能假設它所面對的每一個獨裁政權都即將垮台，並據此來制定其外交政策。但在進行權力的計算時，民主國家必須記住，合法性也是一種權力形式，強勢國家往往隱藏其內部嚴重的弱點。這意味著，民主國家如果從意識形態角度來選擇其盟友與敵人（即判斷他們是否民主），**長期而言**很可能獲得更強大、更堅定的盟友。而且在與敵人打交道時，他們不應該忘記雙方社會間長期存在的道德差異，也不應該為了追求強大的盟友而把人權問題丟到一邊。[3]

再者，民主國家的和平行為也顯示，美國與其他民主國家擁有共同的長期利益，一方面可以守護世界上的民主領域，另一方面可以在可行與明智的情況下擴大民主領域。也就是說，如果民主國家之間不相互爭鬥，那麼一個穩定擴張的後歷史世界將會更加和平與繁榮。共產主義在東歐與蘇聯已經崩潰，《華沙公約》的直接軍事威脅也幾乎完全消失，但即便如此，我們仍必須關注繼之而起的是什麼政府。因為長遠來看，只有當那些國家的自由民主能蓬勃發展，才是西方免於面對新威脅捲土重來的最大保障——新威脅除了來自那個區域，也可能來自統一的德國，或者來自經濟強勢的日本。

民主國家需要攜手促進民主與國際和平，這一理念幾乎與自由主義本身一樣古老。伊曼紐爾・康德曾在他著名的作品《永久和平》（*Perpetual Peace*）以及《世界性觀點下的普遍史理念》裡倡議，法治民主國家應該成立一個國際聯盟。康德認為，人類從自然狀態進入市民社會時所取得的好處，很大程度上被民族間盛行的戰爭狀態給抵消掉了：「由於聯邦的力量被浪費在用以互相對抗的軍備上，也由於戰爭所帶來的破壞，更由於有必要隨時處在備戰狀態中，（國家）阻礙了人類本性的全面發展。」[4] 康德這些關於國際關係的著作後來成了當代自由國際主義的思想基礎。康德提倡的聯盟概念，即美國後來試著建立國際聯盟以及聯合國的靈感來源。如前所述，戰後的現實主義在許多方面都是為了**矯正**這種自由國際主義而提出來的，因為現實主義認為，國際安全的真正特效藥不是國際法，而是勢力平衡。

國際聯盟與聯合國顯然未能提供集體安全——前者無法抵禦墨索里尼、日本以及希特勒的挑戰，後者無法抵抗蘇聯擴張主義的威脅——這使康德的國際主義以及國際法整體的普遍信譽受損。然而很多人不了解的是，康德的理念從實際落實的一開始就有嚴重的缺陷，並沒有遵從康德自己的戒律。[5] 康德關於永久和平的「第一決定性條款」指出，國家體系中的國家憲法應該是共和制的，意即應該是自由民主制的。[6]「第二決定性條款」指出，「國際法（the law of nations）應建立在**自由**國家聯邦的基礎上」，[7] 意即應該以奉行共和憲法的國家為基礎。康德的理由非常簡單：以共和原則為基礎的國家不太可能相互爭鬥，因為自我治理的民族比獨裁體制更不願意接受戰爭的代價，而一個國際聯邦要能順利運作，就必須共享自由權利原則。國際法不過是國內法的放大版。

聯合國從一開始就沒有達到這些條件。《聯合國憲章》完全沒有提到「自由國家」聯盟，而是採行了「所有會員國主權平等」的較弱原則。[8] 意即任何國家只要符合某種最低限度的形式主權標準，無論是否基於人民主權，都可以加入聯合國。因此，史達林的蘇聯從一開始就是聯合國的創始會員國，在安全理事會有一個席位，並有安理會決議的否決權。在殖民地獨立運動後，聯合國大會中出現了一批新的第三世界國家，這些國家很少認同康德的自由原則，但發現聯合國是推動反自由政治議程很好的工具。由於沒有事先就政治秩序或權利本質的正義原則達成任何共識，所以聯合國自成立以來，在集體安全這一關鍵領域上從未完成任何真正重要的事，也就不令人意外了。同樣不讓人訝異的是，美國人對聯合國總是懷有很大的疑慮。作為聯合國的前身，國際聯盟的會員國在政治性格上同質性還稍微高一點，雖然它在一九三三年後納入了蘇聯。但由於國家體系中重要的大國（日本與德國）不是民主國家，也不願意遵守聯盟的規則，因此聯盟貫徹集體安全原則的能力便被決定性地削弱了。

隨著冷戰退場、蘇聯與中國改革運動的興起，聯合國已經擺脫了以前的一些弱點。安全理事會通過對伊拉克實施前所未有的經濟制裁，並在入侵科威特後授權對伊拉克使用武力，這顯示了安理會未來可能採取哪一類的國際行動。然而，只要俄羅斯與中國這樣的強權未完成改革，大會裡仍然充斥不自由的國家，那麼安理會仍然很有倒退的危險。我們有理由質疑，聯合國能不能成為下個世代「世界新秩序」的基礎。

如果有人想根據康德自己的戒律來建立一個國際聯盟，不受早期國際組織的致命缺陷所影響，那麼很明顯地，它看起來會更像北約，而不是聯合國——也就是由一群真正自由的國家基於對自由原則的共同承諾而組成的聯盟。這樣一個聯盟應該更有能力採取有力的行動，以保護其集體安全免於來自世界非民主地區的威脅。聯盟的會員國將依照國際法的規則相互來往。事實上，這樣一種康德式的自由主義國際秩序，在冷戰期間，在北約、歐洲共同體、經濟合作發展組織（OECD）、七國集團（Group of Seven）、關稅暨貿易總協定（GATT）[9]等以自由主義為加入前提的組織的保護傘下，已經半推半就地出現了。如今，工業化民主國家透過有約束力的法律協定來規範彼此間的經濟來往，並以此方式有效地連結在一起。雖然各國可能會就牛肉配額與歐洲貨幣聯盟的性質有所爭議，或者就如何面對利比亞、以阿衝突而意見不一，但民主國家之間動用武力來解決這類爭端已完全不可想像。

美國與其他自由民主國家將不得不面對一件事實：隨著共產世界的崩潰，他們所生活的世界已經愈來愈不是昔日那個地緣政治的世界，而且歷史世界的規則與方法並不適合用於後歷史世界的生活。對後歷史世界來說，主要問題將是經濟問題，例如提升競爭力和創新能力、管理內部與外部赤字、保持充分就業、合作處理嚴重的環境問題等。換句話說，他們必須接受這樣的事實：他們是四百多年前開始的那場資產階級革命的繼承人。在後歷史世界中，舒適的自我保全的欲望被提升，超過了冒生命危險為純粹的威望而戰的欲望，普遍與理性的承認也取代了追求宰制的鬥爭。

當代人可以**無止境地**爭論他們是否已經抵達後歷史世界——國際場域上是否會出現更多的帝國、獨裁者、未實現且渴望被承認的民族主義，或者像從沙漠襲來的旋風那樣的新宗教。但是到了一定的時候，他們還必須面對一個問題：他們為自己建造的這間後歷史房屋，這間被他們當成避難所、以躲過二十世紀令人絕望的風暴的房屋，他們是否能滿意地長期居住。對於今天的已開發世界幾乎所有人來說，情況已相當清楚，自由民主遠比其他主要的競爭對手（法西斯主義與共產主義）更值得選擇。但是它本身值得選擇嗎？還是自由民主本質上仍讓我們不滿意？即使在最後一個法西斯獨裁者、趾高氣昂的上校、共產黨巨頭被趕出地球表面之後，我們的自由秩序的核心是否仍有矛盾？這就是我們將在本書最後一個部分要討論的問題。

註釋

1 這種區別在很大程度上相當於以前的南北半球之別，或者已開發國家與低度開發國家之別。然而，這個對應並不完整，因為有些低度開發國家，例如哥斯大黎加或印度，是功能正常的自由民主國家，而某些已開發國家，比如納粹德國，卻是暴政。

2 Stanley Kober, "*Idealpolitik*" *Foreign Policy* no. 79 (Summer, 1990): 3-24.

3 發動意識形態鬥爭的主要武器之一是自由歐洲電台（Radio Free Europe）、自由電台（Radio Liberty）、美國之音（Voice of America）等組織，它們在整個冷戰期間不斷向蘇維埃集團廣播。有些現實主義者認為冷戰完全是坦克師與核子彈頭的問題，因此常常輕視或忽略美國所贊助的無線電台，但是結果顯示，民主觀念之所以在東歐與蘇聯得以維持，這些電台發揮了很重要的作用。

4 來自《世界性觀點下的普遍史理念》（*An Idea for a Universal History*）第七個論題。Kant (1963), p. 20. 康德特別關注的是，在國際關係問題沒有解決之前，人類的道德改善不可能發生，因為這需要「每一個政治體為其公民教育進行長期的內部工作」（同上，頁二一）。

5 也有人認為康德本人並不把永久和平視為一個實際的計畫，見 Kenneth Waltz, "Kant, Liberalism, and War," *American Political Science Review 56* (June 1962): 331-340。

6 康德將共和憲法定義為：「首先是根據社會成員（作為人）的自由原則所建立；其次是根據所有人（作為臣民）依賴單一的共同立法原則所建立；第三是根據他們（作為公民）平等的法律所建立。」*Perpetual Peace*, in Kant (1963), p. 94.

7 同上，頁九八。

8 Carl J. Friedrich, *Inevitable Peace* (Cambridge, Mass.: Harvard University Press, 1948), p. 45.

9 關貿總協定當然不要求其會員是民主國家，但對其經濟政策的自由主義有嚴格的標準。

PART 5

最後之人

第二十七章

在自由的國度

在嚴格意義下的歷史中，人們（「階級」）為爭取承認而鬥爭，也透過工作與自然對抗——馬克思把這種歷史稱為「必然的國度」（Reich der Notwendigkeit）；在彼岸（jenseits）則座落著「自由的國度」（Reich der Freiheit），在這之中，人（由於彼此毫無保留地相互承認）不再爭鬥，並盡可能地減少地工作。

——亞歷山大．柯傑夫，《黑格爾閱讀導論》1

在先前討論撰寫普遍史的可能性時，我們曾說，我們要暫時把「具方向性的歷史變遷是否構成**進步**」的問題放在一邊。如果歷史不管如何都會把我們帶往自由民主，那麼這個問題就變成了自由民主的好壞問題，也是作為其基礎的自由平等原則的好壞問題。常識顯示，與二十世紀的主要對手法西斯主義與共產主義相比，自由民主制擁有許多優勢；而只要忠於我們固有的價值觀和傳統，就意味著我們必須毫不懷疑地投入民主。但是，未經思考的偏袒支持，以及不去正視民主的缺點，對於促進自由民主的事業不必然有所助益。而如果要回答歷史是否已經來到終點的問題，顯然不能不更深入地探究民主及其不滿的問題。

我們已經習慣於從外交政策的角度來思考民主的存續問題。在尚—方斯華．何維爾這樣的人眼裡，民主最大的弱點即無法抵抗無情且堅決的暴政。在一個仍然充斥著專制主義、神權主義、褊狹民族主義的世界裡，暴政的威脅是否已經遠去、多久後將捲土重來的問題將會繼續使我們憂心忡忡。但讓我們暫時承認，自由民主已經戰勝了外國對手，而且在可預見的將來，它的生存並不面臨嚴重的外部威脅。如果任其發展，歐美那些穩定且長期存在的自由民主國家能不能永遠地維持下去，還是有一天會像共產主義那樣，因為某種內部的弊病而崩潰？自由民主制度無疑受到許多問題的困擾，例如失業、汙染、毒品、犯罪等，然而除了這些直接的憂慮之外，還有一個問題是，自由民主制度內是否存在其他更深層的不滿根源——在這裡的生活是否真的**令人滿意**。如果看不到顯然的「矛盾」，那麼我們就可以跟黑格爾、柯傑夫一起說，我們已經抵達歷史的終點。但如果存在這樣的矛盾，那麼我們就必須說，嚴格意義上的歷史將會繼續下去。

要回答這個問題，我們在前面說過，在世界各地尋找民主受到挑戰的實證證據是不夠的，因為這種證據總是模稜兩可，而且有潛在欺騙性。當然，我們不能拿共產主義的崩潰作為證明，指稱民主在未來已不可能受到挑戰，或者認定民主不會有一天也遭到相同的命運。我們需要一個跨歷史的標準來衡量民主社會，需要一些「絕對意義下的**人**」(man as man）的概念，讓我們看到它潛在的缺陷。為此，我們要回來談霍布斯、洛克、盧梭與黑格爾的「最初之人」。

柯傑夫主張人類已經抵達歷史的終點，其根本設定是：被承認的欲望是人類最基本的渴望。對他來說，爭取承認的鬥爭推動了第一場血腥戰鬥，歷史於是開始；而歷史之所以結束，是因為體現相互承認的普遍同質國家**完全滿足了**這種渴望。柯傑夫對於「被承認的欲望」的強調，看起來很適合作為一個理解自由主義未來前景的框架，因為正如我們已經看到的，過去幾世紀的主要歷史現象（宗教、民族主義和民主）在本質上可以被理解為「爭取承認的鬥爭」的不同表現形式。而對「thymos」（血性）進行分析（看它在當代社會中以何種方式被滿足與不被滿足）可能比對欲望進行類似分析更能讓我們了解自由民主的適切性。

那麼，歷史終結的問題就等於「thymos」（血性）的未來的問題：自由民主是否適切滿足了人們被承認的欲望，如柯傑夫所說的那樣，或者這種欲望是否仍將從根本上未被滿足，因此將能以一種完全不同的形式表現出來。我們前面嘗試構建的普遍史產生了兩個平行的歷史進程，而引導這兩個進程的，一個是現代自然科學與欲望的邏輯，另一個則是爭取承認的鬥爭。兩者都很適切地結束在同一個終點上，即資本主義的自由民主制。然而，同樣的社會與政治制度是否能如此俐落地同時滿足欲望與「thymos」（血性）呢？難道不可能是這樣，那滿足欲望的就無法滿足「thymos」（血性），而且反之亦然，以至於沒有任何一種人類社會能夠讓「絕對意義下的**人**」感到滿意？

左派與右派的評論者都指出，自由主義社會可能並不代表欲望與「thymos」（血性）的同時滿足，而是在它們之間打開一道嚴重的裂口。左派的攻擊認為，自由社會雖然承諾普遍對等的承認，本質上卻並未實現，原因正如剛才所指出的：資本主義帶來經濟不平等，而**這件事本身**就意味著承認不平等。右派的攻擊則認為，自由主義社會的問題並不在於承認的普遍性不足，而在於平等承認的目標本身。平等承認有很多問題，因為人天生是**不平等的**；把不平等的人當成平等的，那並非肯定，而是否定他們的人性。我們將逐一檢視這些指控。

在這兩者中，左派對自由社會的批判在過去一個世紀裡更為常見。不平等問題將在未來許多世代的時間裡繼續糾纏自由社會，因為在某種意義上，這些問題在自由主義的脈絡下無法解決。即便如此，在我們當前的秩序中，這些不平等如果拿來與右派的不滿（即右派關於平等承認作為目的自身的不滿）相比，似乎還算不上根本的「矛盾」。

社會不平等可分為兩類：一類可歸因於人類的傳統規範，另一類則是由於自然或自然的必然性所造成。屬於第一類的包含阻礙平等的法律障礙——例如社會被劃分成封閉的等級、種族隔離政策、黑人歧視法（Jim Crow laws）、投票的財產資格等。此外還有由於文化傳統規範造成的不平等，例如前面討論過的不同族裔與宗教群體對於經濟活動的態度。後者不是實定法或政策所導致，也無法歸因於自然。

平等有自然障礙，是因為自然能力或屬性在人口中的分布從一開始就不平等。不是每個人都能成為演奏鋼琴家或湖人隊的中鋒，也沒有平等的獲取財產的能力，如麥迪遜所指出的那樣。英俊的男孩與漂亮的女孩在吸引婚姻對象上會比相貌平平的同儕更有優勢。還有一些不平等的形態可以直接歸因於資本主義市場的運作：經濟體內部的勞動分工，以及市場本身的無情運作。這些不平等的形態並不比資本主義本身更「自然」，但是若選擇了資本主義的經濟制度，就必然隱含這些不平等。現代經濟的生產力離不開理性的勞動分工；當資本從一個行業、地區、國家轉移到另一個行業、地區、國家時，無法不產生贏家與輸家。

所有真正的自由社會，原則上都致力於消除由於傳統規範而造成的不平等。此外，資本主義的經濟由於勞動力需求不斷變化而充滿動態，往往打破許多傳統規範的與文化的平等障礙。一個世紀以來，馬克思主義思想讓我們習慣於認為資本主義社會是高度不平等的，但是實際上，資本主義社會在社會影響方面遠比它們所取代的農業社會更平等。[2]資本主義是一種動態的力量，它不斷衝擊著純粹屬傳統規範的社會關係，把世襲的特權替代掉，換上基於技能與教育的新的階層。如果沒有普及的識字率與教育、高度的社會流動性、對人才而不是對特權開放的職業，資本主義的社會就無法運作，或者說不會以最好的效率運作。此外，幾乎所有現代民主國家都會對企業進行監管，將收入從富人手中重新分配給窮人，並對社會福利承擔一定程度的責任，從美國的社會保障制度（Social Security）與醫療補助措施（Medicaid）到德國或瑞典更為全面的社會福利制度。雖然美國也許一直是西方民主國家中最不願意扮演家長式角色的國家，但是羅斯福新政（New Deal）的基本社會福利立法已經被保守派所接受，而且已證明很大程度不會倒退回去。

在所有這些平等化過程中浮現出來的，就是所謂的「中產階級社會」。這個名稱並不恰當，因為現代民主國家的社會結構仍然類似典型的金字塔，而不是像一個中間鼓起的聖誕裝飾品。但這個金字塔的中間仍然相當寬敞，而且高度的社會流動性讓幾乎每個人都能與中產階級的渴望產生共鳴，並認為自己至少有機會是中產階級的一分子。中產階級社會在某些方面將一直高度不平等，但是不平等的原因將愈來愈可歸咎於天賦的不平等、經濟上必要的勞動分工，以及文化。至於柯傑夫所說的「戰後美國實際上已經實現了馬克思的『無階級社會』」，我們可以用這樣的說法來解釋：並不是所有的社會不平等都被消除了，而那些還剩下的障礙在某些面向上「必然且無法根除」，而如此情況是由於事物的本質而不是人的意志所造成。在這些限度內，這樣的社會可以說已經達成了馬克思的「自由的國度」，因為它有效地廢除了自然需要，允許人們用最低限度（按任何歷史標準）的工作量來換取他們想要的事物。[3]

即使按照這種相對寬鬆的平等標準，現有的大多數自由民主國家也還沒有完全及格。在由於傳統規範（而非出於自然或必然）而造成的不平等當中，最難消除的是文化造成的不平等。這就是當代美國所謂的黑人「底層階級」的狀況。一個年輕黑人如果在底特律或紐約市南布朗克斯區（South Bronx）長大，他遇到的第一個障礙只是劣等的學校——一個理論上可以用公共政策來補救的問題。然而在一個幾乎完全由教育決定地位的社會裡，這樣的人很可能在達到入學年齡之前就已經受了嚴重損害。由於缺乏一個能夠傳遞文化價值的家庭環境，這樣的少年不懂得利用機會，而是會持續感受到「街頭」的召喚——比起美國中產階級的生活，街頭的生活對他來說更熟悉，也更有吸引力。在這種情況下，實現黑人在法律上的完全平等，以及美國經濟提供的機會，都不會對他或她的生活有太大影響。再者，這種文化不平等的問題並沒有顯然的解決辦法，因為那些旨在幫助黑人底層階級的社會政策很有可能剛好會傷害他們：這種政策會削弱家庭的競爭力，讓他們對國家更加依賴。沒有人能把「創造文化」的問題（即重建內化的道德價值的問題）當成公共政策來解決。因此，雖然一七七六年美國可能正確地建立了平等原則，但對於一九九〇年代的許多美國人來說，這個原則仍沒有被充分實現。

此外，雖然資本主義或許能創造巨大的財富，但它將一直無法滿足人類被平等承認的欲望，或者說無法滿足其「isothymia」（平等血性）。隨著勞動分工，不同職業的尊嚴也會有差異：清潔隊員與洗碗工永遠不會得到腦外科醫師或足球明星同等的尊敬，而失業者享有的尊嚴甚至更低。在富裕的民主國家裡，貧窮問題已從自然需求的問題變成了承認的問題。貧窮對窮人或無家可歸者真正的傷害，與其說是身體健康方面，更大程度是損害他們的尊嚴。由於沒有財富或財產，他們沒有受到社會其他人的認真看待：政治人物不來討好他們，警察與司法系統也不那麼嚴格地保護他們的權利；在一個仍然重視獨立自主的社會裡，他們找不到工作；能找到的工作都讓他們感到有辱人格；無論是透過教育來改善處境，或者以其他方式來實現可能性，他們的機會都比別人少。只要貧富之間的區別仍然存在，只要有些職業被認為有聲望，而另一些職業則被認為是丟臉的，那麼無論多高的物質繁榮都無法改正這種情況，或者也無法撫平那些比較不富裕的人每日受到的尊嚴損害。所以，滿足欲望的事物並不能同時滿足「thymos」（血性）。

即使在最完美的自由社會中，嚴重的社會不平等現象仍將存在，意即自由與平等——這類社會所賴以建立的兩大原則——之間將一直存在一種緊張關係。如托克維爾所明確指出，這種緊張關係，[4]就跟使其產生的不平等一樣，將「必然且無法根除」。任何給予弱勢群體「平等尊嚴」的政策，都意味著其他人的自由或權利被剝奪；而當弱勢的根源深植於社會結構之中時，情況就更是如此。少數群體每次根據平權法案得到一份工作或大學教育的一個名額，都意味著其他人少一份工作或少一個名額；政府在國民健康保險或福利上每多花一美金，都意味著私部門經濟減少不只一美金；政府每一次保護工人免於失業或公司免於破產，都意味著經濟自由的降低。自由與平等之間沒有固定或自然的平衡點，也沒有任何方法可以同時讓兩者最佳化。

在光譜的一端，馬克思主義計畫試著推動極端形式的社會平等，依照需求而非才能來給予獎勵，廢除勞動分工，以便消滅自然的不平等，而且不惜以犧牲自由為代價。以後所有推動社會平等的努力，只要超過「中產階級社會」的程度，都必須面對馬克思主義計畫的失敗。因為為了根除那些看似「必然且不可根除的」差異，就必須建立一個巨獸般的強大國家。中國共產黨或柬埔寨的紅色高棉可以試著消除城市與鄉村的區隔，或消除體力勞動與心智勞動的區隔，但無法不以剝奪所有人最起碼的權利為代價。蘇聯人可以試著根據需求而非勞動或才能來給予獎勵，不過代價必然是讓社會失去對工作的興趣。而這些共產主義社會最終接受了相當程度的社會不平等，也就是米洛萬．吉拉斯（Milovan Djilas）所稱的黨官與官僚的「新階級」。[5]

隨著共產主義在世界各地的崩潰，我們現在處在一個很獨特的情況：批評自由社會的左翼人士也完全沒有**激進**的解決方案來克服比較難解的不平等形式。就目前而言，尋求個體承認的血性欲望已經與追求平等的血性欲望相互競爭了起來。如今很少有自由社會的批評者願意主張全盤放棄自由原則（無論是在政治領域或經濟領域上），只為了克服現有的經濟不平等。[6]主要的爭論不在於自由社會的原則本身，而在於自由與平等之間適當的取捨究竟應該如何決定。每個社會權衡自由與平等的方式都不一樣，雷根的美國與柴契爾的英國重視個人主義，歐陸國家著重基督教民主主義，斯堪地那維亞國家則側重社會民主主義。這些國家的社會實踐與生活品質雖然有很大的差別，但它們所選擇的具體取捨都沒有超過自由民主的大框架，也不損害其根本原則。渴望更大程度的社會民主並不需要以犧牲形式民主為代價，因此本身並不否定歷史終結的可能性。

儘管目前左派在舊的經濟階級的議題上聲音變小了，但建立在其他形式的不平等之上的自由民主，很難說不會遭遇其他新的、潛在更激進的挑戰。事實上，在當代美國大學校園裡，種族歧視、性別歧視、反同性戀等不平等形式已經取代了左派傳統的階級議題。一旦確立了平等承認的原則——每一個人的人類尊嚴都得到承認，也就是其「isothymia」（平等血性）得到滿足——就沒人能夠保證人們會繼續接受剩下的其他不平等，無論那是出於自然或必然。大自然在分配人的能力的時候，並不是特別公平。即使現在的世代接受這種不平等是自然或必然的，也不代表將來的世代可以接受。也許有一天，有一場政治運動將恢復亞里斯托芬尼斯（Aristophanes）在《女人國會》（*Assembly of Women*）中的計畫，強迫英俊的男子娶醜陋的女人，或者相反，[7] 或者未來可能會出現新技術，操控這種大自然原始的不公平，並用一種「更公平」的方式來重新分配自然界美好的事物，例如美貌或智慧。[8]

例如，請考慮一下我們對待身障人士的方式有何改變。以前人們認為，身障者是被老天爺開玩笑，就像一個人天生矮小或鬥雞眼一樣，只能忍受著身障活下去。然而，今天的美國社會不僅要彌補他身體上的缺陷，還要彌補他尊嚴上的傷害。許多政府機構與大學為了幫助身障者實際所選擇的方式，在許多方面本來都可以不用這麼昂貴。許多城市不是為身障者提供特殊的交通服務，而是把所有公共汽車改成身障者可以使用。他們不是在公共建築為輪椅提供隱密的入口，而是規定要在正門設置無障礙坡道。這種花費與努力並不完全是為了減輕身障者的身體不便，因為有更便宜的辦法來做到同樣的事，而是為了避免冒犯他們的尊嚴。這裡要保護的是他們的「thymos」（血性），所以政府要克服自然，證明身障者可以搭乘公共汽車或者從建築的大門進入，跟其他正常人完全一樣。

但是即使實現了更多**事實上的**平等、挹注了更豐富的物資，對平等承認的激情——「isothymia」（平等血性）——也未必會隨之減弱，實際上可能還更加受到鼓舞。

托克維爾解釋，當社會階級或群體之間的差異很大，而且受到長期的傳統支持時，人們就會對這種差異採取聽任或接受的態度。但當社會流動，群體之間的差距被拉近，人們就會更敏銳地意識到這些差異，並對還剩下的差異感到不滿。在民主國家，對平等的熱愛是比對自由的熱愛更深遠也更持久的一種熱情。沒有民主也可以有自由，然而平等卻是民主時代獨一無二的決定性特徵，因此人們更加堅持擁抱平等。過度的自由非常顯著——像是李歐娜·赫爾姆斯利（Leona Helmsley）或唐納德·川普（Donald Trump）展現的傲慢、伊萬·波斯基（Ivan Boesky）或麥可·米爾肯（Michael Milken）犯下的罪行，**埃克森油輪瓦迪茲號**（Exxon Valdez）漏油事件對普拉德霍灣（Prudhoe Bay）帶來的破壞等；相較之下，極端平等之惡就一點都不搶眼——例如緩緩進行的庸才社會或者多數人的暴政。政治自由讓少數公民得到高度的快感，而平等則為廣大民眾提供了微小的享受。[9]

因此，雖然過去四百年來，自由主義計畫在很大程度上成功地把比較顯著的「megalothymia」（優越血性）形式排除在政治生活之外，但我們的社會仍然繼續關注尊嚴平等的問題。如今，在民主的美國，有許多人致力於徹底消除任何殘存的不平等，確保沒有一個小女孩剪頭髮要比一個小男孩花更多的錢，沒有一個童子軍團可以拒絕一位同性戀的童子軍團長，以及每一棟建築物的正門都要有混凝土的輪椅坡道。美國社會之所以有這些激情，是因為（而非儘管）實際上剩下的不平等已經很小。

未來左翼對我們現在的自由主義所提出的質疑，可能與二十世紀我們所熟悉的那些形式有很大的不同。共產主義對自由的威脅是如此的直接和明顯，而且其理論目前也是如此的不得人心，以至於我們很難不把它視為在整個已開發世界中已經無以為繼。未來左翼對自由民主的威脅，更有可能是披上自由主義的外衣同時從內部改變其含義，而不是對基本的民主制度與原則進行正面攻擊。

例如，幾乎所有自由民主國家在過去一個世代裡都出現了新「權利」大幅普及的現象。許多民主國家並不滿足於只保護生命、自由和財產，還規定了隱私權、旅行權、就業權、娛樂權、性傾向權、墮胎權及兒童權等。不用說，這些權利的社會意涵很多是模糊的，也是相互矛盾的。我們很容易預見這樣的情況，即《獨立宣言》和《美國憲法》所規定的基本權利被新制定的權利嚴重削弱，只為了實現更徹底的社會平等化。

我們目前對於權利本質的論述之所以有這種不一致，來自於一個更深層的哲學危機：人的理性理解是否有可能。權利直接來自於對人的本質的理解，但如果我們對人的本質沒有一致的意見，或者認為原則上這種理解並無可能，那麼任何人試著去定義權利，或試著去防止新的假權利被制定出來，都不會成功。用一個例子來說明這個問題可以發展到什麼程度，我們可以設想一下，未來各種權利可能被極度普遍化，屆時人與非人的區別可能也不復存在。

古典政治哲學認為，人的尊嚴介於獸類和神明之間；人的本性有一部分是動物，但他有理性，因此他有一個特殊的人類美德，是其他物種所沒有的。對於康德與黑格爾來說，也根據他們所依據的基督教傳統，人與非人之間的區別是絕對關鍵的。人類的尊嚴高於自然界的任何事物，因為只有他們是**自由的**：意即他們是自身的原因，不受自然本能的決定，而能自主地進行道德選擇。

然而如今，每個人都**談論**人的尊嚴，至於人為什麼擁有尊嚴，卻沒有一個共同的看法。當然，很少有人相信，人之所以有尊嚴，是因為他有道德選擇的能力。自康德與黑格爾的時代以來，現代自然科學與哲學全部的要旨都在於否定自主道德選擇的可能性，而完全用低於人類與低於理性的衝動來解釋人的行為。人類的選擇，一度照康德看來是自由與理性的，卻被馬克思視為是經濟力量的產物，或者被佛洛伊德（Freud）視為是意識深層的性衝動。根據達爾文（Darwin）的說法，人確確實實是由低於人的存在進化而來的；人有愈來愈多的部分可以從生物學與生物化學的角度來理解。二十世紀的社會科學已經告訴我們，人是社會與環境制約的產物，人的行為跟動物的行為一樣，都按照某些決定性的法則來進行。對動物行為的研究指出，它們也可以進行威望之戰，而且——誰知道呢——也許它們也能經驗到自豪感或者被承認的欲望。現代人現在了解到，生命，從尼采說的「有生命的爛泥漿」一直到他自己，是一個連續體；他與他演化源頭的動物生命只有量的不同，在本質上卻沒有什麼不一樣。一個自律自主、能為自己創造法則並理性遵守的人，於是淪為一個自吹自擂的神話。

人高於自然的尊嚴使他有權征服自然，也就是透過現代自然科學對自然進行操縱和占有，以達成自己的目的。但現代自然科學似乎證明，人與自然之間並沒有本質的區別，人只是一種更有組織、更有理性的爛泥漿而已。然而，如果我們沒有任何根據可以說人的尊嚴高於自然，那麼人統治自然的理由就不成立了。平等主義的激情不只否定人與人之間存在重大的差異，還可以延伸到否定人與高等動物之間有重大差異。動物權利運動認為，既然猴子、老鼠或黑貂跟人類一樣也能感受痛苦，而海豚似乎擁有更高的智慧形式，那麼為什麼殺人類違法，殺這些生物卻不違法呢？

這個論述並不會停在這裡。因為我們如何區分高等動物與低等動物呢？誰能決定自然界中什麼會痛苦什麼不會？事實上，為什麼能感受痛苦，或者擁有更高的智慧，會成為一種有高等價值的資格呢？最終而言，從最卑微的岩石到最遙遠的星辰，人到底憑什麼比自然界的任何部分都更有尊嚴？為什麼昆蟲、細菌、腸道寄生蟲跟愛滋病毒不能享有跟人類平等的權利？

當代大多數環保主義者並不相信病毒跟人有平等權利，這件事實顯示，他們仍然相信某種優越的人類尊嚴概念。也就是說，他們要保護小海豹和坦氏小鱸（snail darter），只是因為**我們人類**喜歡有它們在身邊。不過這只表現了他們的偽善。如果沒有合理依據可以說人類擁有高於自然界的尊嚴，那麼說自然界的一部分（例如小海豹）擁有高於自然界另一部分（例如愛滋病毒）的尊嚴，同樣也是沒有合理依據的。事實上，環保運動中一個極端的派別在這一點上更理路一貫，他們認為自然界本身擁有與人類同等的權利，不光是有知覺或有智慧的動物，而是包含一切的自然受造物。這種信念的後果是，他對衣索比亞等國的大規模饑荒無動於衷，因為那只是大自然對人類過度擴張的回報，並且堅信人類應該恢復到全球一億左右的「自然」人口（而不是當前的五十多億），這樣人類就不會再像工業革命以來那樣破壞生態平衡。

把平等原則擴充到不只適用人類，而且適用到非人類的受造物，這在如今聽起來也許很奇怪，但這卻隱含在我們目前對於「人是什麼？」這個問題的思考僵局裡。如果我們真的相信人沒有道德選擇的能力，也沒有自主使用理性的能力；如果人完全可以從低於人的角度來加以理解，那麼權利不只是有可能，而且是**不可避免地**要逐漸擴大適用到動物與其他自然存在身上，就跟人一樣。自由主義認為人類本質是平等與普遍的，而且有著人類特有的尊嚴——這種概念現在將從上方與下方受到攻擊：來自上方的攻擊是，有些人主張特定群體的身分認同比作為人的身分更為重要；來自下方的攻擊是，有些人認為作為人類一點都不比非人類更特別到哪裡去。由於陷在現代相對主義的思想僵局裡，我們無法明確地回應這兩種攻擊，因此也無法捍衛傳統上所理解的自由權利。

普遍同質國家所能提供的那種對等承認並不能讓許多人完全滿意，用亞當・斯密的話來說，富人將繼續以他的富有為榮，窮人也將繼續以他的貧窮為恥，並感到他的同伴對他視而不見。儘管目前共產主義已經崩潰，但左翼仍將試圖找出自由民主與資本主義之外的替代選項，這不完美的對等承認將成為他們的靈感。

雖然左派所稱的「對平等者給予不平等承認」是關於自由民主最常見的指控，然而我們有理由認為，更大的、最終來說也更嚴重的威脅是來自右派的指控，即自由民主傾向於「對不平等者給予平等的承認」。這就是我們現在要討論的問題。

註釋

1 Kojève (1947), p. 435 (footnote).

2 Gellner (1983), pp. 32-34, 36.

3 柯傑夫用「無階級社會」一詞來描述戰後的美國，雖然在某些方面可能合理，但這顯然不是馬克思主義。

4 Tocqueville (1945), vol. 2, pp. 99-103.

5 Milovan Djilas, *The New Class: An Analysis of the Communist System* (New York: Praeger, 1957).

6 幾乎所有批評我原本那篇〈歷史的終結？〉文章的左派人士都指出當代自由主義社會既有的許多經濟和社會問題，但這些批評者當中，沒有一個人願意公開主張放棄自由主義原則來解決這些問題，像馬克思與列寧在較早的時代裡做過的那樣。例如這一位：Marion Dönhoff, "Am Ende aller Geschichte?" *Die Zeit* (September 22, 1989), p. 1，以及Andre Fontaine, "Après l'histoire, l'ennui?" *Le Monde* (September 27, 1989), p. 1。

7 如果有人認為這個前景仍十分遙遠，可以參考一下史密斯學院（Smith College）的「壓迫的具體表現」清單，其中包括所謂的「外貌歧視」，也就是「相信外表是一個人的價值指標」。*Wall Street Journal* (November 26, 1990), p. A10.

8 關於這個牽涉到約翰・羅爾斯（John Rawls）正義論的觀點，請見 Allan Bloom, "Justice: John Rawls versus the Tradition of Political Philosophy," in Bloom, *Giants and Dwarfs: Essays* 1960-1960 (New York: Simon and Schuster, 1990), p. 329。

9 Tocqueville (1945), vol. 2, pp. 100-101.

第二十八章

沒有胸膛的人

現代最普遍的標誌是：人在自己的眼裡失去**尊嚴**已經到了不可置信的程度。長期以來，他是普遍存有的中心點與悲劇英雄；然後他至少試著證明，自己與普遍存有的決定性的、本質上有價值的一面是有關聯的——就像所有想堅持**人類尊嚴**的形上學家所做的一樣，他們都認為道德價值是最根本的價值。誰要是放棄了上帝，對道德信仰的擁抱就更堅定。

——尼采，《權力意志》（*The Will to Power*）[1]

如果要完成我們目前的討論，就不可能不談到據說在歷史終點會出現的那個生物，也就是**最後之人**。

根據黑格爾，普遍同質國家完全化解了存在於主奴關係中的矛盾，使從前的奴隸成為自己的主人。主人不再只被那些某種程度上低於人的生命所承認，而奴隸們身為人類的資格也不再以任何方式被拒絕承認。相反地，每個人都是自由的，也認識到他自身的價值，並承認其他每個人都具有同樣的品質。在廢除主奴矛盾的過程中，他們各自都有些事物被保留下來：主人保留了自由，奴隸保留了工作。

卡爾．馬克思是黑格爾批判的一個重大的端點；他認為普遍承認是不可能的；經濟階級的存在使這種情形不可能出現。但黑格爾批判的另一個、也更深刻的端點，則是尼采。因為尼采的思想雖然從來沒有像馬克思的那樣被體現在群眾運動或政治黨派裡，但他提出的關於人類歷史前進方向的問題一直沒有被解決，而且在最後一個馬克思主義政權從地球表面上消失後，也不太可能被解決。

對尼采來說，黑格爾和馬克思沒有什麼不同，因為他們的目標是一致的，都是一個體現普遍承認的社會。尼采實際上提出了這樣的問題：可以被普遍化的承認，真的值得擁有嗎？難道承認的**品質**不比其普遍性重要得多嗎？而「把承認普遍化」這個目標，豈不是不可避免地讓承認變得平凡瑣碎而喪失價值嗎？

尼采的最後之人，本質上就是勝利的奴隸。尼采完全同意黑格爾的觀點，認為基督教是一種奴隸意識形態，而民主則代表了世俗化的基督教。法律之前人人平等，這實際上是基督教理想的實現，也就是所有信徒在天國裡一律平等。但是基督教關於「人在上帝面前一律平等」的信念不過是一種偏見，而這種偏見是來自於弱者對比他們強大者的怨恨。基督教的源頭是一個這樣的認知：當弱者集結起來，以罪惡感與良心為武器，就能戰勝強者。在近代，這種偏見已經非常廣泛且不可抗拒，不是因為它已經被揭示為真實，而是因為弱者的數量多得多。[2]

自由民主國家並不像黑格爾說過的那樣，是主人道德與奴隸道德綜合的結果。對尼采來說，它代表著奴隸無條件的勝利。[3] 主人的自由與滿足無處保存，因為在民主社會裡，沒有人是真正的**統治者**。自由民主制下的典型公民是這樣的人：他在霍布斯與洛克的教育下，放下了對自身優越價值的自豪信念，轉而追求舒適的自我保全。對尼采來說，民主之人完全是由欲望與理性所組成；透過長期自我利益的計算，他擅長於找到新辦法來滿足大量瑣碎的需求。但是他完全沒有任何「megalothymia」（優越血性）；他滿足於自己的幸福，不會因為自己無法超越這些欲望而有任何羞恥感。

當然，黑格爾堅持認為，現代人除了欲望的滿足之外，也為了得到承認而鬥爭，而且當他被普遍同質的國家賦予權利時，就得到了承認。現在，沒有權利的人當然會為爭取權利而鬥爭，正如他們在東歐、中國與蘇聯所做過的那樣。然而，僅僅由於被賦予權利，是否就讓他們感到作為人的**滿足**，則又是另一回事。這讓我們想起格魯喬・馬克思（Groucho Marx）* 的一個笑話：他決不願意加入一個（等級低到）願意接受他為會員的俱樂部——每個人只因為是人就能得到的承認，又有什麼特別的價值呢？在一次成功的自由主義革命後，例如一九八九年發生在東德的革命，每個人都成為新的權利制度的受益者。無論他們是否曾為自由而鬥爭，是否曾在先前的舊政權下對奴役狀態表達不滿，是否曾為該政權的祕密警察工作，現在一律成為受益者。一個給予這種承認的社會或許可以作為滿足「thymos」（血性）的起點，而且顯然比一個否定每個人的人性的社會要更好。但是，光是賦予自由權利就夠了嗎？那促使貴族主人冒生命危險的偉大欲望因此就獲得充分滿足了嗎？而且，就算有很多人因為這種卑微的承認就感到滿足，但對少數有無限的雄心壯志的人來說，這能滿足他們嗎？如果每個人僅僅因為在民主社會中擁有權利就**完全滿足**了，而且除了公民身分之外再無其他抱負，我們會不會認為這樣的人事實上讓人看不起呢？另一方面，如果普遍與對等的承認也無法讓「thymos」（血性）得到根本上的滿足，那麼民主社會是不是露出了一個關鍵的弱點？[4]

普遍承認的概念之內在矛盾可以從美國近年的「自尊」運動中看出來，一九八七年加州特許成立的自尊委員會可以為其代表。[5] 這個運動的出發點是一個正確的心理學觀察：生活中的成功行動來自於一種自我價值感，如果人被剝奪了自我價值感，並相信自己毫無價值，那麼這種信念就會成為一種自我實現的預言。它的起始前提是，每個人只因為身為人類，就擁有一定的尊嚴。這個前提既是康德主義的，也是基督教的（即便該運動的倡導者並不清楚他們自己的思想源頭）。順著基督教傳統，康德會說，所有的人都有同等的能力來決定自己是否要按照道德法則生活。但這種普遍尊嚴的前提是，人有能力說某些行為是違背道德法則的，因此是壞的。真正尊重自己的意思是，如果沒有達到一定的標準，也要能感到羞恥或自我厭惡。

然而如今的自尊運動的問題在於，由於其成員生活在一個民主平等的社會中，因此很少願意去決定一件事情應不應該受到尊重。他們想走到大街上擁抱每一個人，並告訴他們，無論他們的生活多麼糟糕、多麼墮落，他們仍然有自我價值，他們是**重要的人**。他們不想把任何人或任何行為視為沒有價值而加以排斥。確實，當一個人陷入窮途潦倒，而如果有人在關鍵時刻對他的尊嚴或「人格地位」表達無條件的支持，因而讓他振作起來，那這不失為一種策略。但是最後，母親會知道自己有沒有疏於照顧小孩，父親會知道自己是不是又去喝酒了，女兒會知道自己有沒有撒謊，因為「在那燈火通明的後巷裡，在那自己悄悄直視自己真面目的時刻，那些對別人有效的小把戲，是一點作用也沒有的」†。自尊必須與某種程度的成就關聯起來，無論那成就多麼微小。而且成就愈困難，自尊感也就

* 譯註：美國著名喜劇演員。

† 譯註：出自瓊．蒂蒂安的〈自尊〉（On Self-Respect）。

愈高：一個人通過海軍陸戰隊的基本訓練，比起他排隊去領取食物救濟，會有更高的自豪感。但是在民主制度下，我們基本上反對說某個人、某種生活方式，或者某個活動比別的更好、更有價值。[6]

普遍承認還有一個問題，總結來說就是「誰來尊敬」的問題。因為一個人從承認中得到的滿足感，難道不是很大程度取決於那個尊敬他的人是什麼樣的人嗎？被一個你重視其看法的人承認，比起被無知的大眾承認，難道不是更讓人滿足嗎？而最高、因而也最令人滿足的承認，難道不是必然來自一個愈來愈小的群體，因為最高程度的成就只能由達成類似成就的人來判斷？例如，如果一個人是理論物理學家，那麼當他的工作得到物理學同行中的頂尖學者認可，大概會比被《時代》雜誌讚賞更讓他滿足。而即使一個人不在乎這種崇高的成就，承認的品質仍然非常重要。例如在大型的現代民主國家中，一個人因公民身分而得到的承認，是否一定比過去在小型的、關係緊密的前工業化農業社會裡，人們作為成員而得到的承認更令人滿足？因為儘管後者沒有現代意義上的政治「權利」，但他們是小而穩定的社會群體的成員，被親屬、工作、宗教等關係綁在一起，相互「承認」也相互尊重，即使他們經常受到封建主人的剝削和虐待。相較之下，現代城市的居民住在巨大的住宅街區裡；他們也許得到國家的承認，但對於跟他們一起生活與工作的人來說，他們卻是陌生人。

尼采認為，除了在貴族社會，人類不可能達到真正的優秀、偉大或高貴。[7] 換句話說，真正的自由或創造力只能產生於「megalothymia」（優越血性），即想要被承認為優於他人的欲望。即使人天生是平等的，但如果一個人只想跟別人一樣，那他永遠也不會挑戰自己的極限。因為如果一個人要超越自己，想被承認為比別人優越的欲望是不可或缺的。這種欲望不僅僅是征服與帝國主義的基礎，也是生活中其他任何值得擁有之物被創造出來的先決條件，無論是偉大的交響樂、繪畫、小說、倫理準則，還是政治制度。尼采指出，任何形式的真正的卓越，最初都必須產生於某種不滿，是自我對自身的分裂，而且最終是一場對自我的戰爭，包含由此而來的一切痛苦：「一個人必須在內心裡仍有混亂，才能生出一顆跳舞的星星。」*良好的健康與自我滿足都是**負債**。「thymos」（血性）是人刻意尋求鬥爭與犧牲的一個側面：它想要證明，人的自我是優於與高於一隻膽怯、匱乏、聽從本能、被肉體決定的動物的。並非所有的人都擁有這種召喚，但對那些擁有的人來說，知道自己的價值僅止於與其他所有人類平等，並不能讓他們的「thymos」（血性）得到滿足。

努力變得與他人**不平等**的現象出現在生活的所有方面，甚至在布爾什維克革命中也不例外——儘管它嘗試建立的是一個基於人類全面平等的社會。像列寧、托洛斯基、史達林這些人並不是只追求與他人平等的人：如果是的話，列寧就不會離開薩馬拉（Samara），史達林也可能會繼續留在第比利斯（Tbilisi）的神學院讀書。要想進行一場革命，創造一個全新的社會，需要有非比尋常的個人：他必須比常人更堅韌、更有遠見、更無情、擁有更強的智力，而這幾位早期布爾什維克黨人都充分具備這些特質。然而，他們所努力建立的那種社會，卻嘗試廢除他們自己所擁有的野心和特質。這也許就是為什麼從布爾什維克、中國共產黨到德國綠黨，所有的左派運動最終都會遇到領導者「人格崇拜」的危機，因為平等社會推崇平等血性的（isothymic）理想，而這種社會的創造卻需要優越血性的（megalothymic）人格類型，兩者間必然有緊張關係。

像列寧或托洛斯基這樣的人，追求的是更純粹、更高尚的事物，因此更容易出現在相信「人生

---

* 譯註：出自《查拉圖斯特拉如是說》第五節。

而不平等」的社會中。而信念與此相反的民主社會，則往往提倡所有生活方式與價值觀一律平等的觀念。他們不指示他們的公民應該怎麼生活，或者如何才能使他們幸福、有美德或偉大。[8] 相反地，他們推行寬容的美德，使之成為民主社會的**首要**美德。而如果人們無法確定哪一種特定的生活方式比另一種更好，那他們就會回到對生活本身的肯定，也就是肯定自己的身體、需要與恐懼。不是所有的靈魂都有同樣的德行或才能，但所有的身體都會遭受痛苦；因此，民主社會傾向於富有同情心，而且把如何防止身體受苦的問題提升到第一順位的重要性。民主社會的人們之所以專注物質利益，生活在一個致力於滿足身體無數瑣碎需求的經濟世界裡，並非出於偶然。根據尼采，最後之人已經「離開了難以生活的地區，因為人需要溫暖」。

> 人仍然工作，因為工作是一種娛樂。但是他們會小心不要讓娛樂適得其反。再也沒有人變得貧困與富有：兩者都太麻煩了。誰還要統治呢？誰還要服從呢？兩者都太麻煩了。
> 沒有牧者，只有一群羊！每個人都要相同的事物，每個人都一樣：誰要是感覺與別人不同，就自己進瘋人院去。[9]

在民主社會中，認真面對有真正道德意涵的公共議題是特別困難。道德涉及人的好與壞、善與惡的區別，但是這似乎違反民主的寬容原則。正是因為這個原因，最後之人變得最關心個人的身體健康與安全，因為這是沒有爭議的。在現今的美國，我們認為有權批評別人的吸菸習慣，但不能批評他或她的宗教信仰或道德行為。對於美國人來說，身體健康（他們的飲食習慣、運動方式、身材體格）

已經成為他們最大的關注；而讓他們的祖先備受折磨的道德問題，相較之下，已經變得次要。

由於把自我保全放在第一優先，最後之人就像黑格爾所說的在歷史開端的血腥戰鬥中的奴隸一樣。但是，最後之人的處境卻因為在那之後的整個歷史進程（即人類社會朝向民主前進的整個複雜累積過程）而變得更為不利。因為按照尼采的說法，一個生命體不可能是健康、強大、具生產力的，除非他生活在一定的視野裡，也就是一套他絕對且不加批判地信奉的價值觀和信仰。如果沒有這樣的視野，如果人們不愛自己的工作「無限地超過它值得被愛的程度」，那麼「沒有一個畫家會畫出他的作品，沒有一個將軍會贏得他的勝利，沒有一個民族會獲得它的自由」。[10]

然而我們對歷史的認識，卻正好使這種愛成為不可能。因為歷史教導我們，過去曾經有過數不清的視野——有過許多文明、宗教、道德準則、「價值體系」等。生活在那些視野之下的人們，由於缺乏我們現代對歷史的認知，於是認為他們的視野是唯一可能的視野。但在這個進程中晚來的人，也就是那些生活在人類的老年時代的人，已經無法這樣毫不批判。現代教育（也就是為了讓社會得以面對現代經濟世界必不可少的普及教育）使人們擺脫了對於傳統與權威的忠誠情感。他們意識到，他們的視野只不過是一個視野，不是堅實的土地，而是海市蜃樓：當你走近一看，就會消失，讓另一個更遠的視野浮現出來。這就是為什麼現代人是**最後之人**的原因：他已經被歷史的經驗弄得疲憊不堪，不再相信人直接體驗到價值的可能性。

換句話說，現代教育助長了某種相對主義的傾向，即認為所有的視野與價值體系都是相對於他們的時間與地點而言的，也都並非真實，只不過反映了它們的奉行者的偏見或利益。這種認為「沒有一種觀點享有特權」的學說，與民主之人的願望非常吻合：民主之人想要相信自己的生活方式就跟其他任何一種生活方式一樣的好。在這種背景下，相對主義解放的不是偉大者或強者，而是平庸者：他們現在被告知，平庸沒有什麼好丟臉的。[11]在歷史開端的奴隸拒絕在血腥戰鬥中冒生命危險，是因為他本能地感到恐懼。在歷史終點的最後之人**學聰明了**，沒有必要為一個目標去冒生命危險，因為他認識到，歷史上充滿了毫無意義的戰鬥，例如人們為了應該當基督徒還是穆斯林，當新教徒還是天主教徒，當德國人還是法國人，而互相廝殺。忠誠曾驅使人們做出不顧一切的勇敢與犧牲之舉，後來的歷史卻證明，那只是愚蠢的偏見。受過現代教育的人們滿足於坐在家裡，為自己寬大的胸襟與缺乏狂熱而得意洋洋。正如尼采的查拉圖斯特拉對他們的描述：「因為你們這樣說：『我們是全然真實的，既無信仰也不迷信。』因此，你們挺起你們的胸膛——只可惜，唉，它們是空的！」[12]

當代民主社會中有很多人，特別是一些年輕人，他們不願只是對自己的廣闊胸襟得意洋洋，而是希望「生活在一個視野裡」。也就是說，他們想選擇一種信仰、想投入一種比自由主義本身更深刻的「價值觀」，例如傳統宗教所提供的那些事物。但是他們面臨了一個幾乎不可克服的問題。他們比在史上任何其他社會中有更大的自由來選擇自己的信仰：他們可以成為穆斯林、佛教徒、神智論者、哈瑞奎師那（Hare Krishnas）或林登．拉羅奇（Lyndon LaRouche）的追隨者，更不用說成為天主教徒或浸信會信徒等更傳統的選擇。然而選擇的數量多到令人困惑，而且那些決定走這條路或那條路的人，都知道還有無數其他道路是他沒有去走的。他們很像伍迪．艾倫（Woody Allen）影片中的角色米奇．薩克斯（Mickey Sachs），他在得知自己罹患癌症末期後，就在世界宗教的超級市場裡做了一次絕望的採購之旅。最終讓他接受生命現實的是一個同樣任意的契機：他聽了路易斯．阿姆斯壯（Louis Armstrong）的**洋芋頭藍調**（Potato Head Blues），才又相信畢竟還是有有價值的事物。

當歷代先祖流傳下來的單一信仰把社群維繫在一起的時候，該信仰的權威被視為理所當然，也成為一個人道德性格的構成要素。在那種情況下，信仰把一個人與他的家庭綁在一起，也把他跟整個社會的其他成員聯繫在一起。但是現在在民主社會中做出這樣的選擇，成本與後果雖然很小，產生的滿足感卻也更少。信仰往往會把人們分開，而不是把人們聯繫在一起，因為有太多的選項。當然，人們可以加入一個小型的信徒社群，這種社群非常多，但它們不太可能跟工作的社群或鄰居的社群重疊。而且當信仰開始造成麻煩時（例如因為信仰而被父母排除繼承權，或者發現自己崇拜的上師手腳不乾淨），這個信仰往往就會像青春期某個發展階段一樣逐漸消逝。

尼采對最後之人的顧慮也曾經被許多深入探討民主社會特徵的現代思想家提出來過。[13]例如托克維爾就早尼采一步做過相同的擔憂，即主人的生活方式不會隨著民主的到來而從地球上消失。主人是為自己與他人制定法律，而不是消極地服從法律，所以他是同時比奴隸更高貴與更滿足。因此托克維爾把美國民主生活的強烈私人性格視為關鍵的問題：那些在前民主社會中把人彼此聯繫起來的道德束縛，有可能因此而鬆懈瓦解。像他之後的尼采一樣，他擔心廢除主人和奴隸之間的形式關係不會使奴隸成為自己的主人，而是會讓他們迷上一種新的奴隸制。

我現在要嘗試釐清，暴政可能帶著怎樣的嶄新特色出現在這個世界上。首先讓人注意到的，就是有數不清的一大群人，他們全都彼此平等與相似，全都不斷地努力獲取瑣碎與微小的快樂，並以此填滿他們的生活。他們每個人都分開居住，對其他所有人的命運都漠不關心；他的子女和他的私人朋友，對他來說，就構成了人類全體。至於其他的公民，他在他們附近，卻看不見他們；他碰觸他們，卻感覺不到他們；他只存在於自己身上，也只為自己而存在；即使他的家人還留在身邊，我們或許可以說，他無論如何已經喪失了他的國家。

在這個人類種族之上有一個巨大的守護力量，它獨自負責確保他們獲得滿足，並看守著他們的命運。這種權力是絕對的，細緻的，有規律的，有遠見的，也是溫和的。如果它的目的是為人的成年做準備，那它會像是父母的權威；然而剛好相反，它的目的是要讓人處於永恆的童年狀態；只要人們歡喜，而且除了歡喜之外什麼都不去想，它就感到十分滿意。[14]

在一個像美國這樣巨大的國家裡，公民的義務非常之少，而個人的渺小在與國家的巨大相比時，更讓公民認為根本不像自己的主人，只讓他在無法控制的事件面前感到自己的軟弱無力。所以，除了最抽象與最理論的層次以外，說人民已經成為自己的主人，究竟有什麼意義呢？

在尼采之前，托克維爾就已經清楚注意到，當社會從貴族制轉變成民主制時會失去什麼。他指出，民主社會生產的美麗但無用的事物比較少：這些是貴族社會的典型事物，從詩歌、形上學理論到法貝熱彩蛋（Faberge egg）等；另一方面，民主社會生產的有用但醜陋的事物則多得多：工具機、高速公路、豐田 Camry 汽車以及預製組合屋等。（現代的美國已經成功地使最聰明、最有特權的年輕人製造出既不美麗也不有用的事物，例如律師每年製造的堆積如山的訴訟）。但是精緻手工藝的喪失，跟人類在道德與理論領域的特定可能性的喪失相比起來，只是一件無關緊要的小事。後者只有在貴族社會的悠閒與特意反功利主義的風氣中，才能培養出來。在一段提到數學家與宗教作家帕斯卡的名言中，托克維爾寫道：

如果帕斯卡眼中除了賺大錢之外別無他想，甚至如果他的動機一直只是追求名聲，那麼我無法想像，他何以能凝聚他心智的一切力量，如他所做的那樣，只為了進一步發現造物主最深邃的奧祕。當我看到他把靈魂從一切生活的顧念中撕扯出來，全心全意地投入這些研究裡，並且過早地扯斷了身體與生命的聯繫，不到四十歲就衰老死去，我感到無比震撼，並意識到，如此超凡的努力，不可能是為了追求平凡的事業。[15]

帕斯卡小時候就自己發現了歐幾里得（Euclid）的命題，三十一歲時就進修道院隱居。每當有人來找他談話，向他求教時，他會坐在一張綁著釘子皮帶的椅子上，只要一感覺自己在談話中獲得任何樂趣，他就用力坐進座位裡，以使自己的肉體受到羞辱。[16]跟尼采一樣，帕斯卡整個成年後的人生都是病態的；在生命最後的四年裡，他甚至完全喪失了與他人交流的能力。他從不慢跑，也不擔心二手菸對健康的影響，但是他卻能在過世前的幾年裡琢磨出西方傳統中一些最深刻的精神冥想。一個在數學這樣有用的領域中如此有發展前景的青年竟然為了宗教沉思的緣故而被犧牲掉，這件事讓一位美國的傳記作者特別憤怒，他認為，如果帕斯卡能允許自己「從束縛中掙脫出來……他也許會發揮出全部的才華，而不是讓大部分才華悶死在大量毫無意義的神祕主義以及對人類痛苦與尊嚴的陳腔濫調裡」。[17]

「之前，全世界都瘋了。」一個最伶俐的最後之人說。*

---

* 譯註：出自《查拉圖斯特拉如是說》第五節。

如果尼采最大的憂慮是「美國的生活方式」或將取得勝利，那麼托克維爾則接受此事的不可避免，並滿足於其擴散開來。與尼采不同的是，他敏銳地察覺到，在民主制度下，廣大民眾的生活也有微小的改善。而且無論如何，他認為民主的前進是如此不可阻擋，以至於去抵抗民主既毫無希望又適得其反：人們最多只能期望去告訴那些狂熱的民主黨人，在民主之外還有其他嚴肅的替代選項；如果民主本身能有所克制，這些選項都能保存下來。

跟托克維爾一樣，亞歷山大．柯傑夫也相信現代民主是不可避免的，即使他對於現代民主的代價也有類似的理解。因為，如果人是由他爭取承認的鬥爭欲望以及支配自然的工作來定義的，又如果在歷史的終點，他同時獲得了對其人性的承認以及豐富的物質成果，那麼，「嚴格意義下的人」將不復存在，因為他將不再工作與鬥爭。

因此，人在歷史終結時的消失，並不是一場宇宙災難：自然世界仍然是它從亙古以來的模樣。因此，這也不是一場生物災難：人仍然作為動物而繼續活著，與自然或既有存在和諧共處。消失的是嚴格意義下的人——也就是不再有否定既存物的行動、不再有錯誤，或者更廣泛地說，不再有與客體對立的主體……[18]

歷史的終結可能意味著戰爭與血腥革命的結束。由於在目的上達成一致，人們將沒有可為之鬥爭的重大事由。[19]人們將透過經濟活動來滿足自己的需求，但是他們將不必再冒著生命危險進行戰鬥。換句話說，他們將再度變成動物，就像在歷史開端的那場血腥戰鬥之前一樣。一隻狗如果吃飽了，可以滿足地在太陽下睡一整天，因為它對自己的狀態並沒有不滿。它不擔心別的狗過得比自己好，不擔心自己作為一隻狗的生涯停滯不前，也不擔心在世界上遙遠的地方有其他的狗受到壓迫。如果人能實現一個成功消滅了不正義的社會，那麼他的生活就會跟狗的生活非常相像。[20]所以人類生命包含一個奇怪的弔詭之處：它似乎需要不正義，因為對不正義的鬥爭正是那召喚最高人性的事物。

與尼采不同的是，柯傑夫並沒有為了人在歷史終結時重返動物性而感到憤怒；相反地，他滿足於把餘生奉獻在一個官僚機構的工作中——歐盟委員會，其主旨在於督導建設那最後之人的終極家園。在黑格爾演講的一系列諷刺性的註腳中，柯傑夫表示，歷史的終結也意味著藝術與哲學的終結，因此也是他自己生命活動的終結。人類再也不可能創造出意在捕捉一時代最高壯志的偉大藝術了，像荷馬（Homer）的《伊利亞德》（*Iliad*）、達文西或米開朗基羅的聖母像，或鎌倉的巨佛那樣，因為不會再有新的時代，也不會再有特別卓越的人類精神，可供藝術家們去描繪了。他們可以寫無盡的詩歌來描寫春日美景或少女胸部的美麗線條，但是他們不能說出任何關於人類處境根本上嶄新的話語。哲學也將變得不可能，因為隨著黑格爾的體系，哲學已經達到真理的地位。未來的「哲學家」，如果要說一些與黑格爾不同的事物，就不能說任何新的事物，而只能重複從前的無知。[21]但不止於此，「將消失的……不僅是哲學或對思辨智慧的探索，而也包含那智慧本身。因為在這些後歷史動物的腦袋中，將不再有任何『關於世界與自我的〔思辨〕**理解**』」。[22]

在羅馬尼亞與齊奧塞斯庫的**祕密警察**（Securitate）戰鬥的革命者，在天安門廣場上勇敢抵抗坦克的中國學生，為了民族獨立而對莫斯科作戰的立陶宛人，保衛議會與總統的俄羅斯人——他們是最自由的人，因此也是最真正的人類。他們是從前的奴隸，現在他們證明自己願意冒生命危險，在血腥的戰鬥中爭取自由。但是當他們最終成功時，正如他們最終必定成功的那樣，他們將為自己創造一個穩定的民主社會，在其中，舊意義上的鬥爭與工作已不再必要，而且他們再度像在革命鬥爭中那樣自由、那樣像人類一樣的可能性，也已經被取消了。[23]如今他們想像，一旦到了這塊應許之地，他們就會**快樂**，因為許多如今存在於羅馬尼亞或中國的需求與欲望都將得到滿足。有朝一日，他們也會全都擁有洗碗機、錄影機與私人汽車。但他們也會對自己**滿意**嗎？還是他們會發現，人的滿足感，與他的幸福感相反，不是源自於目標本身，而是源自於一路上的鬥爭與勞動？

當尼采的查拉圖斯特拉把最後之人的事告訴眾人時，眾人齊聲呼喊：「查拉圖斯特拉啊，把最後之人給我們吧！」「把我們變成這些最後之人吧！」他們大聲喊著。最後之人的生活是人身的安全與物質的充裕，這正是西方政治人物最喜歡對選民做的承諾。這真的是過去數千年人類故事「全部的意義」嗎？我們是否應該擔心，我們將對我們的處境感到既幸福**而且**滿意，不再作為人類，而是作為一種**智人**（homo sapiens）屬的動物？還是說危險在於，我們將在一個層次上感到幸福，但是在另一個層次上對自己仍然**不**滿足，因此準備把世界拖回歷史裡，連同其一切戰爭、不正義，以及革命？

註釋

1 Nietzsche, *The Will to Power* 1:18 (New York: Vintage Books, 1968b), p. 16.（譯註：本段引文依據德文原文譯出。）

2 Nietzsche, *On the Genealogy of Morals* 2:11, (New York: Vintage Books, 1967), pp. 73-74; 2:20, pp. 90-91; 3:18, pp. 135-136; *Beyond Good and Evil* (New York: Vintage Books, 1966), aphorisms 46, 50, 51, 199, 201, 202, 203, 229.

3 見 *Beyond Good and Evil,* aphorism 260，及其關於民主社會中「一般人」的虛榮與承認之討論。

4 見史特勞斯在給柯傑夫回應時對承認的相關討論：Strauss, *On Tyranny* (1963), p. 222。也請看他一九四八年八月二十二日給柯傑夫的信。他在信中指出，黑格爾本人認為，要讓人滿足，真正必要的是智慧，而不只是承認；因此，「最終國家的特殊地位要歸功於智慧，歸功於智慧的統治，歸功於智慧的大眾化……而不是歸功於承認的普遍性與同質性」。Strauss (1991), p. 238.

5 加州促進自尊與個人社會責任專案小組是州議員約翰・巴斯康塞洛斯（John Vasconcellos）提出的構想，並在一九九〇年年中發表了最終報告。"Courts, Parents Called Too Soft on Delinquents," *Los Angeles Times* (December 1, 1989), p. A3.

6 加州自尊專案小組對自尊的定義是：「欣賞自身的價值與重要性，並擁有為自己負起責任、對他人有責任感的品格。」關鍵在這個定義的後半部分。如一位評論者所指出的那樣：「當自尊運動占領一所學校，教師就受到壓力，必須接受每個孩子的模樣。為了讓孩子維持良好的自我感覺，你必須避免一切批評，而且任何可能讓孩子失敗的任務，也幾乎都不可以讓他挑戰。」Beth Ann Krier, "California's Newest Export," *Los Angeles Times* (June 5, 1990), p. El.

7 *Beyond Good and Evil,* aphorisms 257, 259.

8 Plato, *Republic,* Book VIII, 561c-d.

9 Nietzsche, *The Portable Nietzsche* (1954), p. 130.（譯註：本段引文依據德文原文譯出。）

10 Nietzsche, *The Use and Abuse of History* (1957), p. 9.

11 關於尼采的相對主義如何進入我們的大眾文化，曾使尼采充滿恐懼的虛無主義如何以快樂的面貌出現在當代美國，請見艾倫・布魯姆的精彩論述：*The Closing of the American Mind* (New York: Simon and Schuster, 1988)，特別是一四一至二四〇頁。

12 Nietzsche, *The Portable Nietzsche,* p. 232.

13 另一個例子是馬克斯・韋伯。他對於世界在日漸官僚化與理性化的過程中「喪失魔力」（disenchantment）感到哀悼，也為了精神信仰將被「沒有心靈的專家與沒有心腸的感官主義者」所取代感到憂心；這都是眾所周知的。他在下面這段話中否定了我們當代的文明：「在尼采對那些『發明幸福』的最後之人進行了毀滅性的批評之後，我也可以完全拋開天真的樂觀主義了，就是把科學（即以科學主宰生活的技術）頌揚為通往幸福的道路。誰會相信這些呢？——除了在大學教書或在編輯部任職的幾個大孩子以外。」"Science as a Vocation," in *From Max Weber: Essays in Sociology* (New York: Oxford University Press, 1946), p. 143.

14 Tocqueville, (1945), vol. 2, p. 336.

15 同上，頁四五。

16 Mme. Périer, "La vie de M. Pascal," in Blaise Pascal, *Pensées* (Paris: Gamier, 1964), pp. 12-13.

17 Eric Temple Bell, *Men of Mathematics* (New York: Simon & Schuster, 1937), pp. 73, 82.

18 Kojève (1947), pp. 434-435 (footnote).

19 見第四部分關於國際關係的各章。

20 柯傑夫斷言：「如果人再度成為一種動物，他的藝術、他的愛情、他的遊戲也必須再度成為純粹的自然。因此，人們將不得不承認，在歷史終結之後，人類會像鳥類築巢、蜘蛛結網那樣建造自己的宏偉建築與藝術品，會依照青蛙與蟬的方式進行音樂演奏，會像幼小的動物一樣玩耍，會像成年的野獸一樣沉迷於愛情。」Kojève (1947), p. 436 (footnote).

21 柯傑夫的最後一個計畫是撰寫一部題為《異教哲學理性史論》（*Essai d'une histoire raisonniée de la philosophic païenne* [Paris: Gallimard, 1968]）的著作；他希望在這部作品中記錄人類理性論述的整個週期。在週期裡，從先蘇哲學家開始，直到以黑格爾為終點，過去一切可能的哲學，以及未來任何可能的哲學，都可以被找到。Roth (1985), pp. 300-301.

22 強調之處即原文所呈現。Kojève (1947), p. 436.

23 Strauss (1963, p. 223).「那麼，人會被說是合理滿足的狀態，即人的人性基礎逐漸凋萎的狀態，或者說一個人失去人性的狀態。這就是尼采的『最後之人』狀態。」

第二十九章

自由與不平等

相信自由民主的我們，很難順著尼采所選擇的道路往下走多遠。他公開地反對民主，也反對民主所依賴的理性。他希望一種新的道德觀誕生，這種道德觀會偏好強者而非弱者，會加劇社會的不平等，甚至會助長某種殘忍的行為。要成為真正的尼采主義者，我們必須在身體和精神上鍛鍊自己。尼采的手指在冬天凍得青紫，因為他拒絕為他的房間開暖氣，而在陷入瘋狂之前的幾年裡，他幾乎每十天就有一次劇烈的頭痛——尼采展示了一種不向舒適與和平低頭的生活方式。

但另一方面，我們很容易接受尼采許多犀利的心理觀察，即使我們拒絕他的道德觀。對正義與懲罰的渴望往往根植於弱者對強者的怨恨；同情心與平等擁有弱化精神的潛在效果；有些人執意不尋求舒適和安全，也不滿足於盎格魯撒克遜功利主義傳統所定義的幸福；鬥爭與危險是人類靈魂的組成部分；想比他人更偉大的欲望跟個人卓越、自我超越的可能性之間存在一種關係——所有這些洞見都可以被視為是人類處境的精確反映；我們可以加以接受，而無須背棄我們身處的基督教自由主義傳統。

確實，尼采的心理學洞見讓我們感到熟悉，因為他談論的正是被承認的欲望。尼采的核心關懷事實上可以說是「thymos」(血性)——人為事物與自己賦予價值的能力——的未來。他認為這個未來受到人的歷史感以及民主擴張的威脅。正如尼采的哲學大致可以看成是黑格爾歷史主義的激進化一樣，他的心理學也可以看成是黑格爾對承認的強調的激進化。

雖然我們暫時不必和尼采同樣憎恨自由民主，但他敏銳地看到民主與被承認的欲望之間有一種不安的關係，這個洞見可以為我們所用。也就是說，只要自由民主成功地從人的生活中清除了「megalothymia」(優越血性)，並且用理性消費來取代，那麼我們就會成為最後之人。但是人類會反抗這種想法。也就是說，他們會反抗自己成為一個普遍同質國家的無差別成員，無論走到地球的哪個地方，每個人都一模一樣。他們會想成為公民，而不是**資產階級**，因為他們發現沒有主人的奴隸生活(即理性消費的生活)最終來說很**無聊**。即使最大的理想已經在地球上獲得實質性的實現，他們也希望擁有生死不渝的理想；即使跨國的國家體系已經成功廢除了戰爭的可能性，他們也希望可以冒生命的危險。**這**就是自由民主尚未解決的「矛盾」。

從長遠來看，自由民主可能會從內部被顛覆，要嘛是出自過度的「megalothymia」(優越血性)，要嘛是源於過度的「isothymia」(平等血性)，即狂熱地渴望得到平等承認。我的直覺是，前者最終會對民主構成更大的威脅。一個文明沉迷於不受控制的「isothymia」(平等血性)，狂熱地想要消除每一種不平等承認的表現，很快就會遇到自然本身所設定的限制。我們正看見一個時期的結束，在其中的共產主義試圖利用國家權力來消滅經濟不平等，而現代經濟生活的基礎在這個過程中受到了損害。如果未來的平等血性(isothymic)激情試圖將醜與美的區別視為非法，或者假裝一個沒有腿的人不僅在精神上而且也在物理上與一個身體完整的人完全平等，那麼只要時間夠長，這個論點將會變得自相矛盾，就像共產主義一樣。不過我們並不會為此特別感到安慰，因為對馬克思列寧主義的平等血性前提的反駁，用了一個半世紀的時間才完成。自然在這裡是我們的盟友；你固然可以試著用乾草叉把自然趕出去，「tamen usque recurret」（它卻會一直跑回來）。

另一方面，即使在我們這個平等、民主的世界裡，自然也會密謀保留相當程度的「megalothymia」（優越血性）。尼采有一點是絕對正確的，就是他認為某種程度的「megalothymia」（優越血性）是生命本身的必要前提。一個文明中如果沒有任何人想被承認為比別人更優秀，如果這種欲望沒有被某種方式肯定其健康與良善的本質，那麼這個文明就不會有多少藝術、文學、音樂或知識生活。它將得到低劣的治理，因為社會地位高的人很少會選擇公共服務的生活。它不會有太多經濟活力，它的手工藝與工業將變得乏味與一成不變，它的技術也會淪為二流。也許最關鍵的是，它將無法抵抗那些被注入了更大的「megalothymia」（優越血性）精神的文明；後者的公民願意放棄舒適和安全，而為了宰制他人也不怕冒生命危險。「megalothymia」（優越血性）一直以來是一種道德上模稜兩可的現象：生活中的好事和壞事會同時且必然地從中產生。如果自由民主有一天會被「megalothymia」（優越血性）顛覆，那是因為自由民主需要「megalothymia」（優越血性）；自由民主永遠無法只靠普遍與平等的承認存活下去。

因此我們並不訝異，在美國這樣的當代自由民主國家裡，那些希望被承認為比別人更偉大的人仍享有相當大的空間。民主雖然試圖驅逐「megalothymia」（優越血性），或者將其轉化為「isothymia」（平等血性），但這些努力一直談不上完整。事實上，民主的長期健康與穩定，可以說是取決於其公民能獲得多少與多好的出口來發洩「megalothymia」（優越血性）。這些出口不僅可以釋放「thymos」（血性）中潛藏的能量，將其轉化為生產的用途，而且還可以作為將過剩的能量排放出去的接地線，以免共同體被四分五裂。

在一個自由社會中，第一個也最重要的出口就是經營企業以及其他形式的經濟活動。從事工作首先是為了滿足「需求的體系」——先是為了滿足欲望，而非「thymos」（血性）。然而正如我們前面所見，它很快也成為血性（thymotic）奮鬥的舞台：企業家與工業家的行為很難簡單地理解為自私的需求滿足問題。在企業努力勝過對手的過程中，資本主義不只允許、而且積極要求一種有序且昇華的「megalothymia」（優越血性）。在像亨利．福特（Henry Ford）、安德魯．卡內基（Andrew Carnegie）或泰德．透納（Ted Turner）這類企業家活動的層次上，消費並不是一個有意義的動機；一個人能擁房子、汽車和妻子的數量畢竟有限，多了也會失去概念。這種人當然是「貪婪」地想要愈來愈多的錢，但這些錢更大程度是他們作為企業家能力的象徵或標誌，而不是獲取個人消費商品的手段。他們不冒生命危險，但他們會押上自己的財富、地位與名譽，只為了某種榮譽；他們極其努力地工作，放棄微小的快樂，是為了追求更大與無形的快樂；他們的勞動成果常常是產品和機器，以此表現出對最強大的主人——自然——令人讚嘆的支配；即便缺乏古典意義上的公共精神，他們也必然會參與由市民社會構成的社會世界。因此，這種由約瑟夫．熊彼特所描述的古典資本主義企業家，並不是尼采所說的最後之人。

根據美國這樣的資本主義民主國家的架構本身，最有才華、最有企圖心的人應該傾向於從商，而不是進入政治、軍隊、大學或教會。而如果這種雄心萬丈的人能終身專注於經濟活動中，對民主政治的長期穩定似乎也不完全是件壞事。這不僅僅是因為這些人創造了能在整體經濟中流通的財富，而是因為這些人被擋在政治與軍事的生涯之外。在後面這種職業裡，他們無法安定的本性會促使他們在國內提出創新或在國外進行冒險，有可能給政體帶來災難性的後果。當然，這正是自由主義早期創始人所計畫的結果，他們希望讓利益與激情互相制衡。古代的共和國，像是斯巴達、雅典與羅馬，能激發愛國主義與公共精神並為此廣受讚譽：它們培養公民，而不是**資產階級**。但在工業革命之前，他們的公民沒有多少選擇：商人的生活不包含任何榮耀、活力、創新或掌控；你只能跟你的父親與祖父一樣進入相同的傳統市場或手工行業。難怪野心勃勃的阿爾西比亞德斯（Alcibiades）會走入政治，拒絕了審慎的尼西阿斯（Nicias）的建議，執意入侵西西里，因而為雅典帶來了毀滅。現代自由主義的創建者明白，實際上，阿爾西比亞德斯被承認的欲望如果是用來製造第一部蒸汽機或微處理器，或許會更好。

血性在經濟生活中擁有各種可能性，並不需要被構想得很狹隘。用現代自然科學征服自然的計畫，就其本質而言，是一種高度血性的活動，也與資本主義的經濟生活息息相關。它牽涉到對「自然界中幾乎沒有價值的材料」的掌控欲望，以及爭取被承認為更偉大的科學家和工程師，而把其他競爭者比下去。科學作為一種活動，無論是對科學家個人還是對社會來說，都很難沒有風險，因為大自然完全有能力反咬一口，無論是以核子武器還是愛滋病毒的方式。

民主政治也為野心勃勃的人提供了一個出口。選舉政治是一種血性活動，因為一個人是在對與錯、正義與不正義等衝突觀點的基礎上與他人競爭，並爭取公眾的認可。但現代民主憲法的制定者，例如漢彌爾頓與麥迪遜，都明白「megalothymia」（優越血性）在政治中有什麼樣的潛在危險，以及暴君的野心如何摧毀了古代的民主國家。因此，他們用許多權力制衡的制度把現代民主國家的領導者包圍起來。第一個也最重要的，當然就是人民主權：現代的領導層認為自己是**首相**（prime minister），也就是人民的頭號僕人，而不是他們的主人。[1]他們必須訴求大眾的激情，無論這些激情是低下還是高尚、是無知還是了解狀況；為了獲選與連任，他們必須做很多難看的事情。其結果是，現代領導者很少真正統治：他們作出反應，進行管理和引導，但是他們的行動範圍受到制度的框限，他們很難在所治理的人民身上留下個人的印記。此外，在大多數先進的民主國家，有關社會治理的重大問題已經得到解決，這一點反映在政黨之間本已不大的政策分歧仍在不斷縮小，無論在美國或在其他地方。至於那些擁有雄心壯志、在較早時代應該會想成為**主人**或政治家的人，會不會也如此容易就受到民主政治的號召，我們則並不清楚。

即便如此，民主政治家仍然可以在外交政策領域獲得高度的承認，這是幾乎任何其他行業都無法比擬的。因為外交政策歷來是重大決策和宏大理念衝撞的舞台，即使這種衝撞的強度現在因為民主的勝利而有所限制。溫斯頓．邱吉爾（Winston Churchill）在第二次世界大戰中領導他的國家，表現出與前民主時代的政治家一樣高超的統治能力，並得到了全世界的認可。美國一九九一年的波斯灣戰爭顯示，像喬治．布希（George Bush）這樣的政治家，儘管在國內問題上前後不一與受到約束，卻可以藉由行使憲法賦予的國家元首與最高統帥的權力，在世界舞台上創造新的現實。雖然近幾十年來失敗總統的數量眾多，使總統一職在相當程度上失去了光彩，但總統的成功就像戰爭的勝利一樣，會受到公眾高度的認可，即使最成功的工業家或企業家也望塵莫及。因此，民主政治將繼續吸引那些有雄心壯志、想獲得更高承認的人。

一個龐大的歷史世界與後歷史世界同時並存。這個事實意味著，前者會對特定個人產生吸引力，因為它仍然是一個充滿鬥爭、戰爭、不正義與貧困的領域。奧德．溫蓋特（Orde Wingate）在兩次大戰之間的英國感到自己是個滿腹牢騷的邊緣人，但他卻在幫助巴勒斯坦的猶太人組織軍隊、協助衣索比亞人對義大利人作戰與取得獨立的過程中嶄露頭角；一九四三年，他在緬甸叢林深處與日本人作戰時死於一次飛機失事，但仍可說是得償所願。一個雷吉斯．德布雷（Régis Debray）可以藉由與切．格瓦拉（Che Guevara）在玻利維亞的叢林中並肩作戰，為他的血性衝動找到在繁榮的中產法國完全不存在的出口。有一個第三世界可以吸收這類人士的能量和野心，這對自由民主國家來說或許是健康的；不過對於第三世界來說是否也是好事，就是另一個問題了。

除了經濟領域與政治生活之外，「megalothymia」（優越血性）也愈來愈在體育、登山、賽車等純形式性的活動中找到出口。運動競賽除了讓某些人成為勝利者、其他人成為失敗者之外——意即除了滿足被承認為優越者的欲望之外——沒有任何「意義」或目標。比賽的等級或類型完全是任意的，就跟一切體育活動的規則一樣。以頂尖的登山運動來說，其參與者幾乎總是來自繁榮的後歷史國家。為了保持體能，他們必須不斷地訓練；單人徒手攀岩者的上半身是如此發達，以至於如果一不小心，他們的肌肉能使肌腱剝離骨頭。喜馬拉雅登山者在攀登過程中必須在尼泊爾山腳下的小帳篷裡度過一次又一次的痢疾和暴風雪的難關。攀登四千公尺以上高山的傷亡率很高，每年在白朗峰（Mont Blanc）或馬特洪峰（Matterhorn）等頂峰上遇難的人數都多達十餘人。簡言之，頂尖的登山者為自己重新創造了歷史鬥爭的一切條件：危險、疾病、艱苦勞動，最後還有死於非命的危險。但**目標**現在已不再是歷史性、而純粹是形式上的：例如成為第一個登上喬戈里峰（Chhogori，登山者通稱為K2）或南迦帕爾巴特峰（Nanga Parbat）的美國人或德國人，而當實現這個目標後，再成為第一個不使用氧氣登頂的人，諸如此類。

在後歷史歐洲的大部分地區，世界盃已經取代了軍事競賽，成為民族主義爭強鬥勝的首要出口。正如柯傑夫曾說過的，他的目標是重建羅馬帝國——以一支跨國足球隊的形式。而在美國進入後歷史最久的地區——加州，我們也就不意外地發現，人們著迷於追求高風險的休閒活動；這些活動沒有任何別的目的，只為了震撼參加者，讓他從舒適的資產階級生活跳出來：攀岩、滑翔翼、跳傘、馬拉松賽跑、男子鐵人賽與女子鐵人賽等。因為在不可能進行戰爭等傳統鬥爭的地方，在普遍的物質繁榮使經濟鬥爭變得多餘的地方，血性的個體只好開始尋找其他可以為他們贏得承認的**無內容**活動。

柯傑夫在黑格爾演講的另一個有諷刺意味的註腳中指出，由於一九五八年的一次日本之行，以及在那裡談的一場戀愛，他不得不修正自己原先所持的「人將不再是人，而將返回動物性的狀態」觀點。他認為，十六世紀幕府將軍豐臣秀吉（Shogun Hideyoshi）崛起後，日本經歷了長達數百年的內外和平狀態，這與黑格爾所假設的歷史終結非常相似。無論是上層還是下層階級都沒有相互鬥爭，也不必相當辛苦地工作。但日本人並沒有像幼小動物那樣本能地追求愛情或玩耍——意即並沒有變成一個最後之人的社會——而是透過發明一系列完全沒有內容的形式藝術，如能劇、茶道、插花等，證明他們可以作為人類而繼續存在。[2] 茶道並沒有任何明確的政治或經濟目的，甚至其象徵意義也已經隨著時間而消逝。然而它又是純粹自命不凡的「megalothymia」（優越血性）競技場：茶道和插花都有相互競爭的流派，各有各的大師、新手、傳統，以及鑑別優劣的標準。正是這種活動的形式主義——創造新的規則和價值，擺脫任何功利的目的，就像在運動競賽中那樣——讓柯傑夫看到，即使在歷史終結之後，仍然可能進行**人類特有**的活動。

柯傑夫開玩笑地指出，與其說是日本西化，不如說是西方（包含俄羅斯）**日本化**（這個過程現正在進行中，雖然不是柯傑夫所預期的那樣）。換句話說，在這樣一個世界裡，當所有重大議題的鬥爭都已大致平息，純粹形式上的**自命不凡**將成為「megalothymia」（優越血性）的主要表現形式，即人渴望被承認為比他的同伴更加優秀。[3]在美國，功利主義傳統使藝術很難以純粹形式性存在。藝術家們自認為除了致力於審美價值之外，也承擔社會責任。但歷史的終結將特別意味一件事，那就是一切可視為具社會效用的藝術已經結束，因此藝術活動將走入空洞的形式主義，就像日本的傳統藝術。

以上就是在當代自由民主國家中「megalothymia」（優越血性）可有的出口。爭取被承認為優越的努力並沒有從人類生活中消失，但它的表現形式與程度已經改變。具優越血性的（megalothymic）個人不是靠征服外國人與土地來尋求承認，而是靠征服安納普爾納峰（Annapurna）、愛滋病，或X光微影技術。事實上，當代民主國家唯一不被允許的「megalothymia」（優越血性）形式，就是那些會導致暴君政治的形式。這些社會與從前的貴族社會的差別之處，並不是「megalothymia」（優越血性）被放逐了，而可以說是被趕到了地下。民主社會奉行「所有人生而平等」的主張，其主要精神就是平等精神。雖然法律上不阻止任何人想被承認為比別人更優越，但沒有人被鼓勵這樣做。因此，在現代民主制度中存活下來的那些「megalothymia」（優越血性）的表現形式，與社會公開標舉的理想之間，存在著某種緊張關係。

註釋

1 Harvey Mansfield, *Taming the Prince* (1989), pp. 1-20.

2 Kojève (1947), p. 437 (footnote).

3 John Adams Wettergreen, Jr., "Is Snobbery a Formal Value?Considering Life at the End of Modernity," *Western Political Quarterly* 26, no. 1 (March 1973): 109-129.

第三十章

完全的權利與不完全的責任

雖然競選總統或攀登聖母峰（Mt. Everest）可能會吸引某些有雄心壯志的人，但當代生活中還有另一個廣大的領域，可以讓被承認的欲望得到更一般性的滿足。這個領域就是社群（community），也就是民族層次以下的社團生活（associational life）。

托克維爾與黑格爾都強調社團生活的重要性，認為社團生活是現代國家公共精神的核心。在大型現代民族國家裡，廣大民眾的公民權僅限於每隔幾年投一次票選出民意代表。在這種系統中，政府是遙遠、非人格化的，因為直接參與政治過程的人僅限於競選公職的候選人，也許再加上他們的競選幕僚，以及那些以政治為職業的專欄作家與社論作者。這與古代的小型共和國形成了鮮明的對比，因為那些國家要求幾乎所有公民都要積極參與社群生活，從政治決策到兵役都不能置身事外。

在現代，公民權利最好的實踐方式是透過所謂的「中介機構」——政黨、私營公司、工會、公民團體、專業組織、教會、家長教師協會、學校董事會、文學協會等。正是透過這樣的公民社團，人們才會受其吸引，並走出自己的圈子與私人的自私利益之外。我們知道托克維爾曾主張，公民社會中的社團生活有其效用，因為它相對於更高層次的民主政治來說是一種預備訓練。但他也認為社團生活本身是一件好事，因為它使民主之人不至完全只是一個**資產階級**。一個私人社團，無論多小，都構成了一個社群，而社群可以作為一個更大計畫的**理想**，讓個人為之努力，並犧牲他自己的自私欲望。雖然美國的社團生活並沒有喚起美德與自我犧牲的偉大行為，如蒲魯塔克（Plutarch）所歌頌，但它確實帶來了「日常微小的自我抑制」，這是遠遠更多人所能做到的。[1]

比起在龐大的現代民主國家中僅僅作為一介公民，私人社團的生活更直接地讓人滿足。國家的承認必然是非人格化的；相較之下，社群生活牽涉的是一種更個人化的承認：這種承認來自於與他有共同利益的人，而且這些人往往也是具共同價值觀、共同宗教與族群屬性的人。一個社群成員之所以得到承認，不僅僅是基於他或她「身為一個人」的普遍性，也因為他或她具有一系列特殊的品質；是這些品質共同構成了一個人的存在。一個人每天都可以為自己是一個激進工會、社區教會、戒酒聯盟、婦女權益組織或抗癌協會的成員而感到自豪，每個組織也都以個人化的方式「承認」其成員。[2]

但如果強大的社群生活，如托克維爾的言論所隱含的那樣，是民主社會的公民不會變成最後之人的最佳保證，那麼在當代社會中，社群確實不斷地受到威脅。那使有意義的社群之可能性受到威脅的，不是社群之外的力量，而正好是自由與平等**原則**本身：這些原則不只是社群得以建立的基礎，而且現在在世界上也變得如此普遍。

根據美國建國所依據的盎格魯撒克遜自由主義理論，人對於他的社群享有完全的權利，但並不負完全的義務。他們的義務並不完全，因為他們的義務是來自於他們的權利；社群只是為了保護這些權利而存在。道德義務因此完全是契約性的。該契約的保證者不是上帝，不是對個人永生的擔憂，也不是宇宙的自然秩序，而是簽約者的私人利益：他希望其他人也要履行該契約。

從長遠來看，社群的可能性也受到民主社會的平等原則的削弱。如果最強大社群的維繫是靠某些為成員界定對錯的道德法則，那麼這些道德法則同時也界定了社群的內外邊界。如果這些道德法則要有任何意義，那麼那些因為不願接受這些道德法則而被排除在社群之外的人，其價值或道德地位也必然與社群成員不同。但民主社會在面對所有生活方式的選擇時，是不斷地從單純容忍它們的不同，轉變為主張它們本質上皆為平等。民主社會反對道德主義——道德主義會抵制某些選擇的價值或有效性；因此民主社會也反對由強大且有凝聚力的社群所產生的排他性。

顯然，與被絕對義務約束的社群相比，只靠開明的自我利益來團結的社群是有一定的弱點。家庭構成了最基本層次的社團生活，在許多方面上也是最重要的單位。但托克維爾似乎並不認為，在民主社會走向社會原子化的趨勢中，家庭能產生多大的攔阻作用；也許因為他認為家庭是自我的延伸，是所有社會的自然現象。但對許多美國人來說，現在的家庭（由於不再是大家庭的形式，而都是核心家庭）幾乎是他們唯一所知的社團生活或社群。一九五〇年代備受鄙視的郊區美國家庭，其實是某種道德生活的根據地。因為如果美國人不為自己的國家或偉大的國際事業而奮鬥、犧牲、忍受困難的話，那麼他們往往為了自己的孩子這麼做。

不過如果家庭是基於自由主義的原則，意即如果家庭成員把家庭看成股份公司，是為他們的利益而成立，而不是建立在責任與愛的連結之上，那麼家庭將無法真正運作。養育小孩，或者維繫一輩子的婚姻關係，都需要個人的犧牲，而如果從成本效益的角度來計算，這種犧牲是不理性的。因為強大家庭生活的真正益處往往不是由那些承擔了最沉重義務的人獲得，而是在世代間轉移。當代美國家庭的許多問題（高離婚率、父母權威的喪失、子女疏離等）就是因為成員用嚴格自由主義的立場來面對家庭。也就是說，當家庭的義務超過了契約簽署人可以獲得的利益時，他或她就會尋求契約終止了。

在最大的社團（即國家本身）的層次上，自由主義原則有可能破壞最高形式的愛國主義，而愛國主義是社群生存本身必不可少的。因為這是盎格魯撒克遜自由主義理論的一個廣為人知的缺陷，即認為人們絕不會僅僅基於理性的自我保全原則，而為一個國家犧牲性命。人們會冒生命危險保護自己的財產或家園的主張，最終無法成立，因為按照自由主義理論，財產只是為了自我保全而存在。人們永遠可能帶著家人與錢財離開國家，或者躲避徵兵。然而自由國家的公民並非都想逃避兵役；這件事反映了他們是受到自豪與榮譽感等因素的鼓勵。而我們知道，自由主義國家構成的強大利維坦所要壓制的特徵，恰好就是自豪感。

強大社區生活的可能性還受到資本主義市場壓力的攻擊。自由經濟原則並未為傳統社區提供任何支撐；剛好相反，這些原則傾向於讓人們原子化與變得疏離。由於在教育與勞動力方面都有流動的需求，意即現代社會中的人愈來愈少住在他們成長的社區、或者他們的家人從前生活的社區裡。[3]他們的生活與社會關係比以前更不穩定，因為充滿動態的資本主義經濟意味著生產地點與性質的不斷變化，因此工作地點也跟著不斷變化。在這種情況下，人們更難在社區生根，也更難與同事或鄰居建立長久與持續的聯繫。人們必須不斷在新的城市裡重新適應新的職業。地域主義與在地主義所提供的認同感逐漸消失了，人們發現自己退回到家庭內的小世界，每次從一個地方搬到另一個地方，他們都把這個小世界像庭院家具一樣帶在身邊。

相較於自由社會（其社群的結合僅僅基於共享的自我利益），有共同「善與惡的語言」的社群更有可能由更強大的接合劑連結在一起。在亞洲國家裡，群體與社群對國家的內部自律與經濟成功顯得如此重要，但它們並非建立在結合私利的契約之上。亞洲文化這種社群導向的特性是源自於宗教，或者源自於像儒學這樣的教義；這些教義經過數世紀的傳承，已經取得宗教的地位。同樣地，美國最強大的社群形式起源於共同的宗教價值觀，而非來自於理性的自我利益。早期清教徒移民（the Pilgrims）與其他定居新英格蘭的清教徒社群都被一個共同的利益聯繫在一起，這個利益不是自己的物質福利，而是為了榮耀上帝。美國人喜歡把他們對自由的熱愛追溯到十七世紀歐洲的新教教派；他們因為不信奉聖公會而逃避宗教迫害。雖然這些宗教團體在精神上高度獨立，但是——如果以發動法國大革命的那個世代所理解的自由主義為標準——他們絕非自由主義者。他們尋求的是信仰**他們的**宗教的自由，而不是宗教自由**本身**。如今我們可以（而且常常）把他們視為一群不寬容與思想閉塞的狂熱分子。[4]到了一八三〇年代托克維爾訪問美國時，洛克式的自由主義已經征服了美國的知識界，但他所觀察到的絕大多數民間社團仍然有宗教性的淵源，或者具宗教目的。

像傑佛遜、富蘭克林這樣的洛克式自由主義者，或者像亞伯拉罕．林肯這種熱切信仰自由平等的人，都毫不猶豫地斷言，自由需要對上帝的信仰。換句話說，理性自利的個人之間的社會契約無法自我維持；它需要一個信仰的補充，那就是相信上帝的獎懲。現在我們已經朝著一種更純粹的自由主義方向又推進了一步：最高法院已經裁定，即使是沒有宗派限定的「信仰上帝」說法也可能冒犯無神論者，因此在公立學校並不允許出現。為了寬容，所以要抑制一切道德主義與宗教狂熱；由於對世界**所有**信仰與「價值體系」保持開放的承諾凌駕一切，所以要削弱信仰**任何一種**教義的可能性——在這樣的情境與知識氛圍下，社群生活的力量在美國的衰落也就不令人訝異了。這種衰落並非「**儘管**有自由主義原則仍然發生」，而正是「**因為**有這些原則才出現這種衰落」。這顯示出，除非個人把某些權利還給社群，並接受某種歷史上的不寬容形式再度出現，不然要從根本上強化社群生活已無可能。[5]

換句話說，自由民主制度無法靠自己維繫下去；其所仰賴的社群生活最終必須來自一個與自由主義本身不同的來源。[6]在美國建國時，構成美國社會的男人與女人並不是孤立、理性的個體，各自計算著自身的利益。他們大多都是宗教社群的成員，由共同的道德準則與對上帝的信仰結合在一起。他們最終擁抱的那種理性自由主義並不是他們先前文化的投射，而是兩者間存在某種緊張關係。「正確理解的自我利益」後來成為一個廣泛可以理解的原則；這個原則為美國的公共道德奠定了一個低矮但堅實的基礎，在許多情況下，比起只是訴求宗教或前現代的價值觀，這個基礎更穩固得多。但長期來看，這些自由主義原則對自由主義之前的價值觀產生了腐蝕作用，導致強大的社群難以維持，因此也損害了自由主義社會的自我維持能力。

註釋

1 Tocqueville (1945), vol. 2, p. 131.

2 雖然托克維爾所倡導的現代社會社團生活相當為人所知，但黑格爾在《法哲學》對這種「中介機構」也提出了相似的論點。黑格爾也認為，現代國家過於龐大與非人格化，不能作為身分認同的意義來源，因此他主張，社會應該組織成不同的「Stände」（階級或階層），像是底層農民、中產階級與上層官僚。黑格爾所偏好的「團體」（corporations）既非中世紀封閉的行會，也非法西斯國家的動員工具，而是由市民社會自發組織起來的社團，作為社群與德性聚焦之處。在這一點上，黑格爾本人與柯傑夫對他的詮釋有很大不同。柯傑夫的普遍同質國家沒有為團體或「Stände」這樣的「中介」團體留下任何空間；柯傑夫描述他的最終國家所用的形容詞本身就暗示了一個更具馬克思主義色彩的社會願景，在那之中，個體是自由、平等、原子化的，而且與國家之間沒有任何中介。Smith (1989), pp. 140-145.

3 這些影響在一定程度上被通訊的改善所抵消；物理上相距甚遠的人因為共同的利益與目標而結合，形成了新形態的社團。

4 Thomas Pangle, "The Constitution's Human Vision," *The Public Interest* 86 (Winter 1987): 77-90.

5 如先前所指，亞洲強大的社群是以犧牲個人權利與寬容為代價：對於強大家庭生活的支持，從另一面看，即對沒有小孩的人具一定程度上的社會排斥；在衣著、教育、性取向、就業等方面的社會服從性不但沒有被鄙棄，反而被強調。密西根印克斯特市（Inkster）的一個社區嘗試設置交通檢查站來打擊毒品交易，這個案例說明了個人權利的捍衛與社群凝聚力之間可以有多大的衝突。美國公民自由協會（ACLU）以第四修正案為由，對如此舉動的合憲性提出質疑，而在法院進行審查之前，檢查站不得不被撤除。於是原本使當地街區幾乎無法住人的毒品交易又回來了。Amitai Etzioni, "The New Rugged Communitarianism," *Washington Post,* Outlook Section, January 20, 1991, p. B1.

6 Pangle (1987), pp. 88-90.

第三十一章

巨大的精神之戰

社群生活的衰落顯示，在未來，我們有可能成為安全與只顧自己的最後之人，在尋求私人舒適的過程中，對更高目標缺乏血性的追求。然而反面的危險也同樣存在，即我們可能再度成為最初之人，再度從事血腥與毫無意義的威望之戰，只不過這次是使用現代武器。事實上，這兩個問題是相互關聯的，因為「megalothymia」（優越血性）如果沒有定期與有建設性的抒解，有可能直接導致其日後以極端與病態的形式捲土重來。

我們有理由懷疑，是否所有的人都會相信，在一個自我滿足與物質繁榮的自由民主政體中，各種可能的鬥爭和犧牲已足以召喚出人性中最高的部分。因為，難道不是有取之不竭的理想主義貯存庫嗎？即使一個人成為像唐納德．川普那樣的房地產開發商，或者成為像萊因霍爾德．邁斯納（Reinhold Meissner）那樣的登山家，或者成為像喬治．布希那樣的政治家——他實際上可能連這些貯存庫的邊都還沒有沾到。雖然要當這些人在很多方面都不容易，雖然他們得到了很多承認，但他們的生活並不是最困難的，他們所服務的事業也不是最嚴肅或最正義的。而只要不是這樣，那麼他們所界定的人類可能性的視野，就無法最終滿足那些最血性的人。

特別是，戰爭所要求的德性和雄心壯志不太可能在自由民主國家裡被體現出來。我們將看到許多隱喻的戰爭——專攻敵意併購的商業律師會把自己想成鯊魚或殺手，而債券交易員則會像湯姆．沃爾夫（Tom Wolfe）的小說《名利之火》（*The Bonfire of the Vanities*）所描述，想像自己是「太空超人」（masters of the universe）*。（不過他們只在牛市中才相信這一點。）但當他們沉入ＢＭＷ汽車柔軟的皮椅中時，在腦海中某處，他們會知道世界上曾經有真正的殺手和強者，而在現代美國致富或成名所需要的這一點小小德性，會受到那些強者的鄙視。而隱喻的戰爭與象徵性的勝利能讓「megalothymia」（優越血性）滿足多久，仍是一個有待解答的問題。我們可以猜想，將有一些人不會滿意，直到他們能用行動（那在歷史開端構成其人類資格的行動）來證明自己：他們會想在一場猛烈的戰鬥中冒生命危險，從而對自己與同伴們不容絲毫懷疑地證明，他們是自由的人。他們將刻意放棄舒適與尋求犧牲，因為唯有透過痛苦，他們才能決定性地證明他們可以**對自己高度評價**，以及他們仍然是**人類**。

黑格爾（在此有別於他的詮釋者柯傑夫）明白，對自己的人類地位感到自豪的這種需要，在歷史終結時，不一定會被「和平與繁榮」所滿足。[1] 人們將持續面臨一種危險，即公民將退化為單純的**資產階級**，而且在這個過程中對自己感到鄙視。因此，公民身分的最終考驗過去是——而且仍將是——為國犧牲的意願：國家仍然會要求兵役，並繼續打仗。

---

* 譯註：「太空超人」是美國一九八〇年代流行的漫畫書的超人角色；沃爾夫《名利之火》中的債券交易員會想像自己是太空超人。

黑格爾思想的這個面向給他引來了軍國主義者的指控。然而他從來沒有為了戰爭自身的緣故而歌頌戰爭，也沒有把戰爭視為人的主要目的；戰爭重要的是它對人格與社群的次要影響。黑格爾相信，如果沒有戰爭的可能性以及戰爭所要求的犧牲，人就會變得軟弱與只顧自己，社會就會墮入自私的享樂主義的泥沼，而且社群最終會解體。對人類的「主宰與主人——死亡——」的恐懼是一種獨一無二的力量，它能把人拉到自己之外，並提醒他們，他們不是孤立的原子，而是社群的一員，與其他人有共同的理想。一個自由民主國家，如果差不多每個世代都能打一場短暫且決定性的戰爭來捍衛自己的自由和獨立，那麼它就會比一個只經歷過持續和平的國家更健康得多，也更讓人滿足。

黑格爾的戰爭觀反映了一種共同的戰鬥經驗：雖然人們遭受了可怕的痛苦，也很少陷入如此的驚恐與悲慘，但這樣的經驗（如果他們活下來的話）往往使他們能用特定的角度看待其他一切事物。平民生活中一般被視為英雄表現與犧牲的事情現在看起來頗為瑣碎無聊，友誼與勇氣取得了新的、更鮮明的意義，而且由於記得自己參與了比自身更偉大得多的事業，他們的生活從此被永遠改變。正如一位作家提到南北戰爭（近代無疑最血腥也最可怕的衝突之一）結束時所說：「一位雪曼將軍（Sherman）的老兵在跟其他所有人一起返鄉時發現，當部隊真的重新回到平民之中，這個適應真的有點困難。這些人曾經走遍各地，見過一切，生命最偉大的經歷已經結束，然而還有大半輩子的人生要過，現在要在安靜和平的日子裡找到平凡的目標實在很難……」[2]

然而如果我們假設，世界已經被自由民主國家「占滿」，已經沒有任何值得一提的暴政與壓迫可以與之對抗，那又如何？經驗顯示，如果人們無法為一個正義的事業而鬥爭，只因為該事業已經在上一個世代取得勝利，那麼他們就會為**反對**這個正義的事業而鬥爭。他們會為了鬥爭的緣故而鬥爭。

換句話說，他們會出於某種厭倦而鬥爭：因為他們無法想像生活在一個沒有鬥爭的世界裡。而如果他們所生活的世界大部分都是和平與繁榮的自由民主制，那麼他們就會為了**反對**和平與繁榮、為了反對民主而鬥爭。

這種心理可以從一九六八年法國**五月風暴**（événements）這類事件爆發的背後看出來。大學生們一度占領巴黎，並迫使戴高樂將軍（General de Gaulle）下台，但他們的反叛並沒有任何「理性」的理由，因為法國是地球上最自由繁榮的社會之一，他們是在百般呵護下長大的孩子。然而正因他們中產階級的生活裡**缺乏**鬥爭與犧牲，才使他們走上街頭，與警察對抗。儘管很多人被毛澤東主義等沒有可行性的思想碎片迷得暈頭轉向，但他們對於美好社會並沒有特別有理路的願景。他們的抗議就實質層面來看，其實是一種冷漠的問題；在他們的社會裡，理想某種程度已經變得不可能，而他們拒絕這樣的生活。

在過去，對和平與繁榮的厭倦曾經產生遠遠更嚴重的後果。第一次世界大戰就是一個例子。直到今天，這場衝突的起因仍然高度複雜、眾說紛紜、充滿爭議。對戰爭原因的詮釋，包含德國的軍國主義與民族主義、歐洲勢力平衡的逐步瓦解、聯盟體系的日益僵化、軍事理論與技術給先制攻擊提供的誘因，以及個別領導者的愚蠢和魯莽，這些全都包含部分的真相。但除此之外，還有另一個無形但關鍵的因素導致了戰爭：許多歐洲人根本就想戰爭，因為他們已經受夠了沉悶與缺乏社群的平民生活。大多數關於戰前決策的描述都集中在理性的戰略計算上，而沒有考慮到民眾的巨大熱情，而正是這種熱情讓所有國家都走向動員準備。法蘭茲．斐迪南大公在塞拉耶佛被暗殺後，奧匈帝國對塞爾維亞發出了嚴厲的最後通牒；柏林以狂熱支持奧匈帝國的示威遊行作為回應，儘管德國在這場爭端中並沒有直接的利害關係。在一九一四年七月底到八月初的七個關鍵日子裡，外交部與德皇官邸前出現了大規模的民族主義示威人潮；當德皇在七月三十一日從波茨坦返回柏林時，他的車隊被呼喊著要求戰爭的群眾所淹沒。正是在這種氣氛下，各國才做出了走向戰爭的關鍵決定。[3]在這一週裡，這些場景在巴黎、彼得格勒、倫敦和維也納一再上演。這些群眾的狂熱很大程度上反映的是，他們感覺戰爭將帶來期盼已久的民族統一與國民身分，將克服資本家與無產階級、新教徒與天主教徒、農民與工人之間的分歧——這些都是公民社會特有的分歧。一位親歷者如此描述身處在柏林人群當中的感覺：「沒有誰互相認識，但所有人都被一種真誠的情緒所席捲：戰爭、戰爭，以及一種萬眾一心的感覺。」[4]

在一九一四年，自從上一次全歐洲的重大衝突在維也納會議中解決以來，歐洲又經歷了一百年的和平。在那個世紀裡，現代科技文明隨著歐洲工業化而快速發展，帶來了異常的物質繁榮，中產階級社會也開始出現。一九一四年八月這些發生在歐洲各國首都的支持戰爭的示威，在一定程度上可以被視為是對中產階級文明的反叛——反抗它的安全、繁榮，以及缺乏挑戰。日常生活中日漸增加的「isothymia」（平等血性）看起來已經不再足夠。「megalothymia」（優越血性）以巨大的規模再次出現：這次不是個別君王的，而是整個民族的「megalothymia」（優越血性）在尋求對其價值與尊嚴的承認。

尤其在德國，戰爭被許多人視為一種對商業世界的物質主義的反抗，而這個物質主義的始作俑者就是法國，以及最能代表**資產階級**社會的英國。當然，德國對歐洲現有秩序有許多具體的不滿，從殖民政策、海軍政策，一直到俄國經濟擴張的威脅。但在閱讀德國為戰爭所做的辯解時，你會很訝異地注意到，他們始終強調需要一種無目的的鬥爭，一種能帶來道德淨化效果的鬥爭，而且跟德國是否獲得殖民地或海上航行自由沒有什麼關係。一位年輕的德國法律系學生在一九一四年九月趕赴前線的路上所寫的一段話很有代表性：他雖然譴責戰爭是「可怕的、有損人類尊嚴的、愚蠢的、過時的、在所有意義上都是破壞性的」，然而他還是做了一個尼采式的結論：「當然，關鍵問題永遠在於一個人是否願意犧牲，而不在為誰犧牲。」[5]「Pflicht」，或者說責任，並沒有被看成一種開明的自我利益或契約義務的問題，而是被賦予絕對的道德價值，可以彰顯一個人的內在力量，顯示他不受物質主義或自然決定的左右。責任就是自由與創造力的開端。

在自由民主的懷抱中長大的人，如果將來要對自由民主發動一場虛無主義的戰爭，現代思想對此毫無阻攔之力。相對主義（即認為所有價值都是相對的，並攻擊一切的「特權觀點」）最終必然也會破壞民主與寬容的價值。相對主義不是一種可以拿來選擇性地瞄準特定敵人的武器。它無差別地開火，不僅能打爛西方傳統的「專制主義」、各種教條與確定性，而且也能打爛同一傳統中對於寬容、多樣性以及思想自由的強調。如果沒有什麼能是絕對真實的，如果所有的價值都由文化決定，那麼像人類平等這種寶貴的原則也必須被拋棄。

最好的例子就是尼采本人的思想。尼采認為，人意識到沒有什麼是真實，這既是一種威脅，也是一個機會。這是一種威脅，因為如前所說的，它破壞了生活「在一個視野之內」的可能性。但它也是一種機會，因為它允許人類完全擺脫先前的道德束縛。對尼采來說，人類創造力的終極形式不是藝術，而是創造最高的事物，新的價值。在他以前的哲學相信絕對的真理或正確的可能性；而一旦從這樣的枷鎖中解放出來，他的計畫就是去「重估一切價值」，並且從基督教的價值開始重估。他故意破壞人類平等的信念，認為這只是基督教灌輸給我們的一種偏見。尼采希望平等原則有朝一日可以讓位，換上一種為強者統治弱者合理化的道德，並且最終歌頌一種接近殘酷主義的思想。他憎恨多樣化與寬容的社會，而偏愛那些不寬容的、憑本能的、不慈悲的社會——印度試圖跨種生育的**旃陀羅**（Chandala）種性，或者「毫不猶豫地將可怕的爪子伸向百姓」的「金髮猛獸」。[6] 關於尼采與德國法西斯主義的關係，學者們已經做過詳盡的討論。雖然把他說成是「國家社會主義愚蠢論述的始祖」這種狹隘的指控我們可以排除，但他的思想與納粹主義之間的關係並非出於偶然。正如他的追隨者馬丁・海德格（Martin Heidegger）一樣，尼采的相對主義打掉了西方自由民主的所有哲學支撐，並換上一種強調力量與宰制的學說。[7] 尼采認為，他所協助開創的這個歐洲虛無主義時代將帶來「巨大的精神之戰」；這是沒有目的的戰爭，唯一目的就是肯定戰爭本身。

現代自由主義計畫嘗試把人類社會的基礎從「thymos」（血性）轉移到更安全的欲望之地上。自由民主**解決**「megalothymia」（優越血性）的辦法，是用一系列複雜的制度安排（人民主權原則、基本權利的確立、法治、三權分立等等）來制約它，並使它昇華。自由主義還使現代經濟世界成為可能，因為它讓欲望從所有貪欲的限制中解放出來，並以現代自然科學的形式把它與理性連結起來。一個嶄新的、充滿活力的、無限豐富的活動場域突然向人類敞開了。按照盎格魯撒克遜自由主義理論家的說法，懶惰的主人應該在勸說下放棄虛榮，並在這個經濟世界裡安住下來。「thymos」（血性）要從屬於欲望和理性，也就是由理性引導的欲望。

黑格爾也明白，現代生活發生的根本轉變是主人被馴化，並且蛻變為經濟之人。但是他意識到，這並不意味著廢除「thymos」（血性），而是將其轉化為一種新的、他相信是更高的形式。少數人的「megalothymia」（優越血性）將不得不讓位於多數人的「isothymia」（平等血性）。人們仍然繼續有胸膛，但他們的胸膛不再因為如此霸道的自豪感而膨脹。過去的前民主世界沒能滿足的，是人類中的絕大多數；在普遍承認的現代世界中，沒得到滿足的人在數量上則要少得多。所以民主制度在當今世界才會有這樣令人矚目的穩定性與力量。

尼采畢生的努力，在某種意義上，可以看成是為了把這個平衡激進地朝「megalothymia」（優越血性）的方向推回去。柏拉圖的守護者在發出憤怒時，不再需要受任何共同利益概念的制約。並不存在共同的利益：對這種利益的任何界定，都只反映了界定者的力量。當然，也就沒有多少共同利益可以保護那最後之人的自我滿足。再也沒有訓練有素或訓練不良的守護者，只有比較憤怒或比較不憤怒的守護者。從今以後，他們的區別將主要依照他們憤怒的強度——也就是依照他們把自己的「價值觀」強加於他人的能力。「thymos」（血性）對尼采來說，不再像對柏拉圖那樣是三個部分的其中之一，而是成為一個人的整體。

回頭望去，生活在人類老年時代的我們也許會做出這樣的結論：沒有一種政權——沒有一種「社會經濟體制」——能夠滿足所有地方的所有人。自由民主制也不例外。這並不是民主革命不徹底的問題，意即，不是因為自由平等的福祉沒有被擴展到所有人。而是說，這種不滿正是在民主的勝利最徹底的地方產生的：那是對**自由與平等**的不滿。所以，那些仍然不滿意的人永遠都有可能重新啟動歷史。

再者，理性承認似乎無法自我維繫下去，而必須依靠前現代的、非普遍性的承認形式才能正常運作。穩定的民主需要一種有時非理性的民主文化，需要一個源自於前自由主義傳統的自發的公民社會。資本主義繁榮最好的促進方式是強大的工作倫理，而工作倫理又仰賴死去的宗教信仰的幽靈（如果不是仰賴這些宗教信仰本身的話），或者仰賴一種對於民族或種族的非理性忠誠。群體承認（而非普遍承認）無論對經濟活動，或者對社群生活來說，都是更好的支持。即便這個承認最終是非理性的，但這種非理性需要很長的時間才可能破壞實行這種承認的社會。因此，不僅普遍承認並不能讓人普遍滿意，而且自由民主社會能否在一個理性的基礎上建立起來並長期維持自己的地位，也是不無疑問的。

亞里斯多德認為，歷史將是週期性，而不是長期性的，因為所有政權在某種程度上都不完美，而這些不完美會不斷地讓人們想要改變他們所處的政權，使之成為不同的事物。由於剛才列舉的所有原因，我們難道不能對現代民主說同樣的話嗎？按照亞里斯多德的說法，我們可以推測，一個完全由欲望與理性組成的最後之人的社會，會讓位給一個只追求承認的、獸性的最初之人的社會，然後再倒轉回去，如此永不停止地來回擺盪。

然而這個二元組合的兩條腿幾乎談不上平等。尼采的選項迫使我們跟靈魂的欲望部分徹底決裂。這個世紀教導了我們，努力讓不受控制的「megalothymia」（優越血性）再度興起會有怎樣的可怕後果，因為在這個世紀裡，我們某種意義上已經經歷到一些尼采所預言的「巨大的戰爭」。那些在一九一四年八月支持戰爭的群眾得到了他們想要的犧牲與危險，而且遠遠超過預期。大戰後來的進展顯示，無論戰爭對於性格或社群的形塑有什麼有益的次要影響，戰爭的主要後果的破壞性都會完全將其淹沒。到了二十世紀，血腥戰鬥中的生命危險已經被徹底民主化了。它不再是出眾品格的標誌，而是成為被強加給廣大男性的經驗，而且最終也被強加給婦女和兒童。它並不導致承認欲望的滿足，而是導致默默無名與無意義的死亡。當代戰爭非但沒有強化德性或創造力，反而讓民眾對於勇氣與英雄主義這類概念的意義產生幻滅，並且在親歷戰爭者之中滋生一種深沉的疏離與**道德喪亂**之感。如果未來的人對和平與繁榮感到厭倦，並追尋新的血性鬥爭與挑戰，後果可能甚至更為恐怖。目前我們擁有核子武器與其他大規模毀滅性武器，能讓數百萬人在一瞬間默默無名地死去。

現代自然科學的宏偉機制，如我們在本書第二部分所描述的，就是一座矗立的堡壘，它抵擋著歷史的重啟與最初之人的重返。這個機制是由無限的欲望所驅動，由理性所引導。「megalothymia」（優越血性）在現代世界裡的復興，將意味著與這個強大而有活力的經濟世界的一場決裂，以及打破科技發展邏輯的一次嘗試。這種斷裂已被事實證明可能發生在特定的時間與地點上（例如當德國或日本這樣的國家為了民族承認而自我犧牲），但整個世界能否在任何較長的時間內維持這種斷裂狀態，是很成問題的。在二十世紀上半葉的戰爭中，德國與日本是受到被承認的欲望的驅使（希望自身的優越性被承認）；但他們也認為，透過為自己征服新重商主義的（neomercantilist）**生存空間**（Lebensraum）或「共榮圈」，他們是在確保自己的經濟未來。後來的經驗對這兩個國家顯示，要獲得經濟安全，用自由主義的自由貿易遠比透過戰爭容易，而且軍事征服的道路會把經濟價值摧毀殆盡。

環顧當代美國，我並不特別感覺我們正面臨「megalothymia」（優越血性）過多的問題。那些認真的年輕人成群湧向法學院與商學院，急切地填寫他們的履歷表，希望維持他們認為有權享受的生活方式（這些人似乎更有成為最後之人的危險，而不像是會重現最初之人的激情）。對他們來說，這個自由主義的計畫，用獲取物質以及安全合法的企圖心來填滿自己的生活——看起來成效實在太好了。在尋常的第一年事務所律師身上，你很難察覺到有什麼偉大的、未被滿足的渴望或非理性的激情正蓄勢待發。

後歷史世界的其他地方也是如此。在一九八〇年代，大多數西歐國家領導者在面對像是冷戰、消滅第三世界飢餓、以軍事行動對抗恐怖主義等問題時，並沒有表現出對偉大鬥爭或犧牲的渴望。年輕人中也有加入德國紅軍派（Red Army Faction）或義大利赤軍旅（Red Brigades）的狂熱分子，但是他們代表的是一小群靠蘇聯集團的援助存活的邊緣怪胎。在一九八九年東歐鐵幕落下的重大事件之後，有一定程度的德國人對統一產生了懷疑，**因為統一的代價可能太高**。這些特徵顯示了，這個文明並不像是綳緊了神經，隨時準備要在全新與不可預期的狂熱主義柴火堆上自我燃燒，而是對自己現在與將來的模樣相當滿意。

柏拉圖認為，雖然「thymos」（血性）是美德的基礎，但是它本身既不是好的，也不是壞的，而是必須經過訓練，使之為共同利益服務。換句話說，「thymos」（血性）必須由理性來統治，並使之成為欲望的盟友。當在理性的指導下，靈魂的三個部分都得到滿足並維持平衡時，這樣的城邦即為正義。[8] 最好的政體極端地難以實現，因為它必須同時滿足人的全部，包含他的理智、欲望，以及「thymos」（血性）。然而即使真實的政體不可能讓人完全滿意，最好的政體仍然提供了一個標準，讓人可以衡量那些實際存在的政體。最能同時滿足靈魂的三個部分的，就是最好的政體。

按照這個標準，當拿來跟我們可選擇的其他歷史選項相比時，自由民主似乎為所有三個部分提供了最充分的發展空間。如果它還算不上「在語言中」中最正義的政體，那它仍然可能是「在現實中」中最正義的政體。因為正如黑格爾所教導我們的，現代自由主義不是以廢除被承認的欲望為基礎，而是把它轉變為一種更理性的形式。如果「thymos」（血性）在它先前的表現形式裡沒有被完全保留，那麼它同樣也沒有被完全否定。再者，沒有任何一個現存的自由社會完全只建立在「isothymia」（平等血性）之上；所有的自由社會都必須允許某種程度的安全馴化的「megalothymia」（優越血性），即便這樣是違反了他們號稱信奉的原則。

如果歷史進程是建立在理性欲望和理性認識這兩大支柱之上，而現代自由民主是最能在某種平衡下滿足這兩者的政治制度，那麼對民主最主要的威脅似乎就在於，我們自己弄不清楚我們真正可能失去的是什麼。因為雖然現代社會已經朝向民主演進，但是現代思想卻走入一種僵局，對於什麼是人、什麼是他特有的尊嚴無法達成共識，因此也就無法界定人的權利。這就給極度激烈的要求打開了大門，一邊要求平等權利的被承認，另一邊要求「megalothymia」(優越血性）的再解放。[9] 儘管事實上歷史正在被理性欲望與理性承認朝著一貫的方向推動，儘管事實上自由民主在現實中構成了解決人類問題的最佳方案，但是這種思想上的混亂仍然有可能發生。

如果事件繼續像過去幾十年那樣開展下去，人們或許更能感覺通往自由民主的普遍史與方向性歷史的理念有其道理，現代思想的相對主義僵局在某種意義上也會自行解決。也就是說，文化相對主義（一種歐洲的發明）之所以在我們這個世紀看來可信，是因為透過殖民主義與去殖民化的經歷，歐洲第一次發現自己不得不認真面對歐洲以外的文化。過去一世紀的許多發展（歐洲文明道德自信的下降、第三世界的興起、新意識形態的出現）往往會強化相對主義的可信度。但是如果隨著時間的進展，愈來愈多不同文化與歷史背景的社會都表現出類似的長期發展模式；如果大多數先進社會的治理機構的類型不斷趨於一致；如果人類的同質化隨著經濟發展而繼續下去，那麼，相對主義的理念將不會再像如今一樣理所當然。因為各民族「善與惡的語言」縱使有明顯的差異，也會被發現只是其特定歷史發展階段的人為產物。

與其說是千百種嫩芽綻放成千百種不同的開花植物，人類將更像是在一條路上長長地延伸開來的篷車隊伍。有的篷車會輕快俐落地進城，而其他有的會先在沙漠裡紮營過夜，或者在翻越山嶺的最後一道隘口上被車轍困住。好幾輛篷車被印第安人襲擊，被縱火焚燒，並被拋棄在路上。一些篷車伕會因為被戰鬥嚇到而失去方向感，一時走錯了方向；而有一、兩輛篷車會對旅途感到厭倦，而決定在半路上特定地點建立永久營地。其他篷車則會找到通往主幹道的替代路線，不過他們會發現，要想跨越最後的山脈，他們都必須通過同一個隘口。絕大多數篷車都會堅持朝向城鎮的緩慢旅程，而且大多數篷車最終都會到達那裡。篷車全都彼此相似：雖然它們被塗成不同的顏色，用不同的材料製造，但每輛篷車都有四個輪子，都由馬匹拉動，而且裡面都坐著一個家庭，他們希望並祈禱他們的旅程能夠平安。篷車們的處境即使有明顯差異，卻不會被視為是搭乘篷車的人之間永久與必然的差異，而只是他們在路上的不同位置所造成的結果。

亞歷山大・柯傑夫相信，歷史本身最終會證明自己的合理性。也就是說，將會有足夠多的篷車駛入城鎮，以至於任何明智的人看到這種情況，都將不得不同意，總共只有一種旅行和一個目的地。現在我們很可能還沒到達這個地步，因為儘管最近發生了世界性的自由革命，但是我們關於篷車流浪的方向所取得的證據暫時還不允許做出結論。而且最終來說，我們也無法知道，如果大部分篷車最終到達了同一個城鎮，篷車上的人在稍微把新環境看過一圈之後，會不會認為這個地方並不恰當，因而把目光投向一個新的、也更遙遠的旅程。

註釋

1 黑格爾在《法哲學》中說得很清楚，在歷史終結處還是會有戰爭。然而柯傑夫指出，歷史的終結將意味著一切重大爭端的結束，因此鬥爭的必要性也跟著被消滅。至於為什麼柯傑夫選擇了這個與黑格爾相異的立場，我們並不清楚。Smith (1989a), p. 164.

2 Bruce Catton, *Grant Takes Command* (Boston: Little, Brown, 1968), pp. 491-492.

3 Modris Eksteins, *Rites of Spring* (Boston: Houghton Mifflin, 1989), pp. 55-64.

4 同上，頁五七。

5 同上，頁一九六。

6 *Twilight of the Idols* (1968a), pp. 56-58; *Beyond Good and Evil* (1966) p. 86; *Thus Spoke Zaraihustra in The Portable Nietzsche* (1954), pp. 149-151.

7 關於尼采與德國法西斯的關係，請看 Werner Dannhauser, *Nietzsche's View of Socrates* (Ithaca, N.Y.: Cornell University Press, 1974)，特別是導論。

8 *Republic,* Book IV, 440b, 440e.

9 我很感謝亨利・伊圭拉（Henry Higuera）向我指出了這個問題。

《歷史之終結與最後一人》第二版後記*

自從我的文章〈歷史的終結？〉最初發表以來，已經過了十七年，我的假說受到各種可以想像的角度的批評。《歷史之終結與最後一人》一書第二版的出版是一個很好的機會，讓我可以重申原來的論點，回答我認為對該書提出的最嚴肅的反對意見，並對一九八九年夏天以來世界政治的發展做一些思索。

讓我先從這個問題開始：什麼叫「歷史的終結」？

這句話當然不是我的原創，它來自黑格爾，而且更為人所知地，來自馬克思。黑格爾是第一個歷史主義哲學家，他把人類歷史理解為一個連貫的、演進的過程。黑格爾認為這種演進是人類理性的逐步開展，最終導致世界自由的擴大。馬克思的理論則更著重經濟基礎，他認為隨著人類社會從前人類時代，到狩獵採集者，再到農業社會、工業社會的發展，生產手段也發生變化；因此，歷史的終結是一種現代化理論，它提出的問題是，這個現代化進程最終會走向何方。

從一八四八年馬克思的《共產主義宣言》發表到二十世紀末的這一段時期裡，許多進步知識分子認為歷史將有終結，歷史進程將結束於一個共產主義的烏托邦。這不是我的主張，而是卡爾．馬克思

---

* 編註：原文書第二版於二〇〇六年出版。

的主張。我一開始的簡單見解是，從一九八九年看來，這一切並不像是會發生。如果人類歷史進程有任何走向可言，那它並不是朝向共產主義、而是朝著馬克思主義者所稱的資產階級民主前進。而以基於自由與平等這兩個原則的社會來說，似乎不存在一種更高的社會形態可以超越它。亞歷山大・柯傑夫——偉大的俄裔法國黑格爾主義者，把這一點說得相當俏皮。他說，一八〇六年拿破崙在耶拿—奧爾斯塔德（Jena-Auerstadt）戰役中擊敗君主政體的普魯士，把法國大革命的原則帶到了黑格爾所在的德國一角——歷史就在這一年抵達終點。此後發生的一切，都只是這些原則在全世界被普及化的結果。

許多觀察家把我跟我的老師薩繆爾・杭亭頓的言論做了對照；他在《文明衝突與世界秩序的重建》（*The Clash of Civilizations and the Remaking of World Order*）一書中提出的世界發展觀跟我的非常不同。在某些方面，我認為我們對世界的解釋的差異程度可能被高估了。我同意他的觀點，即文化仍然是人類社會不可化約的組成部分；也同意如果不提到文化價值，我們就無法理解經濟發展與政治。

但在一個根本性的問題上我們的想法並不相同。這個問題在於，西方啟蒙運動所發展出來的價值觀與制度，究竟是具有**潛在的**普遍性（如黑格爾與馬克思所認為的那樣），還是被框限在一個文化視野之內（如尼采、海德格等哲學家所認為的那樣）。杭亭頓顯然認為那些事物不具普遍性。他主張，西方人所熟悉的那種政治體制，是某種西歐基督教文化的附帶產物，永遠不會超越這個文化的界限而在外生根。所以，這裡必須回答的核心問題是：西方的價值觀與制度到底有沒有普遍的重要性，還是它們只代表了當前霸權文化的暫時成功。

杭亭頓很正確地指出，現代世俗的自由民主的**歷史**起源是基督教；而且這個觀點並不是從他才開始的。許多思想家（包含黑格爾、托克維爾、尼采等人）都認為，人的普遍尊嚴原本是基督教的教義，現代民主則是這個學說的世俗化版本，而民主現在被視為一種關於人權的政治學說，已經不再具有宗教性。以我的觀點，這一點從歷史的角度看來是毫無疑問的。

然而，雖然現代自由民主根植於這種特殊的文化土壤，問題卻在於這些思想是否可以脫離其獨特的起源，而對生活在非基督教文化裡的人們產生意義。那撐起我們現代科技文明的科學方法，也是由於偶然的歷史原因，才在近代早期歐洲歷史的某個時刻，以法蘭西斯·培根與勒內·笛卡兒等哲學家的思想為基礎而出現。然而科學方法一旦發明，就成為全人類的財產，無論你是亞洲人、非洲人還是印度人，全都可以使用。

因此問題在於，自由與平等的原則——作為自由民主的基礎——是否也具有類似的普遍意義。我相信答案是肯定的，而且我認為歷史演進有一個整體的邏輯，而這個邏輯可以解釋，為什麼隨著社會的演進，世界各地的民主政體應該會愈來愈多。它不是像馬克思主義那樣僵化的歷史決定論，而是一套推動人類社會演進的根本力量；這些力量告訴我們，在這個演進過程結束時，應該會比開始時出現更多的民主政體。

馬克思—黑格爾意義上的「歷史」起源，最終說來，是來自科學與技術。科學是累積性的：我們不會週期性地忘記科學發現。這就是經濟世界被創造出來的原因，因為技術構成了經濟生產的可能性視野，保證了蒸汽機的時代將不同於用犁耕田的時代，電晶體與計算機的時代將不同於煤炭與鋼鐵的時代。科學發展使生產力的巨大提升成為可能，生產力的提升又推動了現代資本主義與現代市場經濟中技術和思想的解放。

經濟發展帶來生活水準的提高，是人們普遍所企求。而以我看來，人們會「用腳投票」就是最直接的證明。每年都有數以百萬計的人設法從貧窮與低度發展社會移居到西歐、美國、日本或其他已開發國家，因為他們看見，在一個富裕的社會中，人類幸福的可能性比在一個貧窮的社會中要大得多。儘管有不少盧梭式的夢想家會想像，自己如果生活在狩獵採集社會或農業社會中，會比生活在——舉例來說——當代的洛杉磯更幸福，但真正決定這麼做的人，卻寥寥無幾。

生活在自由民主制度下的願望，在一開始，並不像追求經濟發展的願望那樣廣泛。事實上，有很多威權主義政權，例如今天的中國和新加坡，或者皮諾契將軍領導下的智利，都能相當成功地發展經濟與推動現代化。然而經濟發展的成功與民主體制的成長之間有很強的關聯性；這一點最早由偉大的社會學家西摩爾．馬丁．利普賽特所指出。有很多原因顯示，兩者之間的關聯性相當強烈。當一個國家的國民平均所得超過六千美金左右的水準，就不再是一個農業社會了。這個國家很可能會出現擁有財產的中產階級、複雜的公民社會、較高的精英階層以及大眾普及教育。所有這些因素都會促進民主參與的願望，從而自下而上地推動對民主政治體制的需求。

現代化進程的最後一個方面牽涉到文化領域。每個人都想要經濟發展，而經濟發展往往會促進民主政治體制的建立。但是在現代化進程的最後，誰也不希望文化千篇一律，事實上，文化認同的爭議討論變得更激烈了。杭亭頓說得很對：我們永遠不會生活在一個文化完全統一的世界裡，也就是他所說的「達佛斯人」(Davos Man）全球文化。確實，我們不會**想要**生活在一個以全球化的美國主義為基礎、擁有相同普世文化價值觀的世界裡。我們為特定的共同歷史傳統、宗教價值以及其他共同記憶而活；這些事物才構成我們的共同生活。

在當代自由民主國家的生活中（包含美國），文化認同或群體認同的概念持續被一而再、再而三地主張，有時甚至憑空捏造。在這個領域裡，現代自由主義最早的理論家並沒有為我們提供多少有用的指引。霍布斯、洛克、孟德斯鳩與盧梭都把自由多元主義的核心問題設想為個人在國家面前行使自主選擇的問題。但在現代自由社會中，許多的個人將自己組織成文化群體，向國家主張群體權利，同時限制群體內個人的自由選擇。這種情況可能以相當溫和的形式出現，例如法裔加拿大人規定，魁北克省的學生課堂上必須用法語授課；或者以比較嚴重的形式出現，例如歐洲的伊斯蘭教教士認為，伊斯蘭教法應該優先於法國或荷蘭法律。國家對自由多元主義負有保護的責任；那國家現在就得選擇，是要把它解釋為個人的自由多元主義，還是群體的自由多元主義；如果是後者，國家又願意容忍群體內對個人的權利限制到何種程度。

全面檢視這個議題會超出本文的範圍。很少自由社會會極度僵化地為了捍衛個人權利而去打壓群體權利；多元文化、雙語主義以及其他形式的群體承認已經是美國公共政策的一部分；在其他西方民主國家也是如此。但另一方面，大多數自由社會也都知道，群體承認會破壞寬容、個體權利等基本的自由主義原則。正如查爾斯·泰勒（Charles Taylor）所解釋，自由主義不可能對不同的文化完全持平，因為自由主義本身就反映了一定的文化價值，所以如果其他文化群體具有深刻的非自由主義色彩，就必須加以拒絕。[1]

世俗政治的基本原則之所以成為現代化進程的一部分，基本上是出於務實的原因。在基督教的歷史上，教會和國家一開始是不同的實體，與伊斯蘭教大異其趣。但這種分離從來都不是必然的，也不是徹底的。中世紀末期，每個歐洲君王都支配臣民的宗教信仰，而宗教改革後的教派衝突導致了一個多世紀的血腥戰爭。因此現代世俗政治並不是從基督教文化中自動產生出來的，而必須透過痛苦的歷史經驗學習。近代早期自由主義的成就之一，就是它成功地說服了人們，必須把宗教所討論的最終目的排除在政治領域之外。這是西方國家經歷過的鬥爭，而且我相信這也是伊斯蘭世界現在正在經歷的鬥爭。

正如本文開頭所指出的，「歷史的終結」的概念，自從它第一次被闡明以來，就受到了來自各方觀點的攻擊。其中許多批評都是單純由於對我的論點有所誤解，例如有些人以為，我主張事件將完全停止發生。我不想在這裡回應這類批評，因為只要當事人讀過我的書，在大多數情況下，這類批評一開始根本就可以避免。

然而有一種誤解我確實想澄清。它牽涉到一個流傳很廣的誤會，以為我某種程度上是在主張一種有美國特色的歷史終結，照某位作者的說法，即「必勝愛國主義」(jingoistic triumphalism)。[2] 很多人把「歷史之終結」看成是為美國的世界霸權提供辯解，不只在思想與價值觀的領域，而也包含運用美國的力量，實際地依照美國的利益來號令世界。

沒有什麼能比這個離事實更遠了。任何人只要熟悉柯傑夫，知道他所稱的歷史終結有什麼樣的思想來源，就會明白歐盟才是這個概念在現實世界更完整的體現，而不是當代美國。順著柯傑夫的觀點，我認為歐盟計畫實際上是為了那些在歷史盡頭出現的最後之人所建造的房子，以作為他的家園。歐洲的夢想（在德國最能充分感受到）就是要超越國家主權、強權政治、超越其他使軍事力量成為必要的各種鬥爭（這一點後面會再談到）；相較之下，美國人對主權的理解相當傳統，會為他們的軍隊鼓掌喝彩，而且喜歡他們充滿愛國情緒的國慶日遊行。

現代自由民主是建立在自由與平等的雙重原則之上。兩個原則長期處在緊張關係中：如果沒有強大的國家干預來限制個人自由，平等就無法最大化；而自由若要無限擴大，則必然帶來各種有害的社會不平等。因此，每個自由主義者都必須在兩者之間做出權衡。由於各自不同的歷史原因，當代歐洲人傾向以犧牲自由為代價來換取更多的平等，美國人則剛好相反。這些差異都是程度上的，而不是原則上的；雖然我在某些方面更偏好美國的版本而非歐洲的版本，但這與其說是原則問題，不如說是務實考量與品味選擇的問題。

在〈歷史的終結？〉中所鋪陳的樂觀演進設想——在正確的理解下——面臨著許多挑戰。當中有四個我認為最為嚴重。第一是伊斯蘭教構成民主障礙的問題；第二是國際層次上的民主問題；第三是政治自主性的問題；最後是關於科技的後果難以預料的問題。我將依序討論這些問題。

特別是九一一攻擊事件以來，很多人認為，伊斯蘭教作為一種宗教，與現代民主發展的可能性之間，有一種根本的緊張關係。毫無疑問，如果你環顧世界上民主發展的總體格局，無論在拉丁美洲、歐洲、亞洲，甚至在撒哈拉以南的非洲，穆斯林一般而言都構成例外。所以人們認為，伊斯蘭教義中可能有一些事物（例如政教合一），是民主傳播不可跨越的文化障礙。

這個問題在我看來，出自於伊斯蘭宗教本身的可能性非常小。世界上所有主要宗教體系都是高度複雜的。基督教曾經（而且不是太久以前）被用於為奴隸制與階級社會辯護；現在我們卻認為它是支持現代民主的。每一個世代的人都會對宗教教義做出不同的政治解釋。基督教是這樣，伊斯蘭教也是如此。現今許多在文化上同屬穆斯林的國家，在政治實踐上卻有巨大的差異。穆斯林國家有幾個相當成功的民主國家，包含印尼，它在一九九七年的危機後從威權主義轉型成功；土耳其，它從第二次世界大戰結束以來就斷斷續續地實行兩黨民主制；還有馬利、塞內加爾、印度等有大量穆斯林少數群體的國家。此外，馬來西亞與印尼的經濟持續快速地成長，因此伊斯蘭教對經濟發展也不必然構成障礙。

阿爾佛雷德．史蒂本（Alfred Stepan）指出，在一九七〇年代至一九九〇年代的民主化廣泛趨勢中（即薩繆爾．杭亭頓所說的「第三波」民主轉型），真正構成的例外其實不是穆斯林，而更多是阿拉伯人；阿拉伯的政治文化中似乎存在更多的抗拒性元素。至於這個元素可能是什麼，還有待商榷，但是很可能是一種與宗教無關的文化障礙，例如仍然盛行的部落制度。而當今世界所面臨的激進伊斯蘭主義或聖戰主義的挑戰，更多的是政治上的，而不是宗教、文化或文明上的。

正如奧利維爾．羅伊（Olivier Roy）、羅亞．布勞曼（Roya Boroumand）和拉丹．布勞曼（Ladan Boroumand）所說，[3] 激進伊斯蘭主義要當作政治意識形態來看待才最好理解。激進伊斯蘭主義者的著作（包含埃及穆斯林兄弟會的創始人賽義德．庫特布〔Said Qutb〕、奧薩瑪．賓．拉登〔Osama bin Laden〕及其在基地組織〔Al Qaeda〕內的意識形態追隨者）利用了關於國家、革命與暴力美學化的政治思想；這些思想並不是來自任何真正的伊斯蘭傳統，而是來自二十世紀歐洲的極左與極右激進意識形態——即來自法西斯與共產主義。這些極其危險的學說並不反映伊斯蘭教的任何核心教義，而只是為了政治目的而利用伊斯蘭教。它們在許多阿拉伯國家和歐洲的穆斯林當中很受歡迎，因為這些社群裡存在著很深的疏離感。因此，激進伊斯蘭主義並不是在重申某種傳統的伊斯蘭文化實踐，而是應該從現代的身分認同政治角度來看待。正是在傳統的文化認同被現代化與多元民主秩序破壞、人的內在自我與外在的社會實踐之間發生斷裂時，才出現了激進伊斯蘭主義。這就是為什麼許多暴力聖戰分子，如九一一攻擊事件的組織者穆罕默德·阿塔（Mohammed Atta），或者謀殺荷蘭導演西奧·梵谷（Theo van Gogh）的凶手穆罕默德·布耶里（Mohammed Bouyeri），都是在西歐被激進化的。現代化從一開始就造成了異化，並由此造成了反對自己的力量。從這個面向看來，當代聖戰者其實正在效法先前世代的無政府主義者、布爾什維克、法西斯主義者，以及巴德—邁因霍夫（Bader-Meinhof）幫眾等人。

所以問題在於，被極度激進化與疏離的穆斯林是否有足夠的潛在力量以威脅自由民主。很顯然地，現代科技中的大規模毀滅武器為他們提供了一條捷徑；這些武器是從前世代的恐怖分子所沒有的。但伊斯蘭政治直到現在都沒有強大的領土基礎；在伊斯蘭執政的國家，如伊朗、沙烏地阿拉伯、阿富汗、蘇丹，經濟與社會的紀錄並不輝煌。此外也有詮釋指出，伊斯蘭爭奪首要地位的方式保證了大部分鬥爭將在穆斯林世界內部進行。所以作為一種外部威脅，伊斯蘭的挑戰似乎不如共產主義發起的挑戰嚴重，因為共產主義既具有全球吸引力，又與一個強大的現代國家相聯繫。

對自由民主的未來而言，更大的問題將是民主社會內部的問題，特別是對於法國或荷蘭這樣有大量穆斯林少數群體的國家更顯重要性。總體而言，歐洲在融合具截然不同文化的少數群體方面不如美國成功；而第二代與第三代歐洲穆斯林的暴力行為愈來愈嚴重，這顯示身分認同政治的黑暗面遠比魁北克或蘇格蘭等民族主義者所提出的要求要大得多。憤怒、同化不良的文化少數群體會引發多數群體的反彈，然後少數群體就退回到自己的文化和宗教認同中。要防止這種情況急遽惡化、變成類似「文明衝突」的事件，需要政治領導者的節制與良好的判斷力，然而這不是現代化進程本身能自動保證的事。

對我的「歷史終結」假說的第二個重要批判牽涉到國際層次上的民主問題。原先我寫到「自由民主構成政府的最終形式」時，我說的是民族國家層次上的民主。那時我並沒有想到全球民主的可能性，也就是透過國際法以某種方式來超越主權民族國家。然而這正是二〇〇三年伊拉克戰爭以來受到特別強烈關切的議題，而且在一定程度上也是使美國與歐洲從此出現分裂的原因。全球化的批評者在過去十年間也提出了這個議題，他們認為跨國界的制度化問責機制缺乏足夠的民主原則，無法適切反映不同國家管轄區的人民之間的互動程度。美國在當代全球體系中的巨大規模與主導地位尤其加劇了這個問題：美國能以各種方式介入與影響全球各地的人們，對美國施加對等影響的管道卻不存在。

歐盟計畫的一個目標是要超越民族國家。而美國人則傾向認為，合法性或合法行動的來源在於主權憲政民主。歐洲人與美國人的不同觀點，源自於各自的歷史。歐洲人認為主權民族國家是集體自私與民族主義的源頭，而民族主義又是二十世紀兩次世界大戰的根源；歐盟計畫嘗試取消這種強權政治，而代之以規範、法律和組織的體系。相較之下，美國人對於自己的民族國家使用合法暴力有比較幸福的體驗。這個合法暴力的使用是從反對英國君主制的美國革命開始，接著到極其血腥的美國南北戰爭，六十萬美國人死於非命，但導致奴隸制的廢除以及美國統一；然後是第二次世界大戰與最後的冷戰，兩者都被視為是道德的十字軍東征，分別把歐洲從兩個不同形式的暴政中解救出來。

歐洲人認為超越民族國家的規範有其必要，這個觀點在理論上無疑是正確的。我們沒有理由認為，主權自由民主國家在跟其他國家打交道時，甚至是在對待本國公民時，一定不會犯下可怕的惡行。美國本身就是帶著奴隸制這個先天缺陷而誕生；這個制度得到民主多數的通過，甚至被莊嚴地寫入了憲法。林肯在與史蒂芬・道格拉斯（Stephen Douglas）的辯論中，為了找論述反對奴隸制，不得不提到一個超越《美國憲法》的平等原則。

不過，雖然從理論上為超越民族國家的民主提出理由是可能的，但我相信，如果真要實現這個計畫，就會遇到無法克服的實際障礙。民主制度的成功，很大程度取決於是否存在一個真正的政治共同體，以及對於特定共同價值觀與機構是否有一致的共識。共享的文化價值觀能建立互信，使公民之間的互動可以順暢進行。因此國際層次的民主幾乎不可想像，因為實際上會牽涉到的民族與文化實在太多了。許多美國人用猜疑的眼光看待聯合國這類國際機構，這在一定程度上說明了，為什麼國際層次的集體行動是如此遲緩與無效率，因為要在差異很大的社會之間尋求政治共識並不容易。

要解決這個效率問題，就必須把政治權威與強制手段交給一個更有決策力的執行部門。世界會同意把這樣的權力交給誰呢？而在缺乏民族國家層次上的權力分立與制衡機制的情況下，又如何能安全地行使這種權力呢？即使是有共同文化與歷史經驗的歐洲，對於是否真的要在事實上建立一個單一的歐洲民族國家，也是猶豫再三，因為這會嚴重削弱其成員國的主權。

因此，民族國家作為合法的民主權力的根本來源，在短期內仍然無法超越。所以與其侈談全球政府，我們將必須滿足於全球治理，也就是讓部分國際機構去促進各國間的集體行動，並在各國間建立某種程度的問責機制。一個既正義又可行的自由主義世界秩序，不應該只仰賴一個包山包海的全球機構，而應該由多樣化的國際機構來維護；這些機構可以依照功能性議題、區域劃分或特定問題來進行組織。這個世界秩序正處在被創造的過程之中，然而這個領域還有大量的創造性工作有待推動。

「歷史之終結」中未解的第三個問題是關係到我所說的政治自主性的問題。如先前所指出的，經濟發展與自由民主之間有一種關聯性，平均國內生產毛額比較高的國家，民主的鞏固也比較容易。然而問題是首先要讓經濟開始發展；這是許多發展中國家都沒能做到的，例如在撒哈拉以南的非洲、南亞、中東和拉丁美洲等地區。經濟發展不是光靠好的經濟政策就能推動；需要有一個國家機構讓人民能安居，能保證法律與秩序、財產權、法治環境、政治穩定，然後才會有投資、成長、商業、國際貿易等。要利用全球化的優勢，如印度和中國近年來所做的那樣，最主要需要一個有能力的國家機構，能小心設定對全球經濟開放的條件。

在開發中世界，有能力的國家機構並不是理所當然的事情。我們在二十一世紀政治中遇到的許多問題，都跟貧窮國家缺乏強大的國家機構有關，而不是像二十世紀的國家機構過度強大那種老問題。二十世紀是由強權國家主宰的，像納粹德國、日本帝國、前蘇聯等，其國家機構都有規模與權力過大的問題。在二十一世紀，比較典型的問題來自索馬利亞、阿富汗與海地這樣的地方：這些國家的政府機構無法保障基本的法治環境，因而無法發展經濟或建立民主機制。

因此，我們現在有一個雙重的議程。在已開發世界裡，歐洲的福利國家面臨的重大危機是未來世代的人口數下滑，以及福利支出與監管成本難以負擔。[4]但在開發中世界，許多地方由於缺乏能發展經濟的國家機構，變成難民、疾病和恐怖主義等一系列問題的溫床。因此，世界的兩個部分有著有相當不同的議程：已開發世界必須削減國家機構的範圍，但開發中世界的許多地方又必須強化國家機構。

我們面臨的特別挑戰是，我們不太知道該如何在貧窮國家裡建立強有力的政治機構。部分的難題在於，發展（無論是經濟發展還是政治發展）從來都不是由外部的人所「完成」，而不可避免地必須由社會之內的人來推動，因為他們才了解該社會的習慣與傳統，才能對發展進程負起長期的責任。

外部的人只能予以協助。政治發展在許多方面是一個獨立於經濟發展的過程，儘管如前面所提，兩個過程確實在某些方面會相互作用。

所以我們需要的，也是《歷史之終結與最後一人》所沒有提供的，就是一種能獨立於經濟學的政治發展理論。國家的形成與創建在歷史上如何發生？暴力、軍事競爭、宗教、更一般性的思想扮演什麼角色？自然地理和資源蘊藏有什麼影響？為什麼國家首先出現在世界的某些地方而不是其他地方？這些都是一個有待闡述的更大理論的組成部分。薩繆爾・杭亭頓在《變動社會的政治秩序》（*Political Order in Changing Societies*）中提出一種政治衰敗理論，主張衰敗與發展同樣可能發生，因而使原版的現代化理論被進一步瓦解。在過去一個世代裡發生了很多的政治衰敗，其來源需要系統性的探討。

對「歷史終結」假說的最後一種反駁曾以很多種形式被提出來；這個反駁與科技有關，是指科技進步所推動的歷史進程最終也可能被科技進步本身所吞噬。這種情況可能會在數不清的不同場景下發生。其中一種場景是許多美國人從二〇〇一年九月十一日以來就一直面對的，那就是核子或生物恐怖主義的可能性。當然，自從廣島原爆以來，核子毀滅一直是一個可能的前景。如今不同的是，暴力手段已經民主化，因此很小的無國籍團體也有可能取得具有巨大毀滅力量的武器。

第二個可能的場景與環境有關。如果關於全球暖化的一些不祥預測為真，那麼現在對碳氫化合物的使用進行各種調整有可能已經太晚了，大規模的氣候變遷已難以阻止，或者調整過程本身就會產生如此的破壞性，以至於會殺掉正在為我們下技術金蛋的經濟母鵝。

最後一種挑戰是關於我在《後人類未來》（*Our Posthuman Future*）一書中所討論的技術可能性，

那就是我們用生物學手段操控自己的能力，無論是透過控制染色體組，還是使用精神藥物，或者透過未來的認知神經科學，又或者藉由某種形式的生命延長，都將為我們提供新的社會工程手段，使新形態的政治成為可能。我選擇寫這種特殊的技術未來，是因為這種威脅比核子武器或氣候變遷的威脅要微妙得多。技術進步帶來的潛在不良或不人道的後果，於此是跟人們普遍希望的事物（避免疾病或延長壽命）捆綁在一起的，因此將更難預防。

至於這些技術未來的前景如何，我並沒有什麼有用的意見；我不是預言家，也不是「未來學家」。我能提供的觀察是，過去技術的進步也提供了我們新的可能性來降低技術本身所造成的負面後果，但並沒有必然的理由顯示這種情況將永遠如此。

更寬泛地說，我對於人類發展的歷史主義觀點一直都只是弱決定論，跟馬克思列寧主義的強決定論有所不同。我相信自由民主是一個寬泛的歷史趨勢，而且我認為自由民主還有一些可以預見的挑戰。我提出的四點是我認為未來幾年最迫切的問題。弱決定論是指在大的歷史趨勢面前，治國能力、政治手腕、領導力以及個人抉擇對於歷史發展的實際進程仍然是絕對關鍵。例如，對於現代科技所帶來的機會與風險，社會必須視之為挑戰來加以面對，並透過政策與機構來應對。因此，未來實際上是更為開放的，不像經濟、科技或社會的先決條件所暗示的那樣限定。無論是投票的民眾，還是不同民主國家的領導者，他們所做出的政治選擇，都將對未來自由民主的力量與品質產生重大影響。

註釋

1 Charles Taylor, *Multiculturalism: Examining the Politics of Recognition* (Princeton, N.J.: Princeton University Press, 1994).

2 Nicolas van de Walle and Michael Bratton, *Democratic Experiments in Africa: Regime Transitions in Comparative Perspective* (Cambridge: Cambridge University Press, 1997), p. 28.

3 Olivier Roy, *Globalized Islam: The Search for a New Ummah* (New York: Columbia University Press, 2004); Ladan Boroumand and Roya Boroumand, "Terror, Islam, and Democracy," *Journal of Democracy* 13(2), 2002.

4 這並非美國透過全球化把自由經濟模式「強加」給世界其他國家的問題。即使歐洲的經濟完全自給自足，同樣也要面對人口結構變化帶來的精算危機。

謝辭

一九八八至八九學年，我應納森・塔科夫與艾倫・布魯姆兩位教授的邀請，在芝加哥大學歐林民主理論與實踐研究中心（John M. Olin Center for Inquiry into the Theory and Practice of Democracy）以「歷史終結」為題發表演說。沒有他們的邀請，《歷史之終結與最後一人》就不會出現，無論是作為一篇文章，或現在這本書。兩位教授是我多年的良師益友，長久以來我從他們那裡學到大量知識，以政治哲學為始，但遠不止於此。原本的演說之所以成為知名的文章，很大程度要歸功於《國家利益》的編輯歐文・哈里斯（Owen Harries）以及該期刊精簡的工作團隊之努力。自由出版社（Free Press）的歐文・格利克斯（Erwin Glikes）以及哈米許・漢彌爾頓出版社（Hamish Hamilton）的安德魯・富蘭克林（Andrew Franklin）在我把文章寫成書的過程中，以及在最後手稿的修訂上，提供了關鍵的鼓勵與建議。

本書從許多朋友和同事的談話與校讀中獲得極大的助益。當中最重要的是阿布蘭・舒爾斯基（Abram Shulsky）；他會看到，他的許多想法與洞見都被寫進書裡。我還要特別感謝歐文・克里斯托（Irving Kristol）、大衛・艾波斯坦（David Epstein）、阿爾文・伯恩斯坦（Alvin Bernstein）、亨利・伊圭拉（Henry Higuera）、古森義久（Yoshihisa Komori）、福山喜雄（Yoshio Fukuyama）以及喬治・霍姆格倫（George Holmgren）；他們全都挪出時間閱讀我的手稿並給予評論。此外我還要向許多人表達謝忱——有些是我認識的，但也有很多人我並不認識——當我在國內外各種研討會與演說場合上提出本書論題時，他們針對許多不同的面向提供了有用的評論。

蘭德公司（RAND Corporation）總裁詹姆斯・湯姆森（James Thomson）極友善地提供我撰寫此書的辦公空間。蓋瑞與琳達・阿姆斯壯夫婦（Gary and Linda Armstrong）在撰寫他們的博士論文之餘，抽空幫助我蒐集研究材料，也在本書撰寫期間於許多議題上給予寶貴的建議。羅莎莉・方諾洛夫（Rosalie Fonoroff）則協助了校對工作。至於在謝辭中提及整理手稿的打字員的傳統慣例，或許我該改向英特爾（Intel）八〇三八六微處理器設計者的付出表示感謝。

最後也最重要的是，我的妻子蘿拉（Laura）鼓勵我寫出原先的期刊文章以及現在這本書，也在所有後續引發的批評與爭議中持續支持我。她極細心地讀了我的原稿，也對最後的形式與內容做了極多層面的貢獻。我的女兒茱莉亞（Julia）與兒子大衛（David，他選擇在本書撰寫期間出生）在旁的陪伴，也同樣幫了我的忙。

Waltz, Kenneth. 1959. *Man, the State, and War: A Theoretical Analysis*. Columbia University Press, New York.

Waltz, Kenneth. 1962. "Kant, Liberalism, and War." *American Political Science Review* 66 (June): 331—340.

Waltz, Kenneth. 1979. *Theory of International Politics*. Random House, New York.

Ward, Robert, and Dankwart Rustow, eds. 1964. *Political Devellopment in Japan and Turkey*. Princeton University Press, Princeton, N.J.Weber, Max. 1930. *The Protestant Ethic and the Spirit of Capitalism*. Allen & Unwin, London. First published 1904—1905.

Weber, Max. 1946. *From Max Weber: Essays in Sociology*. Oxford University Press, New York.

Weber, Max. 1947. *Max Weber: The Theory of Social and Economic Organization*, ed. Talcott Parsons. Oxford University Press, New York.

Weber, Max. 1981. *General Economic History*. Transaction Books, New Brunswick, N.J.

Wettergreen, John Adams, Jr. 1973. "Is Snobbery a Formal Value? Considering Life at the End of Modernity." *Western Political Quarterly* 26, no. 1 (March): 109—129.

Wiarda, Howard. 1973. "Toward a Framework for the Study of Political Change in the Iberio-Latin Tradition." *World Politics* 25 (January): 106—136.

Wiarda, Howard. 1981. "The Ethnocentrism of the Social Science [*sic*]: Implications for Research and Policy." *Reuiew of Politics* 43, no. 2 (April): 163—197.

Wiles, Peter. 1962. *The Political Economy of Communism*. Harvard University Press, Cambridge, Mass.

Williams, Allan, ed. 1984. *Southern Europe Transformed: Political and Economic Change in Greece, Italy, Spain, and Portugal*. Harper and Row, New York.

Wilson, Ian, and You Ji. 1990. "Leadership by 'Lines': China's Unresolved Succession." *Problems of Communism* 39, no. 1 (January—February): 28—44.

Wray, Harry, and Hilary Conroy, eds. 1983. *Japan Examined: Perspectives on Modern Japanese History*. University of Hawaii Press, Honolulu, Hawaii.

Wright, Harrison M., ed. 1961. *The "New Imperialism": Analysis of Late Nineteenth Century Expansion*, second edition. D. C. Heath, Boston.

Zolberg, Aristide. 1981. "Origins of the Modern World System: A Missing Link." *World Politics* 33 (January): 253—281.

Zuckert, Catherine H. 1988. *Understanding the Political Spirit: Philosophical Investigations from Socrates to Nietzsche*. Yale University Press, New Haven, Conn.

Sombart, Werner. 1915. *The Quintessence of Capitalism*. Dutton, New York.

Sowell, Thomas. 1983. *The Economics and Politics of Race: An International Perspective*. Quill, New York.

Sowell, Thomas. 1979. "Three Black Histories." *Wilson Quarterly* (Winter): 96—106.

Stern, Fritz. 1974. *The Politics of Cultural Despair: A Study in the Rise of German Ideology*. University of California Press, Berkeley.

Strauss, Leo. 1952. *The Political Philosophy of Hobbes: Its Basis and Genesis*, trans. E. Sinclair. University of Chicago Press, Chicago.

Strauss, Leo. 1953. *Natural Right and History*. University of Chicago Press, Chicago.

Strauss, Leo. 1958. *Thoughts on Machiavelli*. Free Press, Glencoe, III.

Strauss, Leo. 1963. *On Tyranny*. Cornell University Press, Ithaca, N.Y.

Strauss, Leo. 199 I. *On Tyranny. Including the Strauss-Kojève Correspondence*, revised and expanded edition, ed. V. Gourevitch and M. Roth. Free Press, New York.

Strauss, Leo, and Joseph Cropsey, eds. 1972. *History of Political Philosophy*, second edition. Rand McNally, Chicago.

Sunkel, Osvaldo. 1972. "Big Business and 'Dependencia.' " *Foreign Affairs* 60 (April): 517—531.

Tarcov, Nathan. 1984. *Locke's Education for Liberty*. University of Chicago Press, Chicago.

Tawney, R. H. 1962. *Religion and the Rise of Capitalism*. Harcourt, Brace and World, New York.

Tipps, Dean C. 1973. "Modernization Theory and the Comparative Study of Societies: A Critical Perspective." *Comparative Studies in Society and History* 15 (March): 199-226.

Tocqueville, Alexis de. 1945. *Democracy in America*, 2 vols. Vintage Books, New York.

Tocqueville, Alexis de. 1965. *The Old Regime and the French Revolution*. Doubleday Anchor, New York.

Troeltsch, Ernst. 1960. *The Social Teaching of the Christian Churches*. Macmillan, New York.

Valenzuela, Samuel, and Arturo Valenzuela. 1978. "Modernization and Dependency: Alternative Perspectives in the Study of Latin American Underdevelopment." *Comparative Politics* (July): 535—557.

Veblen, Thorsten. 1942. *Imperial Germany and the Industrial Revolution*. Viking Press, New York.

Wallerstein, Immanuel. 1974. *The Modern World-System*, 3 vols. Academic Press, New York.

Rummel, R. J. 1983. "Libertarianism and International Violence." *Journal of Conflict Resolution* 27 (March): 27—71.

Russell, Bertrand. 1951. *Unpopular Essays.* Simon & Schuster, New York.

Rustow, Dankwart A. 1970. "Transitions to Democracy: Toward a Dynamic Model." *Comparative Politics* 2 (April): 337—363.

Rustow, Dankwart A. 1990. "Democracy: A Global Revolution?" *Foreign Affairs* 69, no. 4 (Fall): 75—9 1.

Sabel, Charles, and Michael J. Piore. 1984. *The Second Industrial Divide*. Basic Books, New York.

Schmitter, Philippe C. 1975. "Liberation by *Glope*: Retrospective Thoughts on the Demise of Authoritarianism in Portugal." *Armed Forces and Society* 2, no. 1 (November): 5—33.

Schumpeter, Joseph A. 1950. *Capitalism, Socialism and Democracy*. Harper Brothers, New York.

Schumpeter, Joseph A. 1955. *Imperialism and Social Classes*. Meridian Books, New York.

Sestanovich, Stephen. 1985. "Anxiety and Ideology." *University of Chicago Law Review* 52, no. 2 (Spring): 3—16.

Sestanovich, Stephen. 1990. "Inventing the Soviet National Interest." *The National Interest* no. 20 (Summer): 3—16.

Skidmore, Thomas E. 1988. *The Politics of Military Rule in Brazil, 1964—1985*. Oxford University Press, New York.

Skilling, H. Gordon, and Franklyn Griffiths. 1971. *Interest Groups in Soviet Politics*. Princeton University Press, Princeton, N.J.

Skocpol, Theda. 1977. "Wallerstein's World Capitalist System: A Theoretical and Historical Critique." *American Journal of Sociology* 82 (March): 1075—1090.

Smith, Adam. 1976. *An Inquiry into the Nature and Causes of the Wealth of Nations*, 2 vols., Oxford University Press, Oxford.

Smith, Adam. 1982. *The Theory of Moral Sentiments*. Liberty Classics, Indianapolis.

Smith, Steven B. 1983. "Hegel's Views on War, the State, and International Relations." *American Political Science Review* 77, no. 3 (September): 624—632.

Smith, Steven B. 1989a. *Hegel's Critique of Liberalism: Rights in Context*. University of Chicago Press, Chicago.

Smith, Steven B. 1989b. "What is 'Right' in Hegel's Philosophy of Right?" *American Political Science Review* 83, no. 1 (March): 4—17.

Smith, Tony. 1979. "The Underdevelopment of Development Literature: The Case of Dependency Theory." *World Politics* 31, no. 2 (July): 247—285.

Posner, Vladimir. 1989. *Parting with Illusions*. Atlantic Monthly Press, New York.

Pridham, Geoffrey, ed. 1984. *The New Mediterranean Democracies: Regime Transition in Spain, Greece, and Portugal*. Frank Cass, London.

Pye, Lucian W. 1985. *Asian Power and Politics: The Cultural Dimensions of Authority*. Harvard University Press, Cambridge, Mass.

Pye, Lucian W. 1990a. "Political Science and the Crisis of Authoritarianism." *American Political Science Review* 84, no. 1 (March): 3—17.

Pye, Lucian W. 1990b. "Tiananmen and Chinese Political Culture: The Escalation of Confrontation." *Asian Survey* 30, no. 4 (April): 331—347.

Pye, Lucian W., ed. 1963. *Communications and Political Development*. Princeton University Press, Princeton, N.J.

Remarque, Erich Maria. 1929. *All Quiet on the Western Front*. G. P. Putnam's, London.

Revel, Jean-Francois. 1983. *How Democracies Perish*. Harper and Row, New York.

Revel, Jean-Francois. 1989. "But We Follow the Worse ..." *The National Interest* no. 18 (Winter): 99-103.

Riesman, David, with Reuel Denney and Nathan Glazer. 1960. *The Lonely Crowd: A Study of the Changing American Character*. Yale University Press, New Haven, Conn.

Rigby, T. H., and Ferenc Feher, eds. 1982. *Political Legitimation in Communist States*. St. Martin's Press, New York.

Riley, Patrick, "1ntroduction to the Reading of Alexandre Kojève," *Political Theory* 9, no. 1 (1981): 5-48.

Robertson, H. H. 1933. *Aspects of the Rise of Economic Individualism*. Cambridge University Press, Cambridge.

Rose, Michael. 1985. *Re-working the Work Ethic: Economic Values and Socio-Cultural Politics*. Schocken Books, New York.

Rosenberg, Nathan, and L. E. Birdzell, Jr. 1990. "Science, Technology, and the Western Miracle." *Scientific American* 263, no. 5 (November): 42—54.

Rostow, Walt Whitman. 1960. *The Stages of Economic Growth: A Non-Communist Manifesto*. Cambridge University Press, Cambridge.

Rostow, Walt Whitman. 1990. *Theorists of Economy Growth from David Hume to the Present.* Oxford University Press, New York.

Roth, Michael S. l988. "A Problem of Recognition: Alexandre Kojève and the End of History." *History and Theory* 24, no. 3: 293—306.

Roth, Michael S. 1988. *Knowing and History: Appropriations of Hegel in Twentieth Century France*. Cornell University Press, Ithaca, N.Y.

Rousseau, Jean-Jacques. 1964. *Oeuvre complètes*. 4 vols. Éditions Gallimard, Paris.

N ietzsche, Friedrich. 1968b. *The Will to Power*, trans. W. Kaufmann and R. J. Hollingdale. Vintage Books, New York.
Nisbet, Robert. 1969. *Social Change and History*. Oxford University Press, Oxford.
Nordlinger, Eric A. 1968. "Political Development: Time Sequences and Rates of Change." *World Politics* 20: 494—530.
O'Donnell, Guillermo, Philippe Schmitter, and Laurence Whitehead, eds. 1986a. *Transitions from Authoritarian Rule: Comparative Perspectives*. Johns Hopkins University Press, Baltimore.
O'Donnell, Guillermo, Philippe Schmitter, and Laurence Whitehead, eds. 1986b. *Transitions from Authoritarian Rule: Latin America*. Johns Hopkins University Press, Baltimore.
O'Donnell, Guillermo, PhilipJ›e Schmitter, and Laurence Whitehead, eds. 1986c. *Transitions from Authoritarian Rule: Southern Europe*. Johns Hopkins University Press, Baltimore.
O'Donnell, Guillermo, and Philippe Schmitter, eds. 1986d. *Transitions from Authoritarian Rule: Tentative Conclusions About Uncertain Democracies*. Johns Hopkins University Press, Baltimore.
Pangle, Thomas. 1987. "The Constitution's Human Vision." *The Public Interest* no. 86 (Winter): 77—90.
Pangle, Thomas. 1988. *The Spirit of Modern Republicanism: The Moral Vision of the American Founding*. University of Chicago Press, Chicago.
Parsons, Talcott. 1937. *The Structure of Social Action*. McGraw-Hill, New York.
Parsons, Talcott. 1951. *The Social System*. Free Press, Glencoe, Ill.
Parsons, Talcott. 1964. "Evolutionary Universals in Society." *American Sociological Review* 29 (June): 339-357.
Parsons, Talcott. 1967. *Sociological Theory and Modern Society*. Free Press, New York.
Parsons, Talcott, and Edward Shils, eds. 1951. *Toward a General Theory of Action*. Harvard University Press, Cambridge, Mass.
Pascal, Blaise. 1964. *Pensées*. Garnier, Paris.
Pelikan, Jaroslav, J. Kitagawa, and S. Nasr. 1985. *Comparative Work Ethics: Judeo-Christian, Islamic, and Eastern*. Library of Congress, Washington, D.C.
Pinkard, Terry. 1988. *Hegel's Dialectic: The Explanation of Possibility*. Temple University Press, Philadelphia.
Plato. 1968. *The Republic of Plato*, trans. A. Bloom. Basic Books, New York. Popper, Karl. 1950. *The Open Society and Its Enemies*. Princeton University Press, Princeton, N.J.
Porter, Michael E. 1990. *The Competitive Advantage of Nations*. Free Press, New York.

McKibben, Bill. 1989. *The End of Nature.* Random House, New York. Mearsheimer, John J. 1990. "Back to the Future: Instability in Europe after the Cold War." *International Security* 16, no. 1 (Summer): 5—56.

Melzer, Arthur M. 1990. *The Natural Goodness of Man: On the System of Rousseau's Thought*. University of Chicago Press, Chicago.

Migranian, Andranik. 1989. "The Long Road to the European Home." *Novy Mir* no. 7 (July): 166—184.

Modelski, George. 1990. "Is World Politics Evolutionary Learning?" *International Organization* 44, no. 1 (Winter): 1—24.

Moore, Barrington, Jr. 1966. *Social Origins of Dictatorship and Democracy*. Beacon Press, Boston.

Morgenthau, Hans j., and Kenneth Thompson. 1985. *Politics Among Nations: The Struggle for Power and Peace*, sixth edition. Knopf, New York.

Mueller, John. 1989. *Retreat from Doomsday: The Obsolescence of Major War*. Basic Books, New York.

Myrdal, Gunnar. 1968. *Asian Drama. An Inquiry into the Poverty of Nations*, 3 vols. Twentieth Century Fund, New York.

Naipaul, V. S. 1978. *India: A Wounded Civilization*. Vintage Books, New York. Naipaul, V. S. 1981. *Among the Believers*. Knopf, New York.

Nakane, Chie. 1970. *Japanese Society*. University of California Press, Berkeley, Calif.

Neubauer, Deane E. 1967. "Some Conditions of Democracy." *American Political Science Review* 61: l002—l009.

Nichols, James, and Colin Wright, eds. 1990. *From Political Economy to Economics... and Back?* Institute for Contemporary Studies, San Francisco, Calif.

Niebuhr, Reinhold. 1932. *Moral Man and Immoral Society: A Study in Ethics and Politics.* Scribner's, New York.

Nietzsche, Friedrich. 1954. *The Portable Nietzsche*, ed. W. Kaufmann. Viking Press, New York.

Nietzsche, Friedrich. 1957. *The Use and Abuse of History*, trans. A. Collins. Bobbs-Merrill, Indianapolis.

Nietzsche, Friedrich. 1966. Beyond *Good and Evil. Prelude to a Philosophy of the Future*, trans. W. Kaufmann. Vintage Books, New York.

Nietzsche, Friedrich. 1967. *On the Genealogy of Moral and Ecce Homo*, trans. W. Kaufmann. Vintage Books, New York.

Nietzsche, Friedrich. 1968a. *Twilight of the Idols and The Anti-Christ*, trans. R. J. Hollingdale. Penguin Books, London.

Himmelfarb, Gertrude. 1989. "Response to Fukuyama." *The Notional Interest* no. 16 (Summer): 24—26.

Hirst, Paul. 1989. "Endism." *London Review of Books* no. 23.

Hobbes, Thomas. 1958. *Leviathan, Parts I and II.* Bobbs-Merrill, Indianapolis. Hoffman, Stanley. 1965. *The State of War*. Praeger, New York.

Hough, Jerry. 1977. *The Soviet Union and Social Science Theory*. Harvard University Press, Cambridge, Mass.

Hough, Jerry, with Merle Fainsod. 1979. *How the Soviet Union Is Governed.* Harvard University Press, Cambridge, Mass.

Huntington, Samuel P. 1968. *Political Order in Changing Societies.* Yale University Press, New Haven, Conn.

Huntington, Samuel P. 1984. "Will More Countries Become Democratic?" *Political Science Quarterly* 99, no. 2 (Summer): 193—218.

Huntington, Samuel P. 1989. "No Exit: The Errors of Endism." *The National Interest* no. 17 (Fall): 3—11.

Huntington, Samuel P. 1991. "Religion and the Third Wave." *The National Interest* no. 24 (Summer): 29—42.

Huntington, Samuel P., and Myron Weiner. 1987. *Understanding Political Development.* Little, Brown, Boston.

Johnson, Chalmers, ed. 1970. *Change in Communist Systems*. Stanford University Press, Stanford, Calif.

Kane-Berman, John. 1990. *South Africa's Silent Revolution*. Southern Book Publishers, Johannesburg.

Kant, Immanuel. 1963. *On History*. Bobbs-Merrill, Indianapolis.

Kassof, Allen, ed. 1968. *Prospects for Soviet Society*. Council on Foreign Relations, New York.

Kober, Stanley. 1990. "*Idealpolitik*" *Foreign Policy* no. 79 (Summer): 3-24.

Landes, David S. 1969. *The Unbound Prometheus: Technological Change and Industrial Development in Western Europe from 1750 to the Present*. Cambridge University Press, New York.

Marx, Karl. 1967. *Capital: A Critique of Political Economy*, 3 volumes, trans. S. Moore and E. Aveling. International Publishers, New York.

McAdams, A. James. 1987. "Crisis in the Soviet Empire: Three Ambiguities in Search of a Prediction." *Comparative Politics* 20, no. 1 (October): 107—118.

McFarquhar, Roderick. 1980. "The Post-Confucian Challenge." *Economist* (February 9): 67—72.

Harvard University Press, Cambridge, Mass.

Giliomee, Hermann, and Laurence Schlemmer, 1990. *From Apartheid to Nation-Building* (Johannesburg: Oxford University Press).

Gimbutas, Maija. 1989. *Language of the Goddess*. Harper and Row, New York. Goldman, Marshall I. 1972. *The Spoils of Progress: Environmental Pollution in the Soviet Union*. MIT Press, Cambridge, Mass.

Goldman, Marshall I. 1987. *Gorbachev's Challenge: Economic Reform in the Age of High Technology*. Norton, New York.

Gray, John. 1989. "The End of History—Or the End of Liberalism?" *National Review* (October): 38—35.

Greenstein, Fred 1., and Nelson Polsby. 1975. *Handbook of Political Science*, volume 3. Addison-Wesley, Reading, Mass.

Grew, Raymond, ed. 1978. *Crises of Political Development in Europe and the United States*. Princeton University Press, Princeton, N.J.

Hamilton, Alexander, J. Madison, and J. Jay. 1961. *The Federalist Papers*. New American Library, New York.

Harkabi, Yehoshafat. 1988. "Directions of Change in the World Strategic Order: Comments on an Address by Professor Kaiser," in *The Changing Strategic Landscape: IISS Conference Papers, 1988*, Part II, Adelphi Paper No. 237. International Institute for Strategic Studies, London.

Harrison, Lawrence E. 1985. *Underdevelopment Is a State of Mind: The Latin American Case*. Madison Books, New York.

Hartz, Louis. 1955. *The Liberal Tradition in America*. Harcourt Brace, New York.

Hauslohner, Peter. 1987. "Gorbachev's Social Contract." *Soviet Economy* 3, no. 1: 54—89.

Havel, Václav, et al. 1985. *The Power of the Powerless*. Hutchinson, London.

Hegel, Georg W. F. 1936. *Dokumenie zu Hegels Entwicklung*. Stuttgart.

Hegel, Georg W. F. 1956. *The Philosophy of History*, trans. J. Sibree. Dover Publications, Inc., New York.

Hegel, Georg W. F. 1967a. *The Phenomenology of Mind*, trans. j. B. Baillie. Harper and Row, New York.

Hegel, Georg W. F. 1967b. *Hegel's Philosophy of Rights*, trans. T. M. Knox. Oxford University Press, London.

Heller, Mikhail. 1988. *Cogs in the Wheel: The Formation of Soviet Man*. Knopf, New York.

Hewett, Ed A. 1988. *Reforming the Soutet Economy: Equality versus Efficiency*. Brookings Institution, Washington, D.C.

Field, Mark G., ed. 1976. *Social Consequences of Modernization in Communist Societies.* Johns Hopkins University Press, Baltimore.

Fields, Gary S. 1984. "Employment, Income Distribution and Economic Growth in Seven Small Open Economies." *Economic Journal* 94 (March): 74—83.

Finifter, Ada. 1983. *Political Science: The State of the Discipline*. American Political Science Association, Washington, D.C.

Fishman, Robert M. 1990. "Rethinking State and Regime: Southern Europe's Transition to Democracy." *World Politics* 42, no. 3 (April): 422—440.

Frank, André Gunder. 1969. *Latin America: Underdevelopment or Revolution*. Monthly Review Press, New York.

Frank, André Gunder. 1990. "Revolution in Eastern Europe: Lessons for Democratic Social Movements (and Socialists?)." *Third World Quarterly* 12, no. 2 (April): 36—52.

Friedman, Edward. 1989. "Modernization and Democratization in Leninist States: The Case of China." *Studies in Comparative Communism* 22, nos. 2—3 (Summer—Autumn): 251—264.

Friedrich, Carl J. 1948. *Inevitable Peace*. Harvard University Press, Cambridge, Mass.

Friedrich, Carl J., and Zbigniew Brzezinski. 1965. *Totalitarian Dictatorship and Autocracy*, second edition. Harvard University Press, Cambridge, Mass.

Fukuyama, Francis. 1989. "The End of History?" *The National Interest* no. 16 (Summer): 3—18.

Fukuyama, Francis. 1989. "A Reply to My Critics." *The National Interest* no. 18 (Winter): 21—28.

Fullerton, Kemper. 1924. "Calvinism and Capitalism." *Harvard Theological Review* 21: 163—191.

Furtado, Celso. 1970. *Economic Development of Latin America: A Survey from Colonial Times to the Cuban Revolution*. Cambridge University Press, Cambridge.

Fussell, Paul. 1975. *The Great War and Modern Memory*. Oxford University Press, New York.

Gaddis, John Lewis. 1986. "The Long Peace: Elements of Stability in the Postwar International Situation." *International Security* 10, no. 4 (Spring): 99-142.

Galston, William. 1975. *Kant and the Problem of History*. University of Chicago Press, Chicago.

Gellner, David. 1982. "Max Wetter: Capitalism and the Religion of India." *Sociology* 16, no. 4 (November): 526—541.

Gellner, Ernest. 1983. *Nations and Nationalism*. Cornell University Press, Ithaca, N.Y.

Gerschenkron, Alexander. 1962. *Economic Backwardness in Historical Perspective.*

Debardleben, Joan. 1985. *The Environment and Marxism-Leninism: The Soviet and East Gernnti Experience.* Westview, Boulder, Colo.

Deyo, Frederic C., ed. 1987. *The Political Economy of the New Asian Industrialism.* Cornell University Press, Ithaca, N.Y.

Diamond, Larry, J. Linz, and S. M. Lipset, eds. 1988a. *Democracy in Developing Countries*. Lynne Rienner, Boulder, Colo.

Diamond, Larry, J. Linz, and S. M. Lipset, eds. 1988b. *Democracy in Developing Countries*, vol. 4, *Latin America*. Lynne Rienner, Boulder, Colo.

Dickson, Peter. 1978. *Kissinger and the Meaning of History*. Cambridge University Press, Cambridge.

Didion, Joan. 1968. *Slouching Towards Bethlehem*. Dell, New York.

Dirlik, Arif, and Maurice Meisner, eds. 1989. *Marxism and the Chinese Experience: Issues in Contemporary Chinese Socialism*. Westview Press, Boulder, Colo.

Djilas, Milovan. 1957. *The New Class: An Analysis of the Communist System.* Praeger, New York.

Dos Santos, Theotonio. 1980. "The Structure of Dependency." *American Economic Review* ,40 (May): 231—236.

Doyle, Michael. 1983a. "Kant, Liberal Legacies, and Foreign Affairs I." *Philosophy and Public Affairs* 12 (Summer): 205—235.

Doyle, Michael. 1983b. "Kant, Liberal Legacies, and Foreign Affairs II." *Philosophy and Public Affairs* 12 (Fall): 323—353.

Doyle, Michael. 1986. "Liberalism and World Politics." *American Political Science Review* 80, no. 4 (December): 1151—1169.

Durkheim, Emile. 1964. *The Division of Labor in Society.* Free Press, New York.

Earle, Edward Meade, ed. 1948. *Makers of Modern Strategy: Military Thought from Machiavelli to Hitler*. Princeton University Press, Princeton.

Eisenstadt, S. N., ed. 1968. *The Protestant Ethic and Modernization: A Comparative View.* Basic Books, New York.

Eksteins, Modris. 1989. *Rites of Spring: The Great War and the Birth of the Modern Age.* Houghton Mifflin, Boston.

Epstein, David F. 1984. *The Political Theory of the Federalist.* University of Chicago Press, Chicago.

Evans, Peter. 1979. *Dependent Development: The Alliance of Multinational, State, and Local Capital in Brazil*. Princeton University Press, Princeton, N.J.

Fackenheim, Emile. 1970. *God's Presence in History: Jewish Affirmations and Philosophical Reflections.* New York University Press, New York.

Cardoso, Fernando H., and Enzo Faletto. 1969. *Dependency and Development in Latin America*. University of California Press, Berkeley.

Cardoso, Fernando Henrique. 1972. "Dependent Capitalist Development in Latin America." *New Left Review* 74 (July—August).

Casanova, Jose. 1983. "Modernization and Democratization: Reflections on Spain's Transition to Democracy." *Social Research* 50: 929-973.

Catton, Bruce. 1968. *Grant Takes Command*. Little, Brown, Boston. Cherrington, David J. 1980. *The Work Ethic. Working Values and Values that Work*. Amacom, New York.

Chilcote, Ronald. 1981. *Theories of Comparative Politics: The Search for a Paradigm*. Westview Press, Boulder, Colo.

Clausewitz, Carl von. 1976. *On War*, edited and translated by Michael Howard and Peter Paret. Princeton University Press, Princeton.

Collier, David, ed. 1979. *The New Authoritarianism in Latin America*. Princeton University Press, Princeton, N.J.

Collingwood, R. G. 1956. *The idea of History*. Oxford University Press, New York.

Colton, Timothy. 1986. *The Dilemma of Reform in the Soviet Union*. Council on Foreign Relations, New York.

Cooper, Barry. 1984. *The End of History: An Essay on Modern Hegelianism*. University of Toronto Press, Toronto.

Coverdale, John F. 1979. *The Political Transformation of Spain after Franco*. Praeger, New York.

Craig, Gordon A. 1964. *The Politics of the Prussian Army, 1640—1945*. Oxford University Press, Oxford.

Custine, The Marquis de. 1951. *Journey for Our Time*. Pelegrini and Cudahy, New York.

Cutright, Phillips. 1963. "National Political Development: Its Measurements and Social Correlates." *American Sociology Review* 28: 253—264.

Dahl, Robert A. 1971. *Polyarchy: Participation and Opposition*. Yale University Press, New Haven, Conn.

Dahrendorf, Ralf. 1969. *Society arid Democracy in Germany*. Doubleday, Garden City, N.Y.

Dannhauser, Werner J. 1974. *Nietzsche's View of Socrates*. Cornell University Press, Ithaca and London.

Davenport, T. R. H. 1987. *South Africa: A Modern History*. Macmillan South Africa, Johannesburg.

de Soto, Hernando. 1989. *The Other Path: The Invisible Revolution in the Third World*. Harper and Row, New York.

Bell, Daniel. 1967b. "Notes on the Post- Industrial Society II." *The Public Interest* no. 7: 102—118.

Bell, Daniel. 1973. The Coming of Post-Industrial Society.' *A Venture in Social Forecasting*. Basic Books, New York.

Bell, Daniel. 1976. *The Cultural Contradictions of Capitalism*. Basic Books, New York.

Bell, Eric Temple. 1937. *Men of Mathematics*. Simon & Schuster, New York.

Bellah, Robert N. 1957. *Tokugawa Religion*. Beacon Press, Boston.

Beloff, Max. 1990. "Two Historians, Arnold Toynhee and Lewis Namier." Enrouiitrr 74: 51—54.

Bendix, Reinhard. 1967. "The Protestant Ethic—Revisited." *Comparative Studies in Society and History* 9, no. 3 (April): 266—273.

Berger, Peter, and Hsin-Huang Michael Hsiao. 1988. *In Search of an East Asian Development Model*. Transaction Books, New Brunswick, N.J.

Berliner, Joseph S. 1957. *Factory and Manager in the USSR*. Harvard University Press, Cambridge, Mass.

Bill, James A., and Rohert L. Hardgrave. 1973. *Comparatiue Politics: The Quest for a Theory.* University Press of America, Lanham, Md.

Binder, Leonard. 1986. "The Natural History of Development Theory." *Comparative Studies in Society and History* 28: 3—33.

Binder, Leonard, et al. 1971. *Crises and Sequences in Political Development*. Princeton University Press, Princeton, N.J.

Bloom, Allan. 1987. *The Closing of the American Mind: How Higher Education Has Failed Democracy and Impoverished the Souls of Today's Students*. Simon & Schuster, New York.

Bloom, Allan. 1990. *Giants and Dwarfs: Essays 1960—1990*. Simon & Schuster, New York.

Bodenheimer, Susanne J. 1970. "The Ideology of Developmentalism." *Berkeley Journal of Sociology* : 95—137.

Breslauer, George W. 1982. *Khrushchev and Brezhnev as Leaders: Building Authority in Soviet Politics*. Allen & Unwin, London.

Bryce, James. 1931. *Modern Democracies*, 2 volumes. Macmillan, New York. Brzezinski, Zbigniew. 1970. *Between Two Ages: America's Role in the Technetronic Era*. Viking Press, New York.

Bury, J. B. 1932. *The idea of Progress*. Macmillan, New York.

Caporaso, James. 1978. "Dependence, Dependency, and Power in the Global System: A Structural and Behavioral Analysis." *International Organization* 32: 13—43.

引用文獻

Afanaseyev, Yury, ed. 1989. *Inogo ne dano*. Progress, Moscow.

Almond, Gabriel A., and Sidney Verba. 1963. *The Civic Culture*. Little Brown, Boston.

Angell, Norman. 1914. *The Great Illusion. A Study of the Relation of Military Power to National Advantage.* Heinemann, London.

Apter, David. 1965. *The Politics of Modernization*. University of Chicago Press, Chicago.

Aron, Raymond. 1990. *Memoirs. Fifty Years of Political Reflection*. Holmes & Meier, New York and London.

Aslund, Anders. 1989. *Gorbachev's Struggle for Economic Reform. The Soviet Reform Process, 1985—88.* Cornell University Press, Ithaca, N.Y.

Avineri, Shlomo. 1968. *The Social end Political Thought of Karl Marx*. Cambridge University Press, Cambridge.

Avineri, Shlomo. 1972. *Hegel's Theory of the Modern State*. Cambridge University Press, Cambridge.

Azrael, Jeremy. 1987. *The Soviet Civilian Leadership and the High Command, 1976-1986*. RAND Corporation, Santa Monica, Calif.

Azrael, Jeremy. 1966. *Managerial Power and Soviet Policy*. Harvard University Press, Cambridge, Mass.

Babst, Dean V. 1972. "A Force for Peace." *Industrial Research* 14 (April): 55—58. Baer, Werner. 1989. *The Brazilian Economy: Growth and Development*, third edition. Praeger, New York.

Baer, Werner. 1972. "Import Substitution and Industrialization in Latin America: Experiences and Interpretation." *Latin American Research Review* 7, no. I (Spring): 95—122.

Ball, Terence. 1976. "From Paradigms to Research Programs: Toward a Post-Kuhnian Political Science." *American Journal of Political Science* 20, no. 1 (February): 151—177.

Barros, Robert. 1986. "The Left and Democracy: Recent Debates in Latin America." *Telos* 68: 49-70.

Bell, Daniel. 1967a. "Notes on the Post-1ndustrial Society I." *The Public Interest* no. 6: 24—35.

NEXT 279

歷史之終結與最後一人(全新翻譯校對修訂版)
The End of History And the Last Man

作者	法蘭西斯・福山（Francis Fukuyama）
譯者	區立遠
責任編輯	鄭莛
特約編輯	石瑷寧
責任企畫	林進韋
美術設計	許晉維
內文排版	薛美惠
總編輯	胡金倫
董事長	趙政岷
出版者	時報文化出版企業股份有限公司 108019 台北市和平西路三段240號1-8樓 發行專線｜02-2306-6842 讀者服務專線｜0800-231-705｜02-2304-7103 讀者服務傳真｜02-2304-6858 郵撥｜1934-4724 時報文化出版公司 信箱｜10899臺北華江橋郵局第99信箱
時報悅讀網	www.readingtimes.com.tw
人文科學線臉書	http://www.facebook.com/jinbunkagaku
法律顧問	理律法律事務所｜陳長文律師、李念祖律師
印刷	紘億印刷有限公司
二版一刷	2020年12月11日
二版三刷	2024年5月28日
定價	新台幣580元

時報文化出版公司成立於一九七五年，並於一九九九年股票上櫃公開發行，於二〇〇八年脫離中時集團非屬旺中，以「尊重智慧與創意的文化事業」為信念。

ISBN 978-957-13-8450-4

歷史之終結與最後一人/法蘭西斯.福山(Francis Fukuyama)著；區立遠譯. -- 二版. -- 臺北市：時報文化出版企業股份有限公司, 2020.11
｜ 面； 公分. -- (Next ; 279)｜譯自：The end of history and the last man.｜ISBN 978-957-13-8450-4(平裝)｜1.歷史哲學 ｜601.4｜
109017531